中国上市公司
知识产权指数报告2023

CHINA'S LISTED COMPANIES
INTELLECTUAL PROPERTY INDEX REPORT 2023

中国科学院武汉文献情报中心
科技大数据湖北省重点实验室 ◎研发

钟永恒 王 辉 李贞贞 等◎著

科学出版社

北 京

内 容 简 介

本书基于中国上市公司的专利权、商标权、作品著作权、计算机软件著作权、农业植物新品种权、林草植物新品种权和集成电路布图设计专有权数据,构建上市公司知识产权指数,对我国上市公司的知识产权竞争力展开分析。本书主要内容分为四大部分:第一部分是上市公司知识产权指数整体评价报告,以上市公司研发投入和研发产出数据为基础,进行分析及可视化展示;第二部分是中国上市公司知识产权指数省域报告,本部分以省(自治区、直辖市)为研究单元,对我国省域的上市公司知识产权竞争力进行评价与分析;第三部分是中国上市公司知识产权指数产业报告,本部分以上市公司分布的 47 个产业分类为研究单元,对各产业上市公司知识产权竞争力进行评价与分析,并分析重点产业的技术主题及主题演化态势;第四部分是中国上市公司知识产权指数企业报告,本部分以上市公司为分析单元,对知识产权指数十强上市公司进行分析。

本书适合科研机构科研人员、科技管理部门管理者、科技服务部门工作者阅读和参考。

图书在版编目(CIP)数据

中国上市公司知识产权指数报告. 2023 / 钟永恒等著. —北京:科学出版社,2024.3
ISBN 978-7-03-078093-5

Ⅰ. ①中⋯ Ⅱ. ①钟⋯ Ⅲ. ①上市公司–知识产权–指数–研究报告–中国–2023 Ⅳ. ①D923.404

中国国家版本馆 CIP 数据核字(2024)第 043988 号

责任编辑:张 莉 陈晶晶 / 责任校对:韩 杨
责任印制:师艳茹 / 封面设计:有道文化

科 学 出 版 社 出版
北京东黄城根北街 16 号
邮政编码:100717
http://www.sciencep.com
北京建宏印刷有限公司印刷
科学出版社发行 各地新华书店经销
*
2024 年 3 月第 一 版 开本:787×1092 1/16
2024 年 3 月第一次印刷 印张:19 1/2
字数:456 000
定价:98.00 元
(如有印装质量问题,我社负责调换)

《中国上市公司知识产权指数报告2023》研究组

组　　长　钟永恒

副 组 长　王　辉　李贞贞

成　　员　刘盼盼　刘　佳　张萌萌　孙　源

　　　　　宋姗姗　何慧丽

研发单位　中国科学院武汉文献情报中心

　　　　　科技大数据湖北省重点实验室

前　言

　　当前，中国经济正处于转变发展方式、优化经济结构、转换增长动力的攻关期。推动高质量发展是保持经济持续健康发展的必然要求，创新是引领发展的第一动力，知识产权作为国家发展战略性资源和国际竞争力核心要素的作用更加凸显。国家高度重视知识产权工作，近年来出台了系列政策文件。《知识产权强国建设纲要（2021—2035年）》对我国知识产权事业发展做出顶层设计，是新时代建设知识产权强国的宏伟蓝图。《"十四五"国家知识产权保护和运用规划》对"十四五"时期的知识产权工作进行了全面部署，明确了"十四五"时期开展知识产权工作的指导思想、基本原则、主要目标、重点任务和实施保障措施。为深入实施知识产权强国战略，加快建设知识产权强国，国家知识产权局出台了《2023年知识产权强国建设纲要和"十四五"规划实施推进计划》，明确2023年度重点任务和工作措施；随后，出台了《知识产权助力产业创新发展行动方案（2023—2027年）》，明确"到2027年，知识产权促进工业和信息化领域重点产业高质量发展的成效更加显著，知识产权强链护链能力进一步提升。工业和信息化领域重点产业高价值专利创造能力明显增强，规模以上制造业重点领域企业每亿元营业收入高价值专利数接近4件"。①根据不同的创新主体，国家知识产权局联合其他部委、机构出台了相应的知识产权政策，包括《关于推动科研组织知识产权高质量发展的指导意见》《关于提升高等学校专利质量促进转化运用的若干意见》《关于推进中央企业知识产权工作高质量发展的指导意见》。上述政策规划有效推进了我国的知识产权事业发展。

　　中国上市公司作为推动我国科技创新和经济高质量发展的一支重要力量，其知识产权创造创新与应用能力对于我国产业创新、经济转型升级、金融强国建设作用巨大且意义深远。上市公司质量是资本市场最重要的基本面。上市公司坚持守正创新固根本，苦练内功提质增效，对标国际勇争先，奋力开创高质量发展新局面。截至2023年4月23日，中国共有5159家A股上市公司。2022年，A股上市公司研发经费投入超1万亿元，约占全国研发投入的53%；研发人员数量超300万人，约占全国研发人员的52%。截至2022年，中国上市公司累计授权专利约178万件，拥有有效专利约91.54万件，商标注册量52.26万件，农业植物新品种有效量1192件，林草植物新品种有效量14件；2022年，中国上市公司作品著作权登记量为61 804件，计

---

　　①　中华人民共和国工业和信息化部. 两部门关于印发《知识产权助力产业创新发展行动方案（2023—2027年）》的通知[EB/OL]. https://www.miit.gov.cn/zwgk/zcwj/wjfb/tz/art/2023/art_a6abdf55cabe446ea447d935e7622366.html?xxgkhide=1[2023-09-05].

算机软件著作权登记量为 18 218 件，集成电路布图设计发证量为 565 件。上市公司为全国知识产权事业做出了重大贡献。

为进一步发挥上市公司的创新作用，不断提升上市公司知识产权竞争力，不断促进上市公司掌握和攻克更多的关键核心技术，不断形成高科技、高效能、高质量的新质生产力，推动中国经济的高质量发展，需要持续监测中国上市公司的知识产权发展态势，全面系统分析上市公司的知识产权现状、技术布局与优势产业技术分布、关键核心技术需求，研究上市公司的知识产权优势与不足、问题与对策等。

中国科学院武汉文献情报中心长期开展知识产权理论研究与实践应用，开展了一系列知识产权战略研究与知识产权评估等工作，并为政府、高新技术园区、企业、高校和科研机构提供了多种类型的知识产权服务，《中国上市公司知识产权指数报告》系列年度报告就是其中的成果之一。《中国上市公司知识产权指数报告 2023》基于中国上市公司的完整数据，构建了上市公司知识产权指数，全面系统分析中国上市公司的知识产权整体、省域、产业、企业竞争力情况。本书中的上市公司知识产权数据涵盖了专利权、商标权、作品著作权、计算机软件著作权、农业植物新品种权、林草植物新品种权和集成电路布图设计专有权等数据；产业主题分析中利用基于深度学习的动态主题建模 BERTopic 方法，对上市公司指数产权指数排名前十位的产业领域进行产业专利主题挖掘，分析产业主题的时间演化趋势。本书主要内容分为四大部分。第一部分是上市公司知识产权指数整体评价报告。从研发投入和研发产出两方面对上市公司整体的基本数据进行分析与可视化展示。第二部分是中国上市公司知识产权指数省域报告。以省（自治区、直辖市）为研究单元，基于上市公司的知识产权创造、运用、保护和效率对我国省域的上市公司知识产权竞争力进行评价分析与排名；然后以省域为单元，对各省（自治区、直辖市）区域内的优势产业分布与核心企业分布进行分析。第三部分是中国上市公司知识产权指数产业报告。以《中国上市公司协会上市公司行业统计分类指引》对上市公司分布的 47 个产业分类为研究对象，基于上市公司的知识产权创造、运用、保护和效率对各产业的上市公司知识产权竞争力进行评价分析与排名；然后以产业为单元，对产业内的优势地区和重点企业进行分析，挖掘产业相关的专利技术主题，并分析产业相关专利主题演化态势。第四部分是中国上市公司知识产权指数企业报告。首先，按照上市公司知识产权指数计算公式得到 2022 年中国上市公司知识产权指数企业排行榜；然后，分别对上市公司知识产权指数十强上市公司的全球专利公开趋势、在华专利授权趋势、重点专利技术领域分布及未来技术发展趋势进行分析。

钟永恒、王辉、李贞贞、刘盼盼、刘佳参与了本书主要研究工作。钟永恒设计报告总体思路，指导写作，统稿审定；王辉参与上市公司知识产权指数构建，参与书稿修改；李贞贞参与全书图表的可视化制作；刘盼盼负责上市公司知识产权指数构建，全书数据收集、整理、统计分析，撰写第一、二、三、四章，参与书稿修改；刘佳参与上市公司知识产权指数构建，参与书稿修改；张萌萌撰写第五章，参与书稿修改；孙源、宋姗姗、何慧丽参与部分研究工作。

本书的完成得到了湖北省软科学计划研究项目"湖北生物医药产业技术创新的现状、问题与对策研究""2023 年湖北光通信及激光发展对策研究"，青海省重点研发与转化计划-科技援青合作专项项目"盐湖资源绿色高值利用科技成果数字化服务系统"的资助，在此一并表示衷心感谢。

上市企业知识产权涉及领域、学科众多，具有创新性和前瞻性，由于本书作者专业和水平所限，对诸多问题的理解难免不尽完善，如有不妥之处，敬请各位专家和读者提出宝贵意见与建议，以便进一步修改和完善。

中国科学院武汉文献情报中心　　钟永恒
科技大数据湖北省重点实验室
2023 年 12 月于武汉小洪山

目　录

第 4 章 ● 中国上市公司知识产权指数产业报告 ···136

第 5 章 ◆ 中国上市公司知识产权指数企业报告 ……………… 238

图 目 录

表 目 录

第1章 导　论

1.1　研究目的与意义

中国上市公司是中国企业界的优秀代表，是中国实体经济的基本盘，也是中国经济的支柱力量。伴随着资本市场的发展壮大和改革开放的深入推进，我国上市公司数量稳步增长、质量不断提升。目前，我国已经有超过 5000 家 A 股上市公司，融资额创历史新高。同时，还有许多企业在国外和中国香港资本市场上市。提升上市公司质量，不仅是企业自身发展的内在要求，也是资本市场长期健康稳定发展的重要保证，更是中国技术创新、产业升级和经济高质量发展的战略需求。提升上市公司质量的首要方面，就是提升上市公司的创新能力，掌握核心技术，提升上市公司的知识产权创造与运用能力，形成新技术、新业态、新模式、新经济。

党的十八大以来，党中央、国务院把知识产权工作摆在更加突出的位置，习近平总书记多次就知识产权工作做出一系列重要指示和决策部署。2021 年，中共中央、国务院发布《知识产权强国建设纲要（2021—2035 年）》[1]，统筹推进知识产权强国建设，全面提升知识产权创造、运用、保护、管理和服务水平，充分发挥知识产权制度在社会主义现代化建设中的重要作用。该纲要对我国知识产权事业未来十五年的发展做出重大顶层设计，是新时代建设知识产权强国的宏伟蓝图，在我国知识产权事业发展史上具有重要里程碑意义。随后，国务院发布《"十四五"国家知识产权保护和运用规划》[2]，明确了"十四五"时期开展知识产权工作的指导思想、基本原则、主要目标、重点任务和实施保障措施，对未来五年的知识产权工作进行了全面部署。党的十九届六中全会将强化知识产权创造、保护、运用写入《中共中央关于党的百年奋斗重大成就和历史经验的决议》[3]，这是知识产权工作首次被写入党的重大历史决议，充分体现了知识产权工作在党和国家事业发展中的重要地位与作用，具有历史性意义。2023 年 10 月 31 日，国务院以"深入实施知识产权强国战略，有效支撑创新驱动发展"为主题，进行第四次专题学习，李强同志指出，"建设中国特色、世界水平的知识产权强国，是以习近平同志为核心的党中央做出的重大战略部署"[4]。

我国对知识产权工作的重视程度逐步提高，并取得了显著成效。2022 年，中国专利申请数量约为 158 万件，同比增长 3.1%，是推动全球专利申请量增长的主要动力[5]。此外，2022 年中国的有效商标注册量接近 4270 万件，提交 12 357 件植物品种申请，有效地理标志数量 9571 个，均位居世界第一[5]。但同时，我国知识产权工作仍然存在不足，主要表现为：关键核心技术领域高质量知识产权创造不足，行政执法和司法衔接机制不够完善，知识产权侵权易发多发和侵权易、维权难的现象仍然存在，知识产权转移转化成效有待提高，知识产权服务供给不够充分，海外知识产权纠纷应对能力不足，知识产权制度促进经济社会高质量发展的作用需要进一步发挥等。

党的二十大报告提出："高质量发展是全面建设社会主义现代化国家的首要任务。"[6]资本市场是我国经济的"晴雨表"，上市公司是中国企业的优秀代表，高质量的发展需要高质量的上市公司。上市公司作为推动我国经济增长的一股重要力量，显示了较为优良的价值创造能力，为我国国民经济高速增长做出了重要贡献。如何进一步发挥上市公司的创新作用，掌握和攻克更多的关键核心技术，促进传统产业的转型升级并培育更多的战略性新兴产业，推动中国经济的高质量发展，需要中国的上市公司不断提升知识创造和技术创新能力。因此，需要对上市公司的知识产权现状、技术布局与优势产业技术分布、关键核心技术需求、优势与不足、问题与对策等进行系统的分析和研究。

为此，我们开展了系统的上市公司知识产权的理论研究和实证分析，建成中国上市公司知识产权大数据平台，开展上市公司知识产权信息的系统监测，研发上市公司知识产权指数模型，并形成本书。本书的价值主要体现在以下三个方面。

一是建立起上市公司数据资源监测与管理体系，建成上市公司知识产权大数据系统，为长期监测我国上市公司发展质量及发展轨迹，总结上市公司发展规律提供数据保障。

二是全面监测和深入掌握我国上市公司知识产权创造、运用、保护和效率的发展情况，研究知识产权制度在提升上市公司竞争力中的核心作用，分析我国上市公司知识产权发展中存在的问题，服务知识产权、创新及相关政策制定。

三是构建客观合理的知识产权指数，分析我国各地区优势产业、优势企业和各产业优势地区、优势企业，挖掘产业相关的专利技术主题及其演化态势，支撑产业发展、技术研发、金融发展、区域发展规划与政策制定。

1.2 研究内容

1.2.1 上市公司知识产权相关定义与内涵

1.2.1.1 上市公司定义与内涵

根据《中华人民共和国公司法》相关规定，上市公司（the listed company）是指所公开发行的股票经过国务院或者国务院授权的证券管理部门批准在证券交易所上市交易的股份有限公司。中国上市公司的股票，按照上市地点分为 A 股、B 股、H 股、N 股、S 股。A 股的正式名称是人民币普通股票，是由我国境内的公司发行，供境内机构、组织或个人（不含港澳台地区的投资者）以人民币认购和交易的普通股股票。B 股的正式名称是人民币特种股票，是以人民币标明面值，以外币认购和买卖，在中国境内（上海、深圳）证券交易所上市交易的外资股，B 股公司的注册地和上市地都在境内。H 股也称国企股，指注册地在内地、上市地在香港的外资股。N 股是指在美国纽约证券交易所上市的外资股票，取纽约（New York）的第一个字母 N 作为名称。S 股是指尚未进行股权分置改革或者已进入改革程序但尚未实施股权分置改革方案的股票，在股名前加 S，从 2006 年 10 月 9 日起启用。

目前境内居民个人海外投资的主要方式包括港股通，QD 通道［合格境内机构投资者（qualified domestic institutional investor，QDII）、合格境内投资者境外投资（qualified domestic investment enterprise，QDIE）、合格境内有限合伙人（qualified domestic limited partner，QDLP）］，内地与香港基金互认，沪伦通，以及跨境理财通。其中，港股通包括沪港通和深港通，沪港通是"沪港股票市场交易互联互通机制"的简称，是指上海证券交易所（简称"上交所"）和香港联合交易所有限公司（简称"联交所"）建立技术连接，使内地和香港投资者可以通过当地证券公司或经纪商买卖规定范围内的对方交易所上市的股票；深港通是"深港股票市场交易互联互通机制"的简称，是指深圳证券交易所（简称"深交所"）和联交所建立技术连接，使内地和香港投资者可以通过当地证券公司或经纪商买卖规定范围内的对方交易所上市的股票。跨境理财通是指粤港澳大湾区内地和港澳投资者通过区内银行体系建立的闭环式资金管道，跨境投资对方银行销售的合资格投资产品或理财产品。跨境理财通分为"北向通"和"南向通"。其中，"北向通"指港澳投资者在粤港澳大湾区内地代销银行开立个人投资账户，通过闭环式资金管道汇入资金购买内地代销银行销售的投资产品；"南向通"指粤港澳大湾区内地投资者在港澳销售银行开立个人投资账户，通过闭环式资金管道汇出资金购买港澳销售银行销售的投资产品。

在我国多层次资本市场建设过程中，企业上市路径更加多元化。拟在 A 股首次公开发行（initial public offering，IPO）的发行人有多个板块可供选择，包括上交所主板、深交所主板、深交所创业板、上交所科创板以及北京证券交易所（简称"北交所"）。主板对上市公司的经营期限、股本、盈利、市值等都有较高要求，主板市场被称为"国民经济晴雨表"，说明主板上市公司能够在很大程度上反映国民经济发展的水平。创业板是主板的补充，一些暂时无法在主板上市的高科技自主创新型企业，可以在创业板上市。创业板上市公司普遍是高科技企业，成立时间短、规模小、业绩不突出，但成长潜力大，被业界称为"孵化科技型、成长型企业的摇篮"。科创板于 2018 年 11 月 5 日由习近平总书记在中国国际进口博览会上宣布在上交所设立，并试点注册制改革，科创板上市公司主要是攻克我国"卡脖子"技术的优秀企业及行业标杆[7]。北交所于 2021 年 9 月 3 日注册成立，牢牢坚持服务创新型中小企业的市场定位，尊重创新型中小企业发展规律和成长阶段，提升制度包容性和精准性[8]。本书将上市公司的板块分为主板、创业板、科创板、北证四类。

本书所分析的中国上市公司仅包含 A 股上市公司。

1.2.1.2　知识产权定义与内涵

知识产权（intellectual property，IP）是人们对于自己的智力活动创造的成果和经营管理活动中的标记、信誉依法享有的权利。知识产权制度体系有广义和狭义之分。狭义的知识产权，即传统意义上的知识产权，包括著作权（邻接权）、专利权、商标权三个主要组成部分。广义的知识产权包括著作权、邻接权、专利权、商标权、地理标志权、商业秘密权、集成电路布图设计专有权、植物新品种权等各种权利[9]。

（1）著作权

著作权，亦称版权，是指作者或其他著作权人依法对文学、艺术和科学作品所享有的各项专有权利的总称。

在历史上，英美法系国家最早使用"版权"的概念来描述著作权人所享有的基本权利，其本意是禁止他人未经授权而复制或使用作品。大陆法系国家著作权法所采用的"作者权"概念起源于法国。关于"著作权"的称谓，据史料记载，最早是日本学者在翻译西文"版权"一词时引入的，并于20世纪初传入我国。

著作权主体，也称著作权人，是指依法对文学、艺术和科学作品享有著作权的人。根据《中华人民共和国著作权法》（2020年修正）规定[10]，著作权主体可以是公民、法人或其他组织。著作权客体，是指文学、艺术和科学领域内，具有独创性并能以某种有形形式复制的智力创作成果，即作品。作品分为9类：①文字作品；②口述作品；③音乐、戏剧、曲艺、舞蹈、杂技艺术作品；④美术、建筑作品；⑤摄影作品；⑥视听作品；⑦工程设计图、产品设计图、地图、示意图等图形作品和模型作品；⑧计算机软件；⑨符合作品特征的其他智力成果。

著作权的内容是著作权制度中最为核心的部分，通常是指著作权人基于作品所享有的各项人身权利和财产权利。著作人身权指作者基于作品创作所享有的各种与人身相联系而无直接财产内容的权利。著作人身权具有永久性、不可分割性和不可剥夺性，包括发表权、署名权、修改权、保护作品完整权。著作财产权，又称经济权利，是指著作权人自己使用或者授权他人以一定方式使用作品而获取物质利益的权利。著作财产权不同于著作人身权，可以转让、集成或放弃。著作财产权主要包括复制权、表演权、广播权、展览权、发行权、改编权、翻译权、汇编权、摄制权、出租权、信息网络传播权、放映权以及应当由著作权人享有的其他权利。

著作权的保护期限，是指著作权受法律保护的时间界限。作者的署名权、修改权、保护作品完整权的保护期不受限制。发表权保护期与著作财产权保护期相同，为作者终生及其死亡后50年。

（2）专利权

专利权，是指法律赋予专利权人对其获得专利的发明创造在一定范围内依法享有的专有权利。专利权的主体，即专利权人，是指依法享有专利权并承担与此相应义务的人。专利权人的产生有两种途径，即专利申请被批准后原申请人成为专利权人、从原专利权人处集成或者受让专利权后成为专利权人。需要特别注意的是，专利权人与专利申请人是两个不同的概念。专利申请人，是指就一项发明创造向国家专利行政主管机关提出专利申请的人。一项技术申请专利后未必都能获得批准成为专利技术，相应地，专利申请人也就未必能够成为专利权人。反之，专利权人未必都曾是专利申请人，因为专利权是可以通过转让或继承获得的。在专利申请被授权后，专利权人则成为专利法律关系的焦点，一切有关专利的活动都是围绕着专利权人展开的。

我国现行《中华人民共和国专利法》（2020年修正）[11]中所指的发明创造包括发明、实用新型和外观设计。发明，是指对产品、方法或者其改进所提出的新的技术方案。实用新型，是指对产品的形状、构造或者其结合所提出的适于实用的新的技术方案。外观设计，是指对产品的整体或者局部的形状、图案或者其结合以及色彩与形状、图案的结合所做出的富有美感并适于工业应用的新设计。

发明专利权的期限为二十年，实用新型专利权的期限为十年，外观设计专利权的期限为十五年，均自申请日起计算。

（3）商标权

商标是指能够将不同的经营者所提供的商品或者服务区别开来，并可为视觉所感知的显著标记。商标一般由文字、图形或者其组合图案构成，附注在商品、商品包装、服务设施或者相关的广告宣传品上，显著而醒目，有助于消费者将一定的商品或者服务项目与经营者联系起来，使其与其他经营者的同类商品或者服务项目相区别，便于认牌购物，也便于经营者展开正当竞争。

我国现行《中华人民共和国商标法》（2019 年修正）[12]规定，经商标局核准注册的商标为注册商标，包括商品商标、服务商标和集体商标、证明商标；商标注册人享有商标专用权，受法律保护。集体商标，是指以团体、协会或者其他组织名义注册，供该组织成员在商事活动中使用，以表明使用者在该组织中的成员资格的标志。证明商标，是指由对某种商品或者服务具有监督能力的组织所控制，而由该组织以外的单位或者个人使用于其商品或者服务，用以证明该商品或者服务的原产地、原料、制造方法、质量或者其他特定品质的标志。集体商标、证明商标注册和管理的特殊事项，由国务院工商行政管理部门规定。

商标权是商标所有人对其商标的使用享有的支配权。商标权的客体以注册商标为主，同时包括未注册商标。商标法以保护注册商标专用权为重点，同时有条件地适度保护未注册商标。商标权在权利内容上分为注册商标专用权和未注册商标的正当权益。注册商标专用权即通常意义上的商标权，包括专用权、禁止权、转让权、使用许可权等。其中，专用权是一项最基本的权利，其他权利则由专用权派生而来。未注册商标的正当权益是指对抗不正当注册的权利和在先使用权。

（4）植物新品种权

植物新品种，是指经过人工培育的或者对发现的野生植物加以开发，具备新颖性、特异性、一致性和稳定性并有适当命名的植物品种。

为了保护植物新品种权，鼓励培育和使用植物新品种，促进农业、林业的发展，国务院修订了《中华人民共和国植物新品种保护条例》（2014 年修订）[13]。国务院农业、林业行政部门按照职责分工共同负责植物新品种权申请的受理和审查，并对符合该条例规定的植物新品种授予植物新品种权。本书主要统计农业植物新品种权和林草植物新品种权。

（5）集成电路布图设计专有权

集成电路布图设计，是指集成电路中至少有一个是有源元件的两个以上元件和部分或者全部互联线路的三维配置，或者为制造集成电路而准备的上述三维配置。

为了保护集成电路布图设计专有权，鼓励集成电路技术的创新，促进科学技术的发展，国务院于 2001 年发布了《集成电路布图设计保护条例》[14]。受保护的布图设计应当具有独创性，即该布图设计是创作者自己的智力劳动成果，并且在其创作时该布图设计在布图设计创作者和集成电路制造者中不是公认的常规设计。受保护的由常规设计组成的布图设计，其组合作为整体应当符合前款规定的条件。

（6）计算机软件著作权

计算机软件，是指计算机程序及其有关文档。计算机程序，是指为了得到某种结果而可以由计算机等具有信息处理能力的装置执行的代码化指令序列，或者可以被自动转换成代码化指令序列的符号化指令序列或者符号化语句序列。同一计算机程序的源程序和目标程序为同一作品。文档，是指用来描述程序的内容、组成、设计、功能规格、开发情况、测试结果及使用方法的文字资料和图表等，如程序设计说明书、流程图、用户手册等。

为了保护计算机软件著作权人的权益，调整计算机软件在开发、传播和使用中发生的利益关系，鼓励计算机软件的开发与应用，促进软件产业和国民经济信息化的发展，根据《中华人民共和国著作权法》，制定了《计算机软件保护条例》（2013 年修改）[15]。受该条例保护的软件必须由开发者独立开发，并已固定在某种有形物体上。中国公民、法人或者其他组织对其所开发的软件，不论是否发表，依照本条例享有著作权。该条例对软件著作权的保护不延及开发软件所用的思想、处理过程、操作方法或者数学概念等。

1.2.1.3　中国上市公司知识产权指数定义与内涵

知识产权指数（intellectual property index，IPI）是知识产权评价中较为常用的方法。利用知识产权指数，可以从国家、区域或者企业三个维度分析和评估其知识产权竞争能力。国际知识产权联盟的国际知识产权指数从法律和政治环境、物质财产权、知识产权三方面设计指数体系，在知识产权评价领域受到较广泛的认同[16]。瑞士洛桑国际惯例开发研究院发布的《世界竞争力年鉴》使用涵盖研发支出、研发人员、技术管理、科学环境、知识产权五个方面的指标测度各个国家和地区的科技国际竞争力[17]。日本经济部产业政策局发布《知识产权战略评价指标》，将专利收益率、成果转换利用率、人均研究开发经费和知识产权的经济产出作为战略实施的评价指标[18]。

国内研究机构和学者对知识产权评价进行了广泛研究。国家知识产权局知识产权发展研究中心发布的《2022 年中国知识产权发展状况评价报告》，从创造、运用、保护和环境四个维度构建全国及地区知识产权发展状况评价指标体系[19]。胡文静等[20]从创造、运用、保护和环境四个维度构建知识产权高质量发展评价指标体系，选取中国 31 个省（自治区、直辖市）进行区域知识产权高质量发展比较。李西良等[21]从基础创新能力、知识产权创造能力、知识产权运用能力、知识产权保护能力和管理能力构建测度指标体系，设计知识产权能力指数模型，以2013～2015 年 615 家样本企业的知识产权采集信息为基础进行实证研究。

本书基于专利权、商标权、作品著作权、计算机软件著作权、农业植物新品种权、林草植物新品种权和集成电路布图设计专有权数据，从知识产权创造、运用、保护和效率角度构建中国上市公司知识产权指数模型，综合分析中国上市公司的知识产权规模、质量和效率，以此反映上市公司的知识产权竞争能力。

1.2.2　中国上市公司知识产权指数

1.2.2.1　中国上市公司知识产权指数（企业）

中国上市公司知识产权指数以上市公司为研究对象，基于专利权、商标权、作品著作权、计算机软件著作权、农业植物新品种权、林草植物新品种权和集成电路布图设计专有权数据，从知识产权创造、运用、保护和效率四个维度分析上市公司的知识产权能力。具体而言，一级指标设置为知识产权创造（C）、知识产权运用（A）、知识产权保护（P）和知识产权效率（E）（表 1-1）。

表 1-1　知识产权指数评价指标体系

一级指标	二级指标	二级指标权重代码（数值）
知识产权创造（C）	知识产权拥有量 C_1	w_1（40）
	知识产权新增量 C_2	w_2（20）
知识产权运用（A）	专利许可次数 A_1	w_3（10）
	专利被引次数 A_2	w_4（10）
知识产权保护（P）	专利权利要求数 P_1	w_5（6）
	专利技术分类号数 P_2	w_6（4）
知识产权效率（E）	研发经费投入强度 E_1	w_7（10）

其中，知识产权创造维度分为知识产权拥有量指标 C_1 和知识产权新增量指标 C_2，根据各类型知识产权的重要性确定权重。知识产权拥有量指标 C_1 包含发明专利有效量 C_{11}（权重为 1）、实用新型专利有效量 C_{12}（权重为 0.2）、外观设计专利有效量 C_{13}（权重为 0.1）、商标注册量 C_{14}（权重为 0.2）、农业植物新品种有效量 C_{15}（权重为 1）、林草植物新品种有效量 C_{16}（权重为 1），得到知识产权拥有量指标 $C_1 = C_{11} \times 1 + C_{12} \times 0.2 + C_{13} \times 0.1 + C_{14} \times 0.2 + C_{15} \times 1 + C_{16} \times 1$。知识产权新增量指标 C_2 包含《专利合作条约》（Patent Cooperation Treaty，PCT）专利申请量 C_{21}（权重为 3）、作品著作权登记量 C_{22}（权重为 0.2）、计算机软件著作权登记量 C_{23}（权重为 0.2）、集成电路布图设计发证量 C_{24}（权重为 1），得到知识产权新增量指标 $C_2 = C_{21} \times 3 + C_{22} \times 0.2 + C_{23} \times 0.2 + C_{24} \times 1$。

知识产权运用维度分为专利许可次数指标 A_1 和专利被引次数指标 A_2。

知识产权保护维度分为专利权利要求数指标 P_1 和专利技术分类号数指标 P_2。

知识产权效率维度设计研发经费投入强度指标 E_1。

上市公司知识产权指数计算公式如下：

$$\text{IPI}_{某上市公司-某年} = w_1 C_1 + w_2 C_2 + w_3 A_1 + w_4 A_2 + w_5 P_1 + w_6 P_2 + w_7 E_1 \qquad （式 1-1）$$

式中，C_1 表示某上市公司的知识产权拥有量，C_2 表示某上市公司的知识产权新增量，A_1 表示某上市公司的专利许可次数，A_2 表示某上市公司的专利被引次数，P_1 表示某上市公司的专利权利要求数，P_2 表示某上市公司的专利技术分类号数，E_1 表示某上市公司的研发经费投入强度，C_1、C_2、A_1、A_2、P_1、P_2、E_1 均为经过无量纲化处理后的数值；$w_1 \sim w_7$ 分别表示指标 C_1、C_2、A_1、A_2、P_1、P_2、E_1 对应的权重，分别为 40、20、10、10、6、4、10。

在计算上市公司知识产权指数时，由于各指标的数量级和单位不同，需要对指标值进行无量纲化处理，以消除指标间量纲的影响。本书采用正态分布累积分布函数对上市公司知识产权指数中的数据进行无量纲化处理。

正态分布 $N(\mu,\sigma^2)$ 的累积分布函数为

$$F(x) = \frac{1}{\sqrt{2\pi}\sigma} \int_{-\infty}^{x} e^{-\frac{(x-\mu)^2}{2\sigma^2}} dx, \qquad (-\infty < x < +\infty) \qquad （式1-2）$$

式中，μ 为总体期望，σ^2 为总体方差。

采用正态分布累积分布函数，可以实现边际效益递减的预期。期望衡量数据平均水平的情况，一般取样本的平均值或中位数作为总体期望的估计值；方差衡量数据的波动情况，一般取样本的方差作为总体方差的估计值。采用正态分布累积分布函数计算，可实现三个目的：一是量大的比量小的更优，二是控制得分边界，三是可根据实际数据情况进行动态调整。

1.2.2.2　中国上市公司知识产权指数（省域）

在中国上市公司知识产权指数基础上，构建针对区域分析的中国上市公司知识产权区域指数，本书以省级为区域分析单元，即中国上市公司知识产权省域指数，或称中国上市公司知识产权指数（省域）。中国上市公司知识产权指数（省域）计算公式为

$$\text{IPI}_{某省（自治区、直辖市）-某年} = w_1 C_1 + w_2 C_2 + w_3 A_1 + w_4 A_2 + w_5 P_1 + w_6 P_2 + w_7 E_1 \qquad （式1-3）$$

式中，C_1 表示某省（自治区、直辖市）上市公司的知识产权拥有量，C_2 表示某省（自治区、直辖市）上市公司的知识产权新增量，A_1 表示某省（自治区、直辖市）上市公司的专利许可次数，A_2 表示某省（自治区、直辖市）上市公司的专利被引次数，P_1 表示某省（自治区、直辖市）上市公司的专利权利要求数，P_2 表示某省（自治区、直辖市）上市公司的专利技术分类号数，E_1 表示某省（自治区、直辖市）上市公司的研发经费投入强度，C_1、C_2、A_1、A_2、P_1、P_2、E_1 均为经过无量纲化处理后的数值；$w_1 \sim w_7$ 分别表示指标 C_1、C_2、A_1、A_2、P_1、P_2、E_1 对应的权重，分别为40、20、10、10、6、4、10。

1.2.2.3　中国上市公司知识产权指数（产业）

上市公司产业分类标准参照中国上市公司协会发布的《中国上市公司协会上市公司行业统计分类指引》[22]对上市公司的产业分类属性进行标引，涉及19个一级类别、81个二级类别。其中，一级类别"制造业"被分为29个二级类别。将一级类别"制造业"作为整体分析，不能很好地揭示出制造业内二级类别的知识产权情况。因此，本书将"制造业"二级类别调整为一级类别。调整后，中国上市公司分布于47个产业类别。

在中国上市公司知识产权指数基础上，本书以上市公司的产业类别为分析单元，构建了针对产业分析的中国上市公司知识产权指数，即中国上市公司知识产权产业指数，或称中国上市公司知识产权指数（产业）。计算公式为

$$\text{IPI}_{某产业-某年} = w_1 C_1 + w_2 C_2 + w_3 A_1 + w_4 A_2 + w_5 P_1 + w_6 P_2 + w_7 E_1 \qquad （式1-4）$$

式中，C_1 表示某产业上市公司的知识产权拥有量，C_2 表示某产业上市公司的知识产权新增量，A_1 表示某产业上市公司的专利许可次数，A_2 表示某产业上市公司的专利被引次数，P_1 表示某产业上市公司的专利权利要求数，P_2 表示某产业上市公司的专利技术分类号数，E_1 表示某产业上市公司的研发经费投入强度，C_1、C_2、A_1、A_2、P_1、P_2、E_1 均为经过无量纲化处理后的数

值；$w_1 \sim w_7$ 分别表示指标 C_1、C_2、A_1、A_2、P_1、P_2、E_1 对应的权重，分别为 40、20、10、10、6、4、10。

1.2.3 本书的框架结构

本书基于中国上市公司的专利权、商标权、作品著作权、计算机软件著作权、农业植物新品种权、林草植物新品种权和集成电路布图设计专有权数据，构建上市公司知识产权指数，对我国上市公司的知识产权竞争力展开分析。本书主要内容分为四大部分。第一部分是上市公司知识产权指数整体评价报告。该部分从上市公司研发投入和上市公司研发产出两方面展开，并对其基本数据进行分析及可视化展示。第二部分是中国上市公司知识产权指数省域报告。该部分以省（自治区、直辖市）为研究单元，基于上市公司的知识产权创造、运用、保护和效率对我国省域的上市公司知识产权竞争力进行评价分析与排名；之后以省域为单元，对各省（自治区、直辖市）的优势产业分布、核心企业分布展开分析。第三部分是中国上市公司知识产权指数产业报告。该部分根据《中国上市公司协会上市公司行业统计分类指引》中以上市公司分布的 47 个产业分类为研究对象，基于上市公司的知识产权创造、运用、保护和效率对各产业的上市公司知识产权竞争力进行评价分析与排名；之后以产业为单元，对产业内的优势地区和重点企业进行分析，挖掘产业相关的专利技术主题，并分析产业相关专利主题演化态势。第四部分是中国上市公司知识产权指数企业报告。首先按照上市公司知识产权指数计算公式得出 2022 年中国上市公司知识产权指数企业排行榜；之后，分别对上市公司知识产权指数十强上市公司的全球专利公开趋势、在华专利授权趋势、重点专利技术领域分布及未来技术发展趋势进行分析。

1.3 研究方法

1.3.1 综合评价法

综合评价法，也称多指标（或多属性）综合评价法，是根据研究的目的建立一个指标体系，从多个方面分别给予定量描述，并综合各个指标所提供的信息，得到一个综合评价值，对研究对象做出整体性评判，以此进行横向或纵向的比较。本书构建上市公司知识产权指数评价指标体系，并确定中国上市公司知识产权指数（企业）、中国上市公司知识产权指数（省域）、中国上市公司知识产权指数（产业）计算方法，最后根据评价结果进行统计分析。

1.3.2 德尔菲法

德尔菲法是根据专家的直接经验对研究的问题进行判断、预测的定性方法。该方法以匿名方式征求专家意见，负责人对专家意见进行汇总整理，将整理结果发给各个专家进行再次分析判断，以提出新的意见。通过多轮滚动式函询调查，专家意见日趋一致，结论的可靠性越来越大。本书应用该方法筛选上市公司知识产权指数评价指标，并确定各指标权重。

1.3.3 统计分析法

统计分析法指对收集的各种数据及资料进行数理统计和分析,认识和揭示事物间的相互关系、变化规律和发展趋势,是一种常用的定量研究方法。本书运用 Python 和 Excel 工具对数据样本进行统计分析,包括上市公司不同类型专利授权趋势、上市公司不同知识产权类型产业分布、上市公司不同知识产权类型地区分布等。

1.3.4 文本挖掘

主题模型可以用来揭示文本中的主题,常用的潜在狄利克雷分布(Latent Dirichlet distribution,LDA)将每个文档转化为一些潜在话题的组合,该方法把每个文档作为一个词袋,忽视了词与词之间的上下文关系。2018 年底,Devlin 等[23]提出了基于变换器的双向编码器表示技术(Bidirectional Encoder Representations from Transformers,BERT)。BERT 模型是一种用于自然语言处理的预训练策略,能够利用句子的深层语义信息,在生成上下文词和句子的向量表示时表现出较好的结果。

基于深度学习的动态主题建模 BERTopic 方法[24]的具体流程包括:第一,使用 Sentence-transformer 预训练模型将专利文本转换成向量表示;第二,使用 UMAP 算法减少文档嵌入的维度;第三,采用 HDBSCAN 算法进行聚类;第四,使用基于类的词频−逆向文档频率(term frequency-inverse document frequency,TF-IDF)为聚类得到的每个集群分配一个主题,根据每个集群所包括的主题词,通过人工判读并结合专家意见对主题进行命名;第五,划分时间窗口进行动态主题模型训练。

由于篇幅所限,本书选择上市公司知识产权指数排名前十的产业领域进行产业专利主题挖掘,并根据各个主题在不同时间窗口下的出现频次,绘制主题随时间变化的河流图,展示主要产业主题的时间演化趋势。河流图中的线条粗细代表主题出现频次的高低,即线条越粗,出现频次越高,代表该主题的关注度越高。

1.4 数据来源与采集

1.4.1 上市公司数据来源与采集

上市公司数据主要来自中国证券监督管理委员会、深交所、上交所、北交所等信息公开披露平台,截至 2023 年 4 月 23 日,中国共有 5159 家 A 股上市公司。上市公司的省份、研发投入、研发人员等基本信息来自各上市公司 2022 年年报。无法获得部分上市公司 2022 年的研发人员数量和研发费用支出数据,缺失值以空值代替。

1.4.2 知识产权数据来源与采集

上市公司专利数据主要来自国家知识产权局专利信息服务平台。上市公司专利数据以"申请人"字段为检索入口,检索词为上市公司的全称。同时,通过国家企业信用信息公示系统逐个检索上市公司的名称变更记录,补全上市公司的曾用名称,避免因上市公司名称变更引起的专利漏检。专利数据的采集时间为 2023 年 5 月 1 日。截至检索日期,中国上市公司累计授权专利 1 798 401 件,2022 年 PCT 专利申请量为 80 237 件。由于专利申请日和公开日之间具有时滞,所以本书的专利申请量是指已在国家知识产权局公开的专利申请数。

商标数据来源于中国商标网,作品著作权数据和计算机软件著作权数据来源于中国版权保护中心,农业植物新品种数据来源于农业农村部官网,林草植物新品种数据来源于国家林草局,集成电路布图设计数据来源于国家知识产权局。

全球主要国家（和地区）专利数据来源于世界知识产权局统计数据库（WIPO Statistics Database）。

所有数据由科技大数据湖北省重点实验室中国产业智库大数据中心采集、清洗、整理和集成。

本章参考文献

[1] 中华人民共和国中央人民政府. 中共中央 国务院印发《知识产权强国建设纲要（2021—2035 年）》[EB/OL]. http://www.gov.cn/zhengce/2021-09/22/content_5638714.htm[2021-09-22].

[2] 中华人民共和国中央人民政府. 国务院关于印发“十四五”国家知识产权保护和运用规划的通知[EB/OL]. http://www.gov.cn/zhengce/content/2021-10/28/content_5647274.htm[2021-10-09].

[3] 中华人民共和国中央人民政府. 中共中央关于党的百年奋斗重大成就和历史经验的决议（全文）[EB/OL]. http://www.gov.cn/zhengce/2021-11/16/content_5651269.htm[2021-11-16].

[4] 中华人民共和国中央人民政府. 李强主持国务院第四次专题学习[EB/OL]. https://www.gov.cn/govweb/yaowen/liebiao/202310/content_6913000.htm[2023-11-20].

[5] WIPO.《世界知识产权指标报告》：2022 年全球提交的专利申请数量创历史新高[EB/OL]. https://www.wipo.int/pressroom/zh/articles/2023/article_0013.html[2023-11-06].

[6] 习近平. 高举中国特色社会主义伟大旗帜 为全面建设社会主义现代化国家而团结奋斗——在中国共产党第二十次全国代表大会上的报告. 北京：人民出版社,2022.

[7] 朱宝琛. 科创板服务“硬科技”定位不能松[N]. 证券日报,2021-04-19（A02）.

[8] 北京证券交易所. 本所简介[EB/OL]. https://www.bse.cn/company/introduce.html[2024-01-01].

[9] 吴汉东. 知识产权法（第七版）[M]. 北京：北京大学出版社,2019：10.

[10] 中华人民共和国中央人民政府. 全国人民代表大会常务委员会关于修改《中华人民共和国著作权法》的决定[EB/OL]. https://www.gov.cn/xinwen/2020-11/11/content_5560583.htm[2020-11-11].

[11] 国家知识产权局. 中华人民共和国专利法（2020 年修正）[EB/OL]. https://www.cnipa.gov.cn/art/2020/11/23/art_97_155167.html[2020-11-23].

[12] 国家知识产权局. 中华人民共和国商标法（2019 年修正）[EB/OL]. https://www.cnipa.gov.cn/art/2019/7/30/art_95_28179.html[2019-07-30].

[13] 中华人民共和国农业农村部. 行政法规-中华人民共和国植物新品种保护条例[EB/OL]. http://www.zys.moa.gov.cn/flfg/202009/t20200901_6351286.htm[2020-09-01].

[14] 中华人民共和国中央人民政府. 集成电路布图设计保护条例[EB/OL]. https://www.gov.cn/gongbao/content/2001/content_60794.htm[2001-04-02].

[15] 中华人民共和国中央人民政府. 国务院关于修改《计算机软件保护条例》的决定（国务院令第 632 号）[EB/OL]. https://www.gov.cn/zhuanti/2013-02/08/content_2610680.htm[2013-02-08].

[16] Property Rights Alliance. International Property Rights Index 2020 [R/OL]. https://atr-ipri2017.s3.amazonaws.com/uploads/IPRI+2020+Full+Report.pdf[2020-10-20].

[17] 刘辉锋,孙云杰. 从主要国际评价报告透视中国创新能力[J]. 科技管理研究,2017,37（15）：10-14.

[18] 唐杰,黄颖. 日本知识产权战略指标研究[J]. 情报杂志,2009,28（5）：37-41.

[19] 国家知识产权局. 2022 年中国知识产权发展状况评价报告[EB/OL]. https://www.cnipa.gov.cn/art/2022/12/28/art_88_181042.html[2022-12-28].

［20］胡文静，马建霞，谢珍. 基于公共价值的区域知识产权高质量发展评价方法与实证研究［J］. 科技进步与对策，2022，39（22）：40-50.

［21］李西良，田力普，赵红. 高新技术企业知识产权能力测度研究——基于 DEMATEL-VIKOR 的指数模型［J］. 科研管理，2020，41（04）：270-279.

［22］中国上市公司协会. 中国上市公司协会上市公司行业统计分类指引［EB/OL］. https://www.capco.org.cn/xhdt/tzgg/202305/20230521/j_20230521175445000168466300061707656.html［2023-05-21］.

［23］Devlin J，Chang M W，Lee K，et al. BERT：Pre-training of Deep Bidirectional Transformers for Language Understanding［EB/OL］. 2018. arXiv preprint arXiv：1810.04805.

［24］Grootendorst M. BERTopic：Neural topic modeling with a class-based TF-IDF procedure［EB/OL］. 2022. arXiv preprint arXiv：2203.05794.

第2章 中国上市公司知识产权整体分析

本章首先介绍中国与全球主要国家和地区知识产权投入与产出概况。其次，介绍我国知识产权的整体情况，以及知识产权的省域分布和专利大类分布。再次，从省域、产业和板块介绍上市公司研发投入与产出情况。最后，依据上市公司的知识产权指数公式计算得到全部上市公司知识产权指数排行榜，并对比分析上市公司知识产权指数的省域分布、产业分布、板块分布。

2.1 中国与全球主要国家和地区知识产权产出比较分析

2022 年，全球专利申请 346 万件。继 2019 年下降 3%后，全球专利申请量实现连续三年增长，2020 年增长率为 1.5%，2021 年为 3.6%，2022 年为 1.7%[1]（图 2-1）。

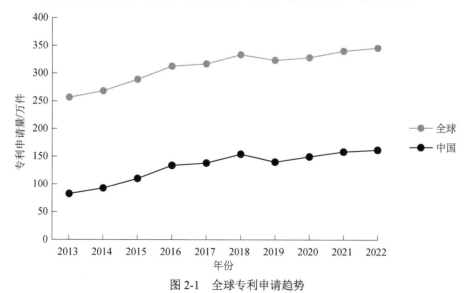

图 2-1　全球专利申请趋势

资料来源：World Intellectual Property Organization. World Intellectual Property Indicators 2023［EB/OL］.
https://www.wipo.int/publications/zh/details.jsp?id=4678［2023-11-06］

2022 年，全球有效专利数量较 2021 年增长了 4.1%，达到约 1725 万件；中国的有效专利数量达到约 421 万件，位居第一；随后依次是美国（约 334 万件）、日本（约 203 万件）、韩国（约 121 万件）和德国（约 92 万件）[1]（表 2-1）。美国有超过一半的有效专利来自国外，而中国和日本国内的有效专利分别约占 20% 与 19%。

表 2-1 2018～2022 年全球主要国家、地区和组织有效专利拥有量 （单位：件）

国家、地区和组织	2018 年（排名）	2019 年（排名）	2020 年（排名）	2021 年（排名）	2022 年（排名）
中国	2 366 314（2）	2 670 784（2）	3 057 844（2）	3 596 901（1）	4 212 188（1）
美国	3 063 494（1）	3 131 427（1）	3 348 531（1）	3 327 540（2）	3 343 159（2）
日本	2 054 276（3）	2 053 879（3）	2 039 040（3）	2 020 424（3）	2 029 223（3）
韩国	1 001 163（4）	1 048 079（4）	1 096 721（4）	1 153 320（4）	1 214 146（4）
德国	703 606（5）	772 358（5）	834 734（5）	877 763（5）	917 232（5）
法国	602 084（6）	640 883（7）	674 334（7）	703 342（6）	718 197（6）
英国	572 063（7）	641 887（6）	682 245（6）	690 131（7）	701 292（7）
意大利	306 768（8）	339 072（8）	402 621（8）	409 696（8）	395 227（8）
俄罗斯	256 419（9）	263 688（9）	266 189（9）	264 587（10）	259 020（9）
瑞士	244 581（10）	246 124（10）	250 143（10）	264 909（9）	241 587（10）
西班牙	95 911（21）	222 666（11）	224 455（11）	225 741（11）	214 974（11）
荷兰	194 393（12）	205 675（13）	212 855（13）	212 866（12）	211 591（12）
加拿大	184 559（13）	187 928（14）	192 668（14）	203 603（13）	191 627（13）
爱尔兰	196 707（11）	221 884（12）	217 386（12）	197 254（14）	167 519（14）
澳大利亚	156 244（15）	159 244（17）	159 304（18）	157 313（16）	159 361（15）
比利时	155 083（16）	162 827（16）	164 635（16）	157 321（15）	147 281（16）
奥地利	167 594（14）	171 654（15）	159 581（17）	152 105（17）	143 690（17）
印度	60 865（26）	76 556（25）	92 897（23）	110 879（21）	128 663（18）
墨西哥	113 286（18）	113 449（19）	113 330（19）	117 170（19）	118 484（19）
卢森堡	98 245（20）	145 728（18）	165 249（15）	143 988（18）	117 527（20）
瑞典	100 974（19）	107 032（21）	111 789（20）	112 035（20）	112 414（21）
巴西	31 977（36）	39 538（34）	57 942（28）	75 529（26）	94 435（22）
波兰	82 618（22）	91 974（22）	102 531（22）	93 364（23）	94 156（23）
南非	73 270（24）	76 936（24）	78 787（25）	85 431（24）	92 226（24）
印度尼西亚	31 931（37）	25 180（40）	59 394（27）	—	84 540（25）
土耳其	75 363（23）	81 685（23）	88 753（24）	82 425（25）	80 347（26）
丹麦	62 408（25）	65 967（26）	68 961（26）	69 784（27）	70 398（27）
摩纳哥	115 893（17）	112 286（20）	109 213（21）	108 388（22）	69 300（28）
芬兰	52 140（27）	54 501（27）	55 898（29）	56 847（29）	56 468（30）
挪威	37 434（33）	42 202（32）	46 406（33）	48 407（31）	51 035（31）
捷克	45 016（31）	48 391（30）	50 193（31）	51 153（30）	50 974（32）
新加坡	48 105（30）	47 310（31）	46 640（32）	47 801（32）	47 223（33）
葡萄牙	38 193（32）	40 052（33）	41 374（34）	41 927（33）	40 496（34）

续表

国家、地区和组织	2018 年（排名）	2019 年（排名）	2020 年（排名）	2021 年（排名）	2022 年（排名）
伊朗	48 859（29）	53 565（28）	38 642（35）	35 955（34）	38 762（35）
以色列	33 951（34）	34 892（35）	35 096（36）	35 539（35）	38 145（36）
匈牙利	28 677（38）	31 958（36）	33 566（37）	34 797（36）	35 746（37）
马来西亚	26 572（40）	27 309（39）	31 975（38）	34 141（37）	35 175（38）
希腊	27 426（39）	28 321（38）	28 492（39）	29 228（38）	28 866（39）
菲律宾	23 405（41）	24 797（42）	25 715（42）	26 973（40）	28 755（40）
罗马尼亚	22 732（43）	24 809（41）	27 475（41）	27 264（39）	27 931（41）
新西兰	33 331（35）	30 519（37）	28 048（40）	25 749（41）	25 151（42）
斯洛伐克	19 247（44）	20 981（44）	21 912（43）	21 940（42）	21 829（43）
智利	13 795（46）	14 438（47）	17 120（47）	14 359（48）	20 328（44）
越南	12 965（48）	18 575（45）	12 625（50）	14 444（47）	19 028（45）
泰国	15 696（45）	16 204（46）	17 306（46）	18 817（43）	18 856（46）
乌克兰	22 977（42）	22 440（43）	21 190（44）	18 478（44）	18 806（47）
斯洛文尼亚	1 343（71）	—	17 781（45）	18 304（45）	18 333（48）
保加利亚	13 393（47）	14 342（48）	14 790（48）	15 291（46）	14 922（49）
立陶宛	10 983（49）	11 810（49）	12 354（51）	12 718（50）	12 990（50）
阿根廷	—	—	14 550（49）	13 411（49）	12 976（51）
克罗地亚	8 945（52）	10 059（51）	11 041（53）	11 876（51）	12 597（52）
爱沙尼亚	10 452（50）	11 194（50）	11 444（52）	11 768（52）	11 752（53）
拉脱维亚	9 475（51）	9 928（52）	9 249（55）	10 726（53）	11 282（54）
摩洛哥	8 364（53）	8 737（53）	10 192（54）	10 215（54）	10 128（55）
冰岛	7 380（56）	8 481（54）	9 001（56）	9 330（55）	9 457（56）
沙特阿拉伯	3 383（61）	3 829（63）	4 175（65）	6 017（61）	8 946（57）
哥伦比亚	7 403（55）	8 211（55）	8 365（57）	8 457（57）	8 845（58）
塞尔维亚	5 685（59）	6 773（59）	7 528（60）	8 198（58）	8 613（59）
赞比亚	7 717（54）	7 726（57）	8 205（58）	8 525（56）	8 537（60）
阿尔巴尼亚	5 021（60）	6 017（60）	5 833（61）	6 519（60）	8 497（61）
北马其顿	—	7 445（58）	4 610（63）	4 903（63）	5 659（62）
埃及	5 706（58）	5 827（61）	5 655（62）	5 386（62）	5 267（63）
阿尔及利亚	2 084（65）	4 496（62）	4 319（64）	4 646（64）	5 250（64）
阿曼	—	—	3 623（68）	4 429（65）	4 912（65）
莫桑比克	2 531（64）	3 041（66）	3 791（66）	4 259（66）	4 753（66）
秘鲁	3 098（62）	3 432（64）	3 657（67）	3 740（67）	3 998（67）
阿拉伯联合酋长国	1 139（74）	1 283（74）	2 416（71）	2 705（69）	3 265（68）
哈萨克斯坦	—	2 891（67）	3 152（70）	3 137（68）	2 855（69）
非洲地区知识产权组织	2 007（67）	1 921（69）	2 086（72）	2 358（71）	2 767（70）
纳米比亚	623（84）	643（83）	664（84）	—	2 195（71）
巴基斯坦	1 835（69）	1 861（70）	1 973（73）	2 054（73）	2 062（72）
孟加拉国	990（76）	1 429（72）	1 732（75）	2 114（72）	1 967（73）

续表

国家、地区和组织	2018 年（排名）	2019 年（排名）	2020 年（排名）	2021 年（排名）	2022 年（排名）
科威特	—	—	—	—	1 808（74）
蒙古国	1 030（75）	1 155（76）	1 317（77）	1 445（76）	1 533（75）
白俄罗斯	1 991（68）	1 813（71）	1 752（74）	1 555（74）	1 490（76）
乌兹别克斯坦	966（77）	1 161（75）	1 159（79）	1 217（77）	1 413（77）
哥斯达黎加	629（83）	1 068（77）	1 175（78）	1 188（78）	1 282（78）
马耳他	224（97）	233（94）	248（99）	233（95）	1 131（79）
多米尼加	635（82）	758（81）	861（82）	938（81）	1 067（80）
特立尼达和多巴哥	—	—	—	1 075（79）	1 040（81）
斯里兰卡	850（79）	781（80）	939（80）	995（80）	982（82）
文莱	399（87）	540（85）	652（85）	1 521（75）	962（83）
格鲁吉亚	1 312（73）	986（78）	910（81）	898（82）	892（84）
肯尼亚	—	—	—	—	689（85）
冈比亚	16（110）	—	539（88）	563（84）	639（86）
非洲知识产权组织	—	—	—	—	530（87）
津巴布韦	455（86）	469（86）	473（89）	477（87）	513（88）
卡塔尔	—	—	205（103）	83（106）	482（89）
叙利亚	—	—	439（91）	491（86）	451（90）
委内瑞拉	—	—	—	212（99）	450（91）
加纳	—	—	—	—	429（92）
圣多美和普林西比	19（109）	6（111）	349（93）	387（88）	396（93）
洪都拉斯	1 765（70）	267（90）	252（97）	349（89）	379（94）
巴林	60（104）	130（100）	131（108）	114（102）	307（96）
摩尔多瓦	324（89）	317（88）	289（95）	293（92）	291（97）
埃塞俄比亚	—	—	220（101）	—	264（98）
塞舌尔	209（98）	209（97）	225（100）	264（94）	256（99）
阿塞拜疆	253（92）	236（91）	252（97）	272（93）	250（100）
牙买加	286（91）	306（89）	317（94）	319（91）	245（101）
玻利维亚	—	—	125（109）	217（98）	224（102）
马达加斯加	229（95）	234（93）	209（102）	223（97）	217（103）
危地马拉	914（78）	235（92）	257（96）	224（96）	205（104）
吉尔吉斯斯坦	253（92）	223（95）	194（104）	173（100）	175（105）
波斯尼亚和黑塞哥维那	234（94）	184（98）	160（106）	152（101）	119（106）
巴布亚新几内亚	78（101）	82（101）	86（111）	91（104）	105（107）
也门	35（107）	76（102）	95（110）	99（103）	102（108）
安哥拉	—	—	85（112）	86（105）	80（109）
厄瓜多尔	65（103）	71（103）	80（113）	80（107）	66（110）
伯利兹	16（110）	41（105）	45（115）	57（108）	61（111）
安道尔	10（113）	20（107）	33（116）	39（110）	40（112）

续表

国家、地区和组织	2018 年（排名）	2019 年（排名）	2020 年（排名）	2021 年（排名）	2022 年（排名）
萨摩亚	52（106）	56（104）	50（114）	51（109）	38（113）
乌干达	—	—	22（118）	22（112）	22（114）
圣文森特岛	8（114）	19（108）	19（120）	20（113）	18（115）
亚美尼亚	209（98）	219（96）	189（105）	12（117）	12（116）
塞浦路斯	12（112）	16（110）	21（119）	14（115）	11（117）
吉布提	—	—	5（123）	13（116）	7（118）
不丹	—	1（112）	1（125）	1（120）	3（119）
佛得角	1（116）	—	—	2（118）	2（120）
安提瓜和巴布达	78（101）	—	—	—	—
博茨瓦纳	2 038（66）	2 040（68）	—	—	—
古巴	727（80）	648（82）	581（86）	494（85）	—
刚果民主共和国	30（108）	28（106）	15（121）	—	—
格林纳达	—	—	13（122）	—	—
圭亚那	—	—	—	24（111）	—
伊拉克	2 784（63）	3 199（65）	3 546（69）	—	—
约旦	532（85）	554（84）	694（83）	821（83）	—
老挝	—	—	574（87）	—	—
毛里求斯	53（105）	—	—	20（113）	—
尼日利亚	650（81）	853（79）	451（90）	—	—
巴拿马	1 338（72）	1 343（73）	1 490（76）	2 430（70）	—
巴拉圭	226（96）	175（99）	148（107）	—	—
海合会专利局	7 350（57）	7 993（56）	7 771（59）	6 646（59）	—
卢旺达	309（90）	—	—	—	—
苏丹	204（100）	—	—	—	—
汤加	—	—	3（124）	2（118）	—
图瓦卢	7（115）	17（109）	27（117）	—	—

资料来源：WIPO Statistics Database，更新时间为 2023 年 11 月

中国每千亿美元 GDP 居民专利申请量由 2012 年的 3812 件增长到 2022 年的 5702 件，仅次于韩国，位居全球第 2（表 2-2）。

表 2-2　全球主要国家和地区每千亿美元 GDP 居民专利申请量　　（单位：件）

国家和地区	2018 年	2019 年	2020 年	2021 年	2022 年
韩国	7509（1）	7753（1）	8212（1）	8137（1）	7828（1）
中国	6566（2）	5529（2）	5848（2）	5721（2）	5702（2）
日本	4789（3）	4652（3）	4503（3）	4313（3）	4200（3）
瑞士	1553（5）	1604（5）	1622（4）	1595（4）	1645（4）
德国	1656（4）	1641（4）	1582（5）	1486（5）	1374（5）
芬兰	1175（7）	1128（9）	1330（7）	1358（6）	1270（6）
瑞典	1106（9）	1138（7）	1163（8）	1200（8）	1190（7）

续表

国家和地区	2018 年	2019 年	2020 年	2021 年	2022 年
美国	1422（6）	1390（6）	1352（6）	1241（7）	1170（8）
丹麦	1121（8）	1136（8）	1132（9）	1093（9）	1054（9）
荷兰	958（10）	932（11）	906（11）	871（10）	835（10）
奥地利	886（12）	889（12）	955（10）	865（11）	804（11）
法国	814（14）	786（13）	819（13）	789（12）	777（12）
伊朗	951（11）	949（10）	905（12）	774（13）	610（13）
卢森堡	869（13）	765（14）	742（14）	735（14）	600（14）
英国	601（16）	578（16）	633（15）	571（16）	538（15）
比利时	557（17）	554（17）	575（18）	547（17）	529（16）
意大利	524（18）	536（18）	631（16）	612（15）	516（17）
俄罗斯	647（15）	594（15）	622（17）	486（18）	482（18）
挪威	492（19）	457（20）	445（22）	445（20）	413（19）
冰岛	444（22）	475（19）	449（20）	486（18）	404（20）
斯洛文尼亚	451（21）	—	509（19）	401（21）	390（21）
印度	185（43）	213（35）	269（29）	280（27）	383（22）
以色列	421（23）	367（22）	449（20）	401（21）	361（23）
土耳其	331（26）	355（23）	356（24）	336（24）	334（24）
马耳他	241（32）	259（29）	331（25）	258（30）	321（25）
新加坡	284（28）	308（25）	330（26）	345（23）	281（26）
波兰	393（25）	346（24）	364（23）	297（25）	279（27）
蒙古	215（37）	209（37）	172（46）	279（28）	274（28）
葡萄牙	252（31）	271（28）	287（27）	288（26）	272（29）
加拿大	240（33）	229（31）	254（31）	256（31）	240（30）
吉尔吉斯斯坦	—	295（26）	225（34）	261（29）	212（31）
爱尔兰	216（36）	219（34）	230（33）	198（38）	210（32）
乌克兰	404（24）	390（21）	263（30）	243（32）	209（33）
南非	82（71）	71（67）	72（71）	228（34）	205（34）
拉脱维亚	169（48）	175（40）	210（36）	208（36）	203（35）
白俄罗斯	319（27）	225（32）	234（32）	199（37）	201（36）
希腊	176（44）	156（46）	185（42）	189（39）	187（37）
澳大利亚	225（34）	211（36）	189（38）	232（33）	186（38）
捷克	217（35）	220（33）	213（35）	174（43）	165（39）
西班牙	175（45）	165（43）	189（38）	181（41）	163（40）
乌兹别克斯坦	200（39）	150（48）	140（55）	152（46）	159（41）
哈萨克斯坦	190（42）	—	188（40）	—	153（42）
突尼斯	137（55）	—	—	—	153（42）

国家和地区	2018 年	2019 年	2020 年	2021 年	2022 年
匈牙利	174（46）	165（43）	176（43）	169（44）	150（44）
爱沙尼亚	154（53）	167（42）	166（48）	182（40）	147（45）
摩尔多瓦	280（29）	250（30）	272（28）	180（42）	147（45）
沙特阿拉伯	101（63）	102（61）	132（57）	88（62）	143（47）
肯尼亚	109（62）	129（56）	147（53）	64（70）	139（48）
阿塞拜疆	131（57）	138（53）	78（68）	100（59）	137（49）
罗马尼亚	206（38）	159（45）	156（50）	136（50）	137（49）
哥伦比亚	58（76）	58（71）	54（78）	57（75）	136（51）
格鲁吉亚	194（40）	152（47）	156（50）	157（45）	136（51）
巴西	162（49）	176（39）	176（43）	148（47）	135（53）
立陶宛	119（59）	115（60）	140（55）	140（49）	132（54）
斯洛伐克	157（52）	142（50）	154（52）	107（55）	129（55）
保加利亚	136（56）	136（54）	188（40）	124（52）	122（56）
塞浦路斯	158（51）	139（51）	190（37）	123（53）	121（57）
克罗地亚	117（60）	179（38）	127（58）	84（63）	117（58）
新西兰	484（20）	150（48）	163（49）	147（48）	116（59）
津巴布韦	—	—	—	—	106（60）
塞尔维亚	141（54）	139（51）	116（60）	117（54）	100（61）
阿尔及利亚	31（88）	23（88）	35（86）	55（76）	94（62）
马来西亚	128（58）	118（59）	115（61）	100（59）	85（63）
摩洛哥	64（74）	66（69）	89（65）	84（63）	80（64）
越南	71（73）	73（66）	101（64）	103（57）	80（64）
北马其顿	—	—	147（53）	136（50）	74（66）
智利	87（68）	93（63）	84（67）	81（65）	73（67）
波斯尼亚和黑塞哥维那	173（47）	90（64）	103（63）	102（58）	67（68）
纳米比亚	85（69）	37（79）	—	—	66（69）
斯里兰卡	115（61）	120（57）	125（59）	91（61）	63（70）
泰国	72（72）	67（68）	72（71）	71（67）	62（71）
莫桑比克	89（67）	59（70）	68（74）	76（66）	61（72）
阿尔巴尼亚	39（83）	15（94）	—	63（71）	56（73）
塞内加尔	38（84）	24（86）	25（93）	59（73）	55（74）
菲律宾	58（76）	52（72）	55（77）	53（77）	54（75）
黑山	23（91）	120（57）	44（80）	—	51（76）
亚美尼亚	274（30）	290（27）	173（45）	106（56）	47（77）
喀麦隆	44（81）	32（81）	43（81）	63（71）	45（78）
印度尼西亚	46（80）	97（62）	42（82）	43（80）	45（78）

续表

国家和地区	2018 年	2019 年	2020 年	2021 年	2022 年
阿根廷	42 (82)	45 (75)	104 (62)	41 (81)	43 (80)
埃及	85 (69)	83 (65)	76 (69)	66 (68)	42 (81)
秘鲁	22 (93)	33 (80)	34 (88)	22 (91)	41 (82)
墨西哥	62 (75)	52 (72)	49 (79)	46 (79)	39 (83)
安哥拉	3 (119)	1 (112)	—	—	38 (84)
博茨瓦纳	—	5 (106)	9 (110)	8 (105)	34 (85)
巴基斯坦	27 (89)	27 (83)	30 (89)	35 (83)	29 (86)
乍得	33 (87)	—	12 (104)	12 (100)	28 (87)
牙买加	91 (66)	49 (74)	39 (84)	59 (73)	28 (87)
多哥	18 (97)	12 (100)	29 (90)	11 (101)	26 (89)
卢旺达	23 (91)	—	59 (76)	50 (78)	25 (90)
约旦	24 (90)	21 (89)	36 (85)	24 (87)	24 (91)
阿曼	11 (106)	21 (89)	69 (73)	41 (81)	24 (91)
科特迪瓦	18 (97)	13 (98)	12 (104)	28 (85)	21 (93)
毛里塔尼亚	—	—	4 (118)	8 (105)	19 (94)
加蓬	10 (107)	25 (84)	13 (103)	65 (69)	18 (95)
马达加斯加	22 (93)	—	15 (100)	14 (97)	18 (95)
刚果	5 (116)	24 (86)	62 (75)	21 (92)	16 (97)
阿拉伯联合酋长国	14 (104)	15 (94)	11 (109)	11 (101)	16 (97)
尼日尔	22 (93)	11 (102)	27 (92)	13 (99)	15 (99)
赞比亚	18 (97)	3 (109)	28 (91)	21 (92)	15 (99)
厄瓜多尔	17 (101)	15 (94)	18 (97)	18 (95)	14 (101)
布基纳法索	17 (101)	—	20 (95)	10 (104)	12 (102)
玻利维亚	—	—	9 (110)	5 (113)	10 (103)
塔吉克斯坦	—	42 (78)	12 (104)	32 (84)	10 (103)
贝宁	14 (104)	16 (91)	7 (114)	23 (89)	9 (105)
乌干达	7 (113)	16 (91)	15 (100)	15 (96)	9 (105)
哥斯达黎加	8 (110)	15 (94)	12 (104)	14 (97)	8 (107)
几内亚	3 (119)	—	12 (104)	8 (105)	8 (107)
巴拉圭	38 (84)	5 (106)	16 (99)	11 (101)	8 (107)
孟加拉国	8 (110)	8 (104)	4 (118)	7 (109)	7 (110)
萨尔瓦多	5 (116)	2 (111)	8 (113)	3 (114)	7 (110)
马里	18 (97)	7 (105)	9 (110)	24 (87)	6 (112)
埃塞俄比亚	6 (115)	—	2 (121)	—	5 (113)
巴林	21 (96)	9 (103)	14 (102)	6 (110)	4 (114)
多米尼加	9 (109)	12 (100)	5 (116)	3 (114)	4 (114)

续表

国家和地区	2018 年	2019 年	2020 年	2021 年	2022 年
加纳	8 （110）	—	7 （114）	—	4 （114）
危地马拉	4 （118）	5 （106）	5 （116）	6 （110）	4 （114）
巴布亚新几内亚	—	—	—	—	3 （118）
特立尼达和多巴哥	10 （107）	3 （109）	3 （120）	6 （110）	3 （118）
文莱	100 （65）	30 （82）	18 （97）	8 （105）	—
柬埔寨	2 （121）	—	—	—	—
刚果民主共和国	48 （79）	44 （76）	74 （70）	—	—
圭亚那	—	—	—	227 （35）	—
洪都拉斯	15 （103）	—	—	—	—
伊拉克	161 （50）	172 （41）	169 （47）	—	—
科威特	7 （113）	—	—	—	—
老挝	2 （121）	—	—	—	—
毛里求斯	55 （78）	13 （98）	23 （94）	23 （89）	—
尼日利亚	38 （84）	43 （77）	41 （83）	—	—
巴拿马	101 （63）	25 （84）	19 （96）	26 （86）	—
卡塔尔	—	16 （91）	35 （86）	19 （94）	—
苏丹	191 （41）	133 （55）	89 （65）	—	—

资料来源：WIPO Statistics Database，更新时间为 2023 年 11 月

2.2 中国知识产权的整体情况

2.2.1 中国知识产权主要统计数据

根据《国家知识产权局 2022 年度报告》[2]，2022 年我国国内发明专利授权 69.6 万件，授权实用新型专利 280.4 万件，授权外观设计专利 72.1 万件。截至 2022 年底，国内发明专利有效量为 421.2 万件。

2022 年，我国受理 PCT 国际专利申请 7.4 万件，同比增长 1.4%。其中，6.9 万件来自国内，同比增长 1.1%。自 1994 年起累计受理 PCT 国际专利申请 59.5 万件，累计完成 PCT 国际检索报告 56.3 万件。

2022 年，我国国内商标注册 600.2 万件，提交的马德里商标国际注册申请 5827 件。

2022 年，受理地理标志产品保护申请 9 个，批准地理标志产品保护申请 5 个，核准使用地理标志专用标志市场主体 6373 家，新核准以地理标志作为集体商标、证明商标注册 514 件。截至 2022 年底，我国国内累计批准地理标志产品 2355 个，累计注册地理标志作为集体商标、证明商标 6849 件。

2022 年，我国国内集成电路布图设计登记申请 1.4 万件，发证 9006 件。自 2001 年 10 月

1 日《集成电路布图设计保护条例》实施以来，累计收到集成电路布图设计登记申请 8.1 万件，累计发证 6.1 万件。

2.2.2 中国知识产权省域分布情况

2022 年，我国专利授权量排名前五位的地区依次是广东省、江苏省、浙江省、山东省、北京市，我国商标注册量排名前五位的地区依次是广东省、浙江省、江苏省、北京市、山东省，我国地理标志产品累计批准量排名前五位的地区依次是四川省、湖北省、广东省、贵州省、河南省，我国集成电路布图设计发证量排名前五位的地区依次是广东省、江苏省、上海市、四川省、北京市（表 2-3）。

表 2-3　2022 年分地区国内知识产权分布情况　　　（单位：件）

地区	专利授权量（排名）	商标注册量（排名）	地理标志产品累计批准量（排名）	集成电路布图设计发证量（排名）
全国	4 201 203	6 001 698	2 355	9 006
广东省	837 276（1）	1 143 878（1）	162（3）	2 597（1）
江苏省	560 127（2）	398 631（3）	91（9）	1 819（2）
浙江省	443 985（3）	559 986（2）	115（6）	446（6）
山东省	342 290（4）	373 687（5）	82（14）	180（11）
北京市	202 722（5）	387 204（4）	13（27）	457（5）
上海市	178 323（6）	350 704（6）	12（30）	1 428（3）
湖北省	160 849（7）	151 030（13）	165（2）	203（9）
安徽省	156 584（8）	195 276（11）	87（11）	310（7）
福建省	141 536（9）	327 483（7）	107（7）	234（8）
河南省	135 990（10）	280 931（8）	116（5）	53（15）
四川省	135 507（11）	230 862（9）	296（1）	571（4）
河北省	115 314（12）	195 541（10）	75（15）	22（18）
湖南省	92 916（13）	162 029（12）	83（13）	68（14）
陕西省	79 375（14）	108 603（15）	86（12）	181（10）
辽宁省	77 434（15）	86 711（19）	89（10）	14（20）
江西省	75 830（16）	120 979（14）	62（19）	11（21）
天津市	71 545（17）	54 955（24）	13（27）	76（13）
重庆市	66 467（18）	104 609（16）	14（26）	85（12）
广西壮族自治区	44 691（19）	78 165（20）	93（8）	19（19）
云南省	39 497（20）	99 516（17）	65（18）	6（24）
黑龙江省	36 551（21）	65 721（21）	75（15）	36（17）
山西省	33 068（22）	57 184（22）	27（24）	10（22）
吉林省	29 534（23）	52 747（26）	53（20）	2（27）
贵州省	29 382（24）	91 031（18）	150（4）	37（16）

续表

地区	专利授权量（排名）	商标注册量（排名）	地理标志产品累计批准量（排名）	集成电路布图设计发证量（排名）
内蒙古自治区	24 640（25）	53 232（25）	41（21）	0（31）
甘肃省	22 490（26）	30 104（28）	68（17）	4（25）
新疆维吾尔自治区	20 528（27）	55 654（23）	39（22）	3（26）
海南省	13 148（28）	43 976（27）	12（30）	9（23）
宁夏回族自治区	12 452（29）	16 072（29）	13（27）	2（27）
青海省	5 276（30）	11 028（30）	16（25）	1（30）
西藏自治区	2 127（31）	8 661（31）	35（23）	2（27）

资料来源：科技大数据湖北省重点实验室根据《国家知识产权局 2022 年度报告》整理

　　截至 2022 年底，全国专利有效量超过 1684 万件，专利有效量排名前五位的地区依次是广东省、江苏省、浙江省、山东省、北京市。从 2018～2022 年的数据来看，专利有效量排名整体变动不大。2022 年山东省专利有效量超越北京市，排名第四（表 2-4）。

表 2-4　2018～2022 年分地区国内专利有效量　（单位：件）

地区	截至 2018 年底（排名）	截至 2019 年底（排名）	截至 2020 年底（排名）	截至 2021 年底（排名）	截至 2022 年底（排名）
全国	**7 517 791**	**8 812 070**	**11 236 868**	**14 417 426**	**16 840 692**
广东省	1 473 835（1）	1 803 875（1）	2 296 261（1）	2 895 945（1）	3 359 312（1）
江苏省	954 415（2）	1 103 925（2）	1 483 781（2）	1 973 116（2）	2 313 015（2）
浙江省	901 447（3）	1 023 110（3）	1 276 423（3）	1 592 452（3）	1 850 260（3）
山东省	410 240（5）	485 852（5）	662 211（5）	912 727（5）	1 138 854（4）
北京市	569 929（4）	653 053（4）	768 090（4）	913 616（4）	1 046 715（5）
上海市	383 928（6）	443 510（6）	542 526（6）	676 697（6）	801 115（6）
安徽省	256 482（9）	302 010（8）	385 211（8）	498 202（8）	596 203（7）
福建省	278 470（7）	321 070（7）	417 745（7）	517 568（7）	578 898（8）
湖北省	202 961（11）	244 552（11）	322 443（11）	442 481（11）	550 760（9）
四川省	259 008（8）	292 273（9）	358 830（9）	462 124（9）	540 924（10）
河南省	215 598（10）	255 966（10）	336 969（10）	448 242（10）	516 925（11）
河北省	159 964（14）	195 377（13）	266 025（12）	355 909（12）	424 084（12）
湖南省	165 460（13）	194 971（14）	249 721（13）	317 087（13）	366 908（13）
天津市	168 879（12）	198 946（12）	245 540（14）	308 263（14）	332 539（14）
辽宁省	130 112（16）	152 424（16）	196 225（16）	256 908（16）	303 038（15）
陕西省	127 921（17）	146 699（18）	184 056（18）	248 526（17）	298 361（16）
江西省	119 286（18）	148 851（17）	199 256（15）	257 228（15）	280 192（17）
重庆市	140 064（15）	158 176（15）	187 340（17）	239 004（18）	274 706（18）
广西壮族自治区	65 627（20）	78 250（19）	102 867（19）	136 587（19）	160 030（19）
云南省	62 470（21）	74 896（20）	93 374（21）	122 471（20）	145 404（20）

地区	截至 2018 年底（排名）	截至 2019 年底（排名）	截至 2020 年底（排名）	截至 2021 年底（排名）	截至 2022 年底（排名）
黑龙江省	68 588（19）	74 739（21）	90 310（22）	118 272（22）	136 909（21）
山西省	52 849（23）	61 654（23）	80 997（23）	109 091（23）	128 202（22）
贵州省	55 444（22）	70 498（22）	94 160（20）	118 367（21）	125 971（23）
吉林省	46 224（24）	54 066（24）	70 382（24）	91 913（24）	108 853（24）
内蒙古自治区	29 496（27）	36 257（26）	49 902（26）	68 588（26）	83 798（25）
甘肃省	34 903（25）	40 976（25）	53 774（25）	70 295（25）	77 975（26）
新疆维吾尔自治区	31 853（26）	33 473（27）	40 942（27）	56 252（27）	70 159（27）
海南省	10 277（29）	13 403（29）	21 275（29）	32 901（28）	42 094（28）
宁夏回族自治区	14 032（28）	16 941（28）	21 889（28）	31 836（29）	40 447（29）
青海省	6 958（30）	8 947（30）	12 420（30）	17 207（30）	19 728（30）
西藏自治区	2 027（31）	2 779（31）	4 090（31）	5 623（31）	6 613（31）

资料来源：科技大数据湖北省重点实验室根据国家知识产权局历年年度报告整理
注：地区按 2022 年专利有效量降序排序。

2.2.3　中国专利大类分布

2022 年授权的发明专利中，授权量超过发明专利授权总量 10% 的有 G 部（物理）、H 部（电学）、B 部（作业；运输）、C 部（化学；冶金），总占比 80%（图 2-2）。2022 年授权的实用新型专利中，授权量超过实用新型专利授权总量 10% 的有 B 部（作业；运输）、A 部（人类生活必需）、F 部（机械工程；照明；加热；武器；爆破）、G 部（物理）、H 部（电学），总占比 87%（图 2-3）。

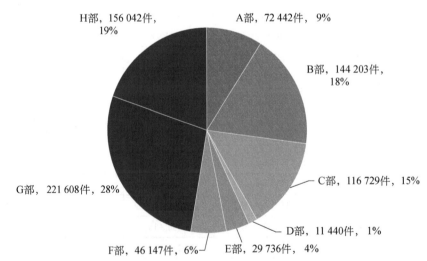

图 2-2　2022 年中国发明授权专利技术领域分布

资料来源：《国家知识产权局 2022 年度报告》

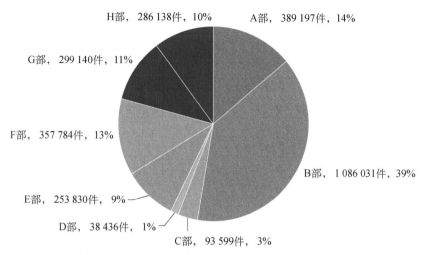

图 2-3　2022 年中国实用新型授权专利技术领域分布
资料来源：科技大数据湖北省重点实验室根据国家知识产权局历年年度报告整理

2.3　中国上市公司研发投入与产出概况

根据《2022 年全国科技经费投入统计公报》，2022 年全国共投入研究与试验发展（R&D）经费 30 782.9 亿元，研究与试验发展经费投入强度（与国内生产总值之比）为 2.54%，按研究与试验发展人员全时工作量计算的人均经费为 48.4 万元。

根据各上市公司发布的年报数据统计，2022 年，A 股上市公司研发经费投入超 1 万亿元，约占全国研发投入的 53%；研发人员数量超 300 万人，约占全国研发人员的 52%。经国家知识产权局公布的专利数据统计，截至 2022 年，中国上市公司累计授权专利约 178 万件，拥有有效专利约 91 万件。

2.3.1　中国上市公司研发投入与产出省域分布

2022 年，中国上市公司中研发人员数量最多的地区是北京市，超过 77 万人；研发费用总额方面，北京市排名第一，达到 4673.07 亿元，研发投入强度为 61.38%（表 2-5）。

表 2-5　2022 年中国上市公司研发投入数据省域分布

地区	IPI（排名）	研发人员数量/人（排名）	研发人员占公司总人数的比例/%（排名）	研发费用总额/亿元（排名）	研发投入强度/%（排名）
北京市	99.176 8（1）	779 558（1）	23.36（1）	4 673.07（1）	61.38（2）
广东省	97.337 7（2）	647 273（2）	18.18（4）	2 710.04（2）	7.18（5）
浙江省	76.536 1（3）	302 755（3）	15.75（10）	1 291.10（4）	5.52（11）
山东省	71.227 7（4）	168 877（6）	14.12（13）	835.35（6）	5.08（13）
江苏省	68.886 9（5）	263 560（4）	16.24（7）	1 080.32（5）	6.50（6）
上海市	61.444 9（6）	234 683（5）	20.06（2）	1 534.58（3）	14.60（3）
四川省	46.984 6（7）	61 132（13）	17.52（5）	331.68（11）	96.35（1）

地区	IPI（排名）	研发人员数量/人（排名）	研发人员占公司总人数的比例/%（排名）	研发费用总额/亿元（排名）	研发投入强度/%（排名）
安徽省	45.825 7（8）	100 006（8）	15.76（9）	422.86（8）	5.14（12）
福建省	44.728 3（9）	106 414（7）	16.18（8）	455.54（7）	5.59（10）
湖南省	43.802 2（10）	75 323（9）	15.48（11）	310.81（12）	4.97（14）
河北省	40.676 2（11）	62 572（11）	13.06（17）	365.58（9）	4.23（19）
湖北省	39.280 6（12）	69 781（10）	16.42（6）	356.85（10）	5.65（9）
重庆市	39.131 9（13）	35 226（16）	11.79（21）	180.55（17）	3.60（22）
河南省	38.737 9（14）	61 296（12）	14.72（12）	230.75（15）	4.85（15）
陕西省	36.373 8（15）	31 585（17）	13.98（14）	163.70（18）	4.47（17）
辽宁省	35.919 3（16）	30 999（19）	12.24（19）	161.90（19）	4.39（18）
天津市	35.579 1（17）	37 843（15）	18.81（3）	251.39（13）	8.40（4）
江西省	34.394 6（18）	31 400（18）	12.08（20）	244.58（14）	3.72（21）
内蒙古自治区	33.546 0（19）	10 642（27）	9.09（30）	76.47（23）	3.22（25）
新疆维吾尔自治区	33.051 1（20）	40 515（14）	9.82（27）	192.57（16）	1.96（30）
山西省	32.918 5（21）	28 243（20）	9.66（28）	96.83（21）	2.63（28）
云南省	32.859 4（22）	19 472（21）	10.91（24）	113.08（20）	3.47（23）
贵州省	32.844 1（23）	14 431（24）	12.30（18）	55.85（24）	3.47（23）
广西壮族自治区	32.633 6（24）	11 183（26）	10.07（26）	45.86（26）	2.89（27）
黑龙江省	32.238 5（25）	11 390（25）	11.46（22）	45.29（27）	5.87（8）
甘肃省	32.060 3（26）	18 091（22）	10.53（25）	49.48（25）	2.95（26）
吉林省	31.997 6（27）	15 267（23）	13.90（15）	85.75（22）	4.74（16）
海南省	31.501 2（28）	5 709（28）	9.34（29）	23.60（29）	3.75（20）
青海省	31.384 8（29）	2 825（31）	8.44（31）	18.56（30）	2.41（29）
西藏自治区	31.325 9（30）	5 151（29）	13.40（16）	31.35（28）	6.27（7）
宁夏回族自治区	31.185 1（31）	2 927（30）	11.05（23）	4.48（31）	1.88（31）

资料来源：科技大数据湖北省重点实验室根据上市公司2022年年报整理

2022年，广东省的上市公司数量最多；广东省上市公司的有效专利拥有量、PCT专利申请量、商标注册量和集成电路布图设计发证量均居全国第一位；上市公司有效专利量占本地区有效专利量比重最高的为北京市,北京市上市公司的作品著作权登记量和计算机软件著作权登记量均居全国第一位；安徽省上市公司的农业植物新品种有效量居全国第一位；河南省上市公司的林草植物新品种有效量居全国第一位（表2-6）。

表2-6　2022年中国上市公司研发产出数据省域分布

地区	上市公司数量/家（排名）	有效专利拥有量/件（排名）	上市公司有效专利量/本地区有效专利量	PCT专利申请量/件（排名）	商标注册量/件（排名）	作品著作权登记量/件（排名）	计算机软件著作权登记量/件（排名）	农业植物新品种有效量/件（排名）	林草植物新品种有效量/件（排名）	集成电路布图设计发证量/件（排名）
北京市	464（4）	148 882（2）	0.14	2 356（2）	58 137（3）	50 838（1）	5 230（1）	1（11）	2（2）	28（5）
广东省	844（1）	270 238（1）	0.08	3 738（1）	127 725（1）	2 159（3）	3 471（2）	4（8）	—	227（1）

续表

地区	上市公司数量/家（排名）	有效专利拥有量/件（排名）	上市公司有效专利量/本地区有效专利量	PCT专利申请量/件（排名）	商标注册量/件（排名）	作品著作权登记量/件（排名）	计算机软件著作权登记量/件（排名）	农业植物新品种有效量/件（排名）	林草植物新品种有效量/件（排名）	集成电路布图设计发证量/件（排名）
浙江省	672（2）	91 356（3）	0.05	567（5）	59 867（2）	3 324（2）	1 539（3）	11（6）	—	10（8）
山东省	295（6）	76 146（4）	0.07	1 719（3）	28 728（6）	1 398（5）	787（6）	254（3）	—	10（8）
江苏省	657（3）	72 740（5）	0.03	642（4）	41 092（4）	464（6）	1 343（5）	5（7）	—	57（3）
上海市	425（5）	42 635（6）	0.05	405（6）	37 410（5）	1 671（4）	1 412（4）	3（10）	—	132（2）
四川省	171（7）	16 260（12）	0.06	34（14）	20 651（7）	233（10）	560（8）	—	—	3（11）
安徽省	167（9）	31 722（7）	0.03	101（11）	15 641（9）	377（7）	380（12）	505（1）	—	17（7）
福建省	171（7）	22 727（8）	0.04	386（7）	19 656（8）	306（8）	580（7）	4（8）	—	8（10）
湖南省	140（10）	21 341（9）	0.06	119（9）	15 148（10）	106（12）	441（9）	354（2）	—	2（12）
河北省	75（16）	18 235（10）	0.04	123（8）	8 521（15）	132（11）	180（17）	—	—	—
湖北省	139（11）	14 198（13）	0.03	103（10）	9 264（13）	270（9）	403（10）	—	—	—
重庆市	71（18）	11 973（14）	0.04	8（20）	11 477（12）	35（20）	313（13）	—	—	—
河南省	109（12）	16 335（11）	0.03	19（15）	9 158（14）	38（17）	395（11）	21（5）	12（1）	—
陕西省	77（15）	7 796（17）	0.03	75（12）	4 360（19）	38（17）	128（18）	—	—	—
辽宁省	86（13）	9 678（15）	0.03	6（21）	3 390（21）	13（22）	230（15）	—	—	—
天津市	72（17）	8 398（16）	0.03	44（13）	4 419（18）	102（13）	251（14）	—	—	43（4）
江西省	81（14）	7 665（18）	0.03	5（22）	6 724（16）	36（19）	77（19）	—	—	—
内蒙古自治区	25（28）	3 772（19）	0.05	14（19）	12 696（11）	69（15）	14（28）	—	—	—
新疆维吾尔自治区	60（19）	3 665（20）	0.05	17（16）	3 165（22）	2（27）	23（25）	—	—	—
山西省	40（23）	3 401（21）	0.03	1（25）	3 921（20）	30（21）	16（26）	—	—	—
云南省	42（21）	2 794（23）	0.02	17（16）	5 635（17）	84（14）	215（16）	—	—	—
贵州省	36（25）	2 653（24）	0.02	5（22）	2 634（23）	40（16）	35（23）	—	—	28（5）
广西壮族自治区	41（22）	2 893（22）	0.02	—	1 787（28）	10（24）	48（21）	—	—	—
黑龙江省	39（24）	2 253（25）	0.03	—	2 010（26）	7（26）	38（22）	—	—	—
甘肃省	35（26）	1 967（26）	0.03	—	1 905（27）	11（23）	15（27）	30（4）	—	—
吉林省	49（20）	1 690（27）	0.02	1（25）	2 016（25）	2（27）	58（20）	—	—	—
海南省	28（27）	414（30）	0.01	16（18）	2 296（24）	1（29）	1（30）	—	—	—
青海省	11（31）	854（28）	0.04	1（25）	1 528（29）	—	—	—	—	—
西藏自治区	22（29）	189（31）	0.03	3（24）	1 476（30）	8（25）	28（24）	—	—	—
宁夏回族自治区	15（30）	489（29）	0.01	—	151（31）	—	7（29）	—	—	—

资料来源：科技大数据湖北省重点实验室

注：地区按表 2-5 排序。

2.3.2 中国上市公司研发投入与产出产业分布

2022 年，全国上市公司研发人员数量排名前五的产业依次是：计算机、通信和其他电子设备制造业，信息传输、软件和信息技术服务业，汽车制造业，电气机械和器材制造业以及采矿业。全国上市公司研发投入强度排名前五的产业依次为：医药制造业，信息传输、软件和信息技术服务业，仪器仪表制造业，计算机、通信和其他电子设备制造业以及专用设备制造业（表2-7）。

表 2-7　2022 年中国上市公司研发投入数据产业分布

产业	IPI（排名）	研发人员数量/人（排名）	研发人员占公司总人数的比例/%（排名）	研发费用总额/亿元（排名）	研发投入强度/%（排名）
计算机、通信和其他电子设备制造业	97.466 5（1）	559 594（1）	25.82（4）	2 559.77（1）	10.28（4）
电气机械和器材制造业	94.668 3（2）	248 738（4）	16.24（9）	1 524.92（4）	4.92（12）
专用设备制造业	83.763 5（3）	180 399（7）	19.89（5）	842.12（8）	8.49（5）
汽车制造业	80.689 6（4）	265 782（3）	14.56（11）	1 273.36（5）	5.31（11）
信息传输、软件和信息技术服务业	78.803 7（5）	446 605（2）	37.29（1）	1 542.99（3）	16.91（2）
采矿业	74.479 3（6）	231 855（5）	9.17（28）	926.25（7）	1.81（36）
医药制造业	62.939 4（7）	127 901（8）	18.06（7）	983.17（6）	142.48（1）
化学原料和化学制品制造业	56.247 9（8）	99 375（10）	14.14（12）	558.36（10）	3.91（17）
通用设备制造业	51.495 2（9）	70 538（12）	15.85（10）	337.53（13）	5.59（9）
黑色金属冶炼和压延加工业	49.224 6（10）	47 816（15）	11.82（23）	707.54（9）	3.01（27）
橡胶和塑料制品业	44.714 5（11）	37 196（18）	13.41（14）	150.08（17）	4.18（15）
非金属矿物制品业	44.438 7（12）	62 699（13）	11.91（21）	240.13（14）	3.87（18）
科学研究和技术服务业	43.788 6（13）	102 797（9）	25.97（3）	123.90（20）	7.91（6）
金属制品业	43.197 6（14）	37 103（19）	12.88（15）	151.19（16）	3.93（16）
食品制造业	42.823 8（15）	12 953（32）	7.58（36）	69.76（25）	2.62（30）
仪器仪表制造业	41.004 8（16）	27 781（21）	26.39（2）	80.98（23）	10.76（3）
建筑业	40.607 9（17）	229 791（6）	16.43（8）	2 236.38（2）	3.12（26）
金融业	39.757 4（18）	11 806（34）	3.12（46）	53.28（27）	1.11（41）
铁路、船舶、航空航天和其他运输设备制造业	39.492 6（19）	92 631（11）	19.27（6）	382.67（12）	6.53（8）
有色金属冶炼和压延加工业	39.217 6（20）	43 723（16）	11.54（24）	426.77（11）	2.82（28）
批发和零售业	38.531 6（21）	35 089（20）	4.73（43）	141.86（19）	0.70（44）
电力、热力、燃气及水生产和供应业	38.204 5（22）	55 499（14）	7.63（35）	222.45（15）	0.90（43）
酒、饮料和精制茶制造业	37.847 4（23）	14 488（30）	5.30（42）	32.51（32）	1.05（42）
农副食品加工业	37.337 6（24）	19 765（23）	5.53（40）	96.80（22）	1.16（40）
水利、环境和公共设施管理业	36.836 2（25）	16 281（26）	12.62（17）	58.15（26）	3.86（19）
纺织服装、服饰业	36.831 6（26）	11 808（33）	8.28（33）	30.23（33）	2.72（29）
文教、工美、体育和娱乐用品制造业	36.578 6（27）	4 061（38）	10.26（27）	10.38（40）	3.13（25）
家具制造业	36.472 4（28）	16 604（25）	11.92（20）	46.79（28）	4.21（14）
纺织业	35.842 5（29）	13 816（31）	9.11（29）	39.56（30）	3.15（24）
农、林、牧、渔业	34.882 4（30）	14 507（29）	8.92（30）	34.07（31）	1.93（35）
造纸和纸制品业	34.488 2（31）	14 933（28）	11.35（26）	80.31（24）	3.37（23）

续表

产业	IPI（排名）	研发人员数量/人（排名）	研发人员占公司总人数的比例/%（排名）	研发费用总额/亿元（排名）	研发投入强度/%（排名）
房地产业	34.474 5（32）	15 031（27）	4.64（44）	41.97（29）	0.43（46）
文化、体育和娱乐业	34.258 8（33）	9 255（35）	8.89（31）	26.13（35）	2.06（34）
租赁和商务服务业	34.252 9（34）	7 010（36）	7.40（37）	24.26（36）	1.30（39）
交通运输、仓储和邮政业	34.104 2（35）	38 380（17）	4.24（45）	112.67（21）	0.61（45）
化学纤维制造业	33.878 8（36）	22 042（22）	11.89（22）	146.95（18）	3.52（21）
其他制造业	33.688 5（37）	2 388（44）	12.63（16）	7.25（43）	6.62（7）
废弃资源综合利用业	33.387 0（38）	3 482（39）	12.50（18）	27.38（34）	3.48（22）
皮革、毛皮、羽毛及其制品和制鞋业	33.178 3（39）	4 939（37）	12.35（19）	6.93（44）	3.58（20）
石油、煤炭及其他燃料加工业	33.152 5（40）	2 837（40）	8.29（32）	19.15（39）	1.40（37）
印刷和记录媒介复制业	32.924 7（41）	2 555（43）	11.35（25）	8.03（42）	4.41（13）
木材加工和木、竹、藤、棕、草制品业	32.875 9（42）	1 351（45）	6.30（39）	3.64（45）	2.26（33）
卫生和社会工作	32.811 0（43）	17 256（24）	14.01（13）	19.27（38）	1.33（38）
教育	32.594 3（44）	2 773（41）	8.12（34）	8.33（41）	5.37（10）
住宿和餐饮业	32.566 5（45）	271（46）	0.54（47）	0.95（46）	0.28（47）
综合	32.496 6（46）	2 589（42）	6.30（38）	22.56（37）	2.61（31）
居民服务、修理和其他服务业	32.473 3（47）	36（47）	5.53（41）	0.07（47）	2.31（32）

资料来源：科技大数据湖北省重点实验室

2022 年，计算机、通信和其他电子设备制造业的上市公司数量最多；电气机械和器材制造业的上市公司的有效专利拥有量居第一位；医药制造业的上市公司的商标注册量居第一位；信息传输、软件和信息技术服务业的上市公司的作品著作权登记量与计算机软件著作权登记量均居第一位；计算机、通信和其他电子设备制造业的上市公司的 PCT 专利申请量和集成电路布图设计发证量居第一位；农、林、牧、渔业的上市公司的农业植物新品种有效量居第一位（表 2-8）。

表 2-8　2022 年中国上市公司研发产出数据产业分布

产业	上市公司数量/家（排名）	有效专利拥有量/件（排名）	PCT 专利申请量/件（排名）	商标注册量/件（排名）	作品著作权登记量/件（排名）	计算机软件著作权登记量/件（排名）	农业植物新品种有效量/件（排名）	林草植物新品种有效量/件（排名）	集成电路布图设计发证量/件（排名）
计算机、通信和其他电子设备制造业	584（1）	167 461（2）	4 924（1）	33 585（5）	401（8）	2 256（2）	—	—	326（1）
电气机械和器材制造业	325（5）	201 783（1）	2 443（2）	39 844（2）	219（14）	713（6）	—	—	10（3）
专用设备制造业	371（3）	89 948（3）	475（3）	21 141（10）	327（9）	1 565（3）	—	—	5（4）
汽车制造业	172（9）	78 064（4）	420（5）	19 286（11）	47（23）	510（9）	—	—	—
信息传输、软件和信息技术服务业	428（2）	33 630（6）	311（6）	34 702（3）	51 210（1）	7 340（1）	—	—	221（2）

续表

产业	上市公司数量/家（排名）	有效专利拥有量/件（排名）	PCT专利申请量/件（排名）	商标注册量/件（排名）	作品著作权登记量/件（排名）	计算机软件著作权登记量/件（排名）	农业植物新品种有效量/件（排名）	林草植物新品种有效量/件（排名）	集成电路布图设计发证量/件（排名）
采矿业	81（22）	71 887（5）	144（10）	2 183（35）	4（40）	959（5）	—	—	—
医药制造业	321（6）	16 567（10）	425（4）	45 746（1）	258（13）	136（15）	15（2）	—	—
化学原料和化学制品制造业	341（4）	21 877（8）	160（9）	28 241（7）	283（10）	75（22）	—	—	—
通用设备制造业	197（7）	28 407（7）	225（7）	7 050（19）	26（27）	485（10）	—	—	—
黑色金属冶炼和压延加工业	32（33）	20 892（9）	89（12）	1 007（39）	1（43）	47（24）	—	—	—
橡胶和塑料制品业	120（12）	15 632（12）	180（8）	6 071（24）	16（32）	87（21）	—	—	—
非金属矿物制品业	114（13）	14 446（14）	90（11）	9 427（18）	192（15）	21（33）	—	—	—
科学研究和技术服务业	111（16）	8 702（19）	64（17）	6 090（23）	2 462（2）	635（7）	—	—	1（5）
金属制品业	99（18）	15 968（11）	76（15）	5 592（25）	21（29）	70（23）	—	—	—
食品制造业	77（24）	6 777（21）	85（13）	34 571（4）	279（11）	15（35）	—	—	—
仪器仪表制造业	88（20）	14 042（15）	66（16）	2 687（31）	57（22）	604（8）	—	—	1（5）
建筑业	111（16）	15 220（13）	13（24）	6 531（21）	20（30）	120（17）	—	14（1）	—
金融业	128（11）	5 656（24）	1（36）	25 800（9）	90（20）	964（4）	—	—	—
铁路、船舶、航空航天和其他运输设备制造业	79（23）	10 646（17）	38（18）	4 750（29）	73（21）	118（18）	—	—	—
有色金属冶炼和压延加工业	87（21）	7 404（20）	5（29）	2 552（32）	17（31）	39（25）	—	—	—
批发和零售业	192（8）	3 492（28）	33（21）	31 526（6）	497（7）	123（16）	—	—	—
电力、热力、燃气及水生产和供应业	134（10）	8 910（18）	82（14）	2 262（34）	8（35）	361（11）	—	—	—
酒、饮料和精制茶制造业	49（29）	5 889（23）	2（34）	27 809（8）	264（12）	32（30）	—	—	—
农副食品加工业	64（26）	4 758（26）	8（27）	14 773（14）	180（16）	21（33）	—	—	—
水利、环境和公共设施管理业	99（18）	6 586（22）	18（23）	4 930（26）	32（25）	111（19）	—	—	—
纺织服装、服饰业	42（31）	3 022（29）	1（36）	19 248（12）	972（5）	23（32）	—	—	—
文教、工美、体育和娱乐用品制造业	25（36）	5 039（25）	27（22）	15 964（13）	1 471（3）	35（26）	—	—	—
家具制造业	31（35）	11 571（16）	37（19）	10 425（17）	142（18）	35（26）	—	—	—
纺织业	51（28）	3 762（27）	5（29）	6 783（20）	1 089（4）	2（39）	—	—	1（5）
农、林、牧、渔业	48（30）	1 666（34）	10（25）	4 805（28）	13（34）	26（31）	1 177（1）	—	—
造纸和纸制品业	39（32）	2 978（30）	2（34）	3 372（30）	31（26）	1（42）	—	—	—
房地产业	112（15）	452（41）	—	11 411（15）	7（36）	33（29）	—	—	—
文化、体育和娱乐业	63（27）	292（42）	—	10 813（16）	155（17）	143（13）	—	—	—
租赁和商务服务业	68（25）	1 053（35）	36（20）	6 199（22）	22（28）	137（14）	—	—	—

产业	上市公司数量/家（排名）	有效专利拥有量/件（排名）	PCT专利申请量/件（排名）	商标注册量/件（排名）	作品著作权登记量/件（排名）	计算机软件著作权登记量/件（排名）	农业植物新品种有效量/件（排名）	林草植物新品种有效量/件（排名）	集成电路布图设计发证量/件（排名）
交通运输、仓储和邮政业	113（14）	1 783（33）	5（29）	4 918（27）	15（33）	218（12）	—	—	—
化学纤维制造业	32（33）	1 867（32）	9（26）	956（40）	2（42）	6（36）	—	—	—
其他制造业	17（37）	2 904（31）	8（27）	1 728（36）	38（24）	2（39）	—	—	—
废弃资源综合利用业	13（41）	856（38）	5（29）	574（43）	742（6）	4（37）	—	—	—
皮革、毛皮、羽毛及其制品和制鞋业	12（42）	925（37）	—	2 328（33）	100（19）	—	—	—	—
石油、煤炭及其他燃料加工业	16（38）	1 020（36）	—	486（44）	—	2（39）	—	—	—
印刷和记录媒介复制业	15（40）	845（39）	—	581（42）	—	—	—	—	—
木材加工和木、竹、藤、棕、草制品业	9（45）	498（40）	—	1 245（37）	6（37）	—	—	—	—
卫生和社会工作	16（38）	146（43）	3（33）	1 062（38）	6（37）	34（28）	—	—	—
教育	12（42）	17（44）	—	346（45）	5（39）	106（20）	—	—	—
住宿和餐饮业	8（46）	2（46）	—	880（41）	—	4（37）	—	—	—
综合	12（42）	15（45）	—	170（46）	—	—	—	—	—
居民服务、修理和其他服务业	1（47）	2（46）	—	138（47）	4（40）	—	—	—	—

资料来源：科技大数据湖北省重点实验室

注：产业排序同表2-7。

2.3.3 中国上市公司研发投入与产出板块分布

2022 年，主板上市公司的研发人员数量和研发费用总额排名第一，科创板上市公司的研发人员占公司总人数的比例和研发费用总额占营业收入的比例排名第一（表2-9）。

表 2-9 2022 年中国上市公司研发投入数据板块分布

板块	IPI（排名）	研发人员数量/人（排名）	研发人员占公司总人数的比例/%（排名）	研发费用总额/亿元（排名）	研发费用总额占营业收入的比例/%（排名）
主板	88.548 4（1）	2 541 721（1）	12.60（4）	13 370.41（1）	3.91（4）
创业板	39.634 3（2）	531 808（2）	21.03（2）	1 715.27（2）	7.84（3）
科创板	34.178 0（3）	196 177（3）	30.30（1）	1 285.06（3）	73.75（1）
北证	21.628 3（4）	16 423（4）	17.56（3）	69.08（4）	72.65（2）

资料来源：科技大数据湖北省重点实验室

2022 年，主板上市公司数量、有效专利拥有量、PCT专利申请量、商标注册量、计算机软件著作权登记量、农业植物新品种有效量和林草植物新品种有效量均高于其他板块上市公司；创业板上市公司作品著作权登记量高于其他板块上市公司；科创板上市公司集成电路布图设计发证量高于其他板块上市公司（表2-10）。

表2-10　2022年中国上市公司研发产出数据板块分布

板块	上市公司数量/家（排名）	有效专利拥有量/件（排名）	PCT专利申请量/件（排名）	商标注册量/件（排名）	作品著作权登记量/件（排名）	计算机软件著作权登记量/件（排名）	农业植物新品种有效量/件（排名）	林草植物新品种有效量/件（排名）	集成电路布图设计发证量/件（排名）
主板	3 199（1）	709 306（1）	8 112（1）	399 628（1）	6 362（2）	9 604（1）	902（1）	14（1）	39（3）
创业板	1 253（2）	129 478（2）	1 171（3）	85 714（2）	54 330（1）	5 404（2）	269（2）	0（2）	95（2）
科创板	518（3）	66 988（3）	1 202（2）	32 462（3）	929（3）	2 742（3）	0（4）	0（2）	431（1）
北证	189（4）	9 587（4）	40（4）	4 784（4）	183（4）	468（4）	21（3）	0（2）	0（4）

资料来源：科技大数据湖北省重点实验室

2.4　中国上市公司知识产权指数及总体评价

2.4.1　中国上市公司知识产权指数排行榜

按照中国上市公司知识产权指数（企业）公式计算，得到全部上市公司知识产权指数企业排行榜，因篇幅所限，本书仅列出上市公司知识产权指数企业排行榜500强（见附录）。知识产权指数排名前十的上市公司依次是：中兴通讯股份有限公司、珠海格力电器股份有限公司、比亚迪股份有限公司、中国石油化工股份有限公司、美的集团股份有限公司、长城汽车股份有限公司、京东方科技集团股份有限公司、杭州海康威视数字技术股份有限公司、广州视源电子科技股份有限公司、广州汽车集团股份有限公司。

2.4.2　中国上市公司知识产权指数地区分布

从2022年全国各地区知识产权指数来看，排行榜100强的上市公司主要分布在广东省、北京市、山东省；知识产权指数排行榜200强的上市公司主要分布在广东省、北京市、江苏省；知识产权指数排行榜500强的上市公司主要分布在广东省、北京市、浙江省（表2-11）。上述地区知识产权指数明显高于全国其他地区，知识产权发展水平全国领先。

表2-11　2022年中国上市公司知识产权指数排行榜100强、200强、500强地区分布

地区	100强上市公司数量/家（排名）	200强上市公司数量/家（排名）	500强上市公司数量/家（排名）
广东省	23（1）	53（1）	118（1）
北京市	18（2）	34（2）	61（2）
山东省	10（3）	14（4）	36（5）
浙江省	7（4）	14（4）	61（2）
上海市	6（5）	12（6）	29（6）
安徽省	6（5）	8（7）	17（8）
江苏省	6（5）	19（3）	46（4）
湖南省	4（8）	5（9）	16（9）
河北省	2（9）	3（12）	6（15）

地区	100 强上市公司数量/家（排名）	200 强上市公司数量/家（排名）	500 强上市公司数量/家（排名）
湖北省	2（9）	5（9）	9（12）
河南省	2（9）	4（11）	12（11）
辽宁省	2（9）	3（12）	5（17）
福建省	2（9）	8（7）	20（7）
天津市	2（9）	2（16）	8（13）
四川省	2（9）	3（12）	13（10）
重庆市	1（16）	3（12）	7（14）
新疆维吾尔自治区	1（16）	1（19）	4（19）
内蒙古自治区	1（16）	1（19）	2（25）
广西壮族自治区	1（16）	1（19）	3（20）
山西省	1（16）	2（16）	3（20）
陕西省	1（16）	1（19）	6（15）

资料来源：科技大数据湖北省重点实验室

2.4.3 中国上市公司知识产权指数产业分布

2022 年，知识产权指数排行榜 100 强、200 强、500 强的上市公司主要分布于计算机、通信和其他电子设备制造业，电气机械和器材制造业，专用设备制造业（表 2-12）。

表 2-12 2022 年中国上市公司知识产权指数排行榜 100 强、200 强、500 强产业分布

产业	100 强上市公司数量/家（排名）	200 强上市公司数量/家（排名）	500 强上市公司数量/家（排名）
计算机、通信和其他电子设备制造业	24（1）	42（1）	93（1）
电气机械和器材制造业	17（2）	31（2）	66（2）
专用设备制造业	12（3）	26（3）	62（3）
汽车制造业	8（4）	15（5）	22（5）
采矿业	6（5）	6（8）	9（13）
信息传输、软件和信息技术服务业	6（5）	16（4）	32（4）
黑色金属冶炼和压延加工业	6（5）	8（6）	13（9）
金融业	3（8）	4（10）	5（22）
非金属矿物制品业	2（9）	7（7）	11（10）
金属制品业	2（9）	4（10）	11（10）
通用设备制造业	2（9）	5（9）	21（7）
医药制造业	2（9）	4（10）	22（5）
橡胶和塑料制品业	2（9）	4（10）	10（12）
有色金属冶炼和压延加工业	1（14）	1（22）	5（22）
文教、工美、体育和娱乐用品制造业	1（14）	1（22）	3（28）
建筑业	1（14）	4（10）	6（21）
化学原料和化学制品制造业	1（14）	4（10）	17（8）
农副食品加工业	1（14）	1（22）	8（17）

续表

产业	100 强上市公司数量/家（排名）	200 强上市公司数量/家（排名）	500 强上市公司数量/家（排名）
铁路、船舶、航空航天和其他运输设备制造业	1（14）	3（17）	7（19）
食品制造业	1（14）	4（10）	9（13）
电力、热力、燃气及水生产和供应业	1（14）	2（19）	5（22）

资料来源：科技大数据湖北省重点实验室

2.4.4　中国上市公司知识产权指数板块分布

2022 年，知识产权指数排行榜 100 强、200 强、500 强的上市公司均主要分布在主板（表 2-13）。

表 2-13　2022 年中国上市公司知识产权指数排行榜 100 强、200 强、500 强板块分布

板块	100 强上市公司数量/家（排名）	200 强上市公司数量/家（排名）	500 强上市公司数量/家（排名）
主板	87（1）	158（1）	366（1）
创业板	7（2）	23（2）	77（2）
科创板	6（3）	19（3）	56（3）
北证	—	—	—

资料来源：科技大数据湖北省重点实验室

本章参考文献

［1］World Intellectual Property Organization. World Intellectual Property Indicators 2023［EB/OL］. https://www.wipo.int/publications/zh/details.jsp?id=4678［2023-11-06］.

［2］国家知识产权局. 国家知识产权局 2022 年度报告［EB/OL］. https://www.cnipa.gov.cn/module/download/down.jsp?i_ID=185538&colID=3249［2023-06-05］.

第3章 中国上市公司知识产权指数省域报告

本章首先按照中国上市公司知识产权指数（省域）计算公式 $IPI_{某省（自治区、直辖市）-某年}=w_1C_1+w_2C_2+w_3A_1+w_4A_2+w_5P_1+w_6P_2+w_7E_1$，计算得到 2022 年中国上市公司知识产权指数（省域）排行榜。之后，对各省（自治区、直辖市）上市公司发明专利授权量、实用新型专利授权量、外观设计专利授权量 2013～2022 年变化情况展开分析，并对各省（自治区、直辖市）优势产业的不同知识产权类型数量分布和上市公司分布进行分析。

3.1 2022 年中国上市公司知识产权指数（省域）排行榜

以省域为分析单元，基于专利权、商标权、作品著作权、计算机软件著作权、农业植物新品种权、林草植物新品种权和集成电路布图设计专有权数据，采用中国上市公司知识产权指数（省域）计算方法，从知识产权创造、运用、保护和效率四个维度分析上市公司的知识产权能力，得出 2022 年中国上市公司知识产权指数（省域）排行榜（图 3-1）。

根据 2022 年中国上市公司知识产权指数（省域）排行榜，北京市上市公司知识产权指数为 99.1768，广东省上市公司知识产权指数为 97.3377，位列全国 31 个省（自治区、直辖市）的第一梯队。两省市在上市公司数量、专利授权数量、PCT 专利申请数量等方面表现突出。北京市知识产权高质量发展取得新成效，《关于强化知识产权保护的行动方案》以市委办公厅、市政府办公厅名义印发[1]。广东省政府高度重视全省知识产权工作布局，大力建设引领型知识产权强省，改革和完善知识产权治理体系和保护体系，全面强化知识产权创造、保护、运用、服务全链条工作[2]。第二梯队的上市公司知识产权指数（省域）为 60～80，包括浙江省、山东省、江苏省、上海市，指数与第一梯队指数的差距仍较为明显。第三梯队上市公司知识产权指数（省域）为 40～60，包括四川省、安徽省、福建省、湖南省、河北省，与第二梯队指数差距较大，但与第四梯队指数相衔接。第四梯队上市公司知识产权指数（省域）均小于 40，包括湖北省、重庆市、河南省、陕西省、辽宁省、天津市、江西省、内蒙古自治区、新疆维吾尔自治区、山西省、云南省、贵州省、广西壮族自治区、黑龙江省、甘肃省、吉林省、海南省、青海省、西藏自治区、宁夏回族自治区，该梯队的省域数量占比最多，指数均为30~40，表明大部分地区上市公司的创新能力较弱。

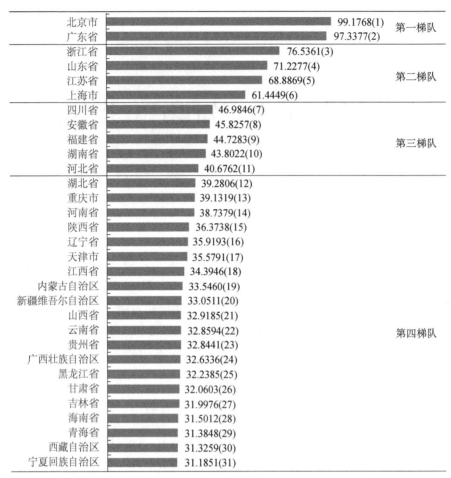

图 3-1　2022 年中国上市公司知识产权指数（省域）排行榜

资料来源：科技大数据湖北省重点实验室

注：图中括号内数据为省域排名。

3.2　2022 年中国上市公司知识产权指数（省域）排行榜分析

3.2.1　北京市

2022 年，北京市上市公司的知识产权指数为 99.1768，排名第 1。截至 2022 年末，北京市上市公司的发明专利有效量为 89 236 件，实用新型专利有效量为 51 870 件，外观设计专利有效量为 7776 件，各类有效专利拥有总量在全国排名第 2；商标注册量为 58 137 件，在全国排名第 3；农业植物新品种有效量为 1 件，林草植物新品种有效量为 2 件，在全国分别排名第 11 和第 2。2022 年，北京市上市公司的 PCT 专利申请量为 2356 件，作品著作权登记量为 50 838 件，计算机软件著作权登记量为 5230 件，集成电路布图设计发证量为 28 件。2013~2022 年，北京市上市公司各类型专利授权量均呈现上升的趋势（图 3-2）。

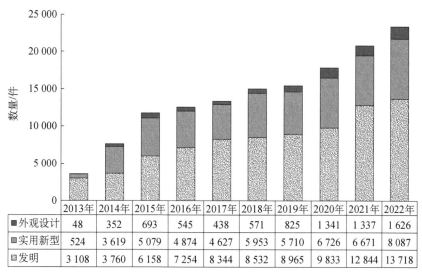

图 3-2 北京市上市公司当前有效专利授权时间分布情况
资料来源：科技大数据湖北省重点实验室

北京市上市公司数量总计 464 家，分布在 39 个产业领域（表 3-1）。北京市的优势产业领域包括计算机、通信和其他电子设备制造业，采矿业，信息传输、软件和信息技术服务业，专用设备制造业，汽车制造业，非金属矿物制品业，金融业，科学研究和技术服务业，医药制造业，建筑业。各优势产业领域的代表性企业分别是京东方科技集团股份有限公司、中国石油化工股份有限公司、中国电信股份有限公司、三一重工股份有限公司、北汽福田汽车股份有限公司、北新集团建材股份有限公司、中国工商银行股份有限公司、阿尔特汽车技术股份有限公司、首药控股（北京）股份有限公司、中国建筑股份有限公司（表 3-2）。

表 3-1 2022 年北京市上市公司不同知识产权类型产业分布及排名

序号	行业	IPI	有效专利拥有量/件（市内排名）	PCT 专利申请量/件（市内排名）	商标注册量/件（市内排名）	作品著作权登记量/件（市内排名）	计算机软件著作权登记量/件（市内排名）	上市公司数量/家
	总计	—	**148 882**	**2 356**	**58 137**	**50 838**	**5 230**	**464**
1	计算机、通信和其他电子设备制造业	93.004 0	32 658（2）	1 893（1）	4 850（3）	8（5）	259（4）	46
2	采矿业	82.870 3	65 900（1）	132（3）	207（26）	3（15）	847（2）	14
3	信息传输、软件和信息技术服务业	82.380 1	11 809（3）	135（2）	12 785（1）	50 683（1）	2 828（1）	111
4	专用设备制造业	55.301 2	4 073（6）	26（5）	2 179（9）	6（7）	63（8）	24
5	汽车制造业	54.384 9	5 304（4）	22（6）	1 449（13）	8（5）	31（11）	4
6	非金属矿物制品业	49.348 2	3 061（8）	11（9）	2 304（7）	4（12）	5（19）	8
7	金融业	49.347 5	4 932（5）	—	8 781（2）	25（3）	723（3）	24
8	科学研究和技术服务业	48.420 2	2 625（10）	1（17）	1 241（15）	11（4）	79（6）	21
9	医药制造业	47.705 2	1 036（14）	17（8）	2 782（5）	6（7）	2（22）	30

序号	行业	IPI	有效专利拥有量/件（市内排名）	PCT专利申请量/件（市内排名）	商标注册量/件（市内排名）	作品著作权登记量/件（市内排名）	计算机软件著作权登记量/件（市内排名）	上市公司数量/家
10	建筑业	44.248 4	2 745（9）	9（10）	2 296（8）	—	23（12）	23
11	电气机械和器材制造业	43.664 2	3 080（7）	63（4）	733（19）	5（11）	48（9）	12
12	有色金属冶炼和压延加工业	42.154 3	1 307（13）	1（17）	53（33）	—	1（23）	5
13	电力、热力、燃气及水生产和供应业	41.912 7	2 427（11）	20（7）	488（20）	2（16）	129（5）	14
14	水利、环境和公共设施管理业	40.909 9	1 667（12）	6（12）	741（18）	2（16）	10（16）	14
15	农副食品加工业	40.694 5	658（18）	—	405（23）	—	1（23）	1
16	金属制品业	40.308 7	580（19）	9（10）	140（29）	4（12）	—	3
17	铁路、船舶、航空航天和其他运输设备制造业	39.824 7	975（15）	2（14）	755（17）	—	8（17）	12
18	化学原料和化学制品制造业	39.331 2	466（20）	2（14）	174（27）	—	—	5
19	仪器仪表制造业	39.010 4	781（17）	—	159（28）	—	35（10）	7
20	黑色金属冶炼和压延加工业	39.007 2	910（16）	2（14）	0（39）	—	—	1
21	文化、体育和娱乐业	38.970 9	51（28）	0（19）	3 150（4）	50（2）	15（15）	11
22	食品制造业	38.961 6	224（25）	5（13）	2 112（10）	6（7）	—	3
23	交通运输、仓储和邮政业	38.639 8	73（27）	—	2 415（6）	2（16）	16（14）	5
24	批发和零售业	38.634 4	309（23）	—	2 067（11）	—	67（7）	17
25	纺织服装、服饰业	38.546 0	225（24）	—	1 865（12）	2（16）	7（18）	5
26	租赁和商务服务业	38.262 9	312（22）	—	1 273（14）	6（7）	23（12）	14
27	酒、饮料和精制茶制造业	38.017 7	126（26）	—	447（21）	—	—	3
28	房地产业	37.949 9	7（34）	—	922（16）	—	1（23）	12
29	家具制造业	37.780 6	381（21）	—	250（25）	—	—	1
30	化学纤维制造业	37.752 0	47（29）	—	47（34）	—	—	1
31	住宿和餐饮业	37.752 0	1（36）	—	406（22）	—	—	2
32	文教、工美、体育和娱乐用品制造业	37.705 8	27（32）	—	268（24）	—	—	1
33	教育	37.685 9	—	—	133（31）	1（20）	1（23）	3
34	居民服务、修理和其他服务业	37.678 1	2（35）	—	138（30）	4（12）	—	1
35	废弃资源综合利用业	37.675 3	26（33）	—	72（32）	—	3（21）	1
36	印刷和记录媒介复制业	37.668 7	46（30）	—	17（35）	—	—	1
37	通用设备制造业	37.659 6	31（31）	—	14（37）	—	1（23）	1
38	农、林、牧、渔业	37.624 4	—	—	17（35）	—	4（20）	2
39	综合	37.606 0	—	—	2（38）	—	—	1

资料来源：科技大数据湖北省重点实验室

表 3-2　2022 年北京市上市公司十强产业及上市公司

序号	行业	上市公司名称	IPI（全国排名）	上市板块
1	计算机、通信和其他电子设备制造业	京东方科技集团股份有限公司	91.7746（7）	主板
		航天信息股份有限公司	67.9347（83）	主板
		北京经纬恒润科技股份有限公司	67.8628（84）	科创板
		汉王科技股份有限公司	67.0587（89）	主板
		北京东土科技股份有限公司	59.1378（190）	创业板
		瑞斯康达科技发展股份有限公司	56.2393（263）	主板
		北京中科三环高技术股份有限公司	54.5377（331）	主板
		北京八亿时空液晶科技股份有限公司	54.5290（332）	科创板
		利亚德光电股份有限公司	52.7021（434）	创业板
		北京动力源科技股份有限公司	52.2081（477）	主板
2	采矿业	中国石油化工股份有限公司	94.5872（4）	主板
		中国石油天然气股份有限公司	85.9928（19）	主板
		中国神华能源股份有限公司	80.8691（33）	主板
		中海油能源发展股份有限公司	74.3621（59）	主板
		北京昊华能源股份有限公司	49.0678（1006）	主板
		中石化石油工程技术服务股份有限公司	47.3713（1894）	主板
		金诚信矿业管理股份有限公司	46.8997（2394）	主板
		恒泰艾普集团股份有限公司	46.1156（3565）	创业板
		中国有色金属建设股份有限公司	46.0762（3651）	主板
		潜能恒信能源技术股份有限公司	45.8321（4094）	创业板
3	信息传输、软件和信息技术服务业	中国电信股份有限公司	86.7751（15）	主板
		飞天诚信科技股份有限公司	66.5652（90）	创业板
		掌阅科技股份有限公司	61.4703（144）	主板
		奇安信科技集团股份有限公司	61.1490（149）	科创板
		中科寒武纪科技股份有限公司	60.9527（155）	科创板
		北京神州泰岳软件股份有限公司	60.3855（165）	创业板
		北京四维图新科技股份有限公司	58.8331（198）	主板
		北京万集科技股份有限公司	58.1942（208）	创业板
		北京汉仪创新科技股份有限公司	57.6083（220）	创业板
		北京思特奇信息技术股份有限公司	56.7561（246）	创业板
4	专用设备制造业	三一重工股份有限公司	74.2483（60）	主板
		天地科技股份有限公司	58.7166（199）	主板
		乐普（北京）医疗器械股份有限公司	55.3555（298）	创业板
		北方华创科技集团股份有限公司	52.6804（435）	主板
		中际联合（北京）科技股份有限公司	51.1262（583）	主板
		北京市春立正达医疗器械股份有限公司	50.7909（624）	科创板
		中铁高新工业股份有限公司	50.2153（721）	主板
		凌云光技术股份有限公司	49.7942（803）	科创板
		爱博诺德（北京）医疗科技股份有限公司	49.7468（814）	科创板
		北京天智航医疗科技股份有限公司	49.6861（829）	科创板

续表

序号	行业	上市公司名称	IPI（全国排名）	上市板块
5	汽车制造业	北汽福田汽车股份有限公司	84.7765（22）	主板
		精进电动科技股份有限公司	52.1002（487）	科创板
		北汽蓝谷新能源科技股份有限公司	45.7309（4292）	主板
		北京威卡威汽车零部件股份有限公司	45.6183（4559）	主板
6	非金属矿物制品业	北新集团建材股份有限公司	79.6184（37）	主板
		北京东方雨虹防水技术股份有限公司	63.7575（118）	主板
		瑞泰科技股份有限公司	49.9576（769）	主板
		北京利尔高温材料股份有限公司	49.6916（827）	主板
		北京韩建河山管业股份有限公司	46.7550（2566）	主板
		北京金隅集团股份有限公司	46.5246（2884）	主板
		北京凯德石英股份有限公司	46.1485（3511）	北证
		中铁装配式建筑股份有限公司	45.6707（4428）	创业板
7	金融业	中国工商银行股份有限公司	74.0465（61）	主板
		中国建设银行股份有限公司	69.4392（75）	主板
		中国银行股份有限公司	65.9871（98）	主板
		中国农业银行股份有限公司	56.2329（264）	主板
		中国邮政储蓄银行股份有限公司	50.7630（628）	主板
		经纬纺织机械股份有限公司	48.8764（1066）	主板
		中信银行股份有限公司	48.2074（1346）	主板
		北京银行股份有限公司	48.1852（1364）	主板
		中国民生银行股份有限公司	48.0560（1424）	主板
		中国光大银行股份有限公司	47.6835（1678）	主板
8	科学研究和技术服务业	阿尔特汽车技术股份有限公司	59.4943（185）	创业板
		华电重工股份有限公司	57.7037（218）	主板
		航天长征化学工程股份有限公司	55.4153（292）	主板
		北京诺禾致源科技股份有限公司	47.7973（1586）	科创板
		中公高科养护科技股份有限公司	47.7756（1604）	主板
		恒信东方文化股份有限公司	47.4670（1828）	创业板
		观典防务技术股份有限公司	47.3112（1960）	科创板
		钢研纳克检测技术股份有限公司	47.0878（2201）	创业板
		北京百普赛斯生物科技股份有限公司	46.8363（2474）	创业板
		北京阳光诺和药物研究股份有限公司	46.5961（2788）	科创板
9	医药制造业	首药控股（北京）股份有限公司	52.3558（463）	科创板
		北京康乐卫士生物技术股份有限公司	51.9321（498）	北证
		悦康药业集团股份有限公司	50.2382（713）	科创板
		中牧实业股份有限公司	49.3409（921）	主板
		舒泰神（北京）生物制药股份有限公司	49.1292（983）	创业板
		北京凯因科技股份有限公司	48.6890（1141）	科创板
		科美诊断技术股份有限公司	48.5458（1186）	科创板
		甘李药业股份有限公司	48.1849（1365）	主板
		北京福元医药股份有限公司	48.1373（1385）	主板
		百济神州有限公司	48.0032（1455）	科创板

续表

序号	行业	上市公司名称	IPI（全国排名）	上市板块
10	建筑业	中国建筑股份有限公司	64.1960（110）	主板
		江河创建集团股份有限公司	55.8045（279）	主板
		中国铁建股份有限公司	50.1793（727）	主板
		中国中铁股份有限公司	49.3707（911）	主板
		森特士兴集团股份有限公司	49.2146（960）	主板
		北京万邦达环保技术股份有限公司	49.0222（1020）	创业板
		北京中岩大地科技股份有限公司	49.0218（1021）	主板
		中工国际工程股份有限公司	48.4198（1242）	主板
		中国交通建设股份有限公司	48.1284（1390）	主板
		东易日盛家居装饰集团股份有限公司	47.9905（1466）	主板

资料来源：科技大数据湖北省重点实验室

3.2.2 广东省

2022 年，广东省上市公司的知识产权指数为 97.3377，排名第 2。截至 2022 年末，广东省上市公司的发明专利有效量为 90 901 件，实用新型专利有效量为 136 921 件，外观设计专利有效量为 42 416 件，各类有效专利拥有总量在全国排名第 1；商标注册量为 127 725 件，在全国排名第 1；农业植物新品种有效量为 4 件，在全国排名第 8。2022 年，广东省上市公司的 PCT 专利申请量为 3738 件，作品著作权登记量为 2159 件，计算机软件著作权登记量为 3471 件，集成电路布图设计发证量为 227 件。2013~2022 年，广东省上市公司各类型专利授权量均呈现逐年上升的趋势（图 3-3）。

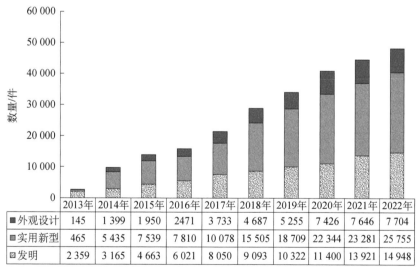

	2013年	2014年	2015年	2016年	2017年	2018年	2019年	2020年	2021年	2022年
外观设计	145	1 399	1 950	2471	3 733	4 687	5 255	7 426	7 646	7 704
实用新型	465	5 435	7 539	7 810	10 078	15 505	18 709	22 344	23 281	25 755
发明	2 359	3 165	4 663	6 021	8 050	9 093	10 322	11 400	13 921	14 948

图 3-3　广东省上市公司当前有效专利授权时间分布情况
资料来源：科技大数据湖北省重点实验室

广东省上市公司数量总计 844 家，分布在 43 个产业领域（表 3-3）。广东省的优势产业领域包括计算机、通信和其他电子设备制造业，电气机械和器材制造业，汽车制造业，专用设备制造业，信息传输、软件和信息技术服务业，医药制造业，橡胶和塑料制品业，金属制品业，化学原料和化学制品制造业，电力、热力、燃气及水生产和供应业。各优势产业领域的代表性企业分别是中兴通讯股份有限公司、珠海格力电器股份有限公司、比亚迪股份有限公司、深圳迈瑞生物医疗电子股份有限公司、深信服科技股份有限公司、华润三九医药股份有限公司、金发科技股份有限公司、中国国际海运集装箱（集团）股份有限公司、深圳诺普信农化股份有限公司、中国广核电力股份有限公司（表3-4）。

表3-3 2022年广东省上市公司不同知识产权类型产业分布及排名

序号	行业	IPI	有效专利拥有量/件（省内排名）	PCT专利申请量/件（省内排名）	商标注册量/件（省内排名）	作品著作权登记量/件（省内排名）	计算机软件著作权登记量/件（省内排名）	上市公司数量/家
	总计	—	270 238	3 738	127 725	2 159	3 471	844
1	计算机、通信和其他电子设备制造业	99.997 6	67 742（2）	2 192（1）	15 440（2）	306（2）	778（2）	205
2	电气机械和器材制造业	94.855 9	110 704（1）	593（2）	20 330（1）	130（5）	227（5）	67
3	汽车制造业	78.423 6	22 657（3）	243（3）	2 430（15）	11（18）	144（7）	14
4	专用设备制造业	73.255 7	18 602（4）	164（4）	4 667（9）	233（3）	499（3）	65
5	信息传输、软件和信息技术服务业	55.257 6	5 054（6）	59（8）	4 971（8）	13（16）	987（1）	77
6	医药制造业	50.228 6	2 456（14）	79（6）	9 478（4）	27（12）	28（12）	31
7	橡胶和塑料制品业	45.879 7	2 467（13）	121（5）	1 013（23）	3（25）	11（17）	23
8	金属制品业	45.495 6	5 137（5）	19（15）	1 470（19）	0（34）	1（27）	13
9	化学原料和化学制品制造业	45.178 7	2 054（15）	30（10）	5 312（7）	14（15）	—	31
10	电力、热力、燃气及水生产和供应业	44.652 1	4 455（8）	60（7）	551（29）	2（26）	116（8）	16
11	文教、工美、体育和娱乐用品制造业	44.179 4	2 531（11）	26（12）	13 115（3）	858（1）	8（20）	8
12	通用设备制造业	43.908 6	4 144（9）	52（9）	1 154（22）	5（22）	146（6）	15
13	非金属矿物制品业	43.715 1	4 756（7）	25（13）	3 660（13）	176（4）	1（27）	17
14	仪器仪表制造业	42.264 3	2 476（12）	28（11）	484（30）	19（14）	56（11）	13
15	科学研究和技术服务业	42.079 8	1 721（16）	24（14）	2 037（16）	45（7）	230（4）	25
16	食品制造业	40.928 9	1 041（19）	9（16）	7 236（5）	11（18）	—	9
17	家具制造业	40.119 3	3 047（10）	—	3 903（11）	112（6）	13（15）	9
18	建筑业	39.652 6	1 689（17）	—	1 599（17）	2（26）	12（16）	19
19	金融业	39.299 1	309（29）	—	7 114（6）	27（12）	19（13）	13
20	房地产业	38.665 9	69（38）	—	4 411（10）	1（29）	9（18）	24
21	批发和零售业	38.638 3	529（25）	3（18）	3 744（12）	4（23）	9（18）	26
22	纺织服装、服饰业	38.218 8	236（30）	—	3 400（14）	33（8）	4（23）	9
23	铁路、船舶、航空航天和其他运输设备制造业	38.066 2	606（21）	2（20）	71（38）	—	5（21）	9
24	造纸和纸制品业	38.044 8	895（20）	—	1 542（18）	4（23）	—	6

续表

序号	行业	IPI	有效专利拥有量/件（省内排名）	PCT专利申请量/件（省内排名）	商标注册量/件（省内排名）	作品著作权登记量/件（省内排名）	计算机软件著作权登记量/件（省内排名）	上市公司数量/家
25	租赁和商务服务业	37.708 3	204（32）	—	1 348（20）	13（16）	74（9）	18
26	废弃资源综合利用业	37.691 0	539（23）	5（17）	373（34）	6（20）	—	2
27	水利、环境和公共设施管理业	37.667 1	535（24）	—	716（25）	1（29）	5（21）	11
28	印刷和记录媒介复制业	37.520 7	587（22）	—	383（33）	—	—	5
29	有色金属冶炼和压延加工业	37.518 4	346（27）	1（21）	147（37）	1（29）	—	8
30	其他制造业	37.407 8	1 048（18）	—	715（26）	30（10）	2（25）	4
31	交通运输、仓储和邮政业	37.389 8	326（28）	—	366（35）	2（26）	61（10）	19
32	纺织业	37.333 0	461（26）	—	649（27）	33（8）	1（27）	2
33	农副食品加工业	37.313 9	123（34）	—	984（24）	29（11）	1（27）	8
34	卫生和社会工作	37.206 3	77（37）	3（18）	448（31）	1（29）	19（13）	2
35	酒、饮料和精制茶制造业	37.139 2	110（35）	—	1 161（21）	6（20）	3（24）	4
36	皮革、毛皮、羽毛及其制品和制鞋业	37.057 2	207（31）	—	557（28）	—	—	3
37	农、林、牧、渔业	37.007 9	200（33）	—	393（32）	—	2（25）	2
38	化学纤维制造业	36.874 6	94（36）	—	28（41）	—	—	2
39	综合	36.800 5	—	—	51（39）	—	—	3
40	文化、体育和娱乐业	36.717 3	2（39）	—	211（36）	—	—	3
41	采矿业	36.704 2	—	—	38（40）	—	—	2
42	黑色金属冶炼和压延加工业	36.665 6	2（39）	—	5（43）	1（29）	—	1
43	石油、煤炭及其他燃料加工业	36.639 2	—	—	20（42）	—	—	1

资料来源：科技大数据湖北省重点实验室

表 3-4　2022 年广东省上市公司十强产业及上市公司

序号	行业	上市公司名称	IPI（全国排名）	上市板块
1	计算机、通信和其他电子设备制造业	中兴通讯股份有限公司	95.040 1（1）	主板
		广州视源电子科技股份有限公司	90.762 8（9）	主板
		深圳市汇顶科技股份有限公司	83.236 1（28）	主板
		天马微电子股份有限公司	78.164 2（45）	主板
		康佳集团股份有限公司	74.420 6（58）	主板
		TCL 科技集团股份有限公司	73.473 9（62）	主板
		海能达通信股份有限公司	66.316 2（94）	主板
		深圳光峰科技股份有限公司	66.229 4（97）	科创板
		广东生益科技股份有限公司	65.566 0（102）	主板
		深圳市沃尔核材股份有限公司	65.168 2（103）	主板
2	电气机械和器材制造业	珠海格力电器股份有限公司	94.857 9（2）	主板
		美的集团股份有限公司	94.566 0（5）	主板

续表

序号	行业	上市公司名称	IPI（全国排名）	上市板块
2	电气机械和器材制造业	海洋王照明科技股份有限公司	82.8597（29）	主板
		华帝股份有限公司	75.5087（55）	主板
		广东新宝电器股份有限公司	73.1804（64）	主板
		中山大洋电机股份有限公司	65.7412（100）	主板
		珠海冠宇电池股份有限公司	64.4582（107）	科创板
		广东万和新电气股份有限公司	61.5538（142）	主板
		惠州亿纬锂能股份有限公司	60.9966（153）	创业板
		深圳市英威腾电气股份有限公司	60.2842（169）	主板
3	汽车制造业	比亚迪股份有限公司	94.6741（3）	主板
		广州汽车集团股份有限公司	90.0003（10）	主板
		惠州市德赛西威汽车电子股份有限公司	60.4678（162）	主板
		深圳欣锐科技股份有限公司	58.9851（195）	创业板
		广东东箭汽车科技股份有限公司	51.6028（532）	创业板
		广东鸿图科技股份有限公司	48.2292（1336）	主板
		中集车辆（集团）股份有限公司	47.3982（1871）	创业板
		广州市金钟汽车零件股份有限公司	46.7001（2637）	创业板
		广东迪生力汽配股份有限公司	46.6218（2748）	主板
		铭科精技控股股份有限公司	46.2887（3261）	主板
4	专用设备制造业	深圳迈瑞生物医疗电子股份有限公司	84.1578（24）	创业板
		大族激光科技产业集团股份有限公司	80.4114（34）	主板
		广州达意隆包装机械股份有限公司	62.8132（127）	主板
		深圳市理邦精密仪器股份有限公司	61.9538（138）	创业板
		广东利元亨智能装备股份有限公司	61.2764（147）	科创板
		深圳开立生物医疗科技股份有限公司	55.9471（272）	创业板
		深圳市大族数控科技股份有限公司	54.8705（318）	创业板
		广东申菱环境系统股份有限公司	52.2120（476）	创业板
		广州迈普再生医学科技股份有限公司	51.7878（512）	创业板
		深圳市英维克科技股份有限公司	51.6758（526）	主板
5	信息传输、软件和信息技术服务业	深信服科技股份有限公司	62.1055（134）	创业板
		深圳云天励飞技术股份有限公司	53.0305（404）	科创板
		深圳市锐明技术股份有限公司	52.8169（422）	主板
		盛视科技股份有限公司	52.5091（451）	主板
		深圳市明微电子股份有限公司	52.4260（455）	科创板
		深圳市捷顺科技实业股份有限公司	51.7374（515）	主板
		高新兴科技集团股份有限公司	51.5327（539）	创业板
		深圳达实智能股份有限公司	51.4400（553）	主板
		深圳市证通电子股份有限公司	51.1073（585）	主板
		远光软件股份有限公司	50.6339（646）	主板
6	医药制造业	华润三九医药股份有限公司	55.6528（283）	主板
		康美药业股份有限公司	55.3789（293）	主板
		广州白云山医药集团股份有限公司	54.4342（337）	主板
		广州万孚生物技术股份有限公司	54.3897（340）	创业板

续表

序号	行业	上市公司名称	IPI（全国排名）	上市板块
6	医药制造业	丽珠医药集团股份有限公司	53.3133（396）	主板
		深圳翰宇药业股份有限公司	52.9938（407）	创业板
		百奥泰生物制药股份有限公司	51.5725（536）	科创板
		深圳市亚辉龙生物科技股份有限公司	51.0007（596）	科创板
		深圳市新产业生物医学工程股份有限公司	50.7621（629）	创业板
		深圳信立泰药业股份有限公司	50.7339（634）	主板
7	橡胶和塑料制品业	金发科技股份有限公司	85.0956（21）	主板
		广东顺威精密塑料股份有限公司	50.5527（662）	主板
		佛山佛塑科技集团股份有限公司	50.3054（702）	主板
		广州鹿山新材料股份有限公司	49.8093（794）	主板
		广东银禧科技股份有限公司	49.4450（886）	创业板
		广东聚石化学股份有限公司	48.8077（1097）	科创板
		广州毅昌科技股份有限公司	48.2875（1308）	主板
		广州洁特生物过滤股份有限公司	47.7290（1643）	科创板
		广东雄塑科技集团股份有限公司	47.4387（1840）	创业板
		深圳市杰美特科技股份有限公司	47.1976（2088）	创业板
8	金属制品业	中国国际海运集装箱（集团）股份有限公司	80.3081（35）	主板
		广东坚朗五金制品股份有限公司	55.0464（308）	主板
		广东好太太科技集团股份有限公司	54.0094（363）	主板
		方大集团股份有限公司	52.0252（492）	主板
		东莞宜安科技股份有限公司	51.2058（572）	创业板
		祥鑫科技股份有限公司	49.2739（946）	主板
		深圳市科达利实业股份有限公司	48.7661（1111）	主板
		广州海鸥住宅工业股份有限公司	47.3289（1944）	主板
		珠海拾比佰彩图板股份有限公司	46.9496（2342）	北证
		广东英联包装股份有限公司	46.8654（2441）	主板
9	化学原料和化学制品制造业	深圳诺普信农化股份有限公司	63.7929（117）	主板
		深圳市芭田生态工程股份有限公司	58.1745（209）	主板
		深圳新宙邦科技股份有限公司	53.3780（390）	创业板
		广东丸美生物技术股份有限公司	51.4196（555）	主板
		名臣健康用品股份有限公司	51.0252（592）	主板
		拉芳家化股份有限公司	50.4369（678）	主板
		广州天赐高新材料股份有限公司	50.0712（752）	主板
		广州集泰化工股份有限公司	49.3418（920）	主板
		深圳市星源材质科技股份有限公司	48.6749（1147）	创业板
		广州市浪奇实业股份有限公司	48.4029（1247）	主板
10	电力、热力、燃气及水生产和供应业	中国广核电力股份有限公司	84.2122（23）	主板
		广东梅雁吉祥水电股份有限公司	55.4563（289）	主板
		深圳市燃气集团股份有限公司	51.1093（584）	主板

续表

序号	行业	上市公司名称	IPI（全国排名）	上市板块
10	电力、热力、燃气及水生产和供应业	广州发展集团股份有限公司	49.7858（804）	主板
		广州迪森热能技术股份有限公司	47.1879（2102）	创业板
		东旭蓝天新能源股份有限公司	46.4309（3008）	主板
		深圳能源集团股份有限公司	46.2231（3383）	主板
		深圳南山热电股份有限公司	46.0783（3644）	主板
		深圳市兆新能源股份有限公司	46.0231（3737）	主板
		佛燃能源集团股份有限公司	45.9125（3938）	主板

资料来源：科技大数据湖北省重点实验室

3.2.3 浙江省

2022 年，浙江省上市公司的知识产权指数为 76.5361，排名第 3。截至 2022 年末，浙江省上市公司的发明专利有效量为 21 948 件，实用新型专利有效量为 51 120 件，外观设计专利有效量为 18 288 件，各类有效专利拥有总量在全国排名第 3；商标注册量为 59 867 件，在全国排名第 2；农业植物新品种有效量为 11 件，在全国排名第 6。2022 年，浙江省上市公司的 PCT专利申请量为 567 件，作品著作权登记量为 3324 件，计算机软件著作权登记量为 1539 件，集成电路布图设计发证量为 10 件。2013～2022 年，浙江省上市公司各类型专利授权量均呈现波动上升的趋势（图 3-4）。

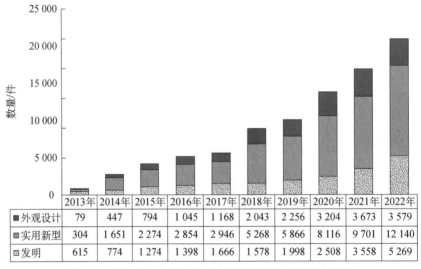

	2013年	2014年	2015年	2016年	2017年	2018年	2019年	2020年	2021年	2022年
外观设计	79	447	794	1 045	1 168	2 043	2 256	3 204	3 673	3 579
实用新型	304	1 651	2 274	2 854	2 946	5 268	5 866	8 116	9 701	12 140
发明	615	774	1 274	1 398	1 666	1 578	1 998	2 508	3 558	5 269

图 3-4　浙江省上市公司当前有效专利授权时间分布情况
资料来源：科技大数据湖北省重点实验室

浙江省上市公司数量总计 672 家，分布在 43 个产业领域（表 3-5）。浙江省的优势产业领域包括电气机械和器材制造业，计算机、通信和其他电子设备制造业，通用设备制造业，专用设备制造业，信息传输、软件和信息技术服务业，医药制造业，汽车制造业，化学原料和化学制品制造业，家具制造业，金属制品业。各优势产业领域的代表性企业分别是浙江正泰电器股份有限公司、杭州海康威视数字技术股份有限公司、浙江盾安人工环境股份有限公司、浙江大丰实业股份有限公司、杭州迪普科技股份有限公司、浙江海正药业股份有限公司、浙江银轮机械股份有限公司、浙江新安化工集团股份有限公司、喜临门家具股份有限公司、杭州巨星科技股份有限公司（表 3-6）。

表 3-5　2022 年浙江省上市公司不同知识产权类型产业分布及排名

序号	行业	IPI	有效专利拥有量/件（省内排名）	PCT 专利申请量/件（省内排名）	商标注册量/件（省内排名）	作品著作权登记量/件（省内排名）	计算机软件著作权登记量/件（省内排名）	上市公司数量/家
	总计	—	**91 356**	**567**	**59 867**	**3 324**	**1 539**	**672**
1	电气机械和器材制造业	98.038 4	17 465（1）	71（3）	6 133（1）	24（8）	126（5）	64
2	计算机、通信和其他电子设备制造业	97.020 1	12 889（2）	82（2）	2 150（11）	20（9）	202（2）	43
3	通用设备制造业	91.386 0	7 933（3）	111（1）	1 743（12）	1（25）	156（4）	57
4	专用设备制造业	86.451 4	7 632（4）	30（8）	2 471（9）	11（14）	82（6）	49
5	信息传输、软件和信息技术服务业	82.205 6	3 405（9）	35（7）	4 387（3）	124（4）	509（1）	42
6	医药制造业	74.926 4	2 088（11）	67（4）	3 920（5）	13（12）	14（13）	41
7	汽车制造业	69.188 8	4 860（7）	9（13）	1 379（16）	0（28）	37（8）	41
8	化学原料和化学制品制造业	61.893 3	2 009（12）	14（11）	3 038（8）	7（17）	10（16）	43
9	家具制造业	60.936 4	6 601（5）	36（5）	4 226（4）	19（10）	16（12）	12
10	金属制品业	60.480 9	4 262（8）	24（9）	2 327（10）	7（17）	50（7）	16
11	仪器仪表制造业	53.440 4	2 907（10）	4（15）	407（29）	2（21）	186（3）	19
12	橡胶和塑料制品业	49.622 5	1 567（15）	15（10）	1 131（19）	10（16）	5（21）	25
13	纺织服装、服饰业	48.808 3	1 635（14）	1（20）	5 095（2）	209（3）	7（19）	13
14	建筑业	48.605 9	5 260（6）	—	613（24）	—	9（17）	13
15	科学研究和技术服务业	43.863 5	98（34）	—	295（33）	2 403（1）	24（9）	4
16	租赁和商务服务业	41.662 5	409（24）	36（5）	974（20）	1（25）	24（9）	13
17	纺织业	39.312 1	1 071（16）	1（20）	1 245（17）	74（5）	—	19
18	铁路、船舶、航空航天和其他运输设备制造业	38.375 7	1 636（13）	12（12）	697（23）	36（6）	14（13）	5
19	有色金属冶炼和压延加工业	37.131 8	912（17）	1（20）	444（28）	2（21）	12（15）	7
20	食品制造业	36.587 7	307（27）	1（20）	3 294（6）	11（14）	—	6
21	造纸和纸制品业	35.417 5	800（18）	2（18）	529（26）	15（11）	—	12
22	文化、体育和娱乐业	34.705 0	120（33）	—	3 186（7）	—	4（22）	12
23	文教、工美、体育和娱乐用品制造业	34.637 2	603（22）	—	789（22）	272（2）	2（25）	6
24	化学纤维制造业	34.516 0	699（21）	3（17）	330（30）	1（25）	4（22）	9
25	水利、环境和公共设施管理业	33.710 7	788（19）	—	302（32）	1（27）	1（27）	9
26	批发和零售业	32.357 5	363（25）	—	1 654（13）	—	7（19）	17

续表

序号	行业	IPI	有效专利拥有量/件（省内排名）	PCT专利申请量/件（省内排名）	商标注册量/件（省内排名）	作品著作权登记量/件（省内排名）	计算机软件著作权登记量/件（省内排名）	上市公司数量/家
27	皮革、毛皮、羽毛及其制品和制鞋业	32.2407	426（23）	—	1 205（18）	—	—	4
28	非金属矿物制品业	32.1547	343（26）	4（15）	227（34）	—	—	8
29	金融业	32.0022	61（36）	1（20）	1 400（15）	12（13）	23（11）	10
30	酒、饮料和精制茶制造业	31.9070	299（30）	2（18）	1 440（14）	33（7）	—	4
31	农副食品加工业	31.8766	302（29）	5（14）	803（21）	7（17）	—	5
32	其他制造业	30.6206	713（20）	—	578（25）	2（21）	—	2
33	木材加工和木、竹、藤、棕、草制品业	30.1929	306（28）	—	476（27）	6（20）	—	2
34	电力、热力、燃气及水生产和供应业	29.6347	234（31）	—	29（41）	2（21）	4（22）	10
35	房地产业	29.3525	177（32）	—	308（31）	—	9（17）	12
36	黑色金属冶炼和压延加工业	28.3668	74（35）	—	21（42）	—	—	3
37	废弃资源综合利用业	28.0915	37（38）	—	47（40）	—	—	2
38	卫生和社会工作	28.0883	1（41）	—	150（36）	—	2（25）	3
39	采矿业	27.9887	14（39）	—	74（38）	—	—	2
40	住宿和餐饮业	27.9838	—	—	181（35）	—	—	1
41	石油、煤炭及其他燃料加工业	27.9507	47（37）	—	2（43）	—	—	1
42	农、林、牧、渔业	27.9004	1（41）	—	115（37）	—	—	1
43	交通运输、仓储和邮政业	27.8342	2（40）	—	52（39）	—	—	5

资料来源：科技大数据湖北省重点实验室

表3-6 2022年浙江省上市公司十强产业及上市公司

序号	行业	上市公司名称	IPI（全国排名）	上市板块
1	电气机械和器材制造业	浙江正泰电器股份有限公司	77.2304（48）	主板
		横店集团东磁股份有限公司	75.2082（56）	主板
		杭州老板电器股份有限公司	69.9485（72）	主板
		公牛集团股份有限公司	57.6250（219）	主板
		浙江天正电气股份有限公司	57.0326（234）	主板
		天能电池集团股份有限公司	56.6870（248）	科创板
		浙江捷昌线性驱动科技股份有限公司	53.8920（368）	主板
		奥普家居股份有限公司	53.7572（376）	主板
		浙江阳光照明电器集团股份有限公司	52.3319（466）	主板
		浙江南都电源动力股份有限公司	52.0515（490）	创业板
2	计算机、通信和其他电子设备制造业	杭州海康威视数字技术股份有限公司	91.4933（8）	主板
		浙江大华技术股份有限公司	80.2619（36）	主板

序号	行业	上市公司名称	IPI（全国排名）	上市板块
2	计算机、通信和其他电子设备制造业	杭州士兰微电子股份有限公司	59.7199（181）	主板
		宁波江丰电子材料股份有限公司	55.3592（297）	创业板
		东方通信股份有限公司	54.3569（342）	主板
		浙江水晶光电科技股份有限公司	51.5915（535）	主板
		杰华特微电子股份有限公司	51.3309（561）	科创板
		英飞特电子（杭州）股份有限公司	49.7196（819）	创业板
		天通控股股份有限公司	49.4244（895）	主板
		甬矽电子（宁波）股份有限公司	49.3419（919）	科创板
3	通用设备制造业	浙江盾安人工环境股份有限公司	60.9831（154）	主板
		浙江三花智能控制股份有限公司	58.3060（204）	主板
		杭叉集团股份有限公司	54.8523（319）	主板
		杭州中亚机械股份有限公司	52.9448（412）	创业板
		杭州前进齿轮箱集团股份有限公司	52.6561（439）	主板
		君禾泵业股份有限公司	52.4730（453）	主板
		浙江运达风电股份有限公司	51.3517（560）	创业板
		宁波海天精工股份有限公司	50.7798（626）	主板
		杭州申昊科技股份有限公司	50.6108（650）	创业板
		杭州天铭科技股份有限公司	49.9772（766）	北证
4	专用设备制造业	浙江大丰实业股份有限公司	59.7029（182）	主板
		杭州永创智能设备股份有限公司	55.8100（278）	主板
		迈得医疗工业设备股份有限公司	54.1691（354）	科创板
		振德医疗用品股份有限公司	53.4645（387）	主板
		浙江菲达环保科技股份有限公司	52.8687（417）	主板
		宁波慈星股份有限公司	52.6289（443）	创业板
		浙江迦南科技股份有限公司	51.4755（547）	创业板
		浙江晶盛机电股份有限公司	50.9549（603）	创业板
		杰克科技股份有限公司	50.4768（674）	主板
		杭州长川科技股份有限公司	50.2277（715）	创业板
5	信息传输、软件和信息技术服务业	杭州迪普科技股份有限公司	66.4525（93）	创业板
		杭州安恒信息技术股份有限公司	62.8465（126）	科创板
		浙江中控技术股份有限公司	59.5410（184）	科创板
		杭州电魂网络科技股份有限公司	54.8299（320）	主板
		恒生电子股份有限公司	53.3711（391）	主板
		金卡智能集团股份有限公司	51.4520（551）	创业板
		杭州当虹科技股份有限公司	50.8010（623）	科创板
		每日互动股份有限公司	48.5779（1174）	创业板
		利欧集团股份有限公司	48.4181（1244）	主板
		虹软科技股份有限公司	48.2259（1338）	科创板
6	医药制造业	浙江海正药业股份有限公司	58.2396（207）	主板
		浙江新和成股份有限公司	56.7827（244）	主板
		浙江华海药业股份有限公司	54.3414（343）	主板
		贝达药业股份有限公司	50.5797（654）	创业板

续表

序号	行业	上市公司名称	IPI（全国排名）	上市板块
6	医药制造业	浙江九洲药业股份有限公司	50.4362（679）	主板
		浙江京新药业股份有限公司	49.4719（878）	主板
		浙江康恩贝制药股份有限公司	49.3104（931）	主板
		普洛药业股份有限公司	47.8999（1515）	主板
		浙江莎普爱思药业股份有限公司	47.7855（1592）	主板
		浙江仙琚制药股份有限公司	47.7743（1605）	主板
7	汽车制造业	浙江银轮机械股份有限公司	59.8747（177）	主板
		浙江亚太机电股份有限公司	57.4463（223）	主板
		宁波拓普集团股份有限公司	51.6958（522）	主板
		神通科技集团股份有限公司	51.1861（574）	主板
		浙江今飞凯达轮毂股份有限公司	50.2864（705）	主板
		浙江万安科技股份有限公司	49.6981（825）	主板
		浙江金固股份有限公司	49.6643（835）	主板
		浙江跃岭股份有限公司	49.5840（856）	主板
		浙江万里扬股份有限公司	48.8867（1063）	主板
		宁波圣龙汽车动力系统股份有限公司	48.7674（1109）	主板
8	化学原料和化学制品制造业	浙江新安化工集团股份有限公司	55.7555（281）	主板
		浙江闰土股份有限公司	52.7202（431）	主板
		珀莱雅化妆品股份有限公司	52.6174（444）	主板
		浙江龙盛集团股份有限公司	51.5043（541）	主板
		浙江皇马科技股份有限公司	50.2425（711）	主板
		联化科技股份有限公司	49.7274（817）	主板
		浙江永太科技股份有限公司	49.5159（872）	主板
		浙江新农化工股份有限公司	48.6271（1160）	主板
		浙江镇洋发展股份有限公司	47.9869（1468）	主板
		浙江建业化工股份有限公司	47.2993（1969）	主板
9	家具制造业	喜临门家具股份有限公司	56.5648（254）	主板
		麒盛科技股份有限公司	55.0245（310）	主板
		顾家家居股份有限公司	54.7445（325）	主板
		乐歌人体工学科技股份有限公司	54.0113（362）	创业板
		浙江永强集团股份有限公司	52.6597（438）	主板
		永艺家具股份有限公司	51.4514（552）	主板
		江山欧派门业股份有限公司	49.5344（862）	主板
		恒林家居股份有限公司	48.2904（1306）	主板
		中源家居股份有限公司	47.6755（1682）	主板
		梦天家居集团股份有限公司	47.5432（1761）	主板
10	金属制品业	杭州巨星科技股份有限公司	61.3577（146）	主板
		浙江苏泊尔股份有限公司	55.3625（296）	主板
		杭萧钢构股份有限公司	53.1909（398）	主板

续表

序号	行业	上市公司名称	IPI（全国排名）	上市板块
10	金属制品业	浙江东南网架股份有限公司	52.7478（427）	主板
		东睦新材料集团股份有限公司	49.9389（771）	主板
		浙江哈尔斯真空器皿股份有限公司	49.5952（850）	主板
		爱仕达股份有限公司	48.8732（1070）	主板
		王力安防科技股份有限公司	48.7858（1105）	主板
		浙江久立特材科技股份有限公司	48.7046（1134）	主板
		浙江金洲管道科技股份有限公司	48.2709（1316）	主板

资料来源：科技大数据湖北省重点实验室

3.2.4 山东省

2022 年，山东省上市公司的知识产权指数为 71.2277，排名第 4。截至 2022 年末，山东省上市公司的发明专利有效量为 23 214 件，实用新型专利有效量为 43 985 件，外观设计专利有效量为 8947 件，各类有效专利拥有总量在全国排名第 4；商标注册量为 28 728 件，在全国排名第 6；农业植物新品种有效量为 254 件，在全国排名第 3。2022 年，山东省上市公司的 PCT 专利申请量为 1719 件，作品著作权登记量为 1398 件，计算机软件著作权登记量为 787 件，集成电路布图设计发证量为 10 件。2013~2022 年，山东省上市公司各类型专利授权量均呈现波动上升的趋势（图 3-5）。

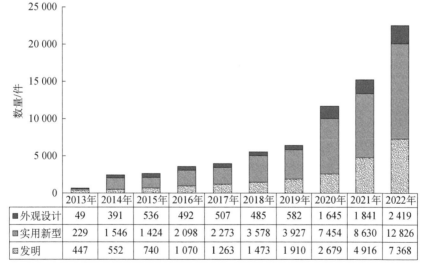

	2013年	2014年	2015年	2016年	2017年	2018年	2019年	2020年	2021年	2022年
外观设计	49	391	536	492	507	485	582	1 645	1 841	2 419
实用新型	229	1 546	1 424	2 098	2 273	3 578	3 927	7 454	8 630	12 826
发明	447	552	740	1 070	1 263	1 473	1 910	2 679	4 916	7 368

图 3-5　山东省上市公司当前有效专利授权时间分布情况

资料来源：科技大数据湖北省重点实验室

山东省上市公司数量总计 295 家，分布在 41 个产业领域（表 3-7）。山东省的优势产业领域包括计算机、通信和其他电子设备制造业，电气机械和器材制造业，化学原料和化学制品制造业，专用设备制造业，汽车制造业，医药制造业，橡胶和塑料制品业，非金属矿物制品业，信息传输、软件和信息技术服务业，通用设备制造业。各优势产业领域的代表性企业分别是歌尔股份有限公司、海尔智家股份有限公司、万华化学集团股份有限公司、山东新华医疗器械股份有限公司、潍柴动力股份有限公司、华熙生物科技股份有限公司、三角轮胎股份有限公司、山东鲁阳节能材料股份有限公司、青岛鼎信通讯股份有限公司、潍柴重机股份有限公司（表 3-8）。

表 3-7　2022 年山东省上市公司不同知识产权类型产业分布及排名

序号	行业	IPI	有效专利拥有量/件（省内排名）	PCT 专利申请量/件（省内排名）	商标注册量/件（省内排名）	作品著作权登记量/件（省内排名）	计算机软件著作权登记量/件（省内排名）	上市公司数量/家
	总计	—	76 146	1 719	28 728	1 398	787	295
1	计算机、通信和其他电子设备制造业	97.370 7	9 903（2）	452（2）	1 155（7）	1（17）	48（4）	13
2	电气机械和器材制造业	97.146 6	31 341（1）	1 131（1）	2 017（5）	8（11）	37（7）	16
3	化学原料和化学制品制造业	82.030 6	4 449（5）	37（3）	3 731（2）	16（7）	24（8）	40
4	专用设备制造业	78.750 1	7 626（4）	23（4）	1 236（6）	6（14）	104（2）	27
5	汽车制造业	77.619 2	8 038（3）	18（5）	928（9）	2（16）	39（6）	11
6	医药制造业	58.134 1	1 334（9）	16（6）	5 202（1）	29（6）	1（22）	16
7	橡胶和塑料制品业	50.589 7	2 430（6）	8（8）	800（10）	1（17）	40（5）	11
8	非金属矿物制品业	50.178 7	1 019（10）	11（7）	387（19）	11（10）	1（22）	10
9	信息传输、软件和信息技术服务业	48.624 1	902（11）	1（14）	692（13）	—	349（1）	16
10	通用设备制造业	48.206 8	2 080（7）	6（10）	436（18）	1（17）	16（10）	17
11	黑色金属冶炼和压延加工业	44.088 0	1 566（8）	8（8）	22（33）		5（13）	2
12	造纸和纸制品业	41.547 1	258（22）	—	496（17）	6（14）	—	6
13	金属制品业	40.630 1	568（14）		91（27）	8（11）	1（22）	7
14	纺织业	40.444 2	598（13）		737（12）	228（2）	1（22）	6
15	农副食品加工业	39.856 7	342（17）		2 403（4）	14（8）	2（19）	12
16	酒、饮料和精制茶制造业	39.814 9	415（15）		2 962（3）	33（5）	4（14）	4
17	农、林、牧、渔业	39.063 4	146（25）		605（15）	—	1（22）	5
18	食品制造业	38.954 2	291（20）	3（11）	940（8）	—	2（19）	8
19	交通运输、仓储和邮政业	37.531 2	631（12）	3（11）	19（36）	—	56（3）	6
20	废弃资源综合利用业	36.842 4	65（27）	—	42（32）	736（1）	—	2
21	铁路、船舶、航空航天和其他运输设备制造业	36.496 1	404（16）	2（13）	146（24）			3
22	文教、工美、体育和娱乐用品制造业	36.141 4	340（18）	—	355（20）	160（3）	20（9）	2
23	有色金属冶炼和压延加工业	36.111 9	293（19）		61（30）		3（17）	3
24	建筑业	36.109 5	238（23）	—	120（25）		2（19）	4
25	化学纤维制造业	35.674 6	199（24）	—	63（29）	—	—	3

续表

序号	行业	IPI	有效专利拥有量/件（省内排名）	PCT专利申请量/件（省内排名）	商标注册量/件（省内排名）	作品著作权登记量/件（省内排名）	计算机软件著作权登记量/件（省内排名）	上市公司数量/家
26	纺织服装、服饰业	35.647 3	63（28）	—	587（16）	116（4）	—	1
27	石油、煤炭及其他燃料加工业	35.355 6	142（26）	—	280（22）	—	—	2
28	采矿业	35.306 6	264（21）	—	13（38）	—	4（14）	5
29	金融业	35.237 6	16（35）	—	628（14）	1（17）	—	6
30	批发和零售业	35.084 0	37（29）	—	790（11）	7（13）	3（17）	9
31	仪器仪表制造业	34.879 6	17（34）	—	7（39）	1（17）	0（28）	1
32	水利、环境和公共设施管理业	34.790 7	36（30）	—	297（21）	—	4（14）	2
33	印刷和记录媒介复制业	34.509 9	34（31）	—	20（34）	—	—	1
34	电力、热力、燃气及水生产和供应业	34.407 2	34（31）	—	66（28）	—	1（22）	4
35	租赁和商务服务业	34.346 6	27（33）	—	61（30）	1（17）	12（11）	2
36	房地产业	34.302 5	—	—	188（23）	—	—	4
37	文化、体育和娱乐业	34.204 7	—	—	107（26）	12（9）	7（12）	3
38	综合	34.170 4	—	—	—	—	—	2
39	木材加工和木、竹、藤、棕、草制品业	34.125 0	—	—	—	—	—	1
40	卫生和社会工作	34.081 4	—	—	20（34）	—	—	1
41	皮革、毛皮、羽毛及其制品和制鞋业	33.948 2	—	—	18（37）	—	—	1

资料来源：科技大数据湖北省重点实验室

表 3-8　2022 年山东省上市公司十强产业及上市公司

序号	行业	上市公司名称	IPI（全国排名）	上市板块
1	计算机、通信和其他电子设备制造业	歌尔股份有限公司	89.2907（11）	主板
		海信视像科技股份有限公司	87.2739（14）	主板
		浪潮电子信息产业股份有限公司	76.8388（52）	主板
		山东新北洋信息技术股份有限公司	68.5793（80）	主板
		山东天岳先进科技股份有限公司	52.5366（449）	科创板
		神思电子技术股份有限公司	48.8289（1092）	创业板
		烟台睿创微纳技术股份有限公司	48.6104（1165）	科创板
		共达电声股份有限公司	48.1876（1363）	主板
		烟台德邦科技股份有限公司	47.3798（1888）	科创板
		青岛雷神科技股份有限公司	47.0600（2231）	北证
2	电气机械和器材制造业	海尔智家股份有限公司	86.3085（17）	主板
		九阳股份有限公司	83.9997（25）	主板
		澳柯玛股份有限公司	57.9623（214）	主板
		青岛特锐德电气股份有限公司	54.5921（330）	创业板

序号	行业	上市公司名称	IPI（全国排名）	上市板块
2	电气机械和器材制造业	烟台龙源电力技术股份有限公司	52.8601（419）	创业板
		积成电子股份有限公司	51.7081（520）	主板
		新风光电子科技股份有限公司	49.0479（1014）	科创板
		青岛汉缆股份有限公司	48.9222（1048）	主板
		山东圣阳电源股份有限公司	48.0561（1423）	主板
		山东科汇电力自动化股份有限公司	47.0942（2195）	科创板
3	化学原料和化学制品制造业	万华化学集团股份有限公司	82.0070（31）	主板
		济南圣泉集团股份有限公司	59.4298（186）	主板
		中节能万润股份有限公司	54.1598（356）	主板
		金正大生态工程集团股份有限公司	50.9901（598）	主板
		山东潍坊润丰化工股份有限公司	50.6934（637）	创业板
		海利尔药业集团股份有限公司	50.2979（704）	主板
		山东一诺威聚氨酯股份有限公司	49.6500（838）	北证
		山东华鲁恒升化工股份有限公司	49.5357（861）	主板
		山东国瓷功能材料股份有限公司	49.5315（864）	创业板
		山东阳谷华泰化工股份有限公司	48.8585（1078）	创业板
4	专用设备制造业	山东新华医疗器械股份有限公司	69.7413（73）	主板
		山推工程机械股份有限公司	63.1514（121）	主板
		软控股份有限公司	60.3028（166）	主板
		威海广泰空港设备股份有限公司	55.4242（291）	主板
		山东豪迈机械科技股份有限公司	53.7511（377）	主板
		青岛海尔生物医疗股份有限公司	53.1513（399）	科创板
		烟台杰瑞石油服务集团股份有限公司	52.8686（418）	主板
		德州联合石油科技股份有限公司	51.4993（542）	创业板
		山东墨龙石油机械股份有限公司	51.0414（589）	主板
		迈赫机器人自动化股份有限公司	50.1294（735）	创业板
5	汽车制造业	潍柴动力股份有限公司	85.9738（20）	主板
		山东金麒麟股份有限公司	49.3652（913）	主板
		中通客车股份有限公司	47.3062（1961）	主板
		山东隆基机械股份有限公司	46.7043（2628）	主板
		天润工业技术股份有限公司	46.3884（3090）	主板
		威海邦德散热系统股份有限公司	46.1954（3428）	北证
		山东坤泰新材料科技股份有限公司	46.0773（3650）	主板
		兴民智通（集团）股份有限公司	45.6635（4443）	主板
		烟台亚通精工机械股份有限公司	45.5890（4655）	主板
		渤海汽车系统股份有限公司	45.5395（4899）	主板
6	医药制造业	华熙生物科技股份有限公司	63.0719（123）	科创板
		东阿阿胶股份有限公司	56.5747（253）	主板
		山东新华制药股份有限公司	50.9327（611）	主板

序号	行业	上市公司名称	IPI（全国排名）	上市板块
6	医药制造业	华仁药业股份有限公司	49.4339（892）	创业板
		辰欣药业股份有限公司	48.8907（1062）	主板
		荣昌生物制药（烟台）股份有限公司	48.3352（1285）	科创板
		山东鲁抗医药股份有限公司	47.6623（1692）	主板
		山东步长制药股份有限公司	47.5087（1791）	主板
		烟台东诚药业集团股份有限公司	47.0813（2207）	主板
		山东沃华医药科技股份有限公司	46.8994（2395）	主板
7	橡胶和塑料制品业	三角轮胎股份有限公司	54.1954（353）	主板
		赛轮集团股份有限公司	53.5177（384）	主板
		山东玲珑轮胎股份有限公司	52.8738（416）	主板
		山东东宏管业股份有限公司	48.1582（1380）	主板
		青岛三祥科技股份有限公司	47.6722（1686）	北证
		青岛森麒麟轮胎股份有限公司	47.3382（1932）	主板
		青岛国恩科技股份有限公司	47.1170（2178）	主板
		山东道恩高分子材料股份有限公司	46.6279（2733）	主板
		山东同大海岛新材料股份有限公司	46.0156（3744）	创业板
		英科医疗科技股份有限公司	45.9095（3944）	创业板
8	非金属矿物制品业	山东鲁阳节能材料股份有限公司	52.6779（436）	主板
		山东龙泉管道工程股份有限公司	52.1041（486）	主板
		山东省药用玻璃股份有限公司	51.8743（505）	主板
		烟台正海磁性材料股份有限公司	48.8588（1077）	创业板
		索通发展股份有限公司	47.7015（1661）	主板
		山东金晶科技股份有限公司	47.5189（1778）	主板
		山东玻纤集团股份有限公司	47.3982（1872）	主板
		山东双一科技股份有限公司	46.9063（2387）	创业板
		山东力诺特种玻璃股份有限公司	46.5686（2824）	创业板
		山东华鹏玻璃股份有限公司	46.0330（3721）	主板
9	信息传输、软件和信息技术服务业	青岛鼎信通讯股份有限公司	50.7243（636）	主板
		东方电子股份有限公司	49.0557（1012）	主板
		智洋创新科技股份有限公司	48.6760（1146）	科创板
		山大地纬软件股份有限公司	48.1422（1384）	科创板
		浪潮软件股份有限公司	48.0660（1417）	主板
		中孚信息股份有限公司	47.7707（1609）	创业板
		青岛东软载波科技股份有限公司	47.6549（1699）	创业板
		山东山大鸥玛软件股份有限公司	47.4021（1868）	创业板
		山东数字人科技股份有限公司	46.8893（2409）	北证
		金现代信息产业股份有限公司	46.3668（3133）	创业板
10	通用设备制造业	潍柴重机股份有限公司	53.1378（400）	主板
		青岛征和工业股份有限公司	49.2531（950）	主板

续表

序号	行业	上市公司名称	IPI（全国排名）	上市板块
10	通用设备制造业	山东省章丘鼓风机股份有限公司	48.2622（1318）	主板
		通裕重工股份有限公司	48.0988（1402）	创业板
		威海华东数控股份有限公司	47.7702（1611）	主板
		青岛海容商用冷链股份有限公司	47.7673（1616）	主板
		景津装备股份有限公司	47.6227（1715）	主板
		兰剑智能科技股份有限公司	47.5803（1742）	科创板
		威海克莱特菲尔风机股份有限公司	47.2308（2047）	北证
		科捷智能科技股份有限公司	47.2212（2057）	科创板

资料来源：科技大数据湖北省重点实验室

3.2.5 江苏省

2022 年，江苏省上市公司的知识产权指数为 68.8869，排名第 5。截至 2022 年末，江苏省上市公司的发明专利有效量为 20 550 件，实用新型专利有效量为 45 634 件，外观设计专利有效量为 6556 件，各类有效专利拥有总量在全国排名第 5；商标注册量为 41 092 件，在全国排名第 4；农业植物新品种有效量为 5 件，在全国排名第 7。2022 年，江苏省上市公司的 PCT 专利申请量为 642 件，作品著作权登记量为 464 件，计算机软件著作权登记量为 1343 件，集成电路布图设计发证量为 57 件。2013～2022 年，江苏省上市公司各类型专利授权量均呈现波动上升的趋势（图 3-6）。

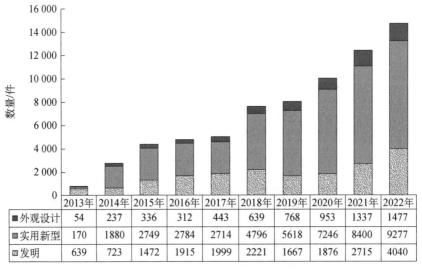

	2013年	2014年	2015年	2016年	2017年	2018年	2019年	2020年	2021年	2022年
外观设计	54	237	336	312	443	639	768	953	1337	1477
实用新型	170	1880	2749	2784	2714	4796	5618	7246	8400	9277
发明	639	723	1472	1915	1999	2221	1667	1876	2715	4040

图 3-6 江苏省上市公司当前有效专利授权时间分布情况
资料来源：科技大数据湖北省重点实验室

江苏省上市公司数量总计 657 家，分布在 45 个产业领域（表 3-9）。江苏省的优势产业领域包括计算机、通信和其他电子设备制造业，电气机械和器材制造业，专用设备制造业，信息传输、软件和信息技术服务业，化学原料和化学制品制造业，医药制造业，通用设备制造业，汽车制造业，科学研究和技术服务业，金属制品业。各优势产业领域的代表性企业分别是昆山龙腾光电股份有限公司、莱克电气股份有限公司、无锡先导智能装备股份有限公司、国电南瑞科技股份有限公司、江苏苏博特新材料股份有限公司、江苏恒瑞医药股份有限公司、天奇自动化工程股份有限公司、常州星宇车灯股份有限公司、苏交科集团股份有限公司、昆山科森科技股份有限公司（表 3-10）。

表 3-9　2022 年江苏省上市公司不同知识产权类型产业分布及排名

序号	行业	IPI	有效专利拥有量/件（省内排名）	PCT专利申请量/件（省内排名）	商标注册量/件（省内排名）	作品著作权登记量/件（省内排名）	计算机软件著作权登记量/件（省内排名）	上市公司数量/家
	总计	—	**72 740**	**642**	**41 092**	**464**	**1 343**	**657**
1	计算机、通信和其他电子设备制造业	99.925 6	11 984（2）	99（3）	1 917（6）	2（16）	86（6）	83
2	电气机械和器材制造业	97.974 4	9 704（3）	86（4）	2 919（5）	12（6）	102（4）	61
3	专用设备制造业	96.798 8	14 519（1）	105（2）	3 844（2）	34（4）	225（2）	61
4	信息传输、软件和信息技术服务业	82.729 7	3 359（6）	17（9）	1 424（11）	1（23）	393（1）	32
5	化学原料和化学制品制造业	77.791 1	2 686（7）	39（5）	3 092（4）	4（11）	3（20）	56
6	医药制造业	76.273 2	1 832（9）	127（1）	1 828（7）	6（8）	14（14）	30
7	通用设备制造业	70.427 2	4 996（5）	17（9）	1 060（14）	3（13）	24（10）	39
8	汽车制造业	68.262 4	5 249（4）	10（15）	808（16）	2（16）	54（8）	33
9	科学研究和技术服务业	54.062 7	1 639（11）	28（6）	1 030（15）	1（23）	142（3）	18
10	金属制品业	49.774 0	1 484（14）	19（8）	449（25）	—	6（15）	29
11	黑色金属冶炼和压延加工业	48.802 7	1 726（10）	26（7）	14（42）	—	—	3
12	建筑业	48.643 0	2 116（8）	3（17）	1 098（13）	3（13）	22（11）	13
13	非金属矿物制品业	46.430 6	1 007（17）	16（11）	386（28）	—	—	11
14	仪器仪表制造业	45.865 0	1 351（15）	13（12）	446（26）	8（7）	21（12）	14
15	批发和零售业	45.841 9	335（22）	12（13）	3 586（3）	197（1）	1（24）	20
16	橡胶和塑料制品业	45.798 0	1 487（13）	9（16）	651（17）	—	4（18）	19
17	铁路、船舶、航空航天和其他运输设备制造业	45.437 5	1 637（12）	2（18）	567（19）	6（8）	6（15）	12
18	水利、环境和公共设施管理业	42.165 7	1 127（16）	11（14）	464（23）	2（16）	61（7）	11
19	酒、饮料和精制茶制造业	41.247 9	411（21）	—	4 661（1）	18（5）	1（24）	3
20	纺织业	38.146 6	520（20）	2（18）	1 632（9）	97（2）	—	8
21	食品制造业	37.040 0	255（24）	—	523（20）	44（3）	—	4
22	有色金属冶炼和压延加工业	36.717 8	756（19）	—	511（21）	—	5（17）	13
23	纺织服装、服饰业	34.670 4	246（25）	—	1 792（8）	4（11）	—	4
24	金融业	33.103 9	28（36）	—	1 433（10）	2（16）	51（9）	15
25	化学纤维制造业	32.271 3	267（23）	—	206（31）	—	—	9
26	家具制造业	32.081 4	945（18）	—	459（24）	2（16）	2（23）	4
27	房地产业	31.968 7	89（31）	—	1 206（12）	—	—	8
28	教育	31.081 1	17（39）	—	142（34）	2（16）	88（5）	2
29	农副食品加工业	31.065 5	122（30）	—	595（18）	2（16）	3（20）	4

续表

序号	行业	IPI	有效专利拥有量/件（省内排名）	PCT专利申请量/件（省内排名）	商标注册量/件（省内排名）	作品著作权登记量/件（省内排名）	计算机软件著作权登记量/件（省内排名）	上市公司数量/家
30	其他制造业	30.846 8	199（26）	—	190（32）	6（8）	—	2
31	交通运输、仓储和邮政业	30.789 8	157（27）	—	135（35）	—	20（13）	9
32	文教、工美、体育和娱乐用品制造业	30.346 1	143（28）	1（20）	110（36）	1（23）	1（24）	2
33	木材加工和木、竹、藤、棕、草制品业	30.248 1	32（34）	—	423（27）	—	—	2
34	租赁和商务服务业	30.247 0	62（32）	—	489（22）	1（23）	—	2
35	农、林、牧、渔业	30.240 2	125（29）	—	239（30）	—	—	2
36	文化、体育和娱乐业	29.912 8	2（42）	—	174（33）	—	—	4
37	皮革、毛皮、羽毛及其制品和制鞋业	29.875 7	13（40）	—	309（29）	3（13）	—	1
38	石油、煤炭及其他燃料加工业	29.562 5	29（35）	—	24（40）	—	—	1
39	电力、热力、燃气及水生产和供应业	29.535 8	23（37）	—	89（38）	1（23）	3（20）	6
40	废弃资源综合利用业	29.410 3	33（33）	—	7（44）	—	—	1
41	卫生和社会工作	29.398 8	—	—	97（37）	—	1（24）	1
42	综合	29.381 2	2（42）	—	14（42）	—	—	2
43	造纸和纸制品业	29.341 1	21（38）	—	2（45）	—	—	1
44	住宿和餐饮业	29.290 0	1（44）	—	26（39）	—	4（18）	1
45	采矿业	29.266 9	4（41）	—	21（41）	—	—	1

资料来源：科技大数据湖北省重点实验室

表 3-10 2022年江苏省上市公司十强产业及上市公司

序号	行业	上市公司名称	IPI（全国排名）	上市板块
1	计算机、通信和其他电子设备制造业	昆山龙腾光电股份有限公司	76.8685（51）	科创板
		江苏长电科技股份有限公司	61.0048（152）	主板
		南京熊猫电子股份有限公司	59.7566（180）	主板
		苏州科达科技股份有限公司	59.6290（183）	主板
		通富微电子股份有限公司	56.9309（240）	主板
		南京华脉科技股份有限公司	51.4524（550）	主板
		恒宝股份有限公司	51.2927（565）	主板
		江苏菲沃泰纳米科技股份有限公司	50.6113（649）	科创板
		苏州晶方半导体科技股份有限公司	50.5951（651）	主板
		苏州安洁科技股份有限公司	50.1121（738）	主板
2	电气机械和器材制造业	莱克电气股份有限公司	61.8027（139）	主板
		江苏中天科技股份有限公司	61.7226（140）	主板
		国电南京自动化股份有限公司	59.9477（175）	主板
		江苏亨通光电股份有限公司	58.2592（206）	主板

续表

序号	行业	上市公司名称	IPI（全国排名）	上市板块
2	电气机械和器材制造业	科沃斯机器人股份有限公司	56.2573（261）	主板
		江苏永鼎股份有限公司	53.3415（395）	主板
		江苏雷利电机股份有限公司	52.9815（408）	创业板
		天合光能股份有限公司	52.7833（423）	科创板
		无锡新宏泰电器科技股份有限公司	52.7744（424）	主板
		江苏神马电力股份有限公司	52.2603（474）	主板
3	专用设备制造业	无锡先导智能装备股份有限公司	66.5200（91）	创业板
		徐工集团工程机械股份有限公司	66.2757（96）	主板
		博众精工科技股份有限公司	63.9882（113）	科创板
		天臣国际医疗科技股份有限公司	56.5188（256）	科创板
		江苏新美星包装机械股份有限公司	56.3198（260）	创业板
		苏州华兴源创科技股份有限公司	55.0288（309）	科创板
		江苏鱼跃医疗设备股份有限公司	54.8085（321）	主板
		格力博（江苏）股份有限公司	54.7300（327）	创业板
		苏州艾隆科技股份有限公司	54.1521（357）	科创板
		苏州赛腾精密电子股份有限公司	53.7680（375）	主板
4	信息传输、软件和信息技术服务业	国电南瑞科技股份有限公司	78.3417（43）	主板
		焦点科技股份有限公司	50.7594（630）	主板
		苏州纳芯微电子股份有限公司	48.6855（1142）	科创板
		苏州国芯科技股份有限公司	48.4710（1220）	科创板
		山石网科通信技术股份有限公司	48.2233（1339）	科创板
		苏州麦迪斯顿医疗科技股份有限公司	48.1731（1373）	主板
		无锡芯朋微电子股份有限公司	48.0447（1438）	科创板
		思瑞浦微电子科技（苏州）股份有限公司	47.8554（1540）	科创板
		南京云创大数据科技股份有限公司	47.4914（1808）	北证
		南京北路智控科技股份有限公司	47.4460（1837）	创业板
5	化学原料和化学制品制造业	江苏苏博特新材料股份有限公司	64.4131（108）	主板
		江苏扬农化工股份有限公司	51.4556（549）	主板
		常州强力电子新材料股份有限公司	50.3857（692）	创业板
		江苏辉丰生物农业股份有限公司	48.8608（1076）	主板
		江阴江化微电子材料股份有限公司	48.3261（1290）	主板
		江苏龙蟠科技股份有限公司	48.2046（1349）	主板
		南通江山农药化工股份有限公司	48.1058（1397）	主板
		江苏丰山集团股份有限公司	48.0166（1448）	主板
		南京药石科技股份有限公司	47.9971（1459）	创业板
		江苏富淼科技股份有限公司	47.8365（1557）	科创板
6	医药制造业	江苏恒瑞医药股份有限公司	69.5328（74）	主板
		江苏康缘药业股份有限公司	59.1552（189）	主板
		江苏恩华药业股份有限公司	51.1717（578）	主板

续表

序号	行业	上市公司名称	IPI（全国排名）	上市板块
6	医药制造业	苏州泽璟生物制药股份有限公司	49.6630（836）	科创板
		前沿生物药业（南京）股份有限公司	49.4035（899）	科创板
		博瑞生物医药（苏州）股份有限公司	49.3828（907）	科创板
		江苏硕世生物科技股份有限公司	47.9481（1490）	科创板
		江苏华兰药用新材料股份有限公司	47.7641（1618）	创业板
		南京健友生化制药股份有限公司	47.7545（1624）	主板
		基蛋生物科技股份有限公司	47.7399（1633）	主板
7	通用设备制造业	天奇自动化工程股份有限公司	54.2934（348）	主板
		康力电梯股份有限公司	52.9605（410）	主板
		江苏神通阀门股份有限公司	51.7285（516）	主板
		常熟通润汽车零部件股份有限公司	49.6599（837）	主板
		苏州纽威阀门股份有限公司	49.6318（842）	主板
		常柴股份有限公司	49.4439（888）	主板
		江苏亚威机床股份有限公司	49.3717（910）	主板
		江苏力星通用钢球股份有限公司	49.2558（949）	创业板
		法兰泰克重工股份有限公司	49.2233（956）	主板
		福立旺精密机电（中国）股份有限公司	48.4730（1219）	科创板
8	汽车制造业	常州星宇车灯股份有限公司	61.2708（148）	主板
		航天晨光股份有限公司	55.1619（306）	主板
		亚普汽车部件股份有限公司	52.0115（495）	主板
		无锡威孚高科技集团股份有限公司	51.5044（540）	主板
		南京越博动力系统股份有限公司	48.8748（1068）	创业板
		江苏太平洋精锻科技股份有限公司	48.7664（1110）	创业板
		无锡隆盛科技股份有限公司	48.4299（1239）	创业板
		江苏云意电气股份有限公司	48.2965（1301）	创业板
		常州光洋轴承股份有限公司	48.2465（1328）	主板
		南京泉峰汽车精密技术股份有限公司	47.8186（1572）	主板
9	科学研究和技术服务业	苏交科集团股份有限公司	55.5596（288）	创业板
		永安行科技股份有限公司	49.9644（768）	主板
		常州市建筑科学研究院集团股份有限公司	48.7701（1108）	创业板
		华设设计集团股份有限公司	48.5167（1195）	主板
		南京诺唯赞生物科技股份有限公司	48.4659（1225）	科创板
		苏州电器科学研究院股份有限公司	48.3916（1253）	创业板
		苏州苏试试验集团股份有限公司	47.7323（1640）	创业板
		江苏集萃药康生物科技股份有限公司	47.5785（1744）	科创板
		启迪设计集团股份有限公司	46.7931（2518）	创业板
		苏州市建筑科学研究院集团股份有限公司	46.7132（2617）	主板
10	金属制品业	昆山科森科技股份有限公司	48.4356（1234）	主板
		江苏博迁新材料股份有限公司	48.1818（1368）	主板

续表

序号	行业	上市公司名称	IPI（全国排名）	上市板块
10	金属制品业	江苏赛福天钢索股份有限公司	48.0796（1409）	主板
		苏州华源控股股份有限公司	47.8930（1521）	主板
		江苏常宝钢管股份有限公司	47.7572（1623）	主板
		苏州春兴精工股份有限公司	47.6994（1663）	主板
		无锡派克新材料科技股份有限公司	47.3984（1870）	主板
		常熟风范电力设备股份有限公司	47.2155（2064）	主板
		苏州扬子江新型材料股份有限公司	47.0620（2230）	主板
		无锡吉冈精密科技股份有限公司	46.9343（2358）	北证

资料来源：科技大数据湖北省重点实验室

3.2.6 上海市

2022 年，上海市上市公司的知识产权指数为 61.4449，排名第 6。截至 2022 年末，上海市上市公司的发明专利有效量为 17 818 件，实用新型专利有效量为 17 920 件，外观设计专利有效量为 6897 件，各类有效专利拥有总量在全国排名第 6；商标注册量为 37 410 件，在全国排名第 5；农业植物新品种有效量为 3 件，在全国排名第 10。2022 年，上海市上市公司的 PCT 专利申请量为 405 件，作品著作权登记量为 1671 件，计算机软件著作权登记量为 1412 件，集成电路布图设计发证量为 132 件。2013～2022 年，上海市上市公司各类型专利授权量均呈现波动上升的趋势（图 3-7）。

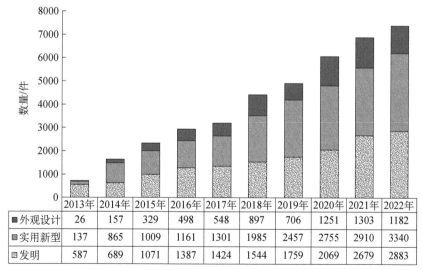

	2013年	2014年	2015年	2016年	2017年	2018年	2019年	2020年	2021年	2022年
外观设计	26	157	329	498	548	897	706	1251	1303	1182
实用新型	137	865	1009	1161	1301	1985	2457	2755	2910	3340
发明	587	689	1071	1387	1424	1544	1759	2069	2679	2883

图 3-7　上海市上市公司当前有效专利授权时间分布情况
资料来源：科技大数据湖北省重点实验室

上海市上市公司数量总计 425 家，分布在 43 个产业领域（表 3-11）。上海市的优势产业领域包括专用设备制造业，计算机、通信和其他电子设备制造业，黑色金属冶炼和压延加工业，信息传输、软件和信息技术服务业，电气机械和器材制造业，汽车制造业，医药制造业，通用设备制造业，化学原料和化学制品制造业，食品制造业。各优势产业领域的代表性企业分别是上海联影医疗科技股份有限公司、上海和辉光电股份有限公司、宝山钢铁股份有限公司、网宿科技股份有限公司、欧普照明股份有限公司、上海汽车集团股份有限公司、迈威（上海）生物科技股份有限公司、上海电气集团股份有限公司、上海家化联合股份有限公司、光明乳业股份有限公司（表 3-12）。

表 3-11　2022 年上海市上市公司不同知识产权类型产业分布及排名

序号	行业	IPI	有效专利拥有量/件（市内排名）	PCT 专利申请量/件（市内排名）	商标注册量/件（市内排名）	作品著作权登记量/件（市内排名）	计算机软件著作权登记量/件（市内排名）	上市公司数量/家
	总计	—	42 635	405	37 410	1 671	1 412	425
1	专用设备制造业	95.556 3	8 025（1）	61（2）	1 438（10）	7（12）	160（3）	35
2	计算机、通信和其他电子设备制造业	89.986 4	4 399（4）	29（5）	1 297（12）	5（15）	177（2）	40
3	黑色金属冶炼和压延加工业	88.482 7	4 353（5）	46（3）	217（26）	—	—	1
4	信息传输、软件和信息技术服务业	88.161 9	2 687（6）	28（6）	3 517（3）	14（7）	634（1）	48
5	电气机械和器材制造业	87.312 2	7 278（2）	134（1）	2 320（7）	11（8）	17（11）	21
6	汽车制造业	74.573 1	4 643（3）	5（11）	1 603（9）	3（18）	10（14）	15
7	医药制造业	70.139 1	821（11）	41（4）	1 984（8）	5（15）	20（9）	27
8	通用设备制造业	61.833 1	1 708（7）	19（7）	754（15）	6（13）	20（9）	12
9	化学原料和化学制品制造业	60.055 1	1 264（9）	12（9）	2 356（6）	119（4）	10（14）	20
10	食品制造业	53.010 5	786（12）	—	2 428（5）	9（10）	1（24）	10
11	纺织服装、服饰业	52.177 6	133（23）	—	3 765（2）	535（2）	5（18）	4
12	建筑业	48.502 7	1 410（8）	—	188（27）	11（8）	30（7）	13
13	批发和零售业	47.755 8	104（26）	16（8）	4 109（1）	3（18）	4（19）	25
14	纺织业	45.023 8	133（23）	—	1 081（13）	657（1）	—	4
15	金融业	42.300 6	183（18）	—	2 847（4）	6（13）	96（4）	17
16	橡胶和塑料制品业	41.404 6	490（15）	2（13）	343（22）	—	1（24）	9
17	科学研究和技术服务业	40.171 7	561（14）	4（12）	604（17）	2（20）	16（13）	18
18	石油、煤炭及其他燃料加工业	36.918 7	384（16）	—	43（37）	—	2（23）	1
19	仪器仪表制造业	36.582 3	671（13）	1（14）	244（24）	23（6）	45（6）	7
20	文教、工美、体育和娱乐用品制造业	36.572 1	1 044（10）	—	554（19）	132（3）	1（24）	1
21	化学纤维制造业	35.432 8	225（17）	6（10）	18（38）	—	—	1
22	文化、体育和娱乐业	33.943 5	65（28）	—	803（14）	1（22）	96（4）	6
23	交通运输、仓储和邮政业	33.896 2	176（20）	1（14）	744（16）	8（11）	25（8）	21
24	租赁和商务服务业	33.759 6	36（34）	—	1 349（11）	—	3（21）	8
25	酒、饮料和精制茶制造业	33.055 9	120（25）	—	341（23）	106（5）	4（19）	3
26	水利、环境和公共设施管理业	32.620 2	183（18）	—	90（32）	—	6（17）	6

续表

序号	行业	IPI	有效专利拥有量/件（市内排名）	PCT专利申请量/件（市内排名）	商标注册量/件（市内排名）	作品著作权登记量/件（市内排名）	计算机软件著作权登记量/件（市内排名）	上市公司数量/家
27	采矿业	31.860 1	78（27）	—	98（31）	—	1（24）	3
28	非金属矿物制品业	31.578 9	143（22）	—	163（28）	—	—	3
29	房地产业	31.525 9	12（38）	—	566（18）	4（17）	—	17
30	铁路、船舶、航空航天和其他运输设备制造业	31.452 1	28（36）	—	363（21）	—	8（16）	4
31	造纸和纸制品业	31.371 0	148（21）	—	120（29）	—	—	3
32	农副食品加工业	30.860 7	8（39）	—	370（20）	1（22）	—	2
33	木材加工和木、竹、藤、棕、草制品业	30.796 8	55（32）	—	240（25）	—	—	1
34	印刷和记录媒介复制业	30.638 1	34（35）	—	112（30）	—	—	2
35	电力、热力、燃气及水生产和供应业	30.533 7	57（31）	—	—	—	—	3
36	有色金属冶炼和压延加工业	30.523 3	58（30）	—	12（41）	—	—	4
37	农、林、牧、渔业	30.483 1	50（33）	—	87（33）	—	—	2
38	金属制品业	30.421 1	65（28）	—	15（40）	—	—	2
39	教育	30.413 7	—	—	70（35）	2（20）	17（11）	2
40	卫生和社会工作	30.197 8	17（37）	—	56（36）	1（22）	3（21）	1
41	住宿和餐饮业	30.081 3	—	—	85（34）	—	—	1
42	其他制造业	29.910 6	—	—	16（39）	—	—	1
43	综合	29.871 1	—	—	—	—	—	1

资料来源：科技大数据湖北省重点实验室

表 3-12 2022 年上海市上市公司十强产业及上市公司

序号	行业	上市公司名称	IPI（全国排名）	上市板块
1	专用设备制造业	上海联影医疗科技股份有限公司	78.2183（44）	科创板
		上海振华重工（集团）股份有限公司	68.6868（78）	主板
		中微半导体设备（上海）股份有限公司	63.1496（122）	科创板
		上海神开石油化工装备股份有限公司	52.2727（473）	主板
		盛美半导体设备（上海）股份有限公司	50.9154（614）	科创板
		上海古鳌电子科技股份有限公司	50.6172（647）	创业板
		上海微创电生理医疗科技股份有限公司	50.4102（684）	科创板
		上海奕瑞光电子科技股份有限公司	50.2611（709）	科创板
		华荣科技股份有限公司	49.6111（847）	主板
		上海盛剑环境系统科技股份有限公司	48.5077（1200）	主板
2	计算机、通信和其他电子设备制造业	上海和辉光电股份有限公司	66.2906（95）	科创板
		上海艾为电子技术股份有限公司	54.7590（324）	科创板
		上海贝岭股份有限公司	54.7199（328）	主板
		上海复旦微电子集团股份有限公司	52.5047（452）	科创板
		环旭电子股份有限公司	52.4195（456）	主板

续表

序号	行业	上市公司名称	IPI（全国排名）	上市板块
2	计算机、通信和其他电子设备制造业	上海移远通信技术股份有限公司	50.6670（644）	主板
		上海华测导航技术股份有限公司	50.1642（730）	创业板
		上海剑桥科技股份有限公司	49.5302（866）	主板
		翱捷科技股份有限公司	49.1093（992）	科创板
		协鑫集成科技股份有限公司	49.0450（1015）	主板
3	黑色金属冶炼和压延加工业	宝山钢铁股份有限公司	86.5949（16）	主板
4	信息传输、软件和信息技术服务业	网宿科技股份有限公司	64.0143（112）	创业板
		上海宝信软件股份有限公司	57.2383（227）	主板
		上海晶丰明源半导体股份有限公司	50.5375（664）	科创板
		星环信息科技（上海）股份有限公司	50.4011（686）	科创板
		乐鑫信息科技（上海）股份有限公司	50.1232（736）	科创板
		晶晨半导体（上海）股份有限公司	50.0066（762）	科创板
		钜泉光电科技（上海）股份有限公司	49.0716（1004）	科创板
		芯原微电子（上海）股份有限公司	48.7406（1121）	科创板
		上海维宏电子科技股份有限公司	48.4249（1240）	创业板
		优刻得科技股份有限公司	48.1248（1391）	科创板
5	电气机械和器材制造业	欧普照明股份有限公司	81.5461（32）	主板
		上海良信电器股份有限公司	59.7743（179）	主板
		上海新时达电气股份有限公司	53.6727（380）	主板
		上海飞科电器股份有限公司	50.4965（669）	主板
		上海荣泰健康科技股份有限公司	50.4624（677）	主板
		思源电气股份有限公司	49.4391（890）	主板
		上海科泰电源股份有限公司	49.1551（975）	创业板
		上海派能能源科技股份有限公司	47.8061（1579）	科创板
		上海鸣志电器股份有限公司	47.7327（1639）	主板
		上海海得控制系统股份有限公司	47.4627（1831）	主板
6	汽车制造业	上海汽车集团股份有限公司	78.9228（40）	主板
		上海加冷松芝汽车空调股份有限公司	50.8315（620）	主板
		科博达技术股份有限公司	47.5860（1739）	主板
		上海保隆汽车科技股份有限公司	47.5184（1779）	主板
		上海凯众材料科技股份有限公司	47.0784（2209）	主板
		东风电子科技股份有限公司	47.0720（2221）	主板
		上海北特科技股份有限公司	46.9215（2371）	主板
		上海岱美汽车内饰件股份有限公司	46.8282（2481）	主板
		上海新朋实业股份有限公司	46.7994（2511）	主板
		华域汽车系统股份有限公司	46.6268（2734）	主板
7	医药制造业	迈威（上海）生物科技股份有限公司	53.8385（371）	科创板
		上海君实生物医药科技股份有限公司	50.6381（645）	科创板
		上海盟科药业股份有限公司	49.2579（947）	科创板

续表

序号	行业	上市公司名称	IPI（全国排名）	上市板块
7	医药制造业	上海复星医药（集团）股份有限公司	48.9473（1043）	主板
		上海海顺新型药用包装材料股份有限公司	48.8220（1093）	创业板
		上海复旦张江生物医药股份有限公司	48.7848（1106）	科创板
		上海现代制药股份有限公司	48.6457（1152）	主板
		上海昊海生物科技股份有限公司	47.7674（1615）	科创板
		三生国健药业（上海）股份有限公司	47.7328（1638）	科创板
		上海科华生物工程股份有限公司	47.6765（1681）	主板
8	通用设备制造业	上海电气集团股份有限公司	62.2754（132）	主板
		上海电气风电集团股份有限公司	55.1881（305）	科创板
		上海沪工焊接集团股份有限公司	50.2813（707）	主板
		锐奇控股股份有限公司	48.1694（1376）	创业板
		上海汉钟精机股份有限公司	47.8445（1550）	主板
		上海新动力汽车科技股份有限公司	47.2971（1971）	主板
		上海瑞晨环保科技股份有限公司	46.5482（2857）	创业板
		上海海立（集团）股份有限公司	46.3160（3209）	主板
		开勒环境科技（上海）股份有限公司	46.0858（3622）	创业板
		上海冠龙阀门节能设备股份有限公司	45.9907（3797）	创业板
9	化学原料和化学制品制造业	上海家化联合股份有限公司	56.4664（258）	主板
		上海新阳半导体材料股份有限公司	50.1038（740）	创业板
		亚士创能科技（上海）股份有限公司	50.0088（761）	主板
		彤程新材料集团股份有限公司	49.4427（889）	主板
		上海安诺其集团股份有限公司	48.7607（1114）	创业板
		上海氯碱化工股份有限公司	48.0475（1435）	主板
		东来涂料技术（上海）股份有限公司	47.6655（1689）	科创板
		上海雅运纺织化工股份有限公司	47.3552（1908）	主板
		上纬新材料科技股份有限公司	47.1219（2165）	科创板
		上海金力泰化工股份有限公司	46.9731（2320）	创业板
10	食品制造业	光明乳业股份有限公司	63.2441（120）	主板
		上海美农生物科技股份有限公司	48.1032（1398）	创业板
		上海元祖梦果子股份有限公司	47.2423（2033）	主板
		中饮巴比食品股份有限公司	47.1395（2145）	主板
		上海海融食品科技股份有限公司	47.1265（2160）	创业板
		爱普香料集团股份有限公司	47.0758（2213）	主板
		南侨食品集团（上海）股份有限公司	46.8844（2416）	主板
		上海妙可蓝多食品科技股份有限公司	46.4850（2931）	主板
		上海梅林正广和股份有限公司	45.9493（3868）	主板
		上海宝立食品科技股份有限公司	45.6515（4476）	主板

资料来源：科技大数据湖北省重点实验室

3.2.7　四川省

2022年，四川省上市公司的知识产权指数为46.9846，排名第7。截至2022年末，四川省上市公司的发明专利有效量为5236件，实用新型专利有效量为7097件，外观设计专利有效量为3927件，各类有效专利拥有总量在全国排名第12；商标注册量为20 651件，在全国排名第7。2022年，四川省上市公司的PCT专利申请量为34件，作品著作权登记量为233件，计算机软件著作权登记量为560件，集成电路布图设计发证量为3件。2013～2022年，四川省上市公司各类型专利授权量均呈现波动上升的趋势（图3-8）。

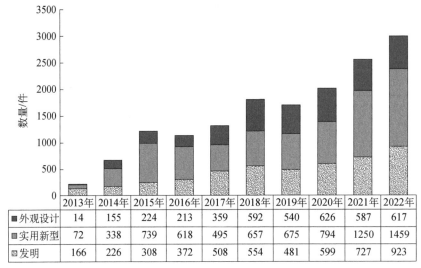

图3-8　四川省上市公司当前有效专利授权时间分布情况

资料来源：科技大数据湖北省重点实验室

四川省上市公司数量总计171家，分布在36个产业领域（表3-13）。四川省的优势产业领域包括医药制造业，计算机、通信和其他电子设备制造业，化学原料和化学制品制造业，信息传输、软件和信息技术服务业，酒、饮料和精制茶制造业，农副食品加工业，通用设备制造业，仪器仪表制造业，食品制造业，电气机械和器材制造业。各优势产业领域的代表性企业分别是四川科伦药业股份有限公司、四川长虹电器股份有限公司、四川国光农化股份有限公司、四川川大智胜软件股份有限公司、泸州老窖股份有限公司、通威股份有限公司、成都市新筑路桥机械股份有限公司、成都秦川物联网科技股份有限公司、新希望乳业股份有限公司、成都彩虹电器（集团）股份有限公司（表3-14）。

表3-13　2022年四川省上市公司不同知识产权类型产业分布及排名

序号	行业	IPI	有效专利拥有量/件（省内排名）	PCT专利申请量/件（省内排名）	商标注册量/件（省内排名）	作品著作权登记量/件（省内排名）	计算机软件著作权登记量/件（省内排名）	上市公司数量/家
	总计	—	16 260	34	20 651	233	560	171
1	医药制造业	94.404 6	1 441（3）	16（1）	2 267（2）	1（12）	10（6）	14

续表

序号	行业	IPI	有效专利拥有量/件（省内排名）	PCT 专利申请量/件（省内排名）	商标注册量/件（省内排名）	作品著作权登记量/件（省内排名）	计算机软件著作权登记量/件（省内排名）	上市公司数量/家
2	计算机、通信和其他电子设备制造业	93.616 9	5 444（1）	5（2）	1 796（4）	39（2）	40（3）	20
3	化学原料和化学制品制造业	81.502 6	1 046（5）	5（2）	2 263（3）	20（4）	2（16）	18
4	信息传输、软件和信息技术服务业	68.305 6	685（9）	—	478（7）	6（6）	370（1）	17
5	酒、饮料和精制茶制造业	66.522 7	1 741（2）	—	8 570（1）	36（3）	1（17）	4
6	农副食品加工业	60.654 2	1 255（4）	1（5）	942（5）	6（6）	13（4）	2
7	通用设备制造业	59.000 6	936（6）	—	338（11）	10（5）	11（5）	9
8	仪器仪表制造业	52.794 5	496（10）	1（5）	154（18）	1（12）	60（2）	4
9	食品制造业	49.424 2	183（13）	—	600（6）	101（1）	—	3
10	电气机械和器材制造业	47.627 6	876（7）	—	357（9）	3（9）	5（11）	5
11	专用设备制造业	45.349 1	703（8）	—	256（14）	—	6（9）	7
12	科学研究和技术服务业	43.709 3	68（20）	5（2）	39（27）	—	6（9）	4
13	铁路、船舶、航空航天和其他运输设备制造业	41.847 2	352（11）	—	163（17）	3（9）	3（14）	6
14	有色金属冶炼和压延加工业	37.845 4	198（12）	—	122（19）	—	—	5
15	电力、热力、燃气及水生产和供应业	37.157 3	143（15）	—	117（20）	1（12）	8（8）	11
16	汽车制造业	36.766 9	132（16）	—	23（31）	—	3（14）	4
17	金属制品业	36.083 8	101（18）	—	40（26）	—	—	1
18	橡胶和塑料制品业	35.964 7	121（17）	—	51（23）	—	—	2
19	批发和零售业	35.460 2	1（27）	—	285（12）	—	10（6）	5
20	金融业	35.129 5	1（27）	—	259（13）	4（8）	4（13）	3
21	文化、体育和娱乐业	35.118 4	5（25）	—	357（9）	—	1（17）	2
22	交通运输、仓储和邮政业	35.064 8	4（26）	1（5）	58（22）	—	1（17）	2
23	非金属矿物制品业	35.033 3	78（19）	—	207（16）	—	—	4
24	租赁和商务服务业	35.015 0	—	—	378（8）	—	1（17）	1
25	家具制造业	34.798 9	148（14）	—	88（21）	—	—	1
26	采矿业	34.313 0	55（21）	—	31（29）	—	—	2
27	水利、环境和公共设施管理业	34.271 4	—	—	236（15）	—	—	2
28	卫生和社会工作	34.088 9	—	—	51（23）	2（11）	5（11）	2
29	建筑业	33.775 7	29（22）	—	35（28）	—	—	4
30	造纸和纸制品业	33.500 3	10（23）	—	41（25）	—	—	1
31	印刷和记录媒介复制业	33.341 1	8（24）	—	5（33）	—	—	1
32	木材加工和木、竹、藤、棕、草制品业	33.322 3	—	—	26（30）	—	—	1
33	房地产业	33.278 1	—	—	16（32）	—	—	1

序号	行业	IPI	有效专利拥有量/件(省内排名)	PCT专利申请量/件(省内排名)	商标注册量/件(省内排名)	作品著作权登记量/件(省内排名)	计算机软件著作权登记量/件(省内排名)	上市公司数量/家
34	农、林、牧、渔业	33.2165	—	—	2(34)	—	—	1
35	纺织服装、服饰业	33.2128	—	—	—	—	—	1
36	综合	33.2071	—	—	—	—	—	1

资料来源:科技大数据湖北省重点实验室

表 3-14 2022 年四川省上市公司十强产业及上市公司

序号	行业	上市公司名称	IPI(全国排名)	上市板块
1	医药制造业	四川科伦药业股份有限公司	68.6267(79)	主板
		海创药业股份有限公司	52.9531(411)	科创板
		成都康弘药业集团股份有限公司	50.2462(710)	主板
		迈克生物股份有限公司	48.4545(1228)	创业板
		成都康华生物制品股份有限公司	48.3812(1259)	创业板
		成都苑东生物制药股份有限公司	48.3757(1266)	科创板
		四川汇宇制药股份有限公司	47.7822(1596)	科创板
		成都欧林生物科技股份有限公司	47.6836(1677)	科创板
		成都华神科技集团股份有限公司	47.5035(1794)	主板
		成都圣诺生物科技股份有限公司	46.7919(2519)	科创板
2	计算机、通信和其他电子设备制造业	四川长虹电器股份有限公司	83.9856(26)	主板
		四川天邑康和通信股份有限公司	50.9737(601)	创业板
		四川千里倍益康医疗科技股份有限公司	48.8637(1073)	北证
		成都天奥电子股份有限公司	48.4374(1233)	主板
		四川中光防雷科技股份有限公司	48.4217(1241)	创业板
		成都雷电微力科技股份有限公司	48.4021(1248)	创业板
		成都国光电气股份有限公司	47.7037(1658)	科创板
		成都振芯科技股份有限公司	47.3690(1897)	创业板
		成都旭光电子股份有限公司	47.2189(2060)	主板
		成都新易盛通信技术股份有限公司	47.1585(2125)	创业板
3	化学原料和化学制品制造业	四川国光农化股份有限公司	52.7221(429)	主板
		宜宾天原集团股份有限公司	52.5751(447)	主板
		利尔化学股份有限公司	49.7991(801)	主板
		四川东材科技集团股份有限公司	49.4444(887)	主板
		成都硅宝科技股份有限公司	49.4021(902)	创业板
		成都云图控股股份有限公司	49.0037(1028)	主板
		中自环保科技股份有限公司	48.8065(1099)	科创板
		昊华化工科技集团股份有限公司	48.4531(1229)	主板
		四川美丰化工股份有限公司	47.5233(1775)	主板
		四川达威科技股份有限公司	47.0582(2232)	创业板

续表

序号	行业	上市公司名称	IPI（全国排名）	上市板块
4	信息传输、软件和信息技术服务业	四川川大智胜软件股份有限公司	52.5772（446）	主板
		蓝盾信息安全技术股份有限公司	48.9897（1032）	创业板
		成都运达科技股份有限公司	48.3847（1258）	创业板
		成都唐源电气股份有限公司	48.2833（1311）	创业板
		中科院成都信息技术股份有限公司	47.4802（1821）	创业板
		成都乐创自动化技术股份有限公司	47.1932（2092）	北证
		四川久远银海软件股份有限公司	46.9524（2338）	主板
		四川观想科技股份有限公司	46.8752（2427）	创业板
		创意信息技术股份有限公司	46.8271（2488）	创业板
		成都佳发安泰教育科技股份有限公司	46.6241（2741）	创业板
5	酒、饮料和精制茶制造业	泸州老窖股份有限公司	64.3207（109）	主板
		四川水井坊股份有限公司	54.4592（334）	主板
		舍得酒业股份有限公司	52.9723（409）	主板
		宜宾五粮液股份有限公司	50.5700（657）	主板
6	农副食品加工业	通威股份有限公司	57.0093（236）	主板
		新希望六和股份有限公司	56.1467（265）	主板
7	通用设备制造业	成都市新筑路桥机械股份有限公司	57.9365（215）	主板
		四川川润股份有限公司	48.4681（1221）	主板
		华西能源工业股份有限公司	48.2954（1302）	主板
		四川省自贡运输机械集团股份有限公司	47.4149（1859）	主板
		四川德恩精工科技股份有限公司	47.1322（2153）	创业板
		四川优机实业股份有限公司	46.4787（2942）	北证
		中密控股股份有限公司	46.1413（3522）	创业板
		东方电气股份有限公司	45.9202（3923）	主板
		四川蜀道装备科技股份有限公司	45.7869（4169）	创业板
8	仪器仪表制造业	成都秦川物联网科技股份有限公司	54.7796（323）	科创板
		成都坤恒顺维科技股份有限公司	46.5563（2848）	科创板
		四川安控科技股份有限公司	46.5026（2910）	创业板
		成都中寰流体控制设备股份有限公司	46.4318（3006）	北证
9	食品制造业	新希望乳业股份有限公司	48.4514（1230）	主板
		四川天味食品集团股份有限公司	48.1347（1388）	主板
		千禾味业食品股份有限公司	47.2687（2003）	主板
10	电气机械和器材制造业	成都彩虹电器（集团）股份有限公司	50.0746（750）	主板
		四川华体照明科技股份有限公司	49.8904（778）	主板
		四川英杰电气股份有限公司	48.3726（1268）	创业板
		四川长虹新能源科技股份有限公司	46.3032（3229）	北证
		尚纬股份有限公司	46.1898（3440）	主板

资料来源：科技大数据湖北省重点实验室

3.2.8 安徽省

2022 年，安徽省上市公司的知识产权指数为 45.8257，排名第 8。截至 2022 年末，安徽省上市公司的发明专利有效量为 10 006 件，实用新型专利有效量为 17 883 件，外观设计专利有效量为 3833 件，各类有效专利拥有总量在全国排名第 7；商标注册量为 15 641 件，在全国排名第 9；农业植物新品种有效量为 505 件，在全国排名第 1。2022 年，安徽省上市公司的 PCT 专利申请量为 101 件，作品著作权登记量为 377 件，计算机软件著作权登记量为 380 件，集成电路布图设计发证量为 17 件。2013～2022 年，安徽省上市公司各类型专利授权量均呈现波动上升的趋势（图 3-9）。

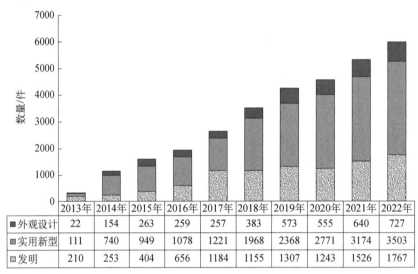

	2013年	2014年	2015年	2016年	2017年	2018年	2019年	2020年	2021年	2022年
外观设计	22	154	263	259	257	383	573	555	640	727
实用新型	111	740	949	1078	1221	1968	2368	2771	3174	3503
发明	210	253	404	656	1184	1155	1307	1243	1526	1767

图 3-9 安徽省上市公司当前有效专利授权时间分布情况

资料来源：科技大数据湖北省重点实验室

安徽省上市公司数量总计 167 家，分布在 37 个产业领域（表 3-15）。安徽省的优势产业领域包括信息传输、软件和信息技术服务业，电气机械和器材制造业，专用设备制造业，计算机、通信和其他电子设备制造业，汽车制造业，黑色金属冶炼和压延加工业，化学原料和化学制品制造业，通用设备制造业，橡胶和塑料制品业，酒、饮料和精制茶制造业。各优势产业领域的代表性企业分别是科大讯飞股份有限公司、阳光电源股份有限公司、安徽合力股份有限公司、四创电子股份有限公司、安徽江淮汽车集团股份有限公司、马鞍山钢铁股份有限公司、安徽六国化工股份有限公司、安徽全柴动力股份有限公司、安徽安利材料科技股份有限公司、安徽古井贡酒股份有限公司（表 3-16）。

表 3-15　2022 年安徽省上市公司不同知识产权类型产业分布及排名

序号	行业	IPI	有效专利拥有量/件（省内排名）	PCT 专利申请量/件（省内排名）	商标注册量/件（省内排名）	作品著作权登记量/件（省内排名）	计算机软件著作权登记量/件（省内排名）	上市公司数量/家
	总计	—	31 722	101	15 641	377	380	167
1	信息传输、软件和信息技术服务业	89.197 0	1 848（6）	10（3）	1 952（3）	342（1）	112（1）	6

续表

序号	行业	IPI	有效专利拥有量/件（省内排名）	PCT 专利申请量/件（省内排名）	商标注册量/件（省内排名）	作品著作权登记量/件（省内排名）	计算机软件著作权登记量/件（省内排名）	上市公司数量/家
2	电气机械和器材制造业	88.849 1	5 004（2）	26（2）	1 398（4）	—	—	9
3	专用设备制造业	84.958 3	4 326（3）	7（5）	625（8）	—	94（2）	14
4	计算机、通信和其他电子设备制造业	81.209 3	1 974（5）	9（4）	476（11）	7（3）	33（4）	17
5	汽车制造业	76.265 3	5 357（1）	—	1 027（6）	—	7（9）	7
6	黑色金属冶炼和压延加工业	74.922 4	2 098（4）	5（6）	16（30）	—	3（13）	1
7	化学原料和化学制品制造业	58.059 2	1 468（8）	1（9）	497（9）	2（6）	3（13）	16
8	通用设备制造业	51.941 5	1 140（9）	2（7）	187（15）	—	12（6）	7
9	橡胶和塑料制品业	51.043 1	1 109（10）	—	222（13）	—	—	7
10	酒、饮料和精制茶制造业	49.248 2	1 598（7）	—	2 172（2）	—	2（16）	4
11	水利、环境和公共设施管理业	48.168 6	781（11）	—	481（10）	—	9（7）	11
12	食品制造业	46.906 0	229（20）	38（1）	12（32）	—	—	1
13	有色金属冶炼和压延加工业	44.275 9	566（14）	—	17（29）	4（4）	—	5
14	批发和零售业	43.735 9	151（24）	2（7）	2 535（1）	14（2）	—	7
15	仪器仪表制造业	43.452 1	638（12）	—	169（17）	—	45（3）	4
16	金属制品业	43.402 9	607（13）	—	78（24）	—	5（11）	5
17	农、林、牧、渔业	40.121 1	18（30）	—	266（12）	—	—	2
18	纺织业	38.152 1	441（15）	—	99（22）	—	—	5
19	造纸和纸制品业	36.563 5	378（16）	—	73（25）	—	1（19）	2
20	采矿业	36.222 1	248（19）	—	—	—	4（12）	3
21	科学研究和技术服务业	35.461 9	292（18）	—	149（18）	—	24（5）	2
22	铁路、船舶、航空航天和其他运输设备制造业	34.572 1	181（23）	—	45（27）	—	3（13）	2
23	非金属矿物制品业	34.453 2	368（17）	—	138（19）	—	—	4
24	建筑业	34.354 2	228（21）	1（9）	5（33）	—	7（9）	3
25	农副食品加工业	34.180 9	148（25）	—	1 158（5）	2（6）	—	1
26	家具制造业	33.859 1	215（22）	—	1 025（7）	2（6）	1（19）	1
27	医药制造业	33.504 5	100（27）	—	171（16）	—	—	5
28	化学纤维制造业	32.064 4	135（26）	—	207（14）	—	2（16）	1
29	金融业	29.289 9	1（33）	—	94（23）	4（4）	9（7）	3
30	教育	29.132 2	—	—	—	—	—	1
31	印刷和记录媒介复制业	28.867 5	38（28）	—	2（35）	—	—	1
32	电力、热力、燃气及水生产和供应业	28.694 1	26（29）	—	70（26）	—	1（19）	2
33	文化、体育和娱乐业	28.684 7	4（32）	—	118（20）	—	2（16）	2
34	其他制造业	28.637 9	—	—	3（34）	—	—	1

续表

序号	行业	IPI	有效专利拥有量/件（省内排名）	PCT 专利申请量/件（省内排名）	商标注册量/件（省内排名）	作品著作权登记量/件（省内排名）	计算机软件著作权登记量/件（省内排名）	上市公司数量/家
35	住宿和餐饮业	28.429 3	—	—	118（20）	—	—	1
36	交通运输、仓储和邮政业	28.306 4	7（31）	—	23（28）	—	1（19）	2
37	房地产业	28.049 4	—	—	13（31）	—	—	1

资料来源：科技大数据湖北省重点实验室

表 3-16 2022 年安徽省上市公司十强产业及上市公司

序号	行业	上市公司名称	IPI（全国排名）	上市板块
1	信息传输、软件和信息技术服务业	科大讯飞股份有限公司	78.7933（42）	主板
		安徽中电兴发与鑫龙科技股份有限公司	52.0144（494）	主板
		科大国创软件股份有限公司	48.3013（1298）	创业板
		安徽皖通科技股份有限公司	46.6964（2639）	主板
		立方数科股份有限公司	45.6998（4365）	创业板
		三七互娱网络科技集团股份有限公司	45.5808（4687）	主板
2	电气机械和器材制造业	阳光电源股份有限公司	76.6971（53）	创业板
		长虹美菱股份有限公司	68.0532（82）	主板
		惠而浦（中国）股份有限公司	57.0774（232）	主板
		安徽德豪润达电气股份有限公司	46.8919（2406）	主板
		合肥高科科技股份有限公司	46.4273（3013）	北证
		融捷健康科技股份有限公司	46.2063（3412）	创业板
		铜陵精达特种电磁线股份有限公司	46.0841（3627）	主板
		文一三佳科技股份有限公司	45.9172（3925）	主板
		国轩高科股份有限公司	45.6436（4494）	主板
3	专用设备制造业	安徽合力股份有限公司	66.5179（92）	主板
		合肥美亚光电技术股份有限公司	52.5707（448）	主板
		安徽元琛环保科技股份有限公司	49.8267（792）	科创板
		安徽巨一科技股份有限公司	49.5276（868）	科创板
		中科美菱低温科技股份有限公司	48.3011（1299）	北证
		合肥芯碁微电子装备股份有限公司	47.8949（1518）	科创板
		安徽应流机电股份有限公司	47.7132（1649）	主板
		明光浩淼安防科技股份有限公司	47.6609（1694）	北证
		合肥泰禾智能科技集团股份有限公司	47.3408（1930）	主板
		欧普康视科技股份有限公司	46.4369（2999）	创业板
4	计算机、通信和其他电子设备制造业	四创电子股份有限公司	57.5284（222）	主板
		科大国盾量子技术股份有限公司	53.5174（385）	科创板
		大富科技（安徽）股份有限公司	49.5708（858）	创业板
		芜湖长信科技股份有限公司	48.9583（1038）	创业板
		龙迅半导体（合肥）股份有限公司	48.1736（1371）	科创板
		安徽铜峰电子股份有限公司	47.5628（1749）	主板

续表

序号	行业	上市公司名称	IPI（全国排名）	上市板块
4	计算机、通信和其他电子设备制造业	安徽龙磁科技股份有限公司	47.5505（1755）	创业板
		安徽芯瑞达科技股份有限公司	47.3605（1904）	主板
		恒烁半导体（合肥）股份有限公司	47.0425（2250）	科创板
		合肥新汇成微电子股份有限公司	46.7421（2577）	科创板
5	汽车制造业	安徽江淮汽车集团股份有限公司	79.0972（39）	主板
		安徽安凯汽车股份有限公司	63.9134（116）	主板
		合肥常青机械股份有限公司	48.7997（1101）	主板
		芜湖伯特利汽车安全系统股份有限公司	48.4869（1210）	主板
		安徽凤凰滤清器股份有限公司	48.3314（1287）	北证
		滁州多利汽车科技股份有限公司	45.8292（4098）	主板
		汉马科技集团股份有限公司	45.6447（4490）	主板
6	黑色金属冶炼和压延加工业	马鞍山钢铁股份有限公司	77.9902（46）	主板
7	化学原料和化学制品制造业	安徽六国化工股份有限公司	50.2085（723）	主板
		中钢天源股份有限公司	48.6849（1143）	主板
		安徽华塑股份有限公司	48.6769（1145）	主板
		安徽森泰木塑集团股份有限公司	48.5387（1188）	创业板
		安徽广信农化股份有限公司	48.2492（1323）	主板
		安徽神剑新材料股份有限公司	47.8419（1553）	主板
		安徽华尔泰化工股份有限公司	47.5241（1774）	主板
		安徽省司尔特肥业股份有限公司	47.5039（1793）	主板
		中粮生物科技股份有限公司	47.4261（1846）	主板
		安徽华恒生物科技股份有限公司	47.3672（1899）	科创板
8	通用设备制造业	安徽全柴动力股份有限公司	52.8868（414）	主板
		泰尔重工股份有限公司	49.5314（865）	主板
		埃夫特智能装备股份有限公司	47.6995（1662）	科创板
		合肥井松智能科技股份有限公司	47.1655（2122）	科创板
		合肥合锻智能制造股份有限公司	46.9343（2359）	主板
		宣城市华菱精工科技股份有限公司	46.6766（2668）	主板
		国机通用机械科技股份有限公司	45.9568（3855）	主板
9	橡胶和塑料制品业	安徽安利材料科技股份有限公司	51.2424（571）	创业板
		黄山永新股份有限公司	50.2269（716）	主板
		安徽国风新材料股份有限公司	49.2153（959）	主板
		安徽万朗磁塑股份有限公司	48.2481（1325）	主板
		安徽中鼎密封件股份有限公司	48.1674（1377）	主板
		会通新材料股份有限公司	47.5623（1750）	科创板
		海螺（安徽）节能环保新材料股份有限公司	45.6119（4575）	主板
10	酒、饮料和精制茶制造业	安徽古井贡酒股份有限公司	60.7850（158）	主板
		安徽金种子酒业股份有限公司	48.5006（1206）	主板
		安徽口子酒业股份有限公司	47.8560（1538）	主板
		安徽迎驾贡酒股份有限公司	47.2823（1993）	主板

资料来源：科技大数据湖北省重点实验室

3.2.9 福建省

2022 年，福建省上市公司的知识产权指数为 44.7283，排名第 9。截至 2022 年末，福建省上市公司的发明专利有效量为 6530 件，实用新型专利有效量为 13 675 件，外观设计专利有效量为 2522 件，各类有效专利拥有总量在全国排名第 8；商标注册量为 19 656 件，在全国排名第 8；农业植物新品种有效量为 4 件，在全国排名第 8。2022 年，福建省上市公司的 PCT 专利申请量为 386 件，作品著作权登记量为 306 件，计算机软件著作权登记量为 580 件，集成电路布图设计发证量为 8 件。2013~2022 年，福建省上市公司各类型专利授权量均呈现上升的趋势（图 3-10）。

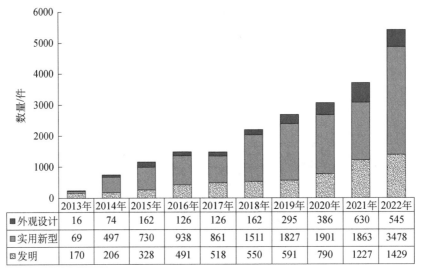

	2013年	2014年	2015年	2016年	2017年	2018年	2019年	2020年	2021年	2022年
外观设计	16	74	162	126	126	162	295	386	630	545
实用新型	69	497	730	938	861	1511	1827	1901	1863	3478
发明	170	206	328	491	518	550	591	790	1227	1429

图 3-10　福建省上市公司当前有效专利授权时间分布情况

资料来源：科技大数据湖北省重点实验室

福建省上市公司数量总计 171 家，分布在 39 个产业领域（表 3-17）。福建省的优势产业领域包括电气机械和器材制造业，计算机、通信和其他电子设备制造业，信息传输、软件和信息技术服务业，橡胶和塑料制品业，专用设备制造业，非金属矿物制品业，医药制造业，纺织服装、服饰业，其他制造业，化学原料和化学制品制造业。各优势产业领域的代表性企业分别是宁德时代新能源科技股份有限公司、锐捷网络股份有限公司、厦门市美亚柏科信息股份有限公司、厦门建霖健康家居股份有限公司、福建龙净环保股份有限公司、福耀玻璃工业集团股份有限公司、漳州片仔癀药业股份有限公司、九牧王股份有限公司、福建浔兴拉链科技股份有限公司、三棵树涂料股份有限公司（表 3-18）。

表 3-17　2022 年福建省上市公司不同知识产权类型产业分布及排名

序号	行业	IPI	有效专利拥有量/件（省内排名）	PCT 专利申请量/件（省内排名）	商标注册量/件（省内排名）	作品著作权登记量/件（省内排名）	计算机软件著作权登记量/件（省内排名）	上市公司数量/家
	总计	—	22 727	386	19 656	306	580	171
1	电气机械和器材制造业	91.597 2	5 691（1）	284（1）	1 125（7）	3（11）	34（3）	9

续表

序号	行业	IPI	有效专利拥有量/件（省内排名）	PCT专利申请量/件（省内排名）	商标注册量/件（省内排名）	作品著作权登记量/件（省内排名）	计算机软件著作权登记量/件（省内排名）	上市公司数量/家
2	计算机、通信和其他电子设备制造业	90.895 1	3 016（3）	11（5）	1 462（5）	11（6）	167（2）	23
3	信息传输、软件和信息技术服务业	85.219 1	1 103（5）	22（3）	1 638（3）	15（5）	304（1）	21
4	橡胶和塑料制品业	79.616 8	3 541（2）	24（2）	863（9）	—	15（4）	8
5	专用设备制造业	75.261 1	2 234（4）	—	382（15）	2（12）	14（5）	7
6	非金属矿物制品业	64.747 6	714（7）	20（4）	262（18）	—	3（9）	6
7	医药制造业	54.515 1	255（15）	6（7）	933（8）	1（14）	—	6
8	纺织服装、服饰业	53.652 4	484（11）	—	2 714（1）	73（2）	—	4
9	其他制造业	52.903 5	832（6）	8（6）	100（24）	—	—	3
10	化学原料和化学制品制造业	51.654 1	542（10）	—	1 469（4）	6（10）	2（13）	5
11	有色金属冶炼和压延加工业	51.579 5	554（9）	2（9）	372（16）	9（7）	1（15）	2
12	仪器仪表制造业	45.883 6	714（7）	1（11）	53（33）	—	10（6）	2
13	农副食品加工业	45.803 0	226（17）	—	1 222（6）	105（1）	—	4
14	批发和零售业	45.778 1	30（33）	—	2 455（2）	1（14）	1（15）	10
15	采矿业	41.394 7	307（14）	—	458（13）	—	1（15）	3
16	通用设备制造业	38.973 4	360（12）	—	175（20）	—	1（15）	3
17	家具制造业	37.519 6	234（16）	1（11）	474（12）	7（8）	3（9）	3
18	食品制造业	37.014 8	105（23）	4（8）	329（17）	17（4）	—	2
19	文教、工美、体育和娱乐用品制造业	36.523 2	350（13）	—	405（14）	47（3）	3（9）	3
20	纺织业	35.964 4	171（20）	2（9）	172（22）	—	—	2
21	房地产业	35.378 5	32（32）	—	775（10）	—	—	4
22	黑色金属冶炼和压延加工业	34.857 9	177（19）	—	9（37）	—	8（7）	1
23	建筑业	34.781 2	181（18）	—	115（23）	—	6（8）	2
24	皮革、毛皮、羽毛及其制品和制鞋业	34.694 3	105（23）	—	79（29）	—	—	1
25	金融业	34.427 4	18（36）	—	579（11）	7（8）	1（15）	4
26	农、林、牧、渔业	33.976 5	127（22）	1（11）	81（28）	—	2（13）	4
27	汽车制造业	33.658 1	131（21）	—	84（26）	—	—	3
28	水利、环境和公共设施管理业	33.554 3	91（25）	—	79（29）	—	3（9）	2
29	印刷和记录媒介复制业	33.351 0	52（30）	—	40（35）	—	—	1
30	废弃资源综合利用业	32.436 1	74（26）	—	6（38）	—	—	1
31	造纸和纸制品业	32.389 1	59（28）	—	60（32）	—	—	2
32	金属制品业	32.373 1	70（27）	—	64（31）	—	—	2
33	交通运输、仓储和邮政业	32.309 1	20（35）	—	217（19）	—	1（15）	7
34	酒、饮料和精制茶制造业	32.088 7	54（29）	—	88（25）	—	—	1
35	科学研究和技术服务业	31.866 2	5（37）	—	84（26）	—	—	2

续表

序号	行业	IPI	有效专利拥有量/件（省内排名）	PCT专利申请量/件（省内排名）	商标注册量/件（省内排名）	作品著作权登记量/件（省内排名）	计算机软件著作权登记量/件（省内排名）	上市公司数量/家
36	租赁和商务服务业	31.812 1	—	—	175（20）	—	—	3
37	电力、热力、燃气及水生产和供应业	31.679 0	39（31）	—	16（36）	—	—	4
38	卫生和社会工作	31.539 4	29（34）	—	42（34）	2（12）	—	1
39	教育	30.955 5	—	—	—	—	—	1

资料来源：科技大数据湖北省重点实验室

表 3-18 2022 年福建省上市公司十强产业及上市公司

序号	行业	上市公司名称	IPI（全国排名）	上市板块
1	电气机械和器材制造业	宁德时代新能源科技股份有限公司	89.1546（12）	创业板
		奥佳华智能健康科技集团股份有限公司	55.6736（282）	主板
		科华数据股份有限公司	50.6912（638）	主板
		红相股份有限公司	47.8147（1575）	创业板
		福建南平太阳电缆股份有限公司	47.4841（1815）	主板
		立达信物联科技股份有限公司	46.6507（2698）	主板
		厦门厦钨新能源材料股份有限公司	46.3060（3224）	科创板
		中能电气股份有限公司	46.2320（3362）	创业板
		麦克奥迪（厦门）电气股份有限公司	46.1240（3548）	创业板
2	计算机、通信和其他电子设备制造业	锐捷网络股份有限公司	58.8482（197）	创业板
		厦门乾照光电股份有限公司	54.4051（339）	创业板
		厦门盈趣科技股份有限公司	52.3510（464）	主板
		福建星网锐捷通讯股份有限公司	52.1780（479）	主板
		厦门亿联网络技术股份有限公司	50.9904（597）	创业板
		瑞芯微电子股份有限公司	50.5736（656）	主板
		福建睿能科技股份有限公司	48.9566（1039）	主板
		厦门力鼎光电股份有限公司	48.8436（1086）	主板
		福建福晶科技股份有限公司	47.8574（1536）	主板
		福建火炬电子科技股份有限公司	47.7762（1600）	主板
3	信息传输、软件和信息技术服务业	厦门市美亚柏科信息股份有限公司	62.6063（130）	创业板
		南威软件股份有限公司	49.8860（779）	主板
		新大陆数字技术股份有限公司	49.0695（1005）	主板
		罗普特科技集团股份有限公司	48.4175（1245）	科创板
		厦门吉比特网络技术股份有限公司	48.3063（1295）	主板
		福建榕基软件股份有限公司	48.0384（1442）	主板
		福建福昕软件开发股份有限公司	47.2308（2048）	科创板
		中富通集团股份有限公司	46.9788（2314）	创业板
		厦门吉宏科技股份有限公司	46.8992（2396）	主板
		易联众信息技术股份有限公司	46.8665（2438）	创业板

续表

序号	行业	上市公司名称	IPI（全国排名）	上市板块
4	橡胶和塑料制品业	厦门建霖健康家居股份有限公司	62.0848（136）	主板
		厦门瑞尔特卫浴科技股份有限公司	59.8162（178）	主板
		厦门松霖科技股份有限公司	58.3992（203）	主板
		茶花现代家居用品股份有限公司	47.5343（1767）	主板
		嘉亨家化股份有限公司	47.4976（1800）	创业板
		通达创智（厦门）股份有限公司	46.7291（2598）	主板
		福建纳川管材科技股份有限公司	46.5614（2837）	创业板
		厦门唯科模塑科技股份有限公司	45.8802（4002）	创业板
5	专用设备制造业	福建龙净环保股份有限公司	61.5389（143）	主板
		福建南方路面机械股份有限公司	53.9849（364）	主板
		福龙马集团股份有限公司	49.9379（772）	主板
		厦门厦工机械股份有限公司	49.1356（980）	主板
		大博医疗科技股份有限公司	48.8621（1075）	主板
		厦门中创环保科技股份有限公司	47.8341（1560）	创业板
		国安达股份有限公司	47.1787（2110）	创业板
6	非金属矿物制品业	福耀玻璃工业集团股份有限公司	65.7731（99）	主板
		三祥新材股份有限公司	47.9360（1496）	主板
		福建赛特新材股份有限公司	47.5864（1737）	科创板
		福建坤彩材料科技股份有限公司	46.4938（2917）	主板
		福建水泥股份有限公司	45.6948（4380）	主板
		厦门万里石股份有限公司	45.6538（4472）	主板
7	医药制造业	漳州片仔癀药业股份有限公司	51.8370（507）	主板
		福建广生堂药业股份有限公司	49.7166（821）	创业板
		厦门艾德生物医药科技股份有限公司	47.4608（1832）	创业板
		厦门特宝生物工程股份有限公司	46.6356（2723）	科创板
		绿康生化股份有限公司	46.4279（3012）	主板
		冠福控股股份有限公司	45.5274（4970）	主板
8	纺织服装、服饰业	九牧王股份有限公司	52.7570（426）	主板
		福建七匹狼实业股份有限公司	49.7045（823）	主板
		贵人鸟股份有限公司	49.0078（1027）	主板
		欣贺股份有限公司	47.8069（1578）	主板
9	其他制造业	福建浔兴拉链科技股份有限公司	61.0725（150）	主板
		福建阿石创新材料股份有限公司	47.2906（1983）	创业板
		清源科技股份有限公司	45.6450（4489）	主板
10	化学原料和化学制品制造业	三棵树涂料股份有限公司	55.8263（277）	主板
		垒知控股集团股份有限公司	47.9936（1461）	主板
		福建青松股份有限公司	46.7579（2564）	创业板
		福建远翔新材料股份有限公司	46.7278（2600）	创业板
		福建元力活性炭股份有限公司	45.9299（3902）	创业板

资料来源：科技大数据湖北省重点实验室

3.2.10 湖南省

2022 年，湖南省上市公司的知识产权指数为 43.8022，排名第 10。截至 2022 年末，湖南省上市公司的发明专利有效量为 8719 件，实用新型专利有效量为 10 326 件，外观设计专利有效量为 2296 件，各类有效专利拥有总量在全国排名第 9；商标注册量为 15 148 件，在全国排名第 10；农业植物新品种有效量为 354 件，在全国排名第 2。2022 年，湖南省上市公司的 PCT 专利申请量为 119 件，作品著作权登记量为 106 件，计算机软件著作权登记量为 441 件，集成电路布图设计发证量为 2 件。2013～2022 年，湖南省上市公司各类型专利授权量均呈现波动上升的趋势（图 3-11）。

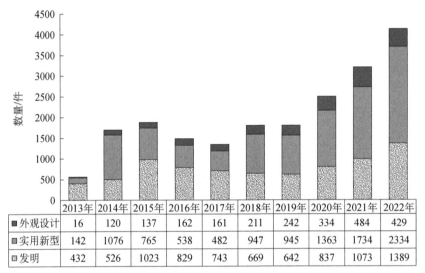

图 3-11　湖南省上市公司当前有效专利授权时间分布情况
资料来源：科技大数据湖北省重点实验室

湖南省上市公司数量总计 140 家，分布在 34 个产业领域（表 3-19）。湖南的省优势产业领域包括专用设备制造业，计算机、通信和其他电子设备制造业，铁路、船舶、航空航天和其他运输设备制造业，医药制造业，橡胶和塑料制品业，电气机械和器材制造业，通用设备制造业，化学原料和化学制品制造业，仪器仪表制造业，信息传输、软件和信息技术服务业。各优势产业领域的代表性企业分别是中联重科股份有限公司、湖南国科微电子股份有限公司、株洲中车时代电气股份有限公司、株洲千金药业股份有限公司、株洲时代新材料科技股份有限公司、华自科技股份有限公司、湘潭电机股份有限公司、水羊集团股份有限公司、湖南三德科技股份有限公司、湖南麒麟信安科技股份有限公司（表 3-20）。

表 3-19　2022 年湖南省上市公司不同知识产权类型产业分布及排名

序号	行业	IPI	有效专利拥有量/件（省内排名）	PCT 专利申请量/件（省内排名）	商标注册量/件（省内排名）	作品著作权登记量/件（省内排名）	计算机软件著作权登记量/件（省内排名）	上市公司数量/家
	总计	—	21 341	119	15 148	106	441	140
1	专用设备制造业	99.882 1	9 552（1）	43（1）	2 244（1）	18（2）	132（2）	10

续表

序号	行业	IPI	有效专利拥有量/件（省内排名）	PCT专利申请量/件（省内排名）	商标注册量/件（省内排名）	作品著作权登记量/件（省内排名）	计算机软件著作权登记量/件（省内排名）	上市公司数量/家
2	计算机、通信和其他电子设备制造业	82.311 2	2 223（2）	28（2）	627（10）	—	75（3）	10
3	铁路、船舶、航空航天和其他运输设备制造业	76.005 1	2 075（3）	17（3）	29（26）	—	2（15）	2
4	医药制造业	64.435 9	825（7）	8（5）	1 531（3）	1（5）	3（14）	11
5	橡胶和塑料制品业	60.211 0	1 363（4）	1（8）	49（24）	—	2（15）	1
6	电气机械和器材制造业	58.292 3	938（5）	9（4）	116（18）	—	17（4）	9
7	通用设备制造业	57.007 6	929（6）	1（8）	130（16）	—	8（8）	6
8	化学原料和化学制品制造业	52.448 4	169（14）	—	1 098（5）	72（1）	—	10
9	仪器仪表制造业	49.731 6	791（8）	6（6）	83（19）	—	9（6）	2
10	信息传输、软件和信息技术服务业	49.414 2	79（19）	—	373（12）	2（4）	143（1）	7
11	农、林、牧、渔业	44.853 5	75（20）	—	986（9）	—	—	4
12	金属制品业	44.056 1	247（13）	5（7）	513（11）	—	5（11）	5
13	水利、环境和公共设施管理业	42.435 1	444（9）	1（8）	83（19）	—	6（10）	6
14	非金属矿物制品业	41.605 3	322（10）	—	206（15）	1（5）	—	5
15	文化、体育和娱乐业	39.322 4	2（30）	—	1 577（2）	—	13（5）	3
16	纺织业	38.916 0	138（15）	—	1 051（7）	—	—	2
17	汽车制造业	38.806 5	319（11）	—	4（30）	—	—	2
18	农副食品加工业	38.123 9	88（18）	—	1 019（8）	11（3）	1（17）	7
19	食品制造业	38.077 5	111（16）	—	1 082（6）	—	—	4
20	有色金属冶炼和压延加工业	38.042 7	269（12）	—	70（22）	—	—	2
21	批发和零售业	37.609 5	7（28）	—	1 391（4）	1（5）	1（17）	11
22	金融业	36.097 7	9（27）	—	231（14）	—	9（6）	4
23	造纸和纸制品业	34.583 1	59（22）	—	120（17）	—	—	
24	采矿业	34.567 9	54（23）	—	5（29）	—	4（12）	2
25	酒、饮料和精制茶制造业	33.791 2	101（17）	—	344（13）	—	—	1
26	电力、热力、燃气及水生产和供应业	33.578 1	51（24）	—	73（21）	—	—	3
27	建筑业	33.547 3	63（21）	—	3（32）	—	—	1
28	卫生和社会工作	33.195 6	22（25）	—	57（23）	—	4（12）	
29	教育	33.158 0	—	—	1（33）	—	—	1
30	科学研究和技术服务业	33.098 7	2（30）	—	32（25）	—	—	
31	黑色金属冶炼和压延加工业	32.840 4	—	—	6（28）	—	—	1
32	交通运输、仓储和邮政业	32.752 1	4（29）	—	10（27）	—	7（9）	3
33	石油、煤炭及其他燃料加工业	32.635 8	10（26）	—	4（30）	—	—	1
34	住宿和餐饮业	32.355 6	—	—	—	—	—	1

资料来源：科技大数据湖北省重点实验室

表 3-20　2022 年湖南省上市公司十强产业及上市公司

序号	行业	上市公司名称	IPI（全国排名）	上市板块
1	专用设备制造业	中联重科股份有限公司	87.5141（13）	主板
		楚天科技股份有限公司	72.4052（65）	创业板
		中国铁建重工集团股份有限公司	62.5314（131）	科创板
		山河智能装备股份有限公司	56.7465（247）	主板
		三诺生物传感股份有限公司	52.8835（415）	创业板
		湖南五新隧道智能装备股份有限公司	51.8797（503）	北证
		可孚医疗科技股份有限公司	49.0217（1022）	创业板
		爱威科技股份有限公司	48.9174（1051）	科创板
		中兵红箭股份有限公司	45.6430（4495）	主板
		恒立实业发展集团股份有限公司	45.5251（4985）	主板
2	计算机、通信和其他电子设备制造业	湖南国科微电子股份有限公司	56.6551（249）	创业板
		安克创新科技股份有限公司	55.6154（287）	创业板
		蓝思科技股份有限公司	53.3449（394）	创业板
		湖南艾华集团股份有限公司	49.3680（912）	主板
		长沙景嘉微电子股份有限公司	49.3523（916）	创业板
		奥士康科技股份有限公司	49.2931（939）	主板
		威胜信息技术股份有限公司	48.0079（1453）	科创板
		高斯贝尔数码科技股份有限公司	47.0651（2226）	主板
		株洲宏达电子股份有限公司	46.2446（3338）	创业板
		湖南裕能新能源电池材料股份有限公司	45.6973（4372）	创业板
3	铁路、船舶、航空航天和其他运输设备制造业	株洲中车时代电气股份有限公司	78.8109（41）	科创板
		亚光科技集团股份有限公司	46.2403（3350）	创业板
4	医药制造业	株洲千金药业股份有限公司	52.6497（440）	主板
		九芝堂股份有限公司	50.4105（683）	主板
		湖南尔康制药股份有限公司	50.0881（747）	创业板
		圣湘生物科技股份有限公司	49.2791（944）	科创板
		湖南九典制药股份有限公司	47.5975（1732）	创业板
		湖南方盛制药股份有限公司	47.0370（2259）	主板
		湖南华纳大药厂股份有限公司	46.4672（2956）	科创板
		湖南汉森制药股份有限公司	46.1805（3461）	主板
		湖南南新制药股份有限公司	45.9058（3951）	科创板
		启迪药业集团股份公司	45.7587（4229）	主板
5	橡胶和塑料制品业	株洲时代新材料科技股份有限公司	74.4389（57）	主板
6	电气机械和器材制造业	华自科技股份有限公司	50.2781（708）	创业板
		长缆电工科技股份有限公司	49.8278（791）	主板
		湖南华菱线缆股份有限公司	49.2831（942）	主板
		湖南长远锂科股份有限公司	48.3463（1279）	科创板
		湖南中科电气股份有限公司	47.5094（1790）	创业板
		湖南科力远新能源股份有限公司	47.2875（1986）	主板

序号	行业	上市公司名称	IPI（全国排名）	上市板块
6	电气机械和器材制造业	金杯电工股份有限公司	46.7383（2584）	主板
		科力尔电机集团股份有限公司	45.7959（4157）	主板
		长高电新科技股份公司	45.7847（4178）	主板
7	通用设备制造业	湘潭电机股份有限公司	56.6327（251）	主板
		湖南华曙高科技股份有限公司	53.3709（392）	科创板
		宇环数控机床股份有限公司	47.8660（1534）	主板
		邵阳维克液压股份有限公司	47.5481（1759）	创业板
		株洲天桥起重机股份有限公司	47.1833（2104）	主板
		湖南宇晶机器股份有限公司	46.7991（2513）	主板
8	化学原料和化学制品制造业	水羊集团股份有限公司	50.2096（722）	创业板
		湖南松井新材料股份有限公司	47.5132（1786）	科创板
		湖南丽臣实业股份有限公司	47.1578（2128）	主板
		株洲飞鹿高新材料技术股份有限公司	46.5758（2818）	创业板
		湖南恒光科技股份有限公司	46.5379（2867）	创业板
		湖南海利化工股份有限公司	46.5310（2877）	主板
		湖南南岭民用爆破器材股份有限公司	45.9756（3824）	主板
		湘潭电化科技股份有限公司	45.9416（3882）	主板
		湖南领湃科技集团股份有限公司	45.7533（4246）	创业板
		湖南宇新能源科技股份有限公司	45.5745（4710）	主板
9	仪器仪表制造业	湖南三德科技股份有限公司	54.6007（329）	创业板
		力合科技（湖南）股份有限公司	51.3590（559）	创业板
10	信息传输、软件和信息技术服务业	湖南麒麟信安科技股份有限公司	47.2490（2028）	科创板
		拓维信息系统股份有限公司	46.7452（2576）	主板
		湖南科创信息技术股份有限公司	46.7041（2629）	创业板
		湖南湘邮科技股份有限公司	46.4622（2963）	主板
		天舟文化股份有限公司	45.7553（4236）	创业板
		湖南电广传媒股份有限公司	45.7187（4318）	主板
		湖南天润数字娱乐文化传媒股份有限公司	45.6590（4458）	主板

资料来源：科技大数据湖北省重点实验室

3.2.11 河北省

2022 年，河北省上市公司的知识产权指数为 40.6762，排名第 11。截至 2022 年末，河北省上市公司的发明专利有效量为 3773 件，实用新型专利有效量为 11 216 件，外观设计专利有效量为 3246 件，各类有效专利拥有总量在全国排名第 10；商标注册量为 8521 件，在全国排名第 15。2022 年，河北省上市公司的 PCT 专利申请量为 123 件，作品著作权登记量为 132 件，计算机软件著作权登记量为 180 件。2013～2022 年，河北省上市公司各类型专利授权量均呈现波动上升的趋势（图 3-12）。

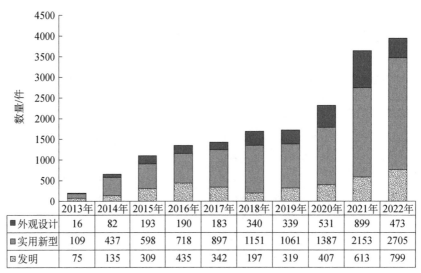

图 3-12　河北省上市公司当前有效专利授权时间分布情况

资料来源：科技大数据湖北省重点实验室

河北省上市公司数量总计 75 家，分布在 28 个产业领域（表 3-21）。河北省的优势产业领域包括汽车制造业，计算机、通信和其他电子设备制造业，金属制品业，电气机械和器材制造业，化学原料和化学制品制造业，医药制造业，专用设备制造业，信息传输、软件和信息技术服务业，农副食品加工业，仪器仪表制造业。各优势产业领域的代表性企业分别是长城汽车股份有限公司、东旭光电科技股份有限公司、新兴铸管股份有限公司、保定天威保变电气股份有限公司、乐凯胶片股份有限公司、石家庄以岭药业股份有限公司、康泰医学系统（秦皇岛）股份有限公司、石家庄常山北明科技股份有限公司、晨光生物科技集团股份有限公司、河北先河环保科技股份有限公司（表 3-22）。

表 3-21　2022 年河北省上市公司不同知识产权类型产业分布及排名

序号	行业	IPI	有效专利拥有量/件（省内排名）	PCT 专利申请量/件（省内排名）	商标注册量/件（省内排名）	作品著作权登记量/件（省内排名）	计算机软件著作权登记量/件（省内排名）	上市公司数量/家
	总计	—	18 235	123	8 521	132	180	75
1	汽车制造业	94.632 6	9 866（1）	110（1）	4 372（1）	20（2）	13（4）	4
2	计算机、通信和其他电子设备制造业	66.591 4	1 478（3）	—	116（11）	—	1（12）	6
3	金属制品业	60.303 3	1 827（2）	—	172（7）	2（4）	—	2
4	电气机械和器材制造业	57.093 3	1 104（4）	5（2）	83（13）	1（5）	10（6）	6
5	化学原料和化学制品制造业	52.251 6	468（6）	—	178（6）	—	1（12）	8
6	医药制造业	52.071 1	399（8）	5（2）	1 183（2）	9（3）	1（12）	3
7	专用设备制造业	46.545 3	430（7）	—	151（9）	1（5）	13（4）	4
8	信息传输、软件和信息技术服务业	45.145 9	96（15）	—	37（19）	—	43（1）	4
9	农副食品加工业	44.657 5	331（9）	1（4）	258（5）	—	—	2

续表

序号	行业	IPI	有效专利拥有量/件（省内排名）	PCT专利申请量/件（省内排名）	商标注册量/件（省内排名）	作品著作权登记量/件（省内排名）	计算机软件著作权登记量/件（省内排名）	上市公司数量/家
10	仪器仪表制造业	43.188 2	215（12）	—	46（17）	1（5）	42（2）	2
11	非金属矿物制品业	42.445 3	802（5）	1（4）	155（8）	—	—	3
12	酒、饮料和精制茶制造业	41.290 3	294（10）	—	869（3）	1（5）	5（8）	3
13	橡胶和塑料制品业	40.937 2	88（16）	—	50（16）	—	—	4
14	通用设备制造业	40.222 3	141（14）	—	72（14）	—	32（3）	2
15	黑色金属冶炼和压延加工业	39.861 6	230（11）	1（4）	10（23）	—	8（7）	1
16	皮革、毛皮、羽毛及其制品和制鞋业	39.204 2	47（18）	—	23（21）	97（1）	—	1
17	交通运输、仓储和邮政业	38.839 2	210（13）	—	—	—	—	2
18	电力、热力、燃气及水生产和供应业	38.264 7	39（19）	—	55（15）	—	4（10）	4
19	建筑业	38.055 3	86（17）	—	38（18）	—	5（8）	2
20	其他制造业	37.751 0	24（21）	—	33（20）	—	—	1
21	铁路、船舶、航空航天及其他运输设备制造业	37.299 6	—	—	—	—	—	1
22	房地产业	37.082 3	—	—	372（4）	—	—	2
23	水利、环境和公共设施管理业	36.643 9	—	—	17（22）	—	—	1
24	石油、煤炭及其他燃料加工业	36.435 7	19（22）	—	4（24）	—	—	1
25	食品制造业	36.399 9	31（20）	—	—	—	—	1
26	采矿业	36.228 3	10（23）	—	—	—	—	2
27	批发和零售业	36.155 6	—	—	140（10）	—	—	1
28	金融业	36.092 0	—	—	87（12）	—	2（11）	2

资料来源：科技大数据湖北省重点实验室

表 3-22 2022 年河北省上市公司十强产业及上市公司

序号	行业	上市公司名称	IPI（全国排名）	上市板块
1	汽车制造业	长城汽车股份有限公司	93.8962（6）	主板
		凌云工业股份有限公司	50.9513（604）	主板
		保定市东利机械制造股份有限公司	46.3755（3108）	创业板
		立中四通轻合金集团股份有限公司	45.9940（3794）	创业板
2	计算机、通信和其他电子设备制造业	东旭光电科技股份有限公司	65.7404（101）	主板
		中船（邯郸）派瑞特种气体股份有限公司	49.0819（1000）	科创板
		河北中瓷电子科技股份有限公司	47.1736（2116）	主板
		青鸟消防股份有限公司	46.4265（3014）	主板
		紫光国芯微电子股份有限公司	45.7534（4245）	主板
		中船重工汉光科技股份有限公司	45.7156（4331）	创业板
3	金属制品业	新兴铸管股份有限公司	67.4202（87）	主板
		巨力索具股份有限公司	52.0757（489）	主板

序号	行业	上市公司名称	IPI（全国排名）	上市板块
4	电气机械和器材制造业	保定天威保变电气股份有限公司	52.3735（460）	主板
		石家庄科林电气股份有限公司	49.8623（784）	主板
		石家庄通合电子科技股份有限公司	47.6674（1688）	创业板
		河北华通线缆集团股份有限公司	47.1581（2126）	主板
		唐山海泰新能科技股份有限公司	46.7581（2562）	北证
		晶澳太阳能科技股份有限公司	45.5909（4648）	主板
5	化学原料和化学制品制造业	乐凯胶片股份有限公司	50.0747（749）	主板
		唐山三友化工股份有限公司	48.5549（1184）	主板
		河北建新化工股份有限公司	46.8490（2459）	创业板
		保定乐凯新材料股份有限公司	46.7733（2542）	创业板
		龙星化工股份有限公司	46.7041（2630）	主板
		唐山三孚硅业股份有限公司	46.6210（2750）	主板
		沧州大化股份有限公司	45.9795（3817）	主板
		河北金牛化工股份有限公司	45.5275（4969）	主板
6	医药制造业	石家庄以岭药业股份有限公司	51.1516（581）	主板
		华北制药股份有限公司	49.9417（770）	主板
		河北常山生化药业股份有限公司	45.9995（3780）	创业板
7	专用设备制造业	康泰医学系统（秦皇岛）股份有限公司	48.4014（1250）	创业板
		唐山冀东装备工程股份有限公司	47.0464（2245）	主板
		河北汇金集团股份有限公司	47.0018（2296）	创业板
		冀凯装备制造股份有限公司	45.9071（3947）	主板
8	信息传输、软件和信息技术服务业	石家庄常山北明科技股份有限公司	47.2678（2006）	主板
		河北工大科雅能源科技股份有限公司	46.2226（3384）	创业板
		河北志晟信息技术股份有限公司	46.1036（3590）	北证
		中嘉博创信息技术股份有限公司	45.5612（4771）	主板
9	农副食品加工业	晨光生物科技集团股份有限公司	56.0406（269）	创业板
		河北福成五丰食品股份有限公司	46.0389（3711）	主板
10	仪器仪表制造业	河北先河环保科技股份有限公司	48.5191（1194）	创业板
		汇中仪表股份有限公司	46.6408（2712）	创业板

资料来源：科技大数据湖北省重点实验室

3.2.12 湖北省

2022年，湖北省上市公司的知识产权指数为39.2806，排名第12。截至2022年末，湖北省上市公司的发明专利有效量为6589件，实用新型专利有效量为6260件，外观设计专利有效量为1349件，各类有效专利拥有总量在全国排名第13；商标注册量为9264件，在全国排名第13。2022年，湖北省上市公司的PCT专利申请量为103件，作品著作权登记量为270件，计算机软件著作权登记量为403件。2013～2022年，湖北省上市公司各类型专利授权量均呈现波动上升的趋势（图3-13）。

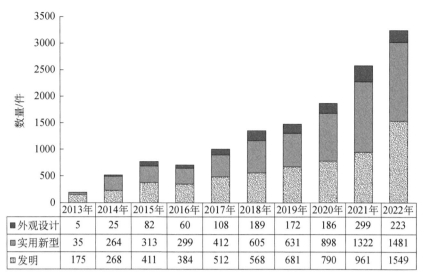

图 3-13 湖北省上市公司当前有效专利授权时间分布情况

资料来源：科技大数据湖北省重点实验室

湖北省上市公司数量总计 139 家，分布在 27 个产业领域（表 3-23）。湖北省的优势产业领域包括计算机、通信和其他电子设备制造业，专用设备制造业，化学原料和化学制品制造业，仪器仪表制造业，批发和零售业，医药制造业，汽车制造业，食品制造业，通用设备制造业，信息传输、软件和信息技术服务业。各优势产业领域的代表性企业分别是烽火通信科技股份有限公司、中石化石油机械股份有限公司、湖北兴发化工集团股份有限公司、武汉精测电子集团股份有限公司、良品铺子股份有限公司、马应龙药业集团股份有限公司、东风汽车股份有限公司、安琪酵母股份有限公司、武汉华中数控股份有限公司、武汉光庭信息技术股份有限公司（表 3-24）。

表 3-23 2022 年湖北省上市公司不同知识产权类型产业分布及排名

序号	行业	IPI	有效专利拥有量/件（省内排名）	PCT 专利申请量/件（省内排名）	商标注册量/件（省内排名）	作品著作权登记量/件（省内排名）	计算机软件著作权登记量/件（省内排名）	上市公司数量/家
	总计	—	14 198	103	9 264	270	403	139
1	计算机、通信和其他电子设备制造业	99.999 6	6 806（1）	72（1）	1 085（4）	—	232（1）	29
2	专用设备制造业	64.843 6	1 634（2）	1（6）	202（8）	5（4）	52（2）	11
3	化学原料和化学制品制造业	64.363 9	899（4）	5（4）	705（5）	8（3）	4（9）	13
4	仪器仪表制造业	58.297 7	1 299（3）	12（2）	10（22）	—	1（12）	2
5	批发和零售业	55.837 7	230（11）	—	3 001（1）	233（1）	16（5）	8
6	医药制造业	54.616 9	457（6）	—	1 225（2）	20（2）	10（6）	13
7	汽车制造业	52.864 6	759（5）	—	144（12）	—	1（12）	4
8	食品制造业	51.674 2	349（8）	10（3）	1 103（3）	1（6）	6（8）	3
9	通用设备制造业	46.243 7	397（7）	—	208（7）	—	29（4）	6

序号	行业	IPI	有效专利拥有量/件（省内排名）	PCT专利申请量/件（省内排名）	商标注册量/件（省内排名）	作品著作权登记量/件（省内排名）	计算机软件著作权登记量/件（省内排名）	上市公司数量/家
10	信息传输、软件和信息技术服务业	46.045 0	230（11）	3（5）	422（6）	—	34（3）	7
11	非金属矿物制品业	39.540 6	232（10）	—	162（11）	—	1（12）	3
12	电气机械和器材制造业	39.415 5	64（17）	—	166（10）	—	1（12）	3
13	铁路、船舶、航空航天和其他运输设备制造业	38.201 0	245（9）	—	46（19）	1（6）	—	2
14	橡胶和塑料制品业	37.622 9	136（14）	—	132（13）	—	—	2
15	水利、环境和公共设施管理业	36.989 2	219（13）	—	65（17）	—	—	4
16	建筑业	36.014 4	87（15）	—	60（18）	—	—	4
17	房地产业	35.693 1	21（18）	—	98（14）	—	1（12）	4
18	科学研究和技术服务业	35.323 8	74（16）	—	6（23）	—	—	1
19	酒、饮料和精制茶制造业	35.140 7	10（21）	—	194（9）	—	2（11）	1
20	金属制品业	34.901 9	21（18）	—	1（25）	—	—	1
21	文化、体育和娱乐业	34.824 7	15（20）	—	71（16）	—	—	3
22	交通运输、仓储和邮政业	34.786 6	6（22）	—	36（20）	2（5）	10（6）	3
23	金融业	34.597 3	2（24）	—	89（15）	—	—	3
24	黑色金属冶炼和压延加工业	34.527 7	—	—	1（25）	—	3（10）	1
25	电力、热力、燃气及水生产和供应业	34.454 3	6（22）	—	—	—	—	5
26	纺织服装、服饰业	34.298 4	—	—	30（21）	—	—	1
27	租赁和商务服务业	34.258 7	—	—	2（24）	—	—	2

资料来源：科技大数据湖北省重点实验室

表3-24　2022年湖北省上市公司十强产业及上市公司

序号	行业	上市公司名称	IPI（全国排名）	上市板块
1	计算机、通信和其他电子设备制造业	烽火通信科技股份有限公司	82.7599（30）	主板
		武汉光迅科技股份有限公司	69.1679（77）	主板
		长飞光纤光缆股份有限公司	60.3870（164）	主板
		武汉锐科光纤激光技术股份有限公司	53.8248（374）	创业板
		武汉天喻信息产业股份有限公司	52.6387（441）	创业板
		武汉凡谷电子技术股份有限公司	51.6134（530）	主板
		武汉高德红外股份有限公司	49.5874（855）	主板
		湖北久之洋红外系统股份有限公司	49.2000（962）	创业板
		华灿光电股份有限公司	48.6916（1140）	创业板
		中信科移动通信技术股份有限公司	48.2968（1300）	科创板
2	专用设备制造业	中石化石油机械股份有限公司	55.8634（276）	主板
		湖北京山轻工机械股份有限公司	49.6971（826）	主板

续表

序号	行业	上市公司名称	IPI（全国排名）	上市板块
2	专用设备制造业	中国船舶重工集团应急预警与救援装备股份有限公司	49.5883（854）	创业板
		奥美医疗用品股份有限公司	48.9801（1034）	主板
		武汉帝尔激光科技股份有限公司	48.8478（1084）	创业板
		湖北华强科技股份有限公司	48.2366（1332）	科创板
		航天时代电子技术股份有限公司	46.6700（2683）	主板
		华昌达智能装备集团股份有限公司	45.9030（3955）	创业板
		三丰智能装备集团股份有限公司	45.8844（3990）	创业板
		武汉恒立工程钻具股份有限公司	45.7749（4198）	北证
3	化学原料和化学制品制造业	湖北兴发化工集团股份有限公司	50.9471（606）	主板
		湖北回天新材料股份有限公司	48.6464（1151）	创业板
		湖北鼎龙控股股份有限公司	48.5115（1197）	创业板
		湖北双环科技股份有限公司	48.3777（1262）	主板
		湖北富邦科技股份有限公司	48.2952（1303）	创业板
		湖北宜化化工股份有限公司	48.2479（1326）	主板
		湖北江瀚新材料股份有限公司	47.1494（2137）	主板
		新洋丰农业科技股份有限公司	47.1263（2162）	主板
		湖北凯龙化工集团股份有限公司	46.9324（2361）	主板
		湖北万润新能源科技股份有限公司	46.8544（2455）	科创板
4	仪器仪表制造业	武汉精测电子集团股份有限公司	62.9494（124）	创业板
		武汉理工光科股份有限公司	48.6157（1164）	创业板
5	批发和零售业	良品铺子股份有限公司	51.4884（544）	主板
		武商集团股份有限公司	50.3017（703）	主板
		健民药业集团股份有限公司	50.0889（746）	主板
		九州通医药集团股份有限公司	47.9432（1492）	主板
		武汉力源信息技术股份有限公司	45.9023（3957）	创业板
		塞力斯医疗科技集团股份有限公司	45.6791（4410）	主板
		汉商集团股份有限公司	45.6767（4418）	主板
		中百控股集团股份有限公司	45.5953（4638）	主板
6	医药制造业	马应龙药业集团股份有限公司	49.9166（775）	主板
		人福医药集团股份公司	49.1425（978）	主板
		武汉科前生物股份有限公司	48.3967（1252）	科创板
		湖北省宏源药业科技股份有限公司	47.8916（1522）	创业板
		武汉明德生物科技股份有限公司	47.2257（2054）	主板
		武汉回盛生物科技股份有限公司	46.7080（2619）	创业板
		湖北广济药业股份有限公司	46.2225（3385）	主板
		武汉海特生物制药股份有限公司	46.1124（3574）	创业板
		潜江永安药业股份有限公司	45.9452（3874）	主板
		湖北共同药业股份有限公司	45.9390（3887）	创业板

续表

序号	行业	上市公司名称	IPI（全国排名）	上市板块
7	汽车制造业	东风汽车股份有限公司	60.9113（157）	主板
		十堰市泰祥实业股份有限公司	46.2432（3344）	创业板
		襄阳长源东谷实业股份有限公司	46.0791（3641）	主板
		湖北华阳汽车变速系统股份有限公司	46.0421（3705）	北证
8	食品制造业	安琪酵母股份有限公司	56.1203（266）	主板
		嘉必优生物技术（武汉）股份有限公司	48.9599（1037）	科创板
		湖北一致魔芋生物科技股份有限公司	47.1927（2094）	北证
9	通用设备制造业	武汉华中数控股份有限公司	50.6843（640）	创业板
		襄阳汽车轴承股份有限公司	47.5429（1762）	主板
		襄阳博亚精工装备股份有限公司	47.2893（1985）	创业板
		恒进感应科技（十堰）股份有限公司	46.1829（3456）	北证
		湖北东贝机电集团股份有限公司	46.0117（3754）	主板
		湖北华嵘控股股份有限公司	45.5657（4744）	主板
10	信息传输、软件和信息技术服务业	武汉光庭信息技术股份有限公司	49.4124（898）	创业板
		武汉中科通达高新技术股份有限公司	48.6673（1149）	科创板
		湖北盛天网络技术股份有限公司	47.5004（1797）	创业板
		中贝通信集团股份有限公司	45.7254（4303）	主板
		高升控股股份有限公司	45.6086（4590）	主板
		中安科股份有限公司	45.5495（4846）	主板
		凯瑞德控股股份有限公司	45.5234（4992）	主板

资料来源：科技大数据湖北省重点实验室

3.2.13 重庆市

2022年，重庆市上市公司的知识产权指数为39.1319，排名第13。截至2022年末，重庆市上市公司的发明专利有效量为3153件，实用新型专利有效量为6271件，外观设计专利有效量为2549件，各类有效专利拥有总量在全国排名第14；商标注册量为11 477件，在全国排名第12。2022年，重庆市上市公司的PCT专利申请量为8件，作品著作权登记量为35件，计算机软件著作权登记量为313件。2013～2022年，重庆市上市公司各类型专利授权量均呈现波动上升的趋势（图3-14）。

重庆市上市公司数量总计71家，分布在27个产业领域（表3-25）。重庆市的优势产业领域包括汽车制造业，医药制造业，科学研究和技术服务业，铁路、船舶、航空航天和其他运输设备制造业，仪器仪表制造业，化学原料和化学制品制造业，信息传输、软件和信息技术服务业，建筑业，房地产业，金融业。各优势产业领域的代表性企业分别是重庆长安汽车股份有限公司、重庆莱美药业股份有限公司、中国汽车工程研究院股份有限公司、隆鑫通用动力股份有限公司、重庆川仪自动化股份有限公司、重庆登康口腔护理用品股份有限公司、重庆梅安森科技股份有限公司、重庆建工集团股份有限公司、金科地产集团股份有限公司、重庆农村商业银行股份有限公司（表3-26）。

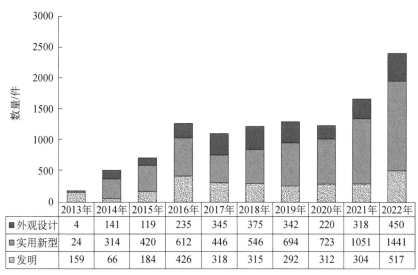

图 3-14　重庆市上市公司当前有效专利授权时间分布情况

资料来源：科技大数据湖北省重点实验室

表 3-25　2022 年重庆市上市公司不同知识产权类型产业分布及排名

序号	行业	IPI	有效专利拥有量/件（市内排名）	PCT 专利申请量/件（市内排名）	商标注册量/件（市内排名）	作品著作权登记量/件（市内排名）	计算机软件著作权登记量/件（市内排名）	上市公司数量/家
	总计	—	**11 973**	**8**	**11 477**	**35**	**313**	**71**
1	汽车制造业	99.375 6	6 943（1）	3（1）	3 203（1）	1（6）	151（1）	5
2	医药制造业	65.825 2	249（9）	3（1）	949（5）	2（4）	—	8
3	科学研究和技术服务业	64.176 0	687（3）	—	394（9）	—	63（2）	2
4	铁路、船舶、航空航天和其他运输设备制造业	53.632 3	1 033（2）	—	408（8）	12（2）	—	2
5	仪器仪表制造业	51.988 8	551（4）	—	131（14）	—	19（4）	1
6	化学原料和化学制品制造业	49.545 8	251（8）	2（3）	601（6）	—	1（10）	4
7	信息传输、软件和信息技术服务业	48.840 2	69（15）	—	8（22）	—	29（3）	2
8	建筑业	46.669 9	506（5）	—	109（15）	—	4（9）	2
9	房地产业	46.363 2	40（20）	—	1 851（2）	2（4）	13（6）	6
10	金融业	42.355 5	89（14）	—	1 085（3）	—	15（5）	3
11	非金属矿物制品业	42.165 2	175（11）	—	262（11）	—	—	4
12	批发和零售业	41.727 6	60（16）	—	1 015（4）	3（3）	—	3
13	通用设备制造业	41.097 2	275（7）	—	45（18）	—	1（10）	3
14	电气机械和器材制造业	40.164 5	199（10）	—	24（19）	—	—	3
15	计算机、通信和其他电子设备制造业	39.744 5	50（18）	—	9（21）	—	—	2
16	专用设备制造业	39.645 9	105（13）	—	106（16）	—	7（8）	1
17	电力、热力、燃气及水生产和供应业	39.263 6	56（17）	—	429（7）	—	10（7）	5

序号	行业	IPI	有效专利拥有量/件（市内排名）	PCT专利申请量/件（市内排名）	商标注册量/件（市内排名）	作品著作权登记量/件（市内排名）	计算机软件著作权登记量/件（市内排名）	上市公司数量/家
18	黑色金属冶炼和压延加工业	38.945 0	354（6）	—	22（20）	—	—	1
19	食品制造业	38.837 7	43（19）	—	349（10）	15（1）	—	2
20	造纸和纸制品业	37.360 5	170（12）	—	190（13）	—	—	1
21	水利、环境和公共设施管理业	35.918 4	30（22）	—	76（17）	—	—	3
22	废弃资源综合利用业	35.432 3	38（21）	—	2（24）	—	—	1
23	交通运输、仓储和邮政业	34.507 4	—	—	204（12）	—	—	3
24	酒、饮料和精制茶制造业	33.572 1	—	—	1（25）	—	—	1
25	文化、体育和娱乐业	33.405 5	—	—	—	—	—	1
26	金属制品业	33.387 4	—	—	4（23）	—	—	1
27	采矿业	33.368 7	—	—	—	—	—	1

资料来源：科技大数据湖北省重点实验室

表 3-26　2022 年重庆市上市公司十强产业及上市公司

序号	行业	上市公司名称	IPI（全国排名）	上市板块
1	汽车制造业	重庆长安汽车股份有限公司	86.1491（18）	主板
		力帆科技（集团）股份有限公司	49.7750（806）	主板
		赛力斯集团股份有限公司	49.0606（1010）	主板
		重庆秦安机电股份有限公司	46.2213（3387）	主板
		蓝黛科技集团股份有限公司	45.8981（3963）	主板
2	医药制造业	重庆莱美药业股份有限公司	55.2527（304）	创业板
		重庆华森制药股份有限公司	47.4121（1861）	主板
		重庆博腾制药科技股份有限公司	46.9990（2301）	创业板
		重庆太极实业（集团）股份有限公司	46.7706（2546）	主板
		重庆正川医药包装材料股份有限公司	46.7077（2620）	主板
		重庆智飞生物制品股份有限公司	46.2261（3377）	创业板
		北大医药股份有限公司	46.2245（3379）	主板
		福安药业（集团）股份有限公司	45.7211（4313）	创业板
3	科学研究和技术服务业	中国汽车工程研究院股份有限公司	60.5630（161）	主板
		中设工程咨询（重庆）股份有限公司	46.4204（3029）	北证
4	铁路、船舶、航空航天和其他运输设备制造业	隆鑫通用动力股份有限公司	60.2140（171）	主板
		重庆宗申动力机械股份有限公司	46.6249（2738）	主板
5	仪器仪表制造业	重庆川仪自动化股份有限公司	58.5575（202）	主板
6	化学原料和化学制品制造业	重庆登康口腔护理用品股份有限公司	49.6024（848）	主板
		重庆三峡油漆股份有限公司	46.2206（3389）	主板
		重庆康普化学工业股份有限公司	46.0996（3599）	北证
		华邦生命健康股份有限公司	45.7176（4322）	主板
7	信息传输、软件和信息技术服务业	重庆梅安森科技股份有限公司	48.2782（1313）	创业板
		巨人网络集团股份有限公司	45.9301（3900）	主板

续表

序号	行业	上市公司名称	IPI（全国排名）	上市板块
8	建筑业	重庆建工集团股份有限公司	56.1037（267）	主板
		天域生态环境股份有限公司	46.3036（3228）	主板
9	房地产业	金科地产集团股份有限公司	52.3789（458）	主板
		重庆市迪马实业股份有限公司	46.6294（2729）	主板
		新大正物业集团股份有限公司	45.7993（4151）	主板
		重庆渝开发股份有限公司	45.7646（4219）	主板
		财信地产发展集团股份有限公司	45.5440（4873）	主板
		中交地产股份有限公司	45.5384（4901）	主板
10	金融业	重庆农村商业银行股份有限公司	48.1180（1394）	主板
		重庆银行股份有限公司	47.9650（1482）	主板
		西南证券股份有限公司	45.6322（4525）	主板

资料来源：科技大数据湖北省重点实验室

3.2.14 河南省

2022 年，河南省上市公司的知识产权指数为 38.7379，排名第 14。截至 2022 年末，河南省上市公司的发明专利有效量为 5188 件，实用新型专利有效量为 8585 件，外观设计专利有效量为 2562 件，各类有效专利拥有总量在全国排名第 11；商标注册量为 9158 件，在全国排名第 14；农业植物新品种有效量为 21 件，林草植物新品种有效量为 12 件，在全国分别排名第 5 和第 1。2022 年，河南省上市公司的 PCT 专利申请量为 19 件，作品著作权登记量为 38 件，计算机软件著作权登记量为 395 件。2013～2022 年，河南省上市公司各类型专利授权量均呈现波动上升的趋势（图 3-15）。

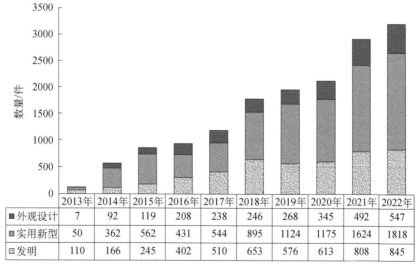

	2013年	2014年	2015年	2016年	2017年	2018年	2019年	2020年	2021年	2022年
外观设计	7	92	119	208	238	246	268	345	492	547
实用新型	50	362	562	431	544	895	1124	1175	1624	1818
发明	110	166	245	402	510	653	576	613	808	845

图 3-15　河南省上市公司当前有效专利授权时间分布情况
资料来源：科技大数据湖北省重点实验室

河南省上市公司数量总计 109 家，分布在 29 个产业领域（表 3-27）。河南省的优势产业领域包括计算机、通信和其他电子设备制造业，电气机械和器材制造业，专用设备制造业，汽车制造业，医药制造业，非金属矿物制品业，农副食品加工业，信息传输、软件和信息技术服务业，仪器仪表制造业，农、林、牧、渔业。各优势产业领域的代表性企业分别是中航光电科技股份有限公司、许继电气股份有限公司、中信重工机械股份有限公司、中原内配集团股份有限公司、普莱柯生物工程股份有限公司、河南黄河旋风股份有限公司、河南双汇投资发展股份有限公司、新开普电子股份有限公司、汉威科技集团股份有限公司、牧原食品股份有限公司（表 3-28）。

表 3-27 2022 年河南省上市公司不同知识产权类型产业分布及排名

序号	行业	IPI	有效专利拥有量/件（省内排名）	PCT 专利申请量/件（省内排名）	商标注册量/件（省内排名）	作品著作权登记量/件（省内排名）	计算机软件著作权登记量/件（省内排名）	上市公司数量/家
	总计	—	16 335	19	9 158	38	395	109
1	计算机、通信和其他电子设备制造业	96.978 0	2 483（2）	2（2）	69（17）	1（7）	59（2）	9
2	电气机械和器材制造业	96.361 5	3 644（1）	15（1）	104（16）	3（5）	16（7）	6
3	专用设备制造业	80.331 5	1 946（3）	—	227（10）	4（3）	25（5）	7
4	汽车制造业	68.621 4	922（4）	—	694（3）	—	11（9）	6
5	医药制造业	63.820 0	728（8）	2（2）	660（4）	1（7）	1（16）	9
6	非金属矿物制品业	57.407 6	813（5）	—	279（7）	—	3（13）	9
7	农副食品加工业	54.729 9	748（6）	—	3 275（1）	1（7）	—	2
8	信息传输、软件和信息技术服务业	53.118 6	252（16）	—	182（11）	—	141（1）	4
9	仪器仪表制造业	52.966 2	668（9）	—	140（13）	2（6）	47（3）	5
10	农、林、牧、渔业	45.110 5	729（7）	—	291（6）	6（2）	15（8）	3
11	食品制造业	44.052 8	379（10）	—	1 523（2）	14（1）	—	5
12	化学原料和化学制品制造业	44.026 5	377（11）	—	141（12）	—	7（11）	8
13	有色金属冶炼和压延加工业	40.959 0	209（18）	—	42（19）	—	3（13）	5
14	科学研究和技术服务业	38.894 6	313（14）	—	11（25）	—	31（4）	2
15	采矿业	38.413 1	269（15）	—	237（9）	—	20（6）	4
16	黑色金属冶炼和压延加工业	35.006 6	367（12）	—	2（29）	—	—	3
17	橡胶和塑料制品业	34.933 8	328（13）	—	602（5）	—	—	2
18	通用设备制造业	32.871 1	132（22）	—	5（26）	—	—	3
19	铁路、船舶、航空航天和其他运输设备制造业	32.294 3	170（19）	—	4（27）	—	8（10）	1
20	电力、热力、燃气及水生产和供应业	32.259 8	218（17）	—	45（18）	—	4（12）	4
21	化学纤维制造业	30.913 4	168（20）	—	14（24）	—	—	2
22	金属制品业	30.150 1	126（24）	—	23（22）	—	—	1

续表

序号	行业	IPI	有效专利拥有量/件（省内排名）	PCT 专利申请量/件（省内排名）	商标注册量/件（省内排名）	作品著作权登记量/件（省内排名）	计算机软件著作权登记量/件（省内排名）	上市公司数量/家
23	皮革、毛皮、羽毛及其制品和制鞋业	29.038 4	127（23）	—	137（14）	—	—	1
24	建筑业	28.961 9	43（25）	—	124（15）	4（3）	—	1
25	纺织业	28.515 6	135（21）	—	3（28）	—	—	1
26	金融业	27.945 6	6（27）	—	249（8）	1（7）	1（16）	3
27	水利、环境和公共设施管理业	27.169 2	32（26）	—	28（21）	1（7）	1（16）	1
28	交通运输、仓储和邮政业	26.836 6	3（28）	—	32（20）	—	—	3
29	文化、体育和娱乐业	26.527 6	—	—	15（23）	—	2（15）	1

资料来源：科技大数据湖北省重点实验室

表 3-28 2022 年河南省上市公司十强产业及上市公司

序号	行业	上市公司名称	IPI（全国排名）	上市板块
1	计算机、通信和其他电子设备制造业	中航光电科技股份有限公司	76.0299（54）	主板
		河南辉煌科技股份有限公司	50.5607（660）	主板
		郑州天迈科技股份有限公司	48.9895（1033）	创业板
		河南凯旺电子科技股份有限公司	47.0640（2227）	创业板
		河南仕佳光子科技股份有限公司	46.5202（2886）	科创板
		河南天马新材料股份有限公司	46.2685（3302）	北证
		森霸传感科技股份有限公司	46.0773（3649）	创业板
		新乡天力锂能股份有限公司	46.0708（3657）	创业板
		中光学集团股份有限公司	45.5856（4671）	主板
2	电气机械和器材制造业	许继电气股份有限公司	76.9325（49）	主板
		河南平高电气股份有限公司	63.5753（119）	主板
		河南森源电气股份有限公司	57.8375（217）	主板
		郑州众智科技股份有限公司	49.2225（957）	创业板
		金冠电气股份有限公司	46.9507（2340）	科创板
		河南通达电缆股份有限公司	46.9011（2393）	主板
3	专用设备制造业	中信重工机械股份有限公司	58.9414（196）	主板
		第一拖拉机股份有限公司	54.3047（347）	主板
		河南翔宇医疗设备股份有限公司	51.6114（531）	科创板
		洛阳北方玻璃技术股份有限公司	49.7725（807）	主板
		林州重机集团股份有限公司	46.8815（2419）	主板
		新乡市花溪科技股份有限公司	46.3003（3236）	北证
		宇通重工股份有限公司	45.5675（4738）	主板
4	汽车制造业	中原内配集团股份有限公司	52.3106（468）	主板
		郑州煤矿机械集团股份有限公司	52.2791（470）	主板
		宇通客车股份有限公司	51.6179（529）	主板

序号	行业	上市公司名称	IPI（全国排名）	上市板块
4	汽车制造业	许昌远东传动轴股份有限公司	49.6476（839）	主板
		飞龙汽车部件股份有限公司	46.6184（2754）	主板
		河南同心传动股份有限公司	46.1903（3439）	北证
5	医药制造业	普莱柯生物工程股份有限公司	51.4585（548）	主板
		郑州安图生物工程股份有限公司	49.3070（936）	主板
		河南新天地药业股份有限公司	48.7394（1122）	创业板
		河南羚锐制药股份有限公司	48.7147（1130）	主板
		华兰生物工程股份有限公司	47.5253（1773）	主板
		河南太龙药业股份有限公司	46.5477（2858）	主板
		华兰生物疫苗股份有限公司	46.0142（3748）	创业板
		新乡拓新药业股份有限公司	45.9891（3801）	创业板
		辅仁药业集团制药股份有限公司	45.5499（4844）	主板
6	非金属矿物制品业	河南黄河旋风股份有限公司	50.9829（599）	主板
		濮阳濮耐高温材料（集团）股份有限公司	50.4227（681）	主板
		河南四方达超硬材料股份有限公司	48.5028（1205）	创业板
		中钢洛耐科技股份有限公司	46.5187（2887）	科创板
		惠丰钻石股份有限公司	46.4626（2962）	北证
		河南易成新能源股份有限公司	46.4381（2995）	创业板
		洛阳科创新材料股份有限公司	46.4196（3033）	北证
		河南省力量钻石股份有限公司	46.2521（3328）	创业板
		凯盛新能源股份有限公司	45.5613（4769）	主板
7	农副食品加工业	河南双汇投资发展股份有限公司	55.7726（280）	主板
		好想你健康食品股份有限公司	52.0925（488）	主板
8	信息传输、软件和信息技术服务业	新开普电子股份有限公司	48.5246（1192）	创业板
		郑州捷安高科股份有限公司	47.7114（1652）	创业板
		河南众诚信息科技股份有限公司	45.9679（3839）	北证
		恒拓开源信息科技股份有限公司	45.6826（4403）	北证
9	仪器仪表制造业	汉威科技集团股份有限公司	50.5649（658）	创业板
		郑州三晖电气股份有限公司	47.7339（1637）	主板
		光力科技股份有限公司	47.3252（1949）	创业板
		新天科技股份有限公司	47.2386（2038）	创业板
		河南驰诚电气股份有限公司	46.6099（2768）	北证
10	农、林、牧、渔业	牧原食品股份有限公司	56.4607（259）	主板
		河南秋乐种业科技股份有限公司	46.2575（3315）	北证
		河南华英农业发展股份有限公司	46.1092（3578）	主板

资料来源：科技大数据湖北省重点实验室

3.2.15 陕西省

2022 年，陕西省上市公司的知识产权指数为 36.3738，排名第 15。截至 2022 年末，陕西省上市公司的发明专利有效量为 2525 件，实用新型专利有效量为 4984 件，外观设计专利有效量为 287 件，各类有效专利拥有总量在全国排名第 17；商标注册量为 4360 件，在全国排名第 19。2022 年，陕西省上市公司的 PCT 专利申请量为 75 件，作品著作权登记量为 38 件，计算机软件著作权登记量为 128 件。2013～2022 年，陕西省上市公司各类型专利授权量均呈现波动上升的趋势（图 3-16）。

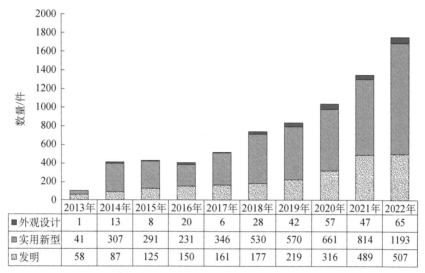

	2013年	2014年	2015年	2016年	2017年	2018年	2019年	2020年	2021年	2022年
外观设计	1	13	8	20	6	28	42	57	47	65
实用新型	41	307	291	231	346	530	570	661	814	1193
发明	58	87	125	150	161	177	219	316	489	507

图 3-16　陕西省上市公司当前有效专利授权时间分布情况
资料来源：科技大数据湖北省重点实验室

陕西省上市公司数量总计 77 家，分布在 28 个产业领域（表 3-29）。陕西省的优势产业领域包括电气机械和器材制造业，计算机、通信和其他电子设备制造业，化学原料和化学制品制造业，有色金属冶炼和压延加工业，铁路、船舶、航空航天和其他运输设备制造业，专用设备制造业，采矿业，通用设备制造业，水利、环境和公共设施管理业，医药制造业。各优势产业领域的代表性企业分别是中国西电电气股份有限公司、陕西莱特光电材料股份有限公司、陕西北元化工集团股份有限公司、西部金属材料股份有限公司、中国航发动力股份有限公司、西安标准工业股份有限公司、金堆城钼业股份有限公司、西安铂力特增材技术股份有限公司、达刚控股集团股份有限公司、陕西盘龙药业集团股份有限公司（表 3-30）。

表 3-29　2022 年陕西省上市公司不同知识产权类型产业分布及排名

序号	行业	IPI	有效专利拥有量/件（省内排名）	PCT 专利申请量/件（省内排名）	商标注册量/件（省内排名）	作品著作权登记量/件（省内排名）	计算机软件著作权登记量/件（省内排名）	上市公司数量/家
	总计	—	7796	75	4360	38	128	77
1	电气机械和器材制造业	97.3917	2826（1）	25（2）	416（3）	2（2）	28（2）	6
2	计算机、通信和其他电子设备制造业	90.2021	1238（2）	42（1）	472（2）	—	16（4）	10
3	化学原料和化学制品制造业	73.9006	492（6）	7（3）	1323（1）	—	—	7

续表

序号	行业	IPI	有效专利拥有量/件（省内排名）	PCT专利申请量/件（省内排名）	商标注册量/件（省内排名）	作品著作权登记量/件（省内排名）	计算机软件著作权登记量/件（省内排名）	上市公司数量/家
4	有色金属冶炼和压延加工业	67.6200	512（5）	—	211（7）	—	4（8）	4
5	铁路、船舶、航空航天和其他运输设备制造业	65.8842	606（4）	1（4）	135（8）	—	38（1）	6
6	专用设备制造业	60.9236	645（3）	—	94（10）	—	6（6）	7
7	采矿业	54.4753	417（7）	—	232（6）	—	5（7）	3
8	通用设备制造业	48.5344	303（8）	—	92（11）	—	—	2
9	水利、环境和公共设施管理业	40.5240	153（9）	—	400（4）	—	1（10）	3
10	医药制造业	39.4361	50（13）	—	362（5）	—	—	4
11	其他制造业	37.2082	47（14）	—	85（13）	—	—	2
12	信息传输、软件和信息技术服务业	36.5810	40（15）	—	63（17）	—	17（3）	3
13	文化、体育和娱乐业	36.0230	21（19）	—	125（9）	36（1）	—	1
14	建筑业	35.6789	143（10）	—	—	—	—	1
15	非金属矿物制品业	34.4680	89（12）	—	5（21）	—	—	1
16	石油、煤炭及其他燃料加工业	34.4364	103（11）	—	3（24）	—	—	1
17	电力、热力、燃气及水生产和供应业	34.0834	36（16）	—	17（19）	—	10（5）	3
18	造纸和纸制品业	33.7457	22（18）	—	4（22）	—	—	1
19	印刷和记录媒介复制业	33.7267	34（17）	—	—	—	—	1
20	科学研究和技术服务业	33.6607	15（20）	—	4（22）	—	2（9）	1
21	金融业	33.4497	1（22）	—	89（12）	—	1（10）	3
22	批发和零售业	33.0945	—	—	65（15）	—	—	1
23	房地产业	33.0028	—	—	66（14）	—	—	1
24	住宿和餐饮业	32.9822	—	—	64（16）	—	—	1
25	租赁和商务服务业	32.7212	3（21）	—	10（20）	—	—	1
26	废弃资源综合利用业	32.5663	—	—	23（18）	—	—	1
27	卫生和社会工作	32.4194	—	—	—	—	—	1
28	教育	32.3337	—	—	—	—	—	1

资料来源：科技大数据湖北省重点实验室

表3-30 2022年陕西省上市公司十强产业及上市公司

序号	行业	上市公司名称	IPI（全国排名）	上市板块
1	电气机械和器材制造业	中国西电电气股份有限公司	76.9104（50）	主板
		西安陕鼓动力股份有限公司	55.6168（286）	主板
		隆基绿能科技股份有限公司	54.2444（349）	主板
		西安中熔电气股份有限公司	48.0927（1406）	创业板
		陕西宝光真空电器股份有限公司	47.0194（2281）	主板
		保力新能源科技股份有限公司	46.0334（3719）	创业板

续表

序号	行业	上市公司名称	IPI（全国排名）	上市板块
2	计算机、通信和其他电子设备制造业	陕西莱特光电材料股份有限公司	54.4548（335）	科创板
		彩虹显示器件股份有限公司	51.0149（594）	主板
		西安天和防务技术股份有限公司	49.1272（984）	创业板
		西安炬光科技股份有限公司	49.1138（990）	科创板
		中航电测仪器股份有限公司	48.6963（1138）	创业板
		陕西烽火电子股份有限公司	48.3970（1251）	主板
		中航富士达科技股份有限公司	47.6892（1672）	北证
		陕西源杰半导体科技股份有限公司	46.1971（3425）	科创板
		西安派瑞功率半导体变流技术股份有限公司	46.1426（3521）	创业板
		西安晨曦航空科技股份有限公司	45.6938（4384）	创业板
3	化学原料和化学制品制造业	陕西北元化工集团股份有限公司	49.3475（918）	主板
		陕西美邦药业集团股份有限公司	49.1483（977）	主板
		西安凯立新材料股份有限公司	48.8759（1067）	科创板
		西安蓝晓科技新材料股份有限公司	48.8553（1080）	创业板
		西安瑞联新材料股份有限公司	47.3431（1928）	科创板
		农心作物科技股份有限公司	46.3466（3165）	主板
		陕西兴化化学股份有限公司	45.9140（3932）	主板
4	有色金属冶炼和压延加工业	西部金属材料股份有限公司	51.6798（524）	主板
		西部超导材料科技股份有限公司	51.2599（566）	科创板
		陕西斯瑞新材料股份有限公司	51.1665（579）	科创板
		宝鸡钛业股份有限公司	46.3837（3095）	主板
5	铁路、船舶、航空航天和其他运输设备制造业	中国航发动力股份有限公司	54.7432（326）	主板
		中航西安飞机工业集团股份有限公司	47.3915（1876）	主板
		陕西中天火箭技术股份有限公司	46.7230（2606）	主板
		中铁高铁电气装备股份有限公司	46.5675（2829）	科创板
		西安三角防务股份有限公司	45.9457（3873）	创业板
		炼石航空科技股份有限公司	45.5268（4975）	主板
6	专用设备制造业	西安标准工业股份有限公司	49.3858（906）	主板
		陕西航天动力高科技股份有限公司	48.9471（1044）	主板
		中节能环保装备股份有限公司	47.9829（1472）	创业板
		陕西同力重工股份有限公司	47.9092（1508）	北证
		三达膜环境技术股份有限公司	46.7522（2570）	科创板
		陕西建设机械股份有限公司	46.4022（3066）	主板
		西安康拓医疗技术股份有限公司	46.1570（3503）	科创板
7	采矿业	金堆城钼业股份有限公司	54.3350（345）	主板
		通源石油科技集团股份有限公司	46.6901（2648）	创业板
		陕西煤业股份有限公司	45.7184（4319）	主板
8	通用设备制造业	西安铂力特增材技术股份有限公司	50.0355（757）	科创板
		秦川机床工具集团股份有限公司	47.4225（1851）	主板

续表

序号	行业	上市公司名称	IPI（全国排名）	上市板块
9	水利、环境和公共设施管理业	达刚控股集团股份有限公司	47.5985（1730）	创业板
		西安曲江文化旅游股份有限公司	46.6839（2660）	主板
		西安旅游股份有限公司	45.6501（4478）	主板
10	医药制造业	陕西盘龙药业集团股份有限公司	46.5706（2823）	主板
		金花企业（集团）股份有限公司	46.2884（3262）	主板
		陕西康惠制药股份有限公司	46.0936（3610）	主板
		延安必康制药股份有限公司	45.5341（4926）	主板

资料来源：科技大数据湖北省重点实验室

3.2.16 辽宁省

2022 年，辽宁省上市公司的知识产权指数为 35.9193，排名第 16。截至 2022 年末，辽宁省上市公司的发明专利有效量为 4994 件，实用新型专利有效量为 4269 件，外观设计专利有效量为 415 件，各类有效专利拥有总量在全国排名第 15；商标注册量为 3390 件，在全国排名第 21。2022 年，辽宁省上市公司的 PCT 专利申请量为 6 件，作品著作权登记量为 13 件，计算机软件著作权登记量为 230 件。2013～2022 年，辽宁省上市公司各类型专利授权量均呈现波动上升的趋势（图 3-17）。

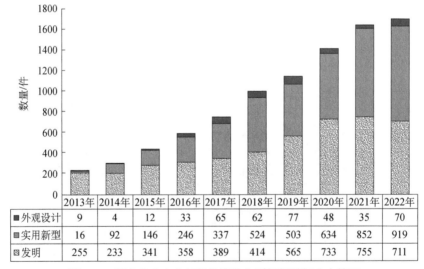

图 3-17　辽宁省上市公司当前有效专利授权时间分布情况
资料来源：科技大数据湖北省重点实验室

辽宁省上市公司数量总计 86 家，分布在 27 个产业领域（表 3-31）。辽宁省的优势产业领域包括信息传输、软件和信息技术服务业，黑色金属冶炼和压延加工业，通用设备制造业，专用设备制造业，化学原料和化学制品制造业，医药制造业，农、林、牧、渔业，汽车制造业，计算机、通信和其他电子设备制造业，石油、煤炭及其他燃料加工业。各优势产业领域的代表性企业分别是东软集团股份有限公司、鞍钢股份有限公司、沈阳新松机器人自动化股份有限公司、大连华锐重工集团股份有限公司、中触媒新材料股份有限公司、东北制药集团股份有限公司、獐子岛集团股份有限公司、辽宁曙光汽车集团股份有限公司、奥维通信股份有限公司、北方华锦化学工业股份有限公司（表 3-32）。

表 3-31　2022 年辽宁省上市公司不同知识产权类型产业分布及排名

序号	行业	IPI	有效专利拥有量/件（省内排名）	PCT 专利申请量/件（省内排名）	商标注册量/件（省内排名）	作品著作权登记量/件（省内排名）	计算机软件著作权登记量/件（省内排名）	上市公司数量/家
	总计	—	9678	6	3390	13	230	86
1	信息传输、软件和信息技术服务业	85.0531	1316（4）	1（2）	261（3）	1（3）	181（1）	4
2	黑色金属冶炼和压延加工业	84.0705	4220（1）	—	12（21）	—	9（4）	4
3	通用设备制造业	84.0633	1532（2）	1（2）	230（6）	—	25（2）	8
4	专用设备制造业	80.4360	1355（3）	3（1）	131（10）	—	10（3）	11
5	化学原料和化学制品制造业	59.4159	408（5）	—	58（13）	—	—	10
6	医药制造业	50.9717	204（6）	1（2）	468（2）	5（2）	—	3
7	农、林、牧、渔业	39.8212	21（14）	—	871（1）	—	—	1
8	汽车制造业	39.6754	83（9）	—	253（4）	—	—	3
9	计算机、通信和其他电子设备制造业	39.5768	110（8）	—	13（19）	—	1（6）	2
10	石油、煤炭及其他燃料加工业	37.9098	170（7）	—	11（22）	—	—	2
11	农副食品加工业	37.0283	79（10）	—	157（7）	—	—	2
12	非金属矿物制品业	36.7828	68（11）	—	27（16）	—	—	2
13	文化、体育和娱乐业	36.4193	—	—	140（9）	—	1（6）	2
14	电气机械和器材制造业	36.2652	15（15）	—	24（17）	—	—	3
15	水利、环境和公共设施管理业	36.2613	11（17）	—	110（12）	7（1）	—	2
16	批发和零售业	35.7662	6（19）	—	245（5）	—	—	7
17	交通运输、仓储和邮政业	35.4545	35（12）	—	36（14）	—	3（5）	4
18	金属制品业	35.1234	7（18）	—	13（19）	—	—	1
19	食品制造业	34.9528	—	—	150（8）	—	—	1
20	电力、热力、燃气及水生产和供应业	34.8052	23（13）	—	31（15）	—	—	6
21	有色金属冶炼和压延加工业	34.7939	14（16）	—	9（23）	—	—	2
22	文教、工美、体育和娱乐用品制造业	34.7248	1（20）	—	119（11）	—	—	1
23	卫生和社会工作	34.2168	—	—	21（18）	—	—	1
24	化学纤维制造业	34.1621	—	—	—	—	—	1
25	采矿业	34.0907	—	—	—	—	—	1
26	教育	34.0879	—	—	—	—	—	1
27	房地产业	34.0879	—	—	—	—	—	1

资料来源：科技大数据湖北省重点实验室

表 3-32　2022 年辽宁省上市公司十强产业及上市公司

序号	行业	上市公司名称	IPI（全国排名）	上市板块
1	信息传输、软件和信息技术服务业	东软集团股份有限公司	71.7914（67）	主板
		荣科科技股份有限公司	46.0834（3631）	创业板
		天娱数字科技（大连）集团股份有限公司	45.5848（4672）	主板
		梦网云科技集团股份有限公司	45.5522（4828）	主板
2	黑色金属冶炼和压延加工业	鞍钢股份有限公司	79.3701（38）	主板
		本钢板材股份有限公司	54.3635（341）	主板
		凌源钢铁股份有限公司	47.6299（1712）	主板
		抚顺特殊钢股份有限公司	47.4766（1822）	主板
3	通用设备制造业	沈阳新松机器人自动化股份有限公司	62.9172（125）	创业板
		科德数控股份有限公司	49.8564（786）	科创板
		沈阳富创精密设备股份有限公司	47.9852（1471）	科创板
		沈阳机床股份有限公司	47.2949（1975）	主板
		阜新德尔汽车部件股份有限公司	47.2574（2017）	创业板
		冰山冷热科技股份有限公司	46.6557（2695）	主板
		辽宁福鞍重工股份有限公司	46.5509（2853）	主板
		沈阳远大智能工业集团股份有限公司	46.0743（3652）	主板
4	专用设备制造业	大连华锐重工集团股份有限公司	58.2605（205）	主板
		拓荆科技股份有限公司	49.0595（1011）	科创板
		大连智云自动化装备股份有限公司	48.0678（1416）	创业板
		鞍山重型矿山机器股份有限公司	47.9109（1507）	主板
		营口金辰机械股份有限公司	47.8943（1519）	主板
		鞍山森远路桥股份有限公司	47.2851（1992）	创业板
		大连连城数控机器股份有限公司	47.0574（2233）	北证
		沈阳芯源微电子设备股份有限公司	46.9777（2316）	科创板
		大连豪森设备制造股份有限公司	46.4941（2916）	科创板
		辽宁春光制药装备股份有限公司	46.1049（3583）	北证
5	化学原料和化学制品制造业	中触媒新材料股份有限公司	50.1672（729）	科创板
		辽宁奥克化学股份有限公司	48.9131（1054）	创业板
		辽宁科隆精细化工股份有限公司	46.5803（2812）	创业板
		大连百傲化学股份有限公司	46.2357（3355）	主板
		鞍山七彩化学股份有限公司	46.2103（3406）	创业板
		航锦科技股份有限公司	46.0779（3647）	主板
		中广核核技术发展股份有限公司	46.0113（3755）	主板
		营口风光新材料股份有限公司	45.9245（3912）	创业板
		辽宁信德新材料科技股份有限公司	45.8553（4046）	创业板
		辽宁鼎际得石化股份有限公司	45.8454（4068）	主板
6	医药制造业	东北制药集团股份有限公司	48.9447（1045）	主板
		沈阳兴齐眼药股份有限公司	47.7534（1625）	创业板
		辽宁成大生物股份有限公司	46.9675（2324）	科创板

续表

序号	行业	上市公司名称	IPI（全国排名）	上市板块
7	农、林、牧、渔业	獐子岛集团股份有限公司	49.7438（815）	主板
8	汽车制造业	辽宁曙光汽车集团股份有限公司	46.9658（2326）	主板
		金杯汽车股份有限公司	46.4837（2936）	主板
		大连德迈仕精密科技股份有限公司	46.3646（3135）	创业板
9	计算机、通信和其他电子设备制造业	奥维通信股份有限公司	48.5756（1175）	主板
		亚世光电（集团）股份有限公司	46.1279（3543）	主板
10	石油、煤炭及其他燃料加工业	北方华锦化学工业股份有限公司	47.5137（1784）	主板
		沈阳化工股份有限公司	47.0206（2279）	主板

资料来源：科技大数据湖北省重点实验室

3.2.17 天津市

2022 年，天津市上市公司的知识产权指数为 35.5791，排名第 17。截至 2022 年末，天津市上市公司的发明专利有效量为 3013 件，实用新型专利有效量为 4706 件，外观设计专利有效量为 679 件，各类有效专利拥有总量在全国排名第 16；商标注册量为 4419 件，在全国排名第 18。2022 年，天津市上市公司的 PCT 专利申请量为 44 件，作品著作权登记量为 102 件，计算机软件著作权登记量为 251 件，集成电路布图设计发证量为 43 件。2013～2022 年，天津市上市公司各类型专利授权量均呈现波动上升的趋势（图 3-18）。

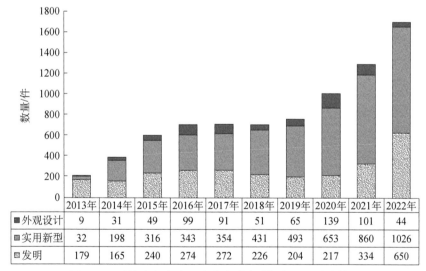

图 3-18　天津市上市公司当前有效专利授权时间分布情况
资料来源：科技大数据湖北省重点实验室

天津市上市公司数量总计 72 家，分布在 22 个产业领域（表 3-33）。天津市的优势产业领域包括专用设备制造业，采矿业，计算机、通信和其他电子设备制造业，医药制造业，化学原料和化学制品制造业，铁路、船舶、航空航天和其他运输设备制造业，金属制品业，电气机械和器材制造业，文化、体育和娱乐业，科学研究和技术服务业。各优势产业领域的代表性企业分别是建科机械（天津）股份有限公司、中海油田服务股份有限公司、海光信息技术股份有限公司、凯莱英医药集团（天津）股份有限公司、天津利安隆新材料股份有限公司、爱玛科技集团股份有限公司、天津友发钢管集团股份有限公司、天津凯发电气股份有限公司、新经典文化股份有限公司、中材节能股份有限公司（表3-34）。

表3-33 2022年天津市上市公司不同知识产权类型产业分布及排名

序号	行业	IPI	有效专利拥有量/件（市内排名）	PCT专利申请量/件（市内排名）	商标注册量/件（市内排名）	作品著作权登记量/件（市内排名）	计算机软件著作权登记量/件（市内排名）	上市公司数量/家
	总计	—	8398	44	4419	102	251	72
1	专用设备制造业	97.0866	1988（2）	10（3）	640（2）	—	34（3）	11
2	采矿业	92.6005	2864（1）	11（1）	288（6）	1（6）	63（2）	3
3	计算机、通信和其他电子设备制造业	87.8807	1693（3）	7（4）	377（4）	—	67（1）	8
4	医药制造业	74.7398	408（5）	11（1）	543（3）	6（4）	26（5）	8
5	化学原料和化学制品制造业	43.8344	193（6）	4（5）	180（7）	1（6）	4（9）	3
6	铁路、船舶、航空航天和其他运输设备制造业	42.0180	118（7）	—	1216（1）	15（3）	5（8）	1
7	金属制品业	40.7267	448（4）	—	122（11）	—	—	4
8	电气机械和器材制造业	39.3140	109（8）	—	8（18）	17（2）	32（4）	4
9	文化、体育和娱乐业	37.3800	—	—	370（5）	56（1）	—	2
10	科学研究和技术服务业	36.4352	103（10）	1（6）	71（13）	—	10（6）	3
11	信息传输、软件和信息技术服务业	33.3817	3（19）	—	91（12）	—	—	2
12	橡胶和塑料制品业	32.4144	68（12）	—	36（15）	—	—	1
13	汽车制造业	32.3421	77（11）	—	4（20）	—	—	1
14	水利、环境和公共设施管理业	32.2817	109（8）	—	15（16）	—	—	1
15	造纸和纸制品业	31.9805	43（14）	—	125（10）	6（4）	—	1
16	电力、热力、燃气及水生产和供应业	31.9315	39（15）	—	11（17）	—	1（10）	2
17	食品制造业	31.8596	62（13）	—	141（8）	—	—	1
18	交通运输、仓储和邮政业	31.5999	38（16）	—	6（19）	—	9（7）	4
19	租赁和商务服务业	31.0766	—	—	136（9）	—	—	1
20	房地产业	30.9020	5（18）	—	37（14）	—	—	5
21	批发和零售业	30.5997	30（17）	—	2（21）	—	—	5
22	印刷和记录媒介复制业	30.2713	—	—	—	—	—	1

资料来源：科技大数据湖北省重点实验室

表3-34 2022年天津市上市公司十强产业及上市公司

序号	行业	上市公司名称	IPI（全国排名）	上市板块
1	专用设备制造业	建科机械（天津）股份有限公司	57.1712（229）	创业板
		天津赛象科技股份有限公司	53.9289（366）	主板

续表

序号	行业	上市公司名称	IPI（全国排名）	上市板块
1	专用设备制造业	天津长荣科技集团股份有限公司	52.0146（493）	创业板
		天津美腾科技股份有限公司	50.7463（632）	科创板
		华海清科股份有限公司	50.0251（758）	科创板
		天津九安医疗电子股份有限公司	48.5988（1170）	主板
		中重科技（天津）股份有限公司	48.4557（1227）	主板
		赛诺医疗科学技术股份有限公司	47.9798（1473）	科创板
		天津膜天膜科技股份有限公司	47.3944（1874）	创业板
		天津捷强动力装备股份有限公司	47.3750（1892）	创业板
2	采矿业	中海油田服务股份有限公司	73.4297（63）	主板
		海洋石油工程股份有限公司	67.5629（86）	主板
		博迈科海洋工程股份有限公司	47.4193（1856）	主板
3	计算机、通信和其他电子设备制造业	海光信息技术股份有限公司	55.2761（301）	科创板
		曙光信息产业股份有限公司	51.9306（499）	主板
		天津七一二通信广播股份有限公司	51.9292（500）	主板
		恒银金融科技股份有限公司	51.6967（521）	主板
		唯捷创芯（天津）电子技术股份有限公司	47.6013（1728）	科创板
		天津普林电路股份有限公司	47.4981（1799）	主板
		天津凯华绝缘材料股份有限公司	46.5863（2803）	北证
		天津经纬辉开光电股份有限公司	45.7964（4156）	创业板
4	医药制造业	凯莱英医药集团（天津）股份有限公司	50.0811（748）	主板
		天津红日药业股份有限公司	49.6823（831）	创业板
		天津瑞普生物技术股份有限公司	48.4868（1211）	创业板
		天士力医药集团股份有限公司	48.4317（1238）	主板
		康希诺生物股份公司	48.1951（1358）	科创板
		天津力生制药股份有限公司	46.4382（2994）	主板
		津药达仁堂集团股份有限公司	46.2168（3399）	主板
		津药药业股份有限公司	45.7627（4223）	主板
5	化学原料和化学制品制造业	天津利安隆新材料股份有限公司	49.0855（999）	创业板
		天津久日新材料股份有限公司	47.4965（1801）	科创板
		天津渤海化学股份有限公司	46.1486（3510）	主板
6	铁路、船舶、航空航天和其他运输设备制造业	爱玛科技集团股份有限公司	51.3090（563）	主板
7	金属制品业	天津友发钢管集团股份有限公司	48.5745（1178）	主板
		天津银龙预应力材料股份有限公司	48.3034（1297）	主板
		天津津荣天宇精密机械股份有限公司	47.2473（2029）	创业板
		天津锐新昌科技股份有限公司	45.8451（4069）	创业板
8	电气机械和器材制造业	天津凯发电气股份有限公司	47.5610（1751）	创业板
		天津百利特精电气股份有限公司	46.3457（3167）	主板
		TCL中环新能源科技股份有限公司	45.8966（3967）	主板
		天津富通信息科技股份有限公司	45.6873（4392）	主板

续表

序号	行业	上市公司名称	IPI（全国排名）	上市板块
9	文化、体育和娱乐业	新经典文化股份有限公司	46.7618（2557）	主板
		中体产业集团股份有限公司	46.3569（3149）	主板
10	科学研究和技术服务业	中材节能股份有限公司	47.2586（2015）	主板
		中源协和细胞基因工程股份有限公司	46.0455（3701）	主板
		天纺标检测认证股份有限公司	45.9279（3906）	北证

资料来源：科技大数据湖北省重点实验室

3.2.18　江西省

2022 年，江西省上市公司的知识产权指数为 34.3946，排名第 18。截至 2022 年末，江西省上市公司的发明专利有效量为 1205 件，实用新型专利有效量为 4497 件，外观设计专利有效量为 1963 件，各类有效专利拥有总量在全国排名第 18；商标注册量为 6724 件，在全国排名第 16。2022 年，江西省上市公司的 PCT 专利申请量为 5 件，作品著作权登记量为 36 件，计算机软件著作权登记量为 77 件。2013～2022 年，江西省上市公司各类型专利授权量均呈现波动上升的趋势（图 3-19）。

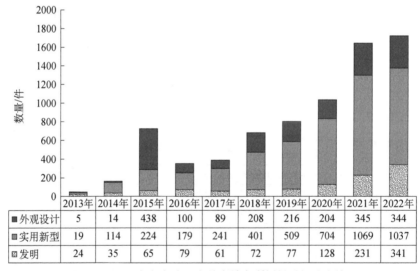

	2013年	2014年	2015年	2016年	2017年	2018年	2019年	2020年	2021年	2022年
■外观设计	5	14	438	100	89	208	216	204	345	344
▦实用新型	19	114	224	179	241	401	509	704	1069	1037
▨发明	24	35	65	79	61	72	77	128	231	341

图 3-19　江西省上市公司当前有效专利授权时间分布情况
资料来源：科技大数据湖北省重点实验室

江西省上市公司数量总计 81 家，分布在 30 个产业领域（表 3-35）。江西省的优势产业领域包括电气机械和器材制造业，专用设备制造业，汽车制造业，批发和零售业，医药制造业，计算机、通信和其他电子设备制造业，有色金属冶炼和压延加工业，黑色金属冶炼和压延加工业，仪器仪表制造业，农副食品加工业。各优势产业领域的代表性企业分别是泰豪科技股份有限公司、南昌矿机集团股份有限公司、江铃汽车股份有限公司、美克国际家居用品股份有限公司、江中药业股份有限公司、江西沃格光电股份有限公司、江西铜业股份有限公司、新余钢铁股份有限公司、三川智慧科技股份有限公司、甘源食品股份有限公司（表 3-36）。

表 3-35　2022 年江西省上市公司不同知识产权类型产业分布及排名

序号	行业	IPI	有效专利拥有量/件（省内排名）	PCT 专利申请量/件（省内排名）	商标注册量/件（省内排名）	作品著作权登记量/件（省内排名）	计算机软件著作权登记量/件（省内排名）	上市公司数量/家
	总计	—	7665	5	6724	36	77	81
1	电气机械和器材制造业	83.7224	837（3）	—	557（4）	—	2（10）	4
2	专用设备制造业	78.9366	818（4）	2（1）	109（10）	—	7（3）	7
3	汽车制造业	73.9927	1337（1）	—	600（3）	—	1（12）	1
4	批发和零售业	71.7130	1287（2）	—	2575（1）	30（1）	—	3
5	医药制造业	71.1974	303（9）	—	1194（2）	4（2）	4（5）	6
6	计算机、通信和其他电子设备制造业	69.9747	467（7）	—	82（13）	1（3）	4（5）	7
7	有色金属冶炼和压延加工业	67.3644	482（6）	—	132（8）	—	5（4）	5
8	黑色金属冶炼和压延加工业	56.4062	488（5）	—	92（12）	—	11（2）	2
9	仪器仪表制造业	56.1319	359（8）	—	16（24）	—	26（1）	2
10	农副食品加工业	52.9925	185（11）	1（3）	365（5）	—	—	3
11	化学原料和化学制品制造业	52.8234	217（10）	—	107（11）	—	1（12）	9
12	非金属矿物制品业	49.5742	72（16）	2（1）	146（7）	—	4（5）	2
13	金属制品业	37.8118	135（13）	—	42（17）	—	2（10）	3
14	铁路、船舶、航空航天和其他运输设备制造业	37.3467	111（14）	—	21（21）	—	4（5）	2
15	通用设备制造业	36.5872	162（12）	—	111（9）	—	—	2
16	橡胶和塑料制品业	33.7564	97（15）	—	7（27）	—	—	1
17	信息传输、软件和信息技术服务业	32.9838	1（25）	—	39（18）	—	4（5）	3
18	食品制造业	32.7557	44（20）	—	43（15）	—	—	2
19	文教、工美、体育和娱乐用品制造业	31.7950	—	—	249（6）	1（3）	—	1
20	水利、环境和公共设施管理业	31.3906	57（18）	—	39（18）	—	1（12）	1
21	其他制造业	30.8534	41（21）	—	8（26）	—	—	1
22	电力、热力、燃气及水生产和供应业	30.8512	69（17）	—	19（22）	—	—	4
23	交通运输、仓储和邮政业	30.3445	36（22）	—	15（25）	—	—	2
24	科学研究和技术服务业	28.8295	3（24）	—	17（23）	—	1（12）	1
25	农、林、牧、渔业	28.7322	48（19）	—	39（18）	—	—	1
26	文化、体育和娱乐业	27.7065	—	—	57（14）	—	—	2
27	建筑业	27.6447	9（23）	—	43（15）	—	—	1
28	废弃资源综合利用业	26.5348	—	—	—	—	—	1
29	采矿业	26.2039	—	—	—	—	—	1
30	金融业	26.2039	—	—	—	—	—	1

资料来源：科技大数据湖北省重点实验室

表 3-36　2022 年江西省上市公司十强产业及上市公司

序号	行业	上市公司名称	IPI（全国排名）	上市板块
1	电气机械和器材制造业	泰豪科技股份有限公司	60.1793（172）	主板
		晶科能源股份有限公司	49.8432（789）	科创板
		孚能科技（赣州）股份有限公司	48.5440（1187）	科创板
		江西特种电机股份有限公司	47.0342（2261）	主板
2	专用设备制造业	南昌矿机集团股份有限公司	49.8103（793）	主板
		江西百胜智能科技股份有限公司	47.3950（1873）	创业板
		江西华伍制动器股份有限公司	47.0901（2198）	创业板
		江西三鑫医疗科技股份有限公司	46.8792（2423）	创业板
		江西耐普矿机股份有限公司	46.1351（3534）	创业板
		万向新元科技股份有限公司	46.0177（3743）	创业板
		欧克科技股份有限公司	45.7130（4336）	主板
3	汽车制造业	江铃汽车股份有限公司	64.5963（106）	主板
4	批发和零售业	美克国际家居用品股份有限公司	58.0664（213）	主板
		江西国光商业连锁股份有限公司	45.8546（4047）	主板
		天音通信控股股份有限公司	45.5206（5011）	主板
5	医药制造业	江中药业股份有限公司	53.2239（397）	主板
		江西富祥药业股份有限公司	46.3823（3098）	创业板
		江西新赣江药业股份有限公司	46.2517（3329）	北证
		江西同和药业股份有限公司	46.0842（3626）	创业板
		仁和药业股份有限公司	45.7445（4264）	主板
		华润博雅生物制药集团股份有限公司	45.6148（4568）	创业板
6	计算机、通信和其他电子设备制造业	江西沃格光电股份有限公司	49.4636（881）	主板
		江西联创光电科技股份有限公司	48.7476（1118）	主板
		赣州逸豪新材料股份有限公司	47.4056（1864）	创业板
		吉安满坤科技股份有限公司	47.2113（2068）	创业板
		安福县海能实业股份有限公司	46.1814（3459）	创业板
		联创电子科技股份有限公司	45.6173（4564）	主板
		江西星星科技股份有限公司	45.6124（4573）	创业板
7	有色金属冶炼和压延加工业	江西铜业股份有限公司	54.3412（344）	主板
		崇义章源钨业股份有限公司	48.2457（1329）	主板
		赣州腾远钴业新材料股份有限公司	46.2204（3390）	创业板
		江西赣锋锂业集团股份有限公司	45.9508（3863）	主板
		中国稀土集团资源科技股份有限公司	45.5168（5042）	主板
8	黑色金属冶炼和压延加工业	新余钢铁股份有限公司	49.5954（849）	主板
		方大特钢科技股份有限公司	49.1233（985）	主板
9	仪器仪表制造业	三川智慧科技股份有限公司	48.9913（1030）	创业板
		凤凰光学股份有限公司	46.5364（2871）	主板
10	农副食品加工业	甘源食品股份有限公司	47.7759（1602）	主板
		江西煌上煌集团食品股份有限公司	46.9168（2375）	主板
		播恩集团股份有限公司	46.4170（3036）	主板

资料来源：科技大数据湖北省重点实验室

3.2.19　内蒙古自治区

2022 年，内蒙古自治区上市公司的知识产权指数为 33.5460，排名第 19。截至 2022 年末，内蒙古自治区上市公司的发明专利有效量为 871 件，实用新型专利有效量为 1643 件，外观设计专利有效量为 1258 件，各类有效专利拥有总量在全国排名第 19；商标注册量为 12 696 件，在全国排名第 11。2022 年，内蒙古自治区上市公司的 PCT 专利申请量为 14 件，作品著作权登记量为 69 件，计算机软件著作权登记量为 14 件。2013～2022 年，内蒙古自治区上市公司外观设计与实用新型专利授权量均呈现上升的趋势，发明专利授权量呈现下降的趋势（图 3-20）。

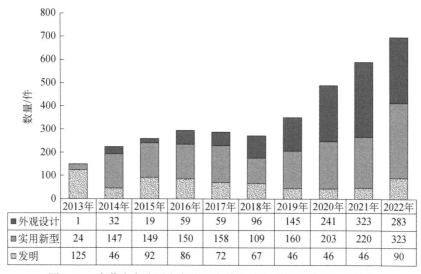

	2013年	2014年	2015年	2016年	2017年	2018年	2019年	2020年	2021年	2022年
外观设计	1	32	19	59	59	96	145	241	323	283
实用新型	24	147	149	150	158	109	160	203	220	323
发明	125	46	92	86	72	67	46	46	46	90

图 3-20　内蒙古自治区上市公司当前有效专利授权时间分布情况
资料来源：科技大数据湖北省重点实验室

内蒙古自治区上市公司数量总计 25 家，分布在 13 个产业领域（表 3-37）。内蒙古自治区的优势产业领域包括食品制造业，黑色金属冶炼和压延加工业，专用设备制造业，医药制造业，化学原料和化学制品制造业，水利、环境和公共设施管理业，铁路、船舶、航空航天和其他运输设备制造业，采矿业，废弃资源综合利用业，有色金属冶炼和压延加工业。各优势产业领域的代表性企业分别是内蒙古伊利实业集团股份有限公司、内蒙古包钢钢联股份有限公司、内蒙古北方重型汽车股份有限公司、包头东宝生物技术股份有限公司、中盐内蒙古化工股份有限公司、蒙草生态环境（集团）股份有限公司、内蒙古第一机械集团股份有限公司、内蒙古大中矿业股份有限公司、内蒙古欧晶科技股份有限公司、中国北方稀土（集团）高科技股份有限公司（表 3-38）。

表 3-37　2022 年内蒙古自治区上市公司不同知识产权类型产业分布及排名

序号	行业	IPI	有效专利拥有量/件（区内排名）	PCT 专利申请量/件（区内排名）	商标注册量/件（区内排名）	作品著作权登记量/件（区内排名）	计算机软件著作权登记量/件（区内排名）	上市公司数量/家
	总计	—	3 772	14	12 696	69	14	25
1	食品制造业	92.160 5	2 227（1）	14（1）	11 186（1）	48（1）	6（1）	1

续表

序号	行业	IPI	有效专利拥有量/件（区内排名）	PCT专利申请量/件（区内排名）	商标注册量/件（区内排名）	作品著作权登记量/件（区内排名）	计算机软件著作权登记量/件（区内排名）	上市公司数量/家
2	黑色金属冶炼和压延加工业	56.6977	818（2）	—	513（2）	—	—	2
3	专用设备制造业	47.7351	176（4）	—	26（8）	—	1（4）	2
4	医药制造业	43.7025	51（7）	—	268（4）	1（3）	2（2）	4
5	化学原料和化学制品制造业	41.9061	165（5）	—	179（5）	—	—	4
6	水利、环境和公共设施管理业	41.8105	17（9）	—	428（3）	19（2）	2（2）	1
7	铁路、船舶、航空航天和其他运输设备制造业	39.2845	183（3）	—	27（6）	—	1（4）	1
8	采矿业	38.3694	78（6）	—	27（6）	—	1（4）	5
9	废弃资源综合利用业	35.4798	44（8）	—	2（12）	—	1（4）	1
10	有色金属冶炼和压延加工业	33.7347	13（10）	—	10（11）	1（3）	—	1
11	农副食品加工业	33.2043	—	—	15（9）	—	—	1
12	文化、体育和娱乐业	33.2043	—	—	15（9）	—	—	1
13	电力、热力、燃气及水生产和供应业	33.1713	—	—	—	—	—	1

资料来源：科技大数据湖北省重点实验室

表 3-38　2022 年内蒙古自治区上市公司十强产业及上市公司

序号	行业	上市公司名称	IPI（全国排名）	上市板块
1	食品制造业	内蒙古伊利实业集团股份有限公司	83.3002（27）	主板
2	黑色金属冶炼和压延加工业	内蒙古包钢钢联股份有限公司	57.2895（225）	主板
		内蒙古鄂尔多斯资源股份有限公司	48.8334（1090）	主板
3	专用设备制造业	内蒙古北方重型汽车股份有限公司	49.8601（785）	主板
		内蒙古福瑞医疗科技股份有限公司	45.7816（4184）	创业板
4	医药制造业	包头东宝生物技术股份有限公司	46.4842（2935）	创业板
		金河生物科技股份有限公司	46.2505（3332）	主板
		内蒙古大唐药业股份有限公司	46.1371（3527）	北证
		金宇生物技术股份有限公司	45.7610（4225）	主板
5	化学原料和化学制品制造业	中盐内蒙古化工股份有限公司	47.5887（1735）	主板
		内蒙古君正能源化工集团股份有限公司	46.2332（3360）	主板
		亿利洁能股份有限公司	46.0248（3733）	主板
		内蒙古远兴能源股份有限公司	45.5710（4724）	主板
6	水利、环境和公共设施管理业	蒙草生态环境（集团）股份有限公司	47.8179（1573）	创业板
7	铁路、船舶、航空航天和其他运输设备制造业	内蒙古第一机械集团股份有限公司	49.0208（1023）	主板
8	采矿业	内蒙古大中矿业股份有限公司	46.3754（3109）	主板
		内蒙古电投能源股份有限公司	46.0119（3752）	主板

续表

序号	行业	上市公司名称	IPI（全国排名）	上市板块
8	采矿业	赤峰吉隆黄金矿业股份有限公司	45.5984（4627）	主板
		内蒙古兴业矿业股份有限公司	45.5568（4794）	主板
		银泰黄金股份有限公司	45.5193（5021）	主板
9	废弃资源综合利用业	内蒙古欧晶科技股份有限公司	46.2157（3401）	主板
10	有色金属冶炼和压延加工业	中国北方稀土（集团）高科技股份有限公司	45.7297（4293）	主板

资料来源：科技大数据湖北省重点实验室

3.2.20 新疆维吾尔自治区

2022 年，新疆维吾尔自治区上市公司的知识产权指数为 33.0511，排名第 20。截至 2022 年末，新疆维吾尔自治区上市公司的发明专利有效量为 910 件，实用新型专利有效量为 2716 件，外观设计专利有效量为 39 件，各类有效专利拥有总量在全国排名第 20；商标注册量为 3165 件，在全国排名第 22。2022 年，新疆维吾尔自治区上市公司的 PCT 专利申请量为 17 件，作品著作权登记量为 2 件，计算机软件著作权登记量为 23 件。2013～2022 年，新疆维吾尔自治区上市公司各类型专利授权量均呈现波动上升的趋势（图 3-21）。

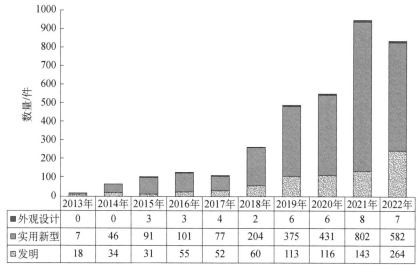

	2013年	2014年	2015年	2016年	2017年	2018年	2019年	2020年	2021年	2022年
外观设计	0	0	3	3	4	2	6	6	8	7
实用新型	7	46	91	101	77	204	375	431	802	582
发明	18	34	31	55	52	60	113	116	143	264

图 3-21 新疆维吾尔自治区上市公司当前有效专利授权时间分布情况
资料来源：科技大数据湖北省重点实验室

新疆维吾尔自治区上市公司数量总计 60 家，分布在 26 个产业领域（表 3-39）。新疆维吾尔自治区的优势产业领域包括通用设备制造业，非金属矿物制品业，化学原料和化学制品制造业，电气机械和器材制造业，黑色金属冶炼和压延加工业，计算机、通信和其他电子设备制造业，农副食品加工业，采矿业，信息传输、软件和信息技术服务业，铁路、船舶、航空航天和其他运输设备制造业。各优势产业领域的代表性企业分别是新疆金风科技股份有限公司、中建西部建设股份有限公司、新疆中泰化学股份有限公司、特变电工股份有限公司、新疆八一钢铁股份有限公司、新疆众和股份有限公司、天康生物股份有限公司、新疆准东石油技术股份有限公司、立昂技术股份有限公司、新疆机械研究院股份有限公司（表 3-40）。

表 3-39　2022 年新疆维吾尔自治区上市公司不同知识产权类型产业分布及排名

序号	行业	IPI	有效专利拥有量/件（区内排名）	PCT 专利申请量/件（区内排名）	商标注册量/件（区内排名）	作品著作权登记量/件（区内排名）	计算机软件著作权登记量/件（区内排名）	上市公司数量/家
	总计	—	3665	17	3165	2	23	60
1	通用设备制造业	94.7192	849（1）	16（1）	235（5）	—	—	1
2	非金属矿物制品业	74.8384	270（5）	—	84（12）	—	2（3）	4
3	化学原料和化学制品制造业	72.7994	782（2）	—	183（6）	—	—	3
4	电气机械和器材制造业	72.3301	429（4）	—	368（4）	—	—	2
5	黑色金属冶炼和压延加工业	68.9069	659（3）	—	8（20）	—	—	1
6	计算机、通信和其他电子设备制造业	58.9872	168（6）	—	148（8）	—	—	1
7	农副食品加工业	50.3940	85（9）	—	409（2）	2（1）	—	4
8	采矿业	48.3164	117（8）	1（2）	67（14）	—	—	6
9	信息传输、软件和信息技术服务业	44.6687	21（12）	—	112（10）	—	14（1）	3
10	铁路、船舶、航空航天和其他运输设备制造业	43.3365	25（11）	—	—	—	—	1
11	酒、饮料和精制茶制造业	42.7879	15（14）	—	462（1）	—	2（3）	2
12	建筑业	40.5629	157（7）	—	1（23）	—	—	2
13	食品制造业	39.5283	1（16）	—	388（3）	—	—	2
14	医药制造业	38.5672	17（13）	—	65（16）	—	—	2
15	农、林、牧、渔业	36.2519	7（15）	—	97（11）	—	—	5
16	专用设备制造业	35.9990	—	—	2（22）	—	—	2
17	电力、热力、燃气及水生产和供应业	34.7959	63（10）	—	67（14）	—	5（2）	7
18	科学研究和技术服务业	34.6364	—	—	15（19）	—	—	1
19	批发和零售业	33.6674	—	—	171（7）	—	—	3
20	金融业	31.5318	—	—	117（9）	—	—	2
21	卫生和社会工作	30.2909	—	—	79（13）	—	—	1
22	文化、体育和娱乐业	29.6945	—	—	57（17）	—	—	1
23	水利、环境和公共设施管理业	28.9381	—	—	25（18）	—	—	1
24	交通运输、仓储和邮政业	28.4808	—	—	5（21）	—	—	1
25	租赁和商务服务业	28.3684	—	—	—	—	—	1
26	有色金属冶炼和压延加工业	28.3684	—	—	—	—	—	1

资料来源：科技大数据湖北省重点实验室

表 3-40　2022 年新疆维吾尔自治区上市公司十强产业及上市公司

序号	行业	上市公司名称	IPI（全国排名）	上市板块
1	通用设备制造业	新疆金风科技股份有限公司	67.6394（85）	主板
2	非金属矿物制品业	中建西部建设股份有限公司	51.1784（576）	主板
		新疆国统管道股份有限公司	48.5096（1199）	主板
		新疆天山水泥股份有限公司	46.2190（3392）	主板
		新疆青松建材化工（集团）股份有限公司	45.7542（4240）	主板
3	化学原料和化学制品制造业	新疆中泰化学股份有限公司	53.8517（370）	主板
		新疆雪峰科技（集团）股份有限公司	46.7766（2537）	主板
		新疆天业股份有限公司	46.2640（3311）	主板
4	电气机械和器材制造业	特变电工股份有限公司	52.1188（483）	主板
		新疆大全新能源股份有限公司	48.7185（1127）	科创板
5	黑色金属冶炼和压延加工业	新疆八一钢铁股份有限公司	57.0222（235）	主板
6	计算机、通信和其他电子设备制造业	新疆众和股份有限公司	50.9432（608）	主板
7	农副食品加工业	天康生物股份有限公司	48.1961（1355）	主板
		新疆冠农股份有限公司	46.1763（3469）	主板
		中粮糖业控股股份有限公司	45.8718（4015）	主板
		中基健康产业股份有限公司	45.7002（4361）	主板
8	采矿业	新疆准东石油技术股份有限公司	46.5359（2872）	主板
		新疆贝肯能源工程股份有限公司	46.4814（2940）	主板
		中国石油集团工程股份有限公司	46.2723（3296）	主板
		广汇能源股份有限公司	45.5400（4894）	主板
		西部黄金股份有限公司	45.5253（4982）	主板
		新疆宝地矿业股份有限公司	45.5112（5102）	主板
9	信息传输、软件和信息技术服务业	立昂技术股份有限公司	46.6068（2773）	创业板
		新疆熙菱信息技术股份有限公司	45.8171（4118）	创业板
		元道通信股份有限公司	45.7822（4182）	创业板
10	铁路、船舶、航空航天和其他运输设备制造业	新疆机械研究院股份有限公司	50.4048（685）	创业板

资料来源：科技大数据湖北省重点实验室

3.2.21　山西省

2022 年，山西省上市公司的知识产权指数为 32.9185，排名第 21。截至 2022 年末，山西省上市公司的发明专利有效量为 1522 件，实用新型专利有效量为 1622 件，外观设计专利有效量为 257 件，各类有效专利拥有总量在全国排名第 21；商标注册量为 3921 件，在全国排名第 20。2022 年，山西省上市公司的 PCT 专利申请量为 1 件，作品著作权登记量为 30 件，计算机软件著作权登记量为 16 件。2013～2022 年，山西省上市公司各类型专利授权量均呈现波动上升的趋势（图 3-22）。

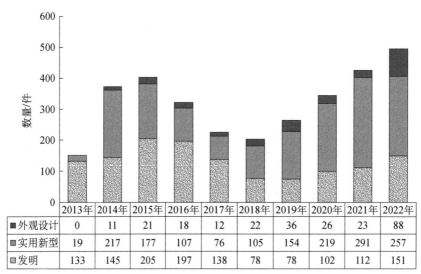

图 3-22　山西省上市公司当前有效专利授权时间分布情况

资料来源：科技大数据湖北省重点实验室

　　山西省上市公司数量总计 40 家，分布在 19 个产业领域（表 3-41）。山西省的优势产业领域包括黑色金属冶炼和压延加工业，专用设备制造业，酒、饮料和精制茶制造业，医药制造业，采矿业，信息传输、软件和信息技术服务业，化学原料和化学制品制造业，铁路、船舶、航空航天和其他运输设备制造业，食品制造业，金属制品业。各优势产业领域的代表性企业分别是山西太钢不锈钢股份有限公司、太原重工股份有限公司、山西杏花村汾酒厂股份有限公司、亚宝药业集团股份有限公司、山西潞安环保能源开发股份有限公司、山西科达自控股份有限公司、山西永东化工股份有限公司、晋西车轴股份有限公司、山西大禹生物工程股份有限公司、山西华翔集团股份有限公司（表 3-42）。

表 3-41　2022 年山西省上市公司不同知识产权类型产业分布及排名

序号	行业	IPI	有效专利拥有量/件（省内排名）	PCT专利申请量/件（省内排名）	商标注册量/件（省内排名）	作品著作权登记量/件（省内排名）	计算机软件著作权登记量/件（省内排名）	上市公司数量/家
	总计	—	3401	1	3921	30	16	40
1	黑色金属冶炼和压延加工业	87.7322	1510（1）	1（1）	7（13）	—	—	2
2	专用设备制造业	82.1689	914（2）	—	16（11）	—	—	2
3	酒、饮料和精制茶制造业	71.2043	232（3）	—	2586（1）	16（1）	6（1）	1
4	医药制造业	68.7104	147（5）	—	895（2）	14（2）	—	5
5	采矿业	60.0571	221（4）	—	70（4）	—	6（1）	6
6	信息传输、软件和信息技术服务业	42.3567	95（6）	—	5（14）	—	2（3）	1
7	化学原料和化学制品制造业	40.0727	83（7）	—	38（7）	—	—	4
8	铁路、船舶、航空航天和其他运输设备制造业	35.6403	32（10）	—	1（16）	—	—	1

续表

序号	行业	IPI	有效专利拥有量/件（省内排名）	PCT专利申请量/件（省内排名）	商标注册量/件（省内排名）	作品著作权登记量/件（省内排名）	计算机软件著作权登记量/件（省内排名）	上市公司数量/家
9	食品制造业	35.3964	21（12）	—	62（5）	—	—	1
10	金属制品业	33.9900	77（8）	—	25（10）	—	—	1
11	电气机械和器材制造业	32.9141	—	—	—	—	—	1
12	交通运输、仓储和邮政业	32.8159	25（11）	—	44（6）	—	1（4）	2
13	石油、煤炭及其他燃料加工业	32.1547	35（9）	—	2（15）	—	—	2
14	计算机、通信和其他电子设备制造业	32.1028	—	—	—	—	—	1
15	批发和零售业	31.8204	—	—	108（3）	—	—	2
16	金融业	31.7737	—	—	28（8）	—	1（4）	1
17	有色金属冶炼和压延加工业	31.1685	9（13）	—	8（12）	—	—	2
18	电力、热力、燃气及水生产和供应业	30.8680	—	—	26（9）	—	—	4
19	租赁和商务服务业	30.3557	—	—	—	—	—	1

资料来源：科技大数据湖北省重点实验室

表 3-42　2022 年山西省上市公司十强产业及上市公司

序号	行业	上市公司名称	IPI（全国排名）	上市板块
1	黑色金属冶炼和压延加工业	山西太钢不锈钢股份有限公司	71.4873（68）	主板
		山西安泰集团股份有限公司	46.1020（3594）	主板
2	专用设备制造业	太原重工股份有限公司	64.0906（111）	主板
		东杰智能科技集团股份有限公司	47.2586（2016）	创业板
3	酒、饮料和精制茶制造业	山西杏花村汾酒厂股份有限公司	57.2150（228）	主板
4	医药制造业	亚宝药业集团股份有限公司	50.4902（672）	主板
		山西振东制药股份有限公司	46.8721（2431）	创业板
		山西仟源医药集团股份有限公司	46.0789（3642）	创业板
		派斯双林生物制药股份有限公司	45.5627（4764）	主板
		广誉远中药股份有限公司	45.5521（4829）	主板
5	采矿业	山西潞安环保能源开发股份有限公司	51.6768（525）	主板
		山西兰花科技创业股份有限公司	48.4672（1223）	主板
		山西华阳集团新能股份有限公司	46.3590（3144）	主板
		山西蓝焰控股股份有限公司	45.5553（4809）	主板
		山西焦煤能源集团股份有限公司	45.5349（4923）	主板
		晋能控股山西煤业股份有限公司	45.5202（5017）	主板
6	信息传输、软件和信息技术服务业	山西科达自控股份有限公司	47.4035（1866）	北证
7	化学原料和化学制品制造业	山西永东化工股份有限公司	46.2948（3251）	主板
		山西壶化集团股份有限公司	46.1980（3423）	主板

续表

序号	行业	上市公司名称	IPI（全国排名）	上市板块
7	化学原料和化学制品制造业	山西同德化工股份有限公司	45.9406（3884）	主板
		阳煤化工股份有限公司	45.5314（4941）	主板
8	铁路、船舶、航空航天和其他运输设备制造业	晋西车轴股份有限公司	46.5160（2894）	主板
9	食品制造业	山西大禹生物工程股份有限公司	46.2419（3347）	北证
10	金属制品业	山西华翔集团股份有限公司	46.4836（2937）	主板

资料来源：科技大数据湖北省重点实验室

3.2.22 云南省

2022 年，云南省上市公司的知识产权指数为 32.8594，排名第 22。截至 2022 年末，云南省上市公司的发明专利有效量为 914 件，实用新型专利有效量为 1629 件，外观设计专利有效量为 251 件，各类有效专利拥有总量在全国排名第 23；商标注册量为 5635 件，在全国排名第 17。2022 年，云南省上市公司的 PCT 专利申请量为 17 件，作品著作权登记量为 84 件，计算机软件著作权登记量为 215 件。2013～2022 年，云南省上市公司各类型专利授权量均呈现波动上升的趋势（图 3-23）。

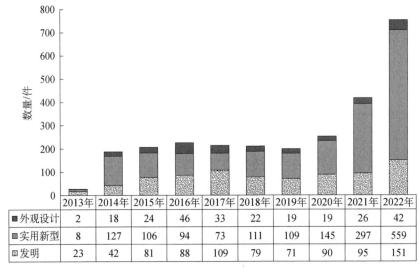

图 3-23　云南省上市公司当前有效专利授权时间分布情况
资料来源：科技大数据湖北省重点实验室

云南省上市公司数量总计 42 家，分布在 17 个产业领域（表 3-43）。云南省的优势产业领域包括医药制造业，有色金属冶炼和压延加工业，电力、热力、燃气及水生产和供应业，采矿业，化学原料和化学制品制造业，通用设备制造业，批发和零售业，信息传输、软件和信息技术服务业，汽车制造业，橡胶和塑料制品业。各优势产业领域的代表性企业分别是云南白药集团股份有限公司、云南铝业股份有限公司、华能澜沧江水电股份有限公司、云南驰宏锌锗股份有限公司、云南云天化股份有限公司、昆明云内动力股份有限公司、一心堂药业集团股份有限公司、云南南天电子信息产业股份有限公司、云南西仪工业股份有限公司、震安科技股份有限公司（表 3-44）。

表 3-43　2022 年云南省上市公司不同知识产权类型产业分布及排名

序号	行业	IPI	有效专利拥有量/件（省内排名）	PCT 专利申请量/件（省内排名）	商标注册量/件（省内排名）	作品著作权登记量/件（省内排名）	计算机软件著作权登记量/件（省内排名）	上市公司数量/家
	总计	—	**2794**	**17**	**5635**	**84**	**215**	**42**
1	医药制造业	92.2262	331（5）	15（1）	2405（1）	77（1）	—	6
2	有色金属冶炼和压延加工业	80.6296	412（3）	—	303（4）	—	5（3）	7
3	电力、热力、燃气及水生产和供应业	63.9033	640（1）	2（2）	23（16）	—	55（2）	2
4	采矿业	59.5274	425（2）	—	99（8）	—	1（8）	1
5	化学原料和化学制品制造业	57.8845	266（6）	—	599（3）	—	2（6）	3
6	通用设备制造业	49.3989	350（4）	—	61（11）	—	3（5）	2
7	批发和零售业	47.4759	13（13）	—	1254（2）	4（2）	4（4）	3
8	信息传输、软件和信息技术服务业	43.4319	62（9）	—	19（17）	0—	143（1）	1
9	汽车制造业	35.0021	62（9）	—	36（13）	—	—	1
10	橡胶和塑料制品业	32.4796	102（7）	—	25（15）	2（3）	2（6）	2
11	石油、煤炭及其他燃料加工业	31.9552	67（8）	—	37（12）	—	—	2
12	食品制造业	31.4238	26（12）	—	250（5）	—	—	1
13	农、林、牧、渔业	30.4637	38（11）	—	166（7）	1（4）	—	3
14	水利、环境和公共设施管理业	29.7315	—	—	62（10）	—	—	2
15	房地产业	28.8444	—	—	198（6）	—	—	3
16	金融业	26.6502	—	—	65（9）	—	—	2
17	非金属矿物制品业	26.1987	—	—	33（14）	—	—	1

资料来源：科技大数据湖北省重点实验室

表 3-44　2022 年云南省上市公司十强产业及上市公司

序号	行业	上市公司名称	IPI（全国排名）	上市板块
1	医药制造业	云南白药集团股份有限公司	56.8578（242）	主板
		昆药集团股份有限公司	50.1211（737）	主板
		云南沃森生物技术股份有限公司	47.8801（1528）	创业板
		云南生物谷药业股份有限公司	47.6301（1711）	北证
		昆明龙津药业股份有限公司	46.5913（2793）	主板
		大理药业股份有限公司	46.2456（3336）	主板
2	有色金属冶炼和压延加工业	云南铝业股份有限公司	50.1690（728）	主板
		贵研铂业股份有限公司	49.1877（968）	主板

续表

序号	行业	上市公司名称	IPI（全国排名）	上市板块
2	有色金属冶炼和压延加工业	云南铜业股份有限公司	48.6995（1136）	主板
		云南临沧鑫圆锗业股份有限公司	47.6555（1698）	主板
		昆明理工恒达科技股份有限公司	46.8274（2486）	北证
		云南罗平锌电股份有限公司	46.7992（2512）	主板
		云南锡业股份有限公司	46.4017（3067）	主板
3	电力、热力、燃气及水生产和供应业	华能澜沧江水电股份有限公司	54.4910（333）	主板
		南方电网储能股份有限公司	45.5294（4951）	主板
4	采矿业	云南驰宏锌锗股份有限公司	53.9443（365）	主板
5	化学原料和化学制品制造业	云南云天化股份有限公司	50.0681（753）	主板
		云南贝泰妮生物科技集团股份有限公司	48.6314（1159）	创业板
		昆明川金诺化工股份有限公司	46.1044（3585）	创业板
6	通用设备制造业	昆明云内动力股份有限公司	49.8707（780）	主板
		昆船智能技术股份有限公司	46.4025（3065）	创业板
7	批发和零售业	一心堂药业集团股份有限公司	47.9757（1474）	主板
		华致酒行连锁管理股份有限公司	47.7267（1644）	创业板
		健之佳医药连锁集团股份有限公司	46.0964（3605）	主板
8	信息传输、软件和信息技术服务业	云南南天电子信息产业股份有限公司	47.9857（1469）	主板
9	汽车制造业	云南西仪工业股份有限公司	47.2329（2044）	主板
10	橡胶和塑料制品业	震安科技股份有限公司	46.3643（3136）	创业板
		云南恩捷新材料股份有限公司	45.8734（4013）	主板

资料来源：科技大数据湖北省重点实验室

3.2.23 贵州省

2022 年，贵州省上市公司的知识产权指数为 32.8441，排名第 23。截至 2022 年末，贵州省上市公司的发明专利有效量为 891 件，实用新型专利有效量为 1442 件，外观设计专利有效量为 320 件，各类有效专利拥有总量在全国排名第 24；商标注册量为 2634 件，在全国排名第 23。2022 年，贵州省上市公司的 PCT 专利申请量为 5 件，作品著作权登记量为 40 件，计算机软件著作权登记量为 35 件，集成电路布图设计发证量为 28 件。2013～2022 年，贵州省上市公司各类型专利授权量均呈现波动上升的趋势（图 3-24）。

贵州省上市公司数量总计 36 家，分布在 18 个产业领域（表 3-45）。贵州省的优势产业领域包括计算机、通信和其他电子设备制造业，医药制造业，化学原料和化学制品制造业，信息传输、软件和信息技术服务业，科学研究和技术服务业，电气机械和器材制造业，采矿业，酒、饮料和精制茶制造业，铁路、船舶、航空航天和其他运输设备制造业，金属制品业。各优势产业领域的代表性企业分别是贵州航天电器股份有限公司、贵州益佰制药股份有限公司、贵州红星发展股份有限公司、贵阳朗玛信息技术股份有限公司、贵州省交通规划勘察设计研究院股份有限公司、贵州泰永长征技术股份有限公司、贵州盘江精煤股份有限公司、贵州茅台酒股份有限公司、贵州航宇科技发展股份有限公司、贵州钢绳股份有限公司（表 3-46）。

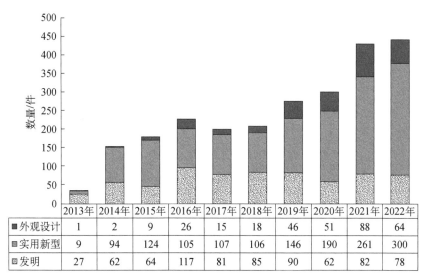

图 3-24　贵州省上市公司当前有效专利授权时间分布情况

资料来源：科技大数据湖北省重点实验室

表 3-45　2022 年贵州省上市公司不同知识产权类型产业分布及排名

序号	行业	IPI	有效专利拥有量/件（省内排名）	PCT 专利申请量/件（省内排名）	商标注册量/件（省内排名）	作品著作权登记量/件（省内排名）	计算机软件著作权登记量/件（省内排名）	上市公司数量/家
	总计	—	2653	5	2634	40	35	36
1	计算机、通信和其他电子设备制造业	90.4684	362（2）	1（2）	21（10）	—	3（4）	3
2	医药制造业	81.3770	308（3）	—	1151（1）	15（1）	—	6
3	化学原料和化学制品制造业	74.8069	206（6）	2（1）	164（6）	14（2）	1（9）	6
4	信息传输、软件和信息技术服务业	63.6272	159（9）	—	320（2）	2（5）	—	2
5	科学研究和技术服务业	58.8087	458（1）	1（2）	11（11）	—	7（2）	1
6	电气机械和器材制造业	53.8253	181（7）	1（2）	61（7）	—	11（1）	4
7	采矿业	41.1196	302（4）	—	2（16）	—	—	1
8	酒、饮料和精制茶制造业	37.5653	217（5）	—	10（12）	10（3）	2（5）	1
9	铁路、船舶、航空航天和其他运输设备制造业	36.7373	85（11）	—	3（15）	—	—	2
10	金属制品业	36.2142	129（10）	—	1（18）	—	—	1
11	汽车制造业	34.7560	46（12）	—	5（13）	—	—	1
12	房地产业	31.5957	—	—	318（3）	—	—	1
13	橡胶和塑料制品业	31.4766	162（8）	—	35（9）	—	—	1
14	交通运输、仓储和邮政业	31.4617	4（15）	—	283（4）	—	2（5）	1
15	金融业	29.1475	—	—	184（5）	1（4）	5（3）	1
16	电力、热力、燃气及水生产和供应业	26.5604	22（13）	—	5（13）	—	2（5）	2
17	印刷和记录媒介复制业	26.5097	12（14）	—	2（16）	—	—	1
18	批发和零售业	25.9743	—	—	58（8）	—	—	1

资料来源：科技大数据湖北省重点实验室

表 3-46　2022 年贵州省上市公司十强产业及上市公司

序号	行业	上市公司名称	IPI（全国排名）	上市板块
1	计算机、通信和其他电子设备制造业	贵州航天电器股份有限公司	55.3021（300）	主板
		中国振华（集团）科技股份有限公司	48.3805（1260）	主板
		贵州振华风光半导体股份有限公司	47.9074（1511）	科创板
2	医药制造业	贵州益佰制药股份有限公司	51.6697（527）	主板
		贵州百灵企业集团制药股份有限公司	49.5633（859）	主板
		贵州信邦制药股份有限公司	48.0408（1440）	主板
		贵阳新天药业股份有限公司	47.2445（2032）	主板
		贵州三力制药股份有限公司	46.7174（2613）	主板
		贵州圣济堂医药产业股份有限公司	46.0079（3762）	主板
3	化学原料和化学制品制造业	贵州红星发展股份有限公司	47.9750（1475）	主板
		保利联合化工控股集团股份有限公司	47.2640（2010）	主板
		贵州川恒化工股份有限公司	47.1213（2166）	主板
		沃顿科技股份有限公司	46.7300（2596）	主板
		贵州振华新材料股份有限公司	46.0930（3611）	科创板
		贵州中毅达股份有限公司	45.5544（4818）	主板
4	信息传输、软件和信息技术服务业	贵阳朗玛信息技术股份有限公司	54.8901（315）	创业板
		贵州省广播电视信息网络股份有限公司	46.6298（2728）	主板
5	科学研究和技术服务业	贵州省交通规划勘察设计研究院股份有限公司	52.0458（491）	主板
6	电气机械和器材制造业	贵州泰永长征技术股份有限公司	47.3014（1966）	主板
		贵州安达科技能源股份有限公司	46.5986（2785）	北证
		中伟新材料股份有限公司	46.2965（3247）	创业板
		贵州长征天成控股股份有限公司	45.5954（4637）	主板
7	采矿业	贵州盘江精煤股份有限公司	49.5009（875）	主板
8	酒、饮料和精制茶制造业	贵州茅台酒股份有限公司	47.8507（1543）	主板
9	铁路、船舶、航空航天和其他运输设备制造业	贵州航宇科技发展股份有限公司	47.2343（2042）	科创板
		中航重机股份有限公司	45.5631（4763）	主板
10	金属制品业	贵州钢绳股份有限公司	48.0748（1413）	主板

资料来源：科技大数据湖北省重点实验室

3.2.24　广西壮族自治区

2022 年，广西壮族自治区上市公司的知识产权指数为 32.6336，排名第 24。截至 2022 年末，广西壮族自治区上市公司的发明专利有效量为 939 件，实用新型专利有效量为 1758 件，外观设计专利有效量为 196 件，各类有效专利拥有总量在全国排名第 22；商标注册量为 1787 件，在全国排名第 28。2022 年，广西壮族自治区上市公司的作品著作权登记量为 10 件，计算机软件著作权登记量为 48 件。2013～2022 年，广西壮族自治区上市公司各类型专利授权量均呈现波动上升的趋势（图 3-25）。

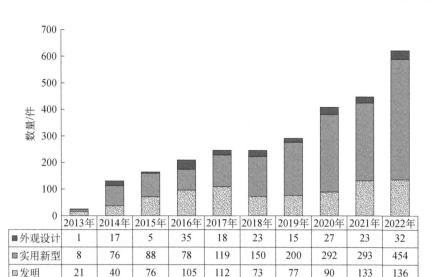

图 3-25　广西壮族自治区上市公司当前有效专利授权时间分布情况
资料来源：科技大数据湖北省重点实验室

广西壮族自治区上市公司数量总计 41 家，分布在 22 个产业领域（表 3-47）。广西壮族自治区的优势产业领域有专用设备制造业，医药制造业，黑色金属冶炼和压延加工业，水利、环境和公共设施管理业，信息传输、软件和信息技术服务业，化学原料和化学制品制造业，汽车制造业，食品制造业，仪器仪表制造业，电力、热力、燃气及水生产和供应业。各优势产业领域的代表性企业分别是广西柳工机械股份有限公司、桂林莱茵生物科技股份有限公司、柳州钢铁股份有限公司、广西博世科环保科技股份有限公司、润建股份有限公司、柳州两面针股份有限公司、桂林福达股份有限公司、皇氏集团股份有限公司、桂林星辰科技股份有限公司、广西桂冠电力股份有限公司（表 3-48）。

表 3-47　2022 年广西壮族自治区上市公司不同知识产权类型产业分布及排名

序号	行业	IPI	有效专利拥有量/件（区内排名）	PCT 专利申请量/件（区内排名）	商标注册量/件（区内排名）	作品著作权登记量/件（区内排名）	计算机软件著作权登记量/件（区内排名）	上市公司数量/家
	总计	—	2893	0	1787	10	48	41
1	专用设备制造业	93.8277	1230（1）	—	28（13）	—	21（2）	1
2	医药制造业	69.3621	156（4）	—	361（2）	—	—	4
3	黑色金属冶炼和压延加工业	66.5915	547（2）	—	4（18）	—	—	1
4	水利、环境和公共设施管理业	63.8273	304（3）	—	100（5）	—	1（4）	2
5	信息传输、软件和信息技术服务业	60.0826	75（8）	—	136（4）	9（1）	23（1）	4
6	化学原料和化学制品制造业	47.5307	87（7）	—	232（3）	—	—	3
7	汽车制造业	46.2653	145（5）	—	57（9）	—	—	2
8	食品制造业	46.0993	26（12）	—	501（1）	1（2）	—	3

续表

序号	行业	IPI	有效专利拥有量/件（区内排名）	PCT专利申请量/件（区内排名）	商标注册量/件（区内排名）	作品著作权登记量/件（区内排名）	计算机软件著作权登记量/件（区内排名）	上市公司数量/家
9	仪器仪表制造业	42.9361	26（12）	—	86（6）	—	1（4）	2
10	电力、热力、燃气及水生产和供应业	40.1214	131（6）	—	9（17）	—	2（3）	3
11	农副食品加工业	37.6469	58（9）	—	63（7）	—	—	2
12	计算机、通信和其他电子设备制造业	35.6961	56（10）	—	3（20）	—	—	1
13	木材加工和木、竹、藤、棕、草制品业	34.9859	33（11）	—	11（15）	—	—	1
14	科学研究和技术服务业	34.0320	—	—	29（12）	—	—	1
15	电气机械和器材制造业	33.4820	2（16）	—	4（18）	—	—	1
16	综合	33.3367	13（14）	—	10（16）	—	—	1
17	农、林、牧、渔业	32.5941	3（15）	—	61（8）	—	—	1
18	批发和零售业	32.4632	—	—	32（11）	—	—	3
19	金融业	31.6640	—	—	36（10）	—	—	1
20	房地产业	31.4147	—	—	24（14）	—	—	1
21	交通运输、仓储和邮政业	31.1180	1（17）	—	—	—	—	2
22	化学纤维制造业	31.1133	—	—	—	—	—	1

资料来源：科技大数据湖北省重点实验室

表 3-48 2022 年广西壮族自治区上市公司十强产业及上市公司

序号	行业	上市公司名称	IPI（全国排名）	上市板块
1	专用设备制造业	广西柳工机械股份有限公司	70.4890（71）	主板
2	医药制造业	桂林莱茵生物科技股份有限公司	51.1779（577）	主板
		桂林三金药业股份有限公司	48.5593（1182）	主板
		广西梧州中恒集团股份有限公司	45.6044（4607）	主板
		广西河池化工股份有限公司	45.5698（4730）	主板
3	黑色金属冶炼和压延加工业	柳州钢铁股份有限公司	54.9393（314）	主板
4	水利、环境和公共设施管理业	广西博世科环保科技股份有限公司	53.7310（378）	创业板
		桂林旅游股份有限公司	45.5261（4980）	主板
5	信息传输、软件和信息技术服务业	润建股份有限公司	46.9762（2317）	主板
		广西广播电视信息网络股份有限公司	46.2892（3259）	主板
		新智认知数字科技股份有限公司	45.7706（4209）	主板
		天下秀数字科技（集团）股份有限公司	45.6884（4390）	主板
6	化学原料和化学制品制造业	柳州两面针股份有限公司	48.1479（1382）	主板
		柳州化工股份有限公司	46.3263（3188）	主板
		南宁化工股份有限公司	45.5513（4836）	主板
7	汽车制造业	桂林福达股份有限公司	47.1799（2108）	主板
		南宁八菱科技股份有限公司	46.5938（2791）	主板

续表

序号	行业	上市公司名称	IPI（全国排名）	上市板块
8	食品制造业	皇氏集团股份有限公司	46.7363（2586）	主板
		南方黑芝麻集团股份有限公司	46.2072（3411）	主板
		桂林西麦食品股份有限公司	45.9715（3831）	主板
9	仪器仪表制造业	桂林星辰科技股份有限公司	46.2237（3382）	北证
		广西东方智造科技股份有限公司	45.8817（3997）	主板
10	电力、热力、燃气及水生产和供应业	广西桂冠电力股份有限公司	47.4170（1858）	主板
		广西绿城水务股份有限公司	45.6093（4586）	主板
		广西桂东电力股份有限公司	45.5115（5090）	主板

资料来源：科技大数据湖北省重点实验室

3.2.25 黑龙江省

2022 年，黑龙江省上市公司的知识产权指数为 32.2385，排名第 25。截至 2022 年末，黑龙江省上市公司的发明专利有效量为 757 件，实用新型专利有效量为 1396 件，外观设计专利有效量为 100 件，各类有效专利拥有总量在全国排名第 25；商标注册量为 2010 件，在全国排名第 26。2022 年，黑龙江省上市公司的作品著作权登记量为 7 件，计算机软件著作权登记量为 38 件。2013～2022 年，黑龙江省上市公司各类型专利授权量均呈现波动上升的趋势（图 3-26）。

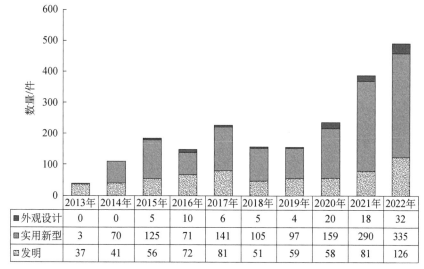

图 3-26 黑龙江省上市公司当前有效专利授权时间分布情况
资料来源：科技大数据湖北省重点实验室

黑龙江省上市公司数量总计 39 家，分布在 21 个产业领域（表 3-49）。黑龙江省的优势产业领域包括专用设备制造业，医药制造业，汽车制造业，信息传输、软件和信息技术服务业，计算机、通信和其他电子设备制造业，铁路、船舶、航空航天和其他运输设备制造业，建筑业，电气机械和器材制造业，木材加工和木、竹、藤、棕、草制品业，交通运输、仓储和邮政业。

各优势产业领域的代表性企业分别是中国第一重型机械股份公司、哈尔滨誉衡药业股份有限公司、哈尔滨东安汽车动力股份有限公司、亿阳信通股份有限公司、哈尔滨新光光电科技股份有限公司、广联航空工业股份有限公司、龙建路桥股份有限公司、哈尔滨空调股份有限公司、哈尔滨森鹰窗业股份有限公司、黑龙江交通发展股份有限公司（表3-50）。

表 3-49　2022 年黑龙江省上市公司不同知识产权类型产业分布及排名

序号	行业	IPI	有效专利拥有量/件（省内排名）	PCT专利申请量/件（省内排名）	商标注册量/件（省内排名）	作品著作权登记量/件（省内排名）	计算机软件著作权登记量/件（省内排名）	上市公司数量/家
	总计	—	2253	0	2010	7	38	39
1	专用设备制造业	90.5969	719（1）	—	37（9）	—	9（2）	2
2	医药制造业	80.9921	178（4）	—	1104（1）	6（1）	—	5
3	汽车制造业	79.1760	615（2）	—	7（14）	—	2（6）	2
4	信息传输、软件和信息技术服务业	58.5090	78（6）	—	75（5）	—	3（5）	1
5	计算机、通信和其他电子设备制造业	57.3766	114（5）	—	9（13）	—	7（3）	3
6	铁路、船舶、航空航天和其他运输设备制造业	52.7079	74（8）	—	21（10）	—	13（1）	3
7	建筑业	45.8668	211（3）	—	4（17）	—	—	2
8	电气机械和器材制造业	45.1061	77（7）	—	108（4）	—	—	3
9	木材加工和木、竹、藤、棕、草制品业	41.3095	72（9）	—	69（6）	—	—	1
10	交通运输、仓储和邮政业	38.4101	1（16）	—	—	1（2）	4（4）	2
11	农副食品加工业	37.3762	—	—	330（2）	—	—	1
12	造纸和纸制品业	35.8552	50（10）	—	39（8）	—	—	1
13	有色金属冶炼和压延加工业	32.9648	27（11）	—	5（15）	—	—	1
14	批发和零售业	31.1182	—	—	112（3）	—	—	1
15	石油、煤炭及其他燃料加工业	30.7901	14（12）	—	56（7）	—	—	1
16	农、林、牧、渔业	30.6437	5（15）	—	11（11）	—	—	2
17	电力、热力、燃气及水生产和供应业	30.0903	12（13）	—	5（15）	—	—	2
18	化学原料和化学制品制造业	30.0697	6（14）	—	3（19）	—	—	1
19	金融业	28.6656	—	—	10（12）	—	—	3
20	橡胶和塑料制品业	28.4913	—	—	4（17）	—	—	1
21	文化、体育和娱乐业	28.3114	—	—	1（20）	—	—	1

资料来源：科技大数据湖北省重点实验室

表 3-50　2022 年黑龙江省上市公司十强产业及上市公司

序号	行业	上市公司名称	IPI（全国排名）	上市板块
1	专用设备制造业	中国第一重型机械股份公司	59.0596（193）	主板
		哈尔滨博实自动化股份有限公司	50.0944（743）	主板

续表

序号	行业	上市公司名称	IPI（全国排名）	上市板块
2	医药制造业	哈尔滨誉衡药业股份有限公司	49.1528（976）	主板
		黑龙江珍宝岛药业股份有限公司	48.2453（1330）	主板
		哈尔滨三联药业股份有限公司	48.1967（1354）	主板
		葵花药业集团股份有限公司	45.7278（4296）	主板
		哈药集团股份有限公司	45.5302（4948）	主板
3	汽车制造业	哈尔滨东安汽车动力股份有限公司	52.1766（480）	主板
		航天科技控股集团股份有限公司	49.5902（852）	主板
4	信息传输、软件和信息技术服务业	亿阳信通股份有限公司	48.8933（1061）	主板
5	计算机、通信和其他电子设备制造业	哈尔滨新光光电科技股份有限公司	47.1119（2183）	科创板
		哈尔滨威帝电子股份有限公司	46.3308（3183）	主板
		奥瑞德光电股份有限公司	45.7044（4351）	主板
6	铁路、船舶、航空航天和其他运输设备制造业	广联航空工业股份有限公司	46.4236（3024）	创业板
		哈尔滨国铁科技集团股份有限公司	46.0782（3645）	科创板
		中航直升机股份有限公司	45.5445（4870）	主板
7	建筑业	龙建路桥股份有限公司	48.5064（1202）	主板
		京蓝科技股份有限公司	45.7268（4300）	主板
8	电气机械和器材制造业	哈尔滨空调股份有限公司	47.4932（1806）	主板
		哈尔滨九洲集团股份有限公司	46.2869（3267）	创业板
		哈尔滨电气集团佳木斯电机股份有限公司	45.5692（4733）	主板
9	木材加工和木、竹、藤、棕、草制品业	哈尔滨森鹰窗业股份有限公司	48.0602（1420）	创业板
10	交通运输、仓储和邮政业	黑龙江交通发展股份有限公司	45.5473（4856）	主板
		安通控股股份有限公司	45.5266（4978）	主板

资料来源：科技大数据湖北省重点实验室

3.2.26 甘肃省

2022 年，甘肃省上市公司的知识产权指数为 32.0603，排名第 26。截至 2022 年末，甘肃省上市公司的发明专利有效量为 433 件，实用新型专利有效量为 1381 件，外观设计专利有效量为 153 件，各类有效专利拥有总量在全国排名第 26；商标注册量为 1905 件，在全国排名第 27；农业植物新品种有效量为 30 件，在全国排名第 4。2022 年，甘肃省上市公司的作品著作权登记量为 11 件，计算机软件著作权登记量为 15 件。2013～2022 年，甘肃省上市公司各类型专利授权量均呈现波动上升的趋势（图 3-27）。

甘肃省上市公司数量总计 35 家，分布在 20 个产业领域（表 3-51）。甘肃省的优势产业领域包括黑色金属冶炼和压延加工业，酒、饮料和精制茶制造业，专用设备制造业，有色金属冶炼和压延加工业，农、林、牧、渔业，计算机、通信和其他电子设备制造业，橡胶和塑料制品业，采矿业，金融业，文化、体育和娱乐业。各优势产业领域的代表性企业分别是甘肃酒钢集团宏兴钢铁股份有限公司、金徽酒股份有限公司、甘肃蓝科石化高新装备股份有限公司、白银

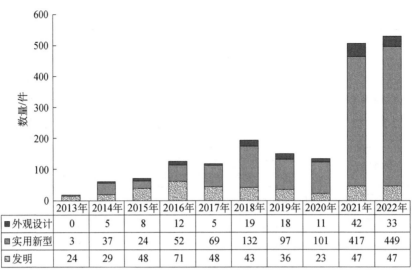

图 3-27 甘肃省上市公司当前有效专利授权时间分布情况

资料来源：科技大数据湖北省重点实验室

有色集团股份有限公司、甘肃省敦煌种业集团股份有限公司、天水华天科技股份有限公司、大禹节水集团股份有限公司、海默科技（集团）股份有限公司、兰州银行股份有限公司、读者出版传媒股份有限公司（表 3-52）。

表 3-51　2022 年甘肃省上市公司不同知识产权类型产业分布及排名

序号	行业	IPI	有效专利拥有量/件（省内排名）	PCT 专利申请量/件（省内排名）	商标注册量/件（省内排名）	作品著作权登记量/件（省内排名）	计算机软件著作权登记量/件（省内排名）	上市公司数量/家
	总计	—	1967	0	1905	11	15	35
1	黑色金属冶炼和压延加工业	71.6876	759（1）	—	24（13）	—	—	1
2	酒、饮料和精制茶制造业	71.2624	136（4）	—	660（1）	5（1）	—	4
3	专用设备制造业	70.1482	335（3）	—	7（18）	—	1（5）	2
4	有色金属冶炼和压延加工业	69.9330	338（2）	—	14（16）	—	—	1
5	农、林、牧、渔业	54.0525	14（11）	—	109（4）	5（1）	—	3
6	计算机、通信和其他电子设备制造业	52.8982	102（5）	—	3（19）	—	1（5）	1
7	橡胶和塑料制品业	50.0834	76（6）	—	57（9）	—	7（1）	1
8	采矿业	48.2384	63（7）	—	21（14）	—	2（2）	3
9	金融业	44.3328	—	—	279（2）	—	2（2）	1
10	文化、体育和娱乐业	43.6391	5（12）	—	238（3）	—	2（2）	1
11	非金属矿物制品业	42.6591	61（8）	—	20（15）	—	—	4
12	医药制造业	40.1471	42（9）	—	83（6）	1（3）	—	2
13	电气机械和器材制造业	37.2959	32（10）	—	104（5）	—	—	2
14	汽车制造业	35.6337	—	—	57（9）	—	—	1

续表

序号	行业	IPI	有效专利拥有量/件（省内排名）	PCT专利申请量/件（省内排名）	商标注册量/件（省内排名）	作品著作权登记量/件（省内排名）	计算机软件著作权登记量/件（省内排名）	上市公司数量/家
15	化学原料和化学制品制造业	29.6299	—	—	29（12）	—	—	2
16	食品制造业	29.3691	4（13）	—	75（7）	—	—	1
17	批发和零售业	28.0288	—	—	75（7）	—	—	2
18	科学研究和技术服务业	27.2000	—	—	9（17）	—	—	1
19	卫生和社会工作	26.7769	—	—	41（11）	—	—	1
20	电力、热力、燃气及水生产和供应业	25.3679	—	—	—	—	—	1

资料来源：科技大数据湖北省重点实验室

表 3-52　2022 年甘肃省上市公司十强产业及上市公司

序号	行业	上市公司名称	IPI（全国排名）	上市板块
1	黑色金属冶炼和压延加工业	甘肃酒钢集团宏兴钢铁股份有限公司	58.6725（200）	主板
2	酒、饮料和精制茶制造业	金徽酒股份有限公司	47.6582（1695）	主板
		甘肃莫高实业发展股份有限公司	46.1393（3523）	主板
		兰州黄河企业股份有限公司	45.8882（3980）	主板
		甘肃皇台酒业股份有限公司	45.8546（4048）	主板
3	专用设备制造业	甘肃蓝科石化高新装备股份有限公司	52.2774（471）	主板
		兰州兰石重型装备股份有限公司	47.6204（1716）	主板
4	有色金属冶炼和压延加工业	白银有色集团股份有限公司	55.0796（307）	主板
5	农、林、牧、渔业	甘肃省敦煌种业集团股份有限公司	46.2563（3317）	主板
		天水众兴菌业科技股份有限公司	45.9058（3950）	主板
		甘肃亚盛实业（集团）股份有限公司	45.8104（4132）	主板
6	计算机、通信和其他电子设备制造业	天水华天科技股份有限公司	49.3564（914）	主板
7	橡胶和塑料制品业	大禹节水集团股份有限公司	46.9335（2360）	创业板
8	采矿业	海默科技（集团）股份有限公司	46.4756（2946）	创业板
		金徽矿业股份有限公司	45.8942（3973）	主板
		甘肃能化股份有限公司	45.5428（4885）	主板
9	金融业	兰州银行股份有限公司	46.6731（2675）	主板
10	文化、体育和娱乐业	读者出版传媒股份有限公司	46.6122（2765）	主板

资料来源：科技大数据湖北省重点实验室

3.2.27　吉林省

2022 年，吉林省上市公司的知识产权指数为 31.9976，排名第 27。截至 2022 年末，吉林省上市公司的发明专利有效量为 581 件，实用新型专利有效量为 940 件，外观设计专利有效量为 169 件，各类有效专利拥有总量在全国排名第 27；商标注册量为 2016 件，在全国排名第 25。2022 年，吉林省上市公司的 PCT 专利申请量为 1 件，作品著作权登记量为 2 件，计算机软件著作权登记量为 58 件。2013～2022 年，吉林省上市公司各类型专利授权量均呈现波动上升的趋势（图 3-28）。

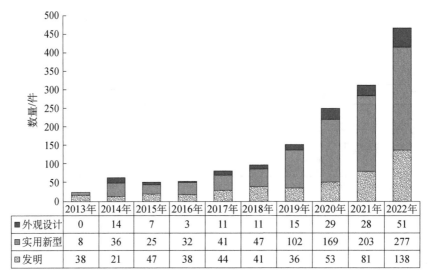

图 3-28　吉林省上市公司当前有效专利授权时间分布情况
资料来源：科技大数据湖北省重点实验室

吉林省上市公司数量总计 49 家，分布在 22 个产业领域（表 3-53）。吉林省的优势产业领域包括医药制造业，信息传输、软件和信息技术服务业，专用设备制造业，汽车制造业，计算机、通信和其他电子设备制造业，仪器仪表制造业，电气机械和器材制造业，化学纤维制造业，非金属矿物制品业，铁路、船舶、航空航天和其他运输设备制造业。各优势产业领域的代表性企业分别是吉林紫鑫药业股份有限公司、启明信息技术股份有限公司、吉林奥来德光电材料股份有限公司、富奥汽车零部件股份有限公司、吉林华微电子股份有限公司、长春奥普光电技术股份有限公司、吉林省金冠电气股份有限公司、吉林化纤股份有限公司、吉林亚泰（集团）股份有限公司、研奥电气股份有限公司（表 3-54）。

表 3-53　2022 年吉林省上市公司不同知识产权类型产业分布及排名

序号	行业	IPI	有效专利拥有量/件（省内排名）	PCT 专利申请量/件（省内排名）	商标注册量/件（省内排名）	作品著作权登记量/件（省内排名）	计算机软件著作权登记量/件（省内排名）	上市公司数量/家
	总计	—	1690	1	2016	2	58	49
1	医药制造业	89.3768	135（4）	1（1）	993（1）	—	—	9
2	信息传输、软件和信息技术服务业	86.2591	198（3）	—	314（2）	—	50（1）	7
3	专用设备制造业	79.2020	361（2）	—	23（13）	—	—	2
4	汽车制造业	78.1522	519（1）	—	102（4）	—	6（2）	5
5	计算机、通信和其他电子设备制造业	50.0975	102（5）	—	8（16）	—	—	1
6	仪器仪表制造业	44.5599	82（6）	—	52（7）	—	1（3）	1

续表

序号	行业	IPI	有效专利拥有量/件（省内排名）	PCT 专利申请量/件（省内排名）	商标注册量/件（省内排名）	作品著作权登记量/件（省内排名）	计算机软件著作权登记量/件（省内排名）	上市公司数量/家
7	电气机械和器材制造业	41.2601	56（9）	—	24（12）	—	—	2
8	化学纤维制造业	37.6529	33（10）	—	43（8）	1（1）	—	2
9	非金属矿物制品业	37.6386	—	—	198（3）	—	—	1
10	铁路、船舶、航空航天和其他运输设备制造业	37.5739	70（8）	—	32（9）	—	—	1
11	金属制品业	37.1007	77（7）	—	2（18）	—	—	1
12	食品制造业	35.0413	20（12）	—	54（6）	1（1）	—	1
13	有色金属冶炼和压延加工业	34.0981	23（11）	—	5（17）	—	—	2
14	酒、饮料和精制茶制造业	33.7147	6（13）	—	83（5）	—	—	2
15	电力、热力、燃气及水生产和供应业	33.2961	6（13）	—	11（15）	—	1（3）	3
16	水利、环境和公共设施管理业	32.3680	2（15）	—	27（11）	—	—	2
17	批发和零售业	31.6440	—	—	30（10）	—	—	1
18	化学原料和化学制品制造业	31.4304	0（16）	0（2）	0（20）	0（3）	0（5）	1
19	金融业	31.1230	0（16）	0（2）	13（14）	0（3）	0（5）	1
20	建筑业	31.0784	0（16）	0（2）	0（20）	0（3）	0（5）	1
21	房地产业	30.8401	0（16）	0（2）	2（18）	0（3）	0（5）	2
22	交通运输、仓储和邮政业	30.8388	0（16）	0（2）	0（20）	0（3）	0（5）	1

资料来源：科技大数据湖北省重点实验室

表 3-54　2022 年吉林省上市公司十强产业及上市公司

序号	行业	上市公司名称	IPI（全国排名）	上市板块
1	医药制造业	吉林紫鑫药业股份有限公司	48.5061（1203）	主板
		通化东宝药业股份有限公司	47.3333（1939）	主板
		长春百克生物科技股份公司	46.9423（2348）	科创板
		吉林省集安益盛药业股份有限公司	46.7367（2585）	主板
		吉林敖东药业集团股份有限公司	46.3589（3145）	主板
		通化金马药业集团股份有限公司	46.1882（3444）	主板
		吉林省西点药业科技发展股份有限公司	45.9729（3829）	创业板
		长春高新技术产业（集团）股份有限公司	45.8002（4149）	主板
		吉药控股集团股份有限公司	45.5699（4728）	创业板
2	信息传输、软件和信息技术服务业	启明信息技术股份有限公司	48.3704（1271）	主板
		吉林吉大通信设计院股份有限公司	47.7886（1590）	创业板

续表

序号	行业	上市公司名称	IPI（全国排名）	上市板块
2	信息传输、软件和信息技术服务业	吉视传媒股份有限公司	46.7529（2568）	主板
		长春吉大正元信息技术股份有限公司	46.5604（2840）	主板
		吉林亚联发展科技股份有限公司	45.7550（4238）	主板
		中通国脉通信股份有限公司	45.5507（4839）	主板
		万方城镇投资发展股份有限公司	45.5480（4851）	主板
3	专用设备制造业	吉林奥来德光电材料股份有限公司	52.8434（421）	科创板
		迪瑞医疗科技股份有限公司	48.4738（1217）	创业板
4	汽车制造业	富奥汽车零部件股份有限公司	51.8382（506）	主板
		长春一东离合器股份有限公司	47.3514（1914）	主板
		长春一汽富维汽车零部件股份有限公司	46.0213（3738）	主板
		长春英利汽车工业股份有限公司	46.0092（3758）	主板
		一汽解放集团股份有限公司	45.6066（4600）	主板
5	计算机、通信和其他电子设备制造业	吉林华微电子股份有限公司	48.1195（1392）	主板
6	仪器仪表制造业	长春奥普光电技术股份有限公司	47.4085（1863）	主板
7	电气机械和器材制造业	吉林省金冠电气股份有限公司	47.0445（2247）	创业板
		皓宸医疗科技股份有限公司	45.5643（4751）	主板
8	化学纤维制造业	吉林化纤股份有限公司	46.1090（3579）	主板
		吉林碳谷碳纤维股份有限公司	45.8805（4000）	北证
9	非金属矿物制品业	吉林亚泰（集团）股份有限公司	46.3454（3169）	主板
10	铁路、船舶、航空航天和其他运输设备制造业	研奥电气股份有限公司	46.6136（2762）	创业板

资料来源：科技大数据湖北省重点实验室

3.2.28 海南省

2022年，海南省上市公司的知识产权指数为31.5012，排名第28。2013～2022年，海南省上市公司的发明专利有效量为188件，实用新型专利有效量为192件，外观设计专利有效量为34件，各类有效专利拥有总量在全国排名第30；商标注册量为2296件，在全国排名第24。2022年，海南省上市公司的PCT专利申请量为16件，作品著作权登记量为1件，计算机软件著作权登记量为1件。2013～2022年，海南省上市公司各类型专利授权量均呈现波动上升的趋势（图3-29）。

海南省上市公司数量总计28家，分布在16个产业领域（表3-55）。海南省的优势产业领域包括医药制造业，农、林、牧、渔业，电气机械和器材制造业，纺织业，酒、饮料和精制茶制造业，交通运输、仓储和邮政业，采矿业，综合，汽车制造业，房地产业。各优势产业领域的代表性企业分别是海南葫芦娃药业集团股份有限公司、海南天然橡胶产业集团股份有限公司、海南金盘智能科技股份有限公司、欣龙控股（集团）股份有限公司、海南椰岛（集团）股份有限公司、海南航空控股股份有限公司、海南矿业股份有限公司、新大洲控股股份有限公司、海马汽车股份有限公司、海南高速公路股份有限公司（表3-56）。

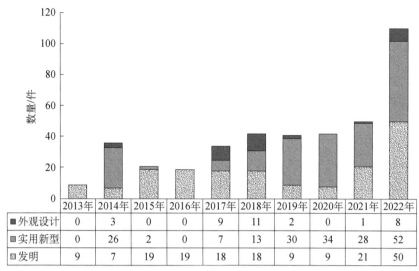

图 3-29 海南省上市公司当前有效专利授权时间分布情况

资料来源：科技大数据湖北省重点实验室

表 3-55 2022 年海南省上市公司不同知识产权类型产业分布及排名

序号	行业	IPI	有效专利拥有量/件（省内排名）	PCT 专利申请量/件（省内排名）	商标注册量/件（省内排名）	作品著作权登记量/件（省内排名）	计算机软件著作权登记量/件（省内排名）	上市公司数量/家
	总计	—	**414**	**16**	**2296**	**1**	**1**	**28**
1	医药制造业	93.2512	119（2）	7（2）	992（1）	—	—	5
2	农、林、牧、渔业	76.3129	40（4）	9（1）	357（3）	1（1）	—	3
3	电气机械和器材制造业	54.9371	127（1）	—	31（9）	—	—	1
4	纺织业	54.4635	82（3）	—	102（5）	—	—	1
5	酒、饮料和精制茶制造业	48.0805	1（8）	—	373（2）	—	—	1
6	交通运输、仓储和邮政业	40.9995	24（5）	—	211（4）	—	1（1）	3
7	采矿业	36.1774	14（6）	—	30（10）	—	—	3
8	综合	35.3283	—	—	93（6）	—	—	1
9	汽车制造业	35.1291	—	—	17（11）	—	—	2
10	房地产业	34.7291	—	—	38（8）	—	—	2
11	非金属矿物制品业	34.6040	7（7）	—	7（12）	—	—	1
12	文化、体育和娱乐业	33.7962	—	—	41（7）	—	—	1
13	有色金属冶炼和压延加工业	32.4463	—	—	—	—	—	1
14	租赁和商务服务业	31.8805	—	—	4（13）	—	—	1
15	金融业	31.7294	—	—	—	—	—	1
16	农副食品加工业	31.7107	—	—	—	—	—	1

资料来源：科技大数据湖北省重点实验室

表 3-56　2022 年海南省上市公司十强产业及上市公司

序号	行业	上市公司名称	IPI（全国排名）	上市板块
1	医药制造业	海南葫芦娃药业集团股份有限公司	50.3877（690）	主板
		康芝药业股份有限公司	47.6181（1718）	创业板
		海南普利制药股份有限公司	47.5995（1729）	创业板
		海南双成药业股份有限公司	46.1742（3474）	主板
		海南海药股份有限公司	45.7162（4326）	主板
2	农、林、牧、渔业	海南天然橡胶产业集团股份有限公司	48.2310（1334）	主板
		海南神农科技股份有限公司	46.1867（3449）	创业板
		罗牛山股份有限公司	46.0544（3681）	主板
3	电气机械和器材制造业	海南金盘智能科技股份有限公司	47.6127（1723）	科创板
4	纺织业	欣龙控股（集团）股份有限公司	47.8262（1566）	主板
5	酒、饮料和精制茶制造业	海南椰岛（集团）股份有限公司	47.1567（2130）	主板
6	交通运输、仓储和邮政业	海南航空控股股份有限公司	46.1990（3420）	主板
		海南海汽运输集团股份有限公司	45.6686（4432）	主板
		海南海峡航运股份有限公司	45.6019（4612）	主板
7	采矿业	海南矿业股份有限公司	45.7499（4250）	主板
		广晟有色金属股份有限公司	45.6350（4517）	主板
		洲际油气股份有限公司	45.5847（4673）	主板
8	综合	新大洲控股股份有限公司	45.8966（3966）	主板
9	汽车制造业	海马汽车股份有限公司	45.6891（4389）	主板
		海南钧达新能源科技股份有限公司	45.5465（4862）	主板
10	房地产业	海南高速公路股份有限公司	45.7391（4273）	主板
		海南机场设施股份有限公司	45.5112（5102）	主板

资料来源：科技大数据湖北省重点实验室

3.2.29　青海省

2022 年，青海省上市公司的知识产权指数为 31.3848，排名第 29。截至 2022 年末，青海省上市公司的发明专利有效量为 190 件，实用新型专利有效量为 651 件，外观设计专利有效量为 13 件，各类有效专利拥有总量在全国排名第 28；商标注册量为 1528 件，在全国排名第 29。2013～2022 年，青海省上市公司各类型专利授权量均呈现波动上升的趋势（图 3-30）。

青海省上市公司数量总计 11 家，分布在 9 个产业领域（表 3-57）。青海省的优势产业领域包括化学原料和化学制品制造业，采矿业，食品制造业，酒、饮料和精制茶制造业，电气机械和器材制造业，黑色金属冶炼和压延加工业，建筑业，通用设备制造业，信息传输、软件和信息技术服务业。各优势产业领域的代表性企业分别是青海盐湖工业股份有限公司、西部矿业股份有限公司、青海春天药用资源科技股份有限公司、青海互助天佑德青稞酒股份有限公司、远东智慧能源股份有限公司、西宁特殊钢股份有限公司、正平路桥建设股份有限公司、青海华鼎实业股份有限公司、顺利办信息服务股份有限公司（表 3-58）。

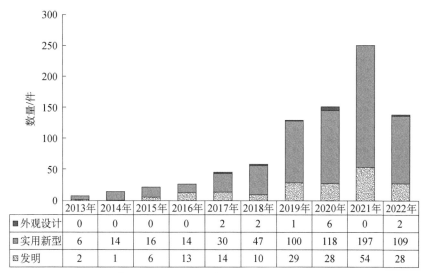

图 3-30　青海省上市公司当前有效专利授权时间分布情况

资料来源：科技大数据湖北省重点实验室

表 3-57　2022 年青海省上市公司不同知识产权类型产业分布及排名

序号	行业	IPI	有效专利拥有量/件（省内排名）	PCT 专利申请量/件（省内排名）	商标注册量/件（省内排名）	作品著作权登记量/件（省内排名）	计算机软件著作权登记量/件（省内排名）	上市公司数量/家
	总计	—	**854**	**1**	**1528**	**0**	**0**	**11**
1	化学原料和化学制品制造业	74.1276	619（1）	—	447（1）	—	—	3
2	采矿业	49.6453	178（2）	—	138（4）	—	—	1
3	食品制造业	47.0025	1（6）	1（1）	100（5）	—	—	1
4	酒、饮料和精制茶制造业	36.8217	3（5）	—	384（2）	—	—	1
5	电气机械和器材制造业	36.7750	—	—	314（3）	—	—	1
6	黑色金属冶炼和压延加工业	36.2655	34（3）	—	2（8）	—	—	1
7	建筑业	28.2099	19（4）	—	80（6）	—	—	1
8	通用设备制造业	26.9491	—	—	0（9）	—	—	1
9	信息传输、软件和信息技术服务业	25.2763	—	—	63（7）	—	—	1

资料来源：科技大数据湖北省重点实验室

表 3-58　2022 年青海省上市公司九强产业及上市公司

序号	行业	上市公司名称	IPI（全国排名）	上市板块
1	化学原料和化学制品制造业	青海盐湖工业股份有限公司	55.6509（284）	主板
		藏格矿业股份有限公司	45.6982（4370）	主板
		青海金瑞矿业发展股份有限公司	45.5870（4663）	主板
2	采矿业	西部矿业股份有限公司	49.7369（816）	主板
3	食品制造业	青海春天药用资源科技股份有限公司	46.1794（3463）	主板
4	酒、饮料和精制茶制造业	青海互助天佑德青稞酒股份有限公司	47.1332（2151）	主板

续表

序号	行业	上市公司名称	IPI（全国排名）	上市板块
5	电气机械和器材制造业	远东智慧能源股份有限公司	46.8378（2471）	主板
6	黑色金属冶炼和压延加工业	西宁特殊钢股份有限公司	46.6842（2659）	主板
7	建筑业	正平路桥建设股份有限公司	46.3015（3233）	主板
8	通用设备制造业	青海华鼎实业股份有限公司	45.6242（4543）	主板
9	信息传输、软件和信息技术服务业	顺利办信息服务股份有限公司	45.7856（4173）	主板

资料来源：科技大数据湖北省重点实验室

3.2.30　西藏自治区

2022 年，西藏自治区上市公司的知识产权指数为 31.3259，排名第 30。截至 2022 年末，西藏自治区上市公司的发明专利有效量为 111 件，实用新型专利有效量为 72 件，外观设计专利有效量为 6 件，各类有效专利拥有总量在全国排名第 31；商标注册量为 1476 件，在全国排名第 30。2022 年，西藏自治区上市公司的 PCT 专利申请量为 3 件，作品著作权登记量为 8 件，计算机软件著作权登记量为 28 件。2013～2022 年，西藏自治区上市公司各类型专利授权量呈现波动发展的趋势（图 3-31）。

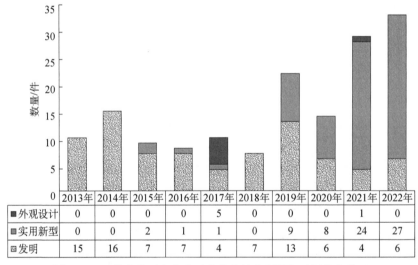

	2013年	2014年	2015年	2016年	2017年	2018年	2019年	2020年	2021年	2022年
外观设计	0	0	0	0	5	0	0	0	1	0
实用新型	0	0	2	1	1	0	9	8	24	27
发明	15	16	7	7	4	7	13	6	4	6

图 3-31　西藏自治区上市公司当前有效专利授权时间分布情况

资料来源：科技大数据湖北省重点实验室

西藏自治区上市公司数量总计 22 家，分布在 11 个产业领域（表 3-59）。西藏自治区的优势产业领域包括医药制造业，信息传输、软件和信息技术服务业，食品制造业，科学研究和技术服务业，化学原料和化学制品制造业，金融业，非金属矿物制品业，采矿业，水利、环境和公共设施管理业，房地产业。各优势产业领域的代表性企业分别是海思科医药集团股份有限公司、万兴科技集团股份有限公司、梅花生物科技集团股份有限公司、筑博设计股份有限公司、华宝香精股份有限公司、华林证券股份有限公司、西藏天路股份有限公司、西藏华钰矿业股份有限公司、西藏旅游股份有限公司、西藏城市发展投资股份有限公司（表 3-60）。

表 3-59　2022 年西藏自治区上市公司不同知识产权类型产业分布及排名

序号	行业	IPI	有效专利拥有量/件（区内排名）	PCT 专利申请量/件（区内排名）	商标注册量/件（区内排名）	作品著作权登记量/件（区内排名）	计算机软件著作权登记量/件（区内排名）	上市公司数量/家
	总计	—	189	3	1476	8	28	22
1	医药制造业	99.7732	97（1）	3（1）	749（1）	8（1）	—	8
2	信息传输、软件和信息技术服务业	64.1302	4（7）	—	338（2）	—	25（1）	2
3	食品制造业	48.4300	11（4）	—	90（4）	—	—	1
4	科学研究和技术服务业	40.9629	38（2）	—	12（9）	—	—	1
5	化学原料和化学制品制造业	37.6875	23（3）	—	24（8）	—	—	2
6	金融业	36.1713	—	—	103（3）	—	2（2）	1
7	非金属矿物制品业	35.7090	11（4）	—	81（5）	—	1（3）	1
8	采矿业	31.9108	5（6）	—	27（7）	—	—	3
9	水利、环境和公共设施管理业	31.4105	—	—	49（6）	—	—	1
10	房地产业	29.3770	—	—	2（10）	—	—	1
11	酒、饮料和精制茶制造业	29.3355	—	—	1（11）	—	—	1

资料来源：科技大数据湖北省重点实验室

表 3-60　2022 年西藏自治区上市公司十强产业及上市公司

序号	行业	上市公司名称	IPI（全国排名）	上市板块
1	医药制造业	海思科医药集团股份有限公司	48.9066（1059）	主板
		西藏奇正藏药股份有限公司	47.5485（1757）	主板
		西藏诺迪康药业股份有限公司	46.1612（3496）	主板
		西藏易明西雅医药科技股份有限公司	46.0636（3667）	主板
		西藏多瑞医药股份有限公司	45.9447（3875）	创业板
		西藏卫信康医药股份有限公司	45.8859（3984）	主板
		灵康药业集团股份有限公司	45.7474（4256）	主板
		恩威医药股份有限公司	45.6720（4425）	创业板
2	信息传输、软件和信息技术服务业	万兴科技集团股份有限公司	47.3536（1909）	创业板
		天阳宏业科技股份有限公司	45.9844（3808）	创业板
3	食品制造业	梅花生物科技集团股份有限公司	46.4707（2952）	主板
4	科学研究和技术服务业	筑博设计股份有限公司	46.2342（3357）	创业板
5	化学原料和化学制品制造业	华宝香精股份有限公司	45.9966（3787）	创业板
		西藏高争民爆股份有限公司	45.7605（4228）	主板
6	金融业	华林证券股份有限公司	46.0449（3702）	主板
7	非金属矿物制品业	西藏天路股份有限公司	46.0420（3706）	主板
8	采矿业	西藏华钰矿业股份有限公司	45.7446（4263）	主板

续表

序号	行业	上市公司名称	IPI（全国排名）	上市板块
8	采矿业	西藏珠峰资源股份有限公司	45.5234（4992）	主板
		西藏矿业发展股份有限公司	45.5207（5009）	主板
9	水利、环境和公共设施管理业	西藏旅游股份有限公司	45.7114（4340）	主板
10	房地产业	西藏城市发展投资股份有限公司	45.5193（5021）	主板

资料来源：科技大数据湖北省重点实验室

3.2.31 宁夏回族自治区

2022 年，宁夏回族自治区上市公司的知识产权指数为 31.1851，排名第 31。截至 2022 年末，宁夏回族自治区上市公司的发明专利有效量为 124 件，实用新型专利有效量为 365 件，各类有效专利拥有总量在全国排名第 29；商标注册量为 151 件，在全国排名第 31。2022 年，宁夏回族自治区上市公司的计算机软件著作权登记量为 7 件。2013～2022 年，宁夏回族自治区上市公司实用新型专利和发明专利授权量均呈现波动上升的趋势（图 3-32）。

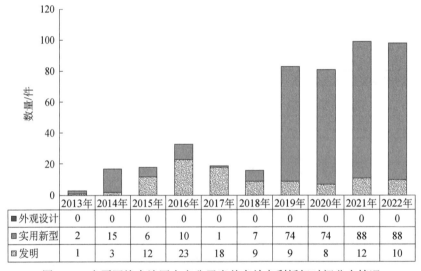

	2013年	2014年	2015年	2016年	2017年	2018年	2019年	2020年	2021年	2022年
■外观设计	0	0	0	0	0	0	0	0	0	0
■实用新型	2	15	6	10	1	7	74	74	88	88
▨发明	1	3	12	23	18	9	9	8	12	10

图 3-32　宁夏回族自治区上市公司当前有效专利授权时间分布情况
资料来源：科技大数据湖北省重点实验室

宁夏回族自治区上市公司数量总计 15 家，分布在 10 个产业领域（表 3-61）。宁夏回族自治区的优势产业领域包括有色金属冶炼和压延加工业，化学原料和化学制品制造业，电力、热力、燃气及水生产和供应业，农、林、牧、渔业，造纸和纸制品业，非金属矿物制品业，通用设备制造业，纺织业，批发和零售业，交通运输、仓储和邮政业。各优势产业领域的代表性企业分别是宁夏东方钽业股份有限公司、宁夏宝丰能源集团股份有限公司、宁夏银星能源股份有限公司、宁夏晓鸣农牧股份有限公司、中冶美利云产业投资股份有限公司、宁夏建材集团股份有限公司、宝塔实业股份有限公司、宁夏中银绒业股份有限公司、银川新华百货商业集团股份有限公司、宁夏西部创业实业股份有限公司（表 3-62）。

表 3-61　2022 年宁夏回族自治区上市公司不同知识产权类型产业分布及排名

序号	行业	IPI	有效专利拥有量/件（区内排名）	PCT 专利申请量/件（区内排名）	商标注册量/件（区内排名）	作品著作权登记量/件（区内排名）	计算机软件著作权登记量/件（区内排名）	上市公司数量/家
	总计	—	489	0	151	0	7	15
1	有色金属冶炼和压延加工业	73.8198	106（2）	0（1）	4（9）	0（1）	0（3）	1
2	化学原料和化学制品制造业	58.4753	182（1）	0（1）	20（4）	0（1）	0（3）	3
3	电力、热力、燃气及水生产和供应业	38.5881	61（4）	0（1）	10（7）	0（1）	5（1）	3
4	农、林、牧、渔业	37.7798	19（6）	0（1）	12（5）	0（1）	2（2）	1
5	造纸和纸制品业	58.4202	65（3）	0（1）	31（1）	0（1）	0（3）	1
6	非金属矿物制品业	30.5235	35（5）	0（1）	28（3）	0（1）	0（3）	2
7	通用设备制造业	29.4554	9（8）	0（1）	0（10）	0（1）	0（3）	1
8	纺织业	34.9885	12（7）	0（1）	12（5）	0（1）	0（3）	1
9	批发和零售业	22.6513	0（9）	0（1）	27（3）	0（1）	0（3）	1
10	交通运输、仓储和邮政业	21.4528	0（9）	0（1）	7（8）	0（1）	0（3）	1

资料来源：科技大数据湖北省重点实验室

表 3-62　2022 年宁夏回族自治区上市公司十强产业及上市公司

序号	行业	上市公司名称	IPI（全国排名）	上市板块
1	有色金属冶炼和压延加工业	宁夏东方钽业股份有限公司	49.1924（966）	主板
2	化学原料和化学制品制造业	宁夏宝丰能源集团股份有限公司	47.7388（1634）	主板
		宁夏英力特化工股份有限公司	46.1240（3549）	主板
		宁夏中科生物科技股份有限公司	45.5667（4741）	主板
3	电力、热力、燃气及水生产和供应业	宁夏银星能源股份有限公司	46.6912（2644）	主板
		宁夏凯添燃气发展股份有限公司	45.9746（3825）	北证
		宁夏嘉泽新能源股份有限公司	45.6211（4553）	主板
4	农、林、牧、渔业	宁夏晓鸣农牧股份有限公司	45.9430（3878）	创业板
5	造纸和纸制品业	中冶美利云产业投资股份有限公司	46.5620（2836）	主板
6	非金属矿物制品业	宁夏建材集团股份有限公司	45.8936（3975）	主板
		宁夏青龙管业集团股份有限公司	45.8896（3979）	主板
7	通用设备制造业	宝塔实业股份有限公司	45.7577（4233）	主板
8	纺织业	宁夏中银绒业股份有限公司	46.1103（3576）	主板
9	批发和零售业	银川新华百货商业集团股份有限公司	45.6215（4550）	主板
10	交通运输、仓储和邮政业	宁夏西部创业实业股份有限公司	45.5477（4854）	主板

资料来源：科技大数据湖北省重点实验室

本章参考文献

[1] 北京市知识产权局. 2021 年北京市知识产权工作会暨北京市知识产权办公会议工作会召开[EB/OL]. https://zscqj.beijing.gov.cn/zscqj/sjd/tpxw71/zscqj_608504/index.html[2021-02-26].

[2] 广东省市场监督管理局. 广东部署推进 2021 年全省知识产权工作[EB/OL]. http://amr.gd.gov.cn/zwdt/xwfbt/content/post_3246245.html[2021-03-19].

第4章 中国上市公司知识产权指数产业报告

本章首先按照中国上市公司知识产权指数（产业）计算公式 $\text{IPI}_{\text{某产业-某年}} = w_1 C_1 + w_2 C_2 + w_3 A_1 + w_4 A_2 + w_5 P_1 + w_6 P_2 + w_7 E_1$，计算得到 2022 年中国上市公司知识产权指数（产业）排行榜。之后，对各产业内上市公司发明专利授权量、实用新型专利授权量、外观设计专利授权量 2013~2022 年的变化情况展开分析，并对各产业的不同知识产权类型地区分布和上市公司进行分析，最后分析了排名前十位的产业的专利技术主题和演化趋势。

4.1 2022 年中国上市公司知识产权指数（产业）排行榜

以产业为分析单元，基于专利权、商标权、作品著作权、计算机软件著作权、农业植物新品种权、林草植物新品种权和集成电路布图设计专有权数据，采用中国上市公司知识产权指数（产业）计算方法，从知识产权创造、运用、保护和效率四个维度分析上市公司的知识产权能力，得出 2022 年中国上市公司知识产权指数（产业）排行榜（图 4-1）。

2022 年我国上市公司知识产权指数（产业）排行榜分为 4 个梯队。第一梯队为计算机、通信和其他电子设备制造业，电气机械和器材制造业，专用设备制造业，汽车制造业共 4 个产业。其中，排名第 1 和第 2 的上市公司知识产权指数（产业）分别为 97.4665、94.6683，远高于其他产业，且第一梯队内部指数差距也较大。第二梯队的上市公司知识产权指数（产业）为 60~80，包括信息传输、软件和信息技术服务业，采矿业，医药制造业共 3 个产业。第一梯队和第二梯队产业数量占比均较少。第三梯队的上市公司知识产权指数（产业）为 40~60，包括化学原料和化学制品制造业，通用设备制造业，黑色金属冶炼和压延加工业，橡胶和塑料制品业，非金属矿物制品业，科学研究和技术服务业，金属制品业，食品制造业，仪器仪表制造业，建筑业共 10 个产业。第四梯队的上市公司知识产权指数（产业）均低于 40，共有 30 个产业，产业数量占比最多，表明中国上市公司整体的创新能力较弱，具体包括金融业，铁路、船舶、航空航天和其他运输设备制造业，有色金属冶炼和压延加工业，批发和零售业，电力、热力、燃气及水生产和供应业，酒、饮料和精制茶制造业，农副食品加工业，水利、环境和公共设施管理业，纺织服装、服饰业，文教、工美、体育和娱乐用品制造业，家具制造业，纺织业，农、林、牧、渔业，造纸和纸制品业，房地产业，文化、体育和娱乐业，租赁和商务服务业，交通运输、仓储和邮政业，化学纤维制造业，其他制造业，废弃资源综合利用业，皮革、毛皮、羽毛及其制品和制鞋业，石油、煤炭及其他燃料加工业，印刷和记录媒介复制业，木材加工和木、竹、藤、棕、草制品业，卫生和社会工作，教育，住宿和餐饮业，综合，居民服务、修理和其他服务业。

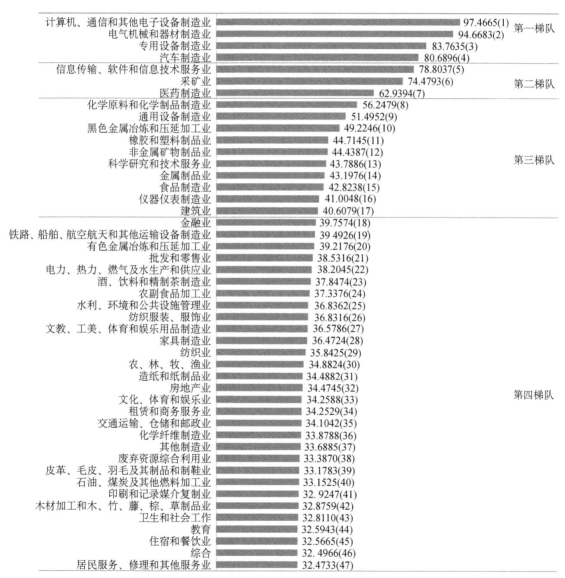

图 4-1　2022 年中国上市公司知识产权指数（产业）排行榜
资料来源：科技大数据湖北省重点实验室
注：图中括号内数据为产业排名。

4.2 2022 年中国上市公司知识产权指数（产业）排行榜分析

4.2.1 计算机、通信和其他电子设备制造业

2022 年，计算机、通信和其他电子设备制造业上市公司的知识产权指数为 97.4665，在所有产业中排名第 1。截至 2022 年末，该产业上市公司的发明专利有效量为 85 467 件，实用新型专利有效量为 64 984 件，外观设计专利有效量为 17 010 件，各类有效专利拥有总量在全国排名第 2；商标注册量为 33 585 件，在全国排名第 5。2022 年，该产业上市公司的 PCT 专利申请量为 4924 件，作品著作权登记量为 401 件，计算机软件著作权登记量为 2256 件，集成电路布图设计发证量为 326 件。2013～2022 年，计算机、通信和其他电子设备制造业上市公司各类型专利授权量均呈现波动上升的趋势（图 4-2）。

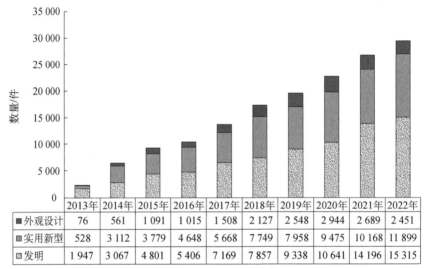

	2013年	2014年	2015年	2016年	2017年	2018年	2019年	2020年	2021年	2022年
■外观设计	76	561	1 091	1 015	1 508	2 127	2 548	2 944	2 689	2 451
■实用新型	528	3 112	3 779	4 648	5 668	7 749	7 958	9 475	10 168	11 899
▨发明	1 947	3 067	4 801	5 406	7 169	7 857	9 338	10 641	14 196	15 315

图 4-2　计算机、通信和其他电子设备制造业上市公司当前有效专利授权时间分布情况

资料来源：科技大数据湖北省重点实验室

广东省该产业上市公司的综合表现最为突出（表 4-1）。该产业共有 584 家上市公司，知识产权指数最高的上市公司是中兴通讯股份有限公司，上市板块为主板，所属地区为广东省（表 4-2）。

表 4-1　2022 年计算机、通信和其他电子设备制造业不同知识产权类型地区分布及排名

序号	地区	IPI	有效专利拥有量/件（全国排名）	PCT 专利申请量/件（全国排名）	商标注册量/件（全国排名）	作品著作权登记量/件（全国排名）	计算机软件著作权登记量/件（全国排名）	农业植物新品种有效量/件（全国排名）	林草植物新品种有效量/件（全国排名）	集成电路布图设计发证量/件（全国排名）	上市公司数量/家
	总计	—	167 461	4 924	33 585	401	2 256	0	0	326	584
1	广东省	99.996 5	67 742（1）	2 192（1）	15 440（1）	306（1）	778（1）	—	—	83（2）	205
2	北京市	91.797 0	32 658（2）	1 893（2）	4 850（2）	8（5）	259（2）	—	—	21（5）	46

续表

序号	地区	IPI	有效专利拥有量/件（全国排名）	PCT专利申请量/件（全国排名）	商标注册量/件（全国排名）	作品著作权登记量/件（全国排名）	计算机软件著作权登记量/件（全国排名）	农业植物新品种有效量/件（全国排名）	林草植物新品种有效量/件（全国排名）	集成电路布图设计发证量/件（全国排名）	上市公司数量/家
3	浙江省	58.625 2	12 889（3）	82（5）	2 150（3）	20（3）	202（4）	—	—	2（11）	43
4	江苏省	58.098 2	11 984（4）	99（4）	1 917（4）	2（8）	86（7）	—	—	7（8）	83
5	山东省	56.298 1	9 903（5）	452（3）	1 155（8）	1（9）	48（11）	—	—	5（9）	13
6	湖北省	48.382 9	6 806（6）	72（6）	1 085（9）	—	232（3）	—	—	—	29
7	上海市	46.980 8	4 399（8）	29（8）	1 297（7）	5（7）	177（5）	—	—	107（1）	40
8	四川省	43.746 6	5 444（7）	5（13）	1 796（5）	39（2）	40（12）	—	—	3（10）	20
9	河北省	40.204 0	1 478(14)	—	116（15）	—	1（18）	—	—	—	6
10	福建省	39.899 4	3 016（9）	11（10）	1 462（6）	11（4）	167（6）	—	—	8（7）	23
11	安徽省	37.987 1	1 974(12)	9（11）	476（11）	7（6）	33（13）	—	—	17（6）	17
12	河南省	37.787 0	2 483(10)	2（14）	69（17）	1（9）	59（10）	—	—	—	9
13	湖南省	37.293 6	2 223(11)	28（9）	627（10）	—	75（8）	—	—	2（11）	10
14	天津市	36.499 7	1 693(13)	7（12）	377（13）	—	67（9）	—	—	43（3）	8
15	陕西省	36.294 8	1 238(15)	42（7）	472（12）	—	16（14）	—	—	—	10
16	贵州省	34.394 9	362（17）	1（15）	21（18）	—	3（17）	—	—	28（4）	3
17	江西省	34.144 7	467（16）	—	82（16）	1（9）	4（16）	—	—	—	7
18	黑龙江省	33.659 5	114（19）	—	9（20）	—	7（15）	—	—	—	3
19	新疆维吾尔自治区	33.448 5	168（18）	—	148（14）	—	—	—	—	—	1
20	辽宁省	33.359 6	110（20）	—	13（19）	—	1（18）	—	—	—	2
21	甘肃省	33.342 1	102（21）	—	3（23）	—	1（18）	—	—	—	1
22	吉林省	33.260 8	102（21）	—	8（22）	—	—	—	—	—	1
23	重庆市	33.234 1	50（24）	—	9（20）	—	—	—	—	—	2
24	广西壮族自治区	33.113 8	56（23）	—	3（23）	—	—	—	—	—	1
25	山西省	33.061 6	—	—	—	—	—	—	—	—	1

资料来源：科技大数据湖北省重点实验室

表 4-2 2022 年计算机、通信和其他电子设备制造业上市公司知识产权指数二十强上市公司

序号	上市公司名称	地区	IPI（全国排名）
1	中兴通讯股份有限公司	广东省	95.0401（1）
2	京东方科技集团股份有限公司	北京市	91.7746（7）
3	杭州海康威视数字技术股份有限公司	浙江省	91.4933（8）
4	广州视源电子科技股份有限公司	广东省	90.7628（9）
5	歌尔股份有限公司	山东省	89.2907（11）
6	海信视像科技股份有限公司	山东省	87.2739（14）
7	四川长虹电器股份有限公司	四川省	83.9856（26）
8	深圳市汇顶科技股份有限公司	广东省	83.2361（28）
9	烽火通信科技股份有限公司	湖北省	82.7599（30）

序号	上市公司名称	地区	IPI（全国排名）
10	浙江大华技术股份有限公司	浙江省	80.2619（36）
11	天马微电子股份有限公司	广东省	78.1642（45）
12	昆山龙腾光电股份有限公司	江苏省	76.8685（51）
13	浪潮电子信息产业股份有限公司	山东省	76.8388（52）
14	中航光电科技股份有限公司	河南省	76.0299（54）
15	康佳集团股份有限公司	广东省	74.4206（58）
16	TCL 科技集团股份有限公司	广东省	73.4739（62）
17	武汉光迅科技股份有限公司	湖北省	69.1679（77）
18	山东新北洋信息技术股份有限公司	山东省	68.5793（80）
19	航天信息股份有限公司	北京市	67.9347（83）
20	北京经纬恒润科技股份有限公司	北京市	67.8628（84）

资料来源：科技大数据湖北省重点实验室

该产业上市公司相关的专利技术主题如表 4-3 所示，主题演化趋势如图 4-3 所示。2005～2010 年，各个主题的强度都相对较弱。2011～2016 年，T0 液晶显示、T1 控制电路、T2 触摸屏技术、T3 无线通信等主题成为当下的热点主题。2017～2022 年，相比 T1 控制电路，更加注重 T0 液晶显示和 T2 触摸屏技术，T6 晶体管和半导体器件、T7 测试方法和设备以及 T8 摄像机和相机等主题也进一步发展。

表 4-3 计算机、通信和其他电子设备制造业上市公司专利主题

主题编号	主题名称	主题编号	主题名称
T0	液晶显示	T15	数据处理与存储
T1	控制电路	T16	包装设计
T2	触摸屏技术	T17	光学器件
T3	无线通信	T18	清洁设备
T4	耳机和音频设备	T19	虚拟化技术
T5	导光板和照明设备	T20	电池技术
T6	晶体管和半导体器件	T21	加密与安全性
T7	测试方法和设备	T22	滤波器
T8	摄像机和相机	T23	定时器
T9	视频信号和多媒体技术	T24	碳化硅
T10	激光器和光学技术	T25	印刷机
T11	温度传感器和散热装置	T26	键盘
T12	电视技术	T27	编码方法
T13	磁性材料	T28	真空设备
T14	金融设备与技术	T29	售票机

资料来源：科技大数据湖北省重点实验室

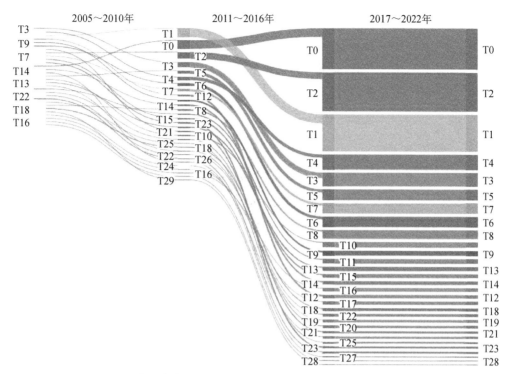

图 4-3 2005～2022 年计算机、通信和其他电子设备制造业上市公司专利主题演化趋势
资料来源：科技大数据湖北省重点实验室

4.2.2 电气机械和器材制造业

2022 年，电气机械和器材制造业上市公司的知识产权指数为 94.6683，在所有产业中排名第 2。截至 2022 年末，该产业上市公司的发明专利有效量为 49 326 件，实用新型专利有效量为 122 497 件，外观设计专利有效量为 29 960 件，各类有效专利拥有总量在全国排名第 1；商标注册量为 39 844 件，在全国排名第 2。2022 年，该产业上市公司的 PCT 专利申请量为 2443 件，作品著作权登记量为 219 件，计算机软件著作权登记量为 713 件，集成电路布图设计发证量为 10 件。2013～2022 年，电气机械和器材制造业上市公司各类型专利授权量均呈现波动上升的趋势（图 4-4）。

广东省该产业上市公司的综合表现最为突出（表 4-4）。该产业共有 325 家上市公司，知识产权指数最高的上市公司是珠海格力电器股份有限公司，上市板块为主板，所属地区为广东省（表 4-5）。

该产业上市公司相关的专利技术主题如表 4-6 所示，主题演化趋势如图 4-5 所示。2005～2009 年，各个主题的强度都相对较弱。2010～2014 年，T0 电池和电力存储、T1 空调和空气处理、T2 加热和热能转换、T3 食品加工和厨房等主题成为当下的热点主题。2015 年之后，T5 产品外观设计、T6 灯具外观设计和 T7 冷藏和制冷等主题进一步发展。2020～2022 年，相比 T3 食品加工和厨房，更加注重 T4 家庭清洁和清洗，T8 水处理和净化与 T9 机器人和自动化等主题也实现较大增长。

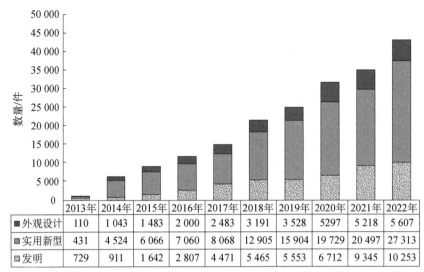

	2013年	2014年	2015年	2016年	2017年	2018年	2019年	2020年	2021年	2022年
■外观设计	110	1 043	1 483	2 000	2 483	3 191	3 528	5297	5 218	5 607
■实用新型	431	4 524	6 066	7 060	8 068	12 905	15 904	19 729	20 497	27 313
▨发明	729	911	1 642	2 807	4 471	5 465	5 553	6 712	9 345	10 253

图 4-4　电气机械和器材制造业上市公司当前有效专利授权时间分布情况

资料来源：科技大数据湖北省重点实验室

表 4-4　2022 年电气机械和器材制造业不同知识产权类型地区分布及排名

序号	地区	IPI	有效专利拥有量/件（全国排名）	PCT 专利申请量/件（全国排名）	商标注册量/件（全国排名）	作品著作权登记量/件（全国排名）	计算机软件著作权登记量/件（全国排名）	农业植物新品种有效量/件（全国排名）	林草植物新品种有效量/件（全国排名）	集成电路布图设计发证量/件（全国排名）	上市公司数量/家
	总计	—	201 783	2 443	39 844	219	713	0	0	10	325
1	广东省	99.448 8	110 704(1)	593（2）	20 330(1)	130（1）	227（1）	—	—	—	67
2	山东省	78.776 6	31 341(2)	1 131（1）	2 017（5）	8（6）	37（5）	—	—	—	16
3	浙江省	68.725 8	17 465(3)	71（6）	6 133（2）	24（2）	126（2）	—	—	—	64
4	江苏省	61.399 7	9 704（4）	86（5）	2 919（3）	12（4）	102（3）	—	—	—	61
5	福建省	52.019 6	5 691（6）	284（3）	1 125（7）	3（8）	34（6）	—	—	—	9
6	上海市	49.958 5	7 278（5）	134（4）	2 320（4）	11（5）	17（9）	—	—	3（2）	21
7	陕西省	46.087 2	2 826(10)	25（9）	416（10）	2（11）	28（8）	—	—	—	6
8	北京市	44.919 4	3 080（9）	63（7）	733（8）	5（7）	48（4）	—	—	7（1）	12
9	安徽省	42.864 5	5 004（7）	26（8）	1 398（6）	—	—	—	—	—	9
10	河南省	42.394 7	3 644（8）	15（10）	104（17）	3（8）	16（11）	—	—	—	6
11	江西省	39.566 5	837（14）	—	557（9）	—	2（15）	—	—	—	4
12	湖南省	38.337 4	938（12）	9（11）	116（15）	—	17（9）	—	—	—	9
13	河北省	37.430 6	1 104（11）	5（12）	83（19）	1（12）	10（13）	—	—	—	6
14	四川省	36.924 3	876（13）	—	357（12）	3（8）	5（14）	—	—	—	5
15	湖北省	36.090 1	64（21）	—	166（14）	—	1（16）	—	—	—	3
16	天津市	35.884 0	109（19）	—	8（25）	17（3）	32（7）	—	—	—	4
17	新疆维吾尔自治区	35.816 6	429（15）	—	368（11）	—	—	—	—	—	2
18	贵州省	35.759 9	181（17）	1（13）	61（20）	—	11（12）	—	—	—	4
19	重庆市	35.500 0	199（16）	—	24（22）	—	—	—	—	—	3

续表

序号	地区	IPI	有效专利拥有量/件（全国排名）	PCT专利申请量/件（全国排名）	商标注册量/件（全国排名）	作品著作权登记量/件（全国排名）	计算机软件著作权登记量/件（全国排名）	农业植物新品种有效量/件（全国排名）	林草植物新品种有效量/件（全国排名）	集成电路布图设计发证量/件（全国排名）	上市公司数量/家
20	黑龙江省	35.459 5	77（20）	—	108（16）	—	—	—	—	—	3
21	辽宁省	35.275 8	15（24）	—	24（22）	—	—	—	—	—	3
22	吉林省	35.213 8	56（22）	—	24（22）	—	—	—	—	—	2
23	甘肃省	35.201 3	32（23）	—	104（17）	—	—	—	—	—	2
24	海南省	35.151 3	127（18）	—	31（21）	—	—	—	—	—	1
25	青海省	35.036 1	—	—	314（13）	—	—	—	—	—	1
26	山西省	34.996 8	—	—	—	—	—	—	—	—	1
27	广西壮族自治区	34.993 9	2（25）	—	4（26）	—	—	—	—	—	1

资料来源：科技大数据湖北省重点实验室

表 4-5　2022 年电气机械和器材制造业上市公司知识产权指数二十强上市公司

序号	上市公司名称	地区	IPI（全国排名）
1	珠海格力电器股份有限公司	广东省	94.8579（2）
2	美的集团股份有限公司	广东省	94.5660（5）
3	宁德时代新能源科技股份有限公司	福建省	89.1546（12）
4	海尔智家股份有限公司	山东省	86.3085（17）
5	九阳股份有限公司	山东省	83.9997（25）
6	海洋王照明科技股份有限公司	广东省	82.8597（29）
7	欧普照明股份有限公司	上海市	81.5461（32）
8	浙江正泰电器股份有限公司	浙江省	77.2304（48）
9	许继电气股份有限公司	河南省	76.9325（49）
10	中国西电电气股份有限公司	陕西省	76.9104（50）
11	阳光电源股份有限公司	安徽省	76.6971（53）
12	华帝股份有限公司	广东省	75.5087（55）
13	横店集团东磁股份有限公司	浙江省	75.2082（56）
14	广东新宝电器股份有限公司	广东省	73.1804（64）
15	杭州老板电器股份有限公司	浙江省	69.9485（72）
16	长虹美菱股份有限公司	安徽省	68.0532（82）
17	中山大洋电机股份有限公司	广东省	65.7412（100）
18	珠海冠宇电池股份有限公司	广东省	64.4582（107）
19	北京四方继保自动化股份有限公司	北京市	63.9426（114）
20	河南平高电气股份有限公司	河南省	63.5753（119）

资料来源：科技大数据湖北省重点实验室

表 4-6　电气机械和器材制造业上市公司专利主题

主题编号	主题名称	主题编号	主题名称
T0	电池和电力存储	T4	家庭清洁和清洗
T1	空调和空气处理	T5	产品外观设计
T2	加热和热能转换	T6	灯具外观设计
T3	食品加工和厨房	T7	冷藏和制冷

续表

主题编号	主题名称	主题编号	主题名称
T8	水处理和净化	T19	锁具和安全
T9	机器人和自动化	T20	包装
T10	电缆和通信线路	T21	真空技术和设备
T11	厨房排烟	T22	硅材料
T12	磁性材料和磁力学	T23	切割工具
T13	用户界面设计	T24	焊接技术和设备
T14	燃料电池和电力发电	T25	语音技术
T15	过滤设备	T26	咖啡制作
T16	烹饪设备	T27	蜗轮蜗杆
T17	按摩设备	T28	旋转装置
T18	家用消毒	T29	材料科学

资料来源：科技大数据湖北省重点实验室

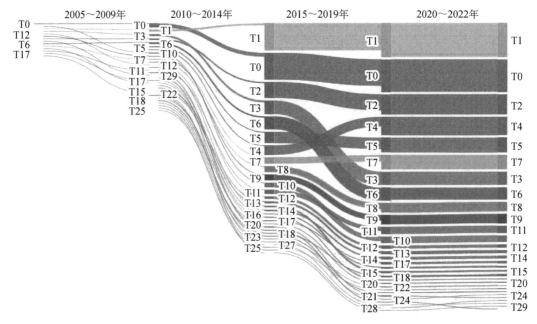

图 4-5　2005～2022 年电气机械和器材制造业上市公司专利主题演化趋势
资料来源：科技大数据湖北省重点实验室

4.2.3　专用设备制造业

2022 年，专用设备制造业上市公司的知识产权指数为 83.7635，在所有产业中排名第 3。截至 2022 年末，该产业上市公司的发明专利有效量为 23 192 件，实用新型专利有效量为 57 790 件，外观设计专利有效量为 8966 件，各类有效专利拥有总量在全国排名第 3；商标注册量为 21 141 件，在全国排名第 10。2022 年，该产业上市公司的 PCT 专利申请量为 475 件，作品著作权登记量为 327 件，计算机软件著作权登记量为 1565 件，集成电路布图设计发证量为 5 件。2013～2022 年，专用设备制造业上市公司各类型专利授权量均呈现波动上升的趋势（图 4-6）。

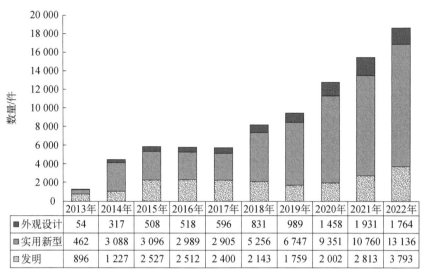

图 4-6　专用设备制造业上市公司当前有效专利授权时间分布情况

资料来源：科技大数据湖北省重点实验室

广东省该产业上市公司的综合表现最为突出（表 4-7）。该产业共有 371 家上市公司，知识产权指数最高的上市公司是中联重科股份有限公司，上市板块为主板，所属地区为湖南省（表 4-8）。

表 4-7　2022 年专用设备制造业不同知识产权类型地区分布及排名

序号	地区	IPI	有效专利拥有量/件（全国排名）	PCT专利申请量/件（全国排名）	商标注册量/件（全国排名）	作品著作权登记量/件（全国排名）	计算机软件著作权登记量/件（全国排名）	农业植物新品种有效量/件（全国排名）	林草植物新品种有效量/件（全国排名）	集成电路布图设计发证量/件（全国排名）	上市公司数量/家
	总计	—	89 948	475	21 141	327	1 565	0	0	5	371
1	广东省	99.776 1	18 602（1）	164（1）	4 667（1）	233（1）	499（1）	—	—	—	65
2	江苏省	92.112 2	14 519（2）	105（2）	3 844（2）	34（2）	225（2）	—	—	—	61
3	上海市	82.273 4	8 025（4）	61（3）	1 438（6）	7（5）	160（3）			5（1）	35
4	湖南省	82.011 6	9 552（3）	43（4）	2 244（4）	18（3）	132（4）	—	—	—	10
5	浙江省	74.653 7	7 632（5）	30（5）	2 471（3）	11（4）	82（7）	—	—	—	49
6	北京市	71.884 6	4 073（8）	26（6）	2 179（5）	6（6）	63（8）	—	—	—	24
7	山东省	66.381 9	7 626（6）	23（7）	1 236（7）	6（6）	104（5）	—	—	—	27
8	安徽省	42.558 5	4 326（7）	7（9）	625（9）	—	94（6）	—	—	—	14
9	天津市	42.311 9	1 988（10）	10（8）	640（8）	—	34（10）	—	—	—	11
10	福建省	35.172 8	2 234（9）	—	382（10）	2（10）	14（13）	—	—	—	7
11	辽宁省	34.456 9	1 355（13）	3（10）	131（15）	—	10（15）	—	—	—	11
12	河南省	34.094 4	1 946（11）	—	227（12）	4（9）	25（11）	—	—	—	7
13	湖北省	33.375 7	1 634（12）	1（12）	202（13）	5（8）	52（9）	—	—	—	11
14	广西壮族自治区	32.078 5	1 230（14）	—	28（20）	—	21（12）	—	—	—	1
15	山西省	30.315 7	914（15）	—	16（23）	—	—	—	—	—	2
16	黑龙江省	29.319 5	719（17）	—	37（19）	—	9（16）	—	—	—	2
17	陕西省	28.387 2	645（19）	—	94（18）	—	6（19）	—	—	—	7

续表

序号	地区	IPI	有效专利拥有量/件（全国排名）	PCT专利申请量/件（全国排名）	商标注册量/件（全国排名）	作品著作权登记量/件（全国排名）	计算机软件著作权登记量/件（全国排名）	农业植物新品种有效量/件（全国排名）	林草植物新品种有效量/件（全国排名）	集成电路布图设计发证量/件（全国排名）	上市公司数量/家
18	江西省	27.900 7	818（16）	2（11）	109（16）	—	7（17）	—	—	—	7
19	四川省	27.850 9	703（18）	—	256（11）	—	6（19）	—	—	—	7
20	吉林省	27.798 9	361（21）	—	23（22）	—	—	—	—	—	2
21	甘肃省	26.676 7	335（22）	—	7（24）	—	1（21）	—	—	—	2
22	河北省	26.648 8	430（20）	—	151（14）	1（11）	13（14）	—	—	—	4
23	内蒙古自治区	25.917 5	176（23）	—	26（21）	—	1（21）	—	—	—	2
24	重庆市	25.749 5	105（24）	—	106（17）	—	7（17）	—	—	—	1
25	新疆维吾尔自治区	25.085 3	—	—	2（25）	—	—	—	—	—	2

资料来源：科技大数据湖北省重点实验室

表4-8 2022年专用设备制造业上市公司知识产权指数二十强上市公司

序号	上市公司名称	地区	IPI（全国排名）
1	中联重科股份有限公司	湖南省	87.5141（13）
2	深圳迈瑞生物医疗电子股份有限公司	广东省	84.1578（24）
3	大族激光科技产业集团股份有限公司	广东省	80.4114（34）
4	上海联影医疗科技股份有限公司	上海市	78.2183（44）
5	三一重工股份有限公司	北京市	74.2483（60）
6	楚天科技股份有限公司	湖南省	72.4052（65）
7	广西柳工机械股份有限公司	广西壮族自治区	70.4890（71）
8	山东新华医疗器械股份有限公司	山东省	69.7413（73）
9	上海振华重工（集团）股份有限公司	上海市	68.6868（78）
10	无锡先导智能装备股份有限公司	江苏省	66.5200（91）
11	安徽合力股份有限公司	安徽省	66.5179（92）
12	徐工集团工程机械股份有限公司	江苏省	66.2757（96）
13	太原重工股份有限公司	山西省	64.0906（111）
14	博众精工科技股份有限公司	江苏省	63.9882（113）
15	山推工程机械股份有限公司	山东省	63.1514（121）
16	中微半导体设备（上海）股份有限公司	上海市	63.1496（122）
17	广州达意隆包装机械股份有限公司	广东省	62.8132（127）
18	中国铁建重工集团股份有限公司	湖南省	62.5314（131）
19	深圳市理邦精密仪器股份有限公司	广东省	61.9538（138）
20	福建龙净环保股份有限公司	福建省	61.5389（143）

资料来源：科技大数据湖北省重点实验室

该产业上市公司相关的专利技术主题如表4-9所示，主题演化趋势如图4-7所示。2005～2009年，各个主题的强度都相对较弱。2010～2014年，T0电子设备与技术、T1外观设计、T2液压系统与设备、T4热管理与冷却系统等主题成为当下的热点主题。2015年之后，相比T2液压系统与设备，更加注重T1外观设计，T3激光技术与光学器件主题也进一步发展。2020～

2022 年，值得注意的是 T5 医疗器械与手术装置、T7 切割与裁剪工具等主题发展速度明显加快，T8 焊接技术与设备等主题也实现较大增长。

表 4-9　专用设备制造业上市公司专利主题

主题编号	主题名称	主题编号	主题名称
T0	电子设备与技术	T15	印刷与打印
T1	外观设计	T16	环保与排放
T2	液压系统与设备	T17	桥梁与舟桥
T3	激光技术与光学器件	T18	包装袋
T4	热管理与冷却系统	T19	园林工具
T5	医疗器械与手术装置	T20	真空技术与装置
T6	硅材料与半导体制造	T21	包装盒
T7	切割与裁剪工具	T22	灭菌与消毒
T8	焊接技术与设备	T23	煤矿开采
T9	磁性材料与磁场控制	T24	耳机设备和配件
T10	血液与医学检测	T25	发药机
T11	膜材与纤维	T26	血压和血氧监测设备
T12	塑瓶与包装	T27	样本分析
T13	过滤器	T28	消防器材
T14	锁具与吊具	T29	玻璃

资料来源：科技大数据湖北省重点实验室

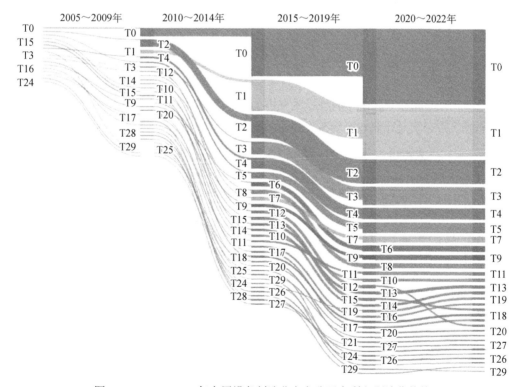

图 4-7　2005～2022 年专用设备制造业上市公司专利主题演化趋势

资料来源：科技大数据湖北省重点实验室

4.2.4 汽车制造业

2022年，汽车制造业上市公司的知识产权指数为80.6896，在所有产业中排名第4。截至2022年末，该产业上市公司的发明专利有效量为24 807件，实用新型专利有效量为42 299件，外观设计专利有效量为10 958件，各类有效专利拥有总量在全国排名第4；商标注册量为19 286件，在全国排名第11。2022年，该产业上市公司的PCT专利申请量为420件，作品著作权登记量为47件，计算机软件著作权登记量为510件。2013～2022年，汽车制造业上市公司各类型专利授权量均呈现波动上升的趋势（图4-8）。

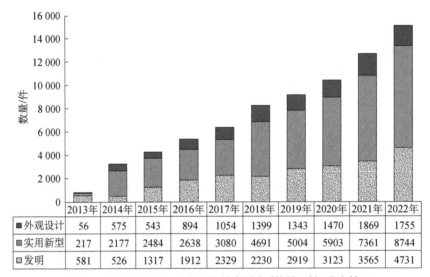

	2013年	2014年	2015年	2016年	2017年	2018年	2019年	2020年	2021年	2022年
■外观设计	56	575	543	894	1054	1399	1343	1470	1869	1755
■实用新型	217	2177	2484	2638	3080	4691	5004	5903	7361	8744
▣发明	581	526	1317	1912	2329	2230	2919	3123	3565	4731

图4-8　汽车制造业上市公司当前有效专利授权时间分布情况

资料来源：科技大数据湖北省重点实验室

广东省该产业上市公司的综合表现最为突出（表4-10）。该产业共有172家上市公司，知识产权指数最高的上市公司是比亚迪股份有限公司，上市板块为主板，所属地区为广东省（表4-11）。

表4-10　2022年汽车制造业不同知识产权类型地区分布及排名

序号	地区	IPI	有效专利拥有量/件（全国排名）	PCT专利申请量/件（全国排名）	商标注册量/件（全国排名）	作品著作权登记量/件（全国排名）	计算机软件著作权登记量/件（全国排名）	农业植物新品种有效量/件（全国排名）	林草植物新品种有效量/件（全国排名）	集成电路布图设计发证量/件（全国排名）	上市公司数量/家
	总计	—	78 064	420	19 286	47	510	0	0	0	172
1	广东省	97.359 8	22 657（1）	243（1）	2 430（3）	11（2）	144（2）	—	—	—	14
2	河北省	77.384 5	9 866（2）	110（2）	4 372（1）	20（1）	13（7）	—	—	—	4
3	重庆市	65.999 9	6 943（4）	3（8）	3 203（2）	1（7）	151（1）	—	—	—	5
4	山东省	64.639 5	8 038（3）	18（4）	928（8）	2（5）	39（4）	—	—	—	11
5	北京市	64.449 2	5 304（6）	22（3）	1 449（5）	8（3）	31（6）	—	—	—	4
6	安徽省	60.755 8	5 357（5）	—	1 027（7）	—	7（10）	—	—	—	7
7	浙江省	58.938 0	4 860（8）	9（6）	1 379（6）	—	37（5）	—	—	—	41
8	上海市	55.566 5	4 643（9）	5（7）	1 603（4）	3（4）	10（9）	—	—	—	15
9	江苏省	54.994 5	5 249（7）	10（5）	808（9）	2（5）	54（3）	—	—	—	33

续表

序号	地区	IPI	有效专利拥有量/件（全国排名）	PCT专利申请量/件（全国排名）	商标注册量/件（全国排名）	作品著作权登记量/件（全国排名）	计算机软件著作权登记量/件（全国排名）	农业植物新品种有效量/件（全国排名）	林草植物新品种有效量/件（全国排名）	集成电路布图设计发证量/件（全国排名）	上市公司数量/家
10	河南省	36.712 0	922 (11)	—	694 (10)	—	11 (8)	—	—	—	6
11	江西省	34.622 8	1 337 (10)	—	600 (11)	—	1 (14)	—	—	—	1
12	湖北省	34.388 8	759 (12)	—	144 (13)	—	1 (14)	—	—	—	4
13	吉林省	32.633 0	519 (14)	—	102 (14)	—	6 (11)	—	—	—	5
14	黑龙江省	32.123 2	615 (13)	—	7 (21)	—	2 (13)	—	—	—	2
15	湖南省	31.687 6	319 (15)	—	4 (23)	—	—	—	—	—	2
16	四川省	31.210 0	132 (17)	—	23 (19)	—	3 (12)	—	—	—	4
17	辽宁省	31.032 6	83 (19)	—	253 (12)	—	—	—	—	—	3
18	甘肃省	30.948 4	0 (23)	—	57 (16)	—	—	—	—	—	1
19	广西壮族自治区	30.581 6	145 (16)	—	57 (16)	—	—	—	—	—	2
20	福建省	30.536 6	131 (18)	—	84 (15)	—	—	—	—	—	3
21	云南省	30.292 6	62 (21)	—	36 (18)	—	—	—	—	—	1
22	海南省	30.228 6	0 (23)	—	17 (20)	—	—	—	—	—	1
23	贵州省	30.183 1	46 (22)	—	5 (22)	—	—	—	—	—	1
24	天津市	29.996 3	77 (20)	—	4 (23)	—	—	—	—	—	1

资料来源：科技大数据湖北省重点实验室

表 4-11 2022 年汽车制造业上市公司知识产权指数二十强上市公司

序号	上市公司名称	地区	IPI（全国排名）
1	比亚迪股份有限公司	广东省	94.674 1 (3)
2	长城汽车股份有限公司	河北省	93.896 2 (6)
3	广州汽车集团股份有限公司	广东省	90.000 3 (10)
4	重庆长安汽车股份有限公司	重庆市	86.149 1 (18)
5	潍柴动力股份有限公司	山东省	85.973 8 (20)
6	北汽福田汽车股份有限公司	北京市	84.776 5 (22)
7	安徽江淮汽车集团股份有限公司	安徽省	79.097 2 (39)
8	上海汽车集团股份有限公司	上海市	78.922 8 (40)
9	江铃汽车股份有限公司	江西省	64.596 3 (106)
10	安徽安凯汽车股份有限公司	安徽省	63.913 4 (116)
11	常州星宇车灯股份有限公司	江苏省	61.270 8 (148)
12	东风汽车股份有限公司	湖北省	60.911 3 (157)
13	惠州市德赛西威汽车电子股份有限公司	广东省	60.467 8 (162)
14	浙江银轮机械股份有限公司	浙江省	59.874 7 (177)
15	深圳欣锐科技股份有限公司	广东省	58.985 1 (195)
16	浙江亚太机电股份有限公司	浙江省	57.446 3 (223)
17	航天晨光股份有限公司	江苏省	55.161 9 (306)
18	中原内配集团股份有限公司	河南省	52.310 6 (468)
19	郑州煤矿机械集团股份有限公司	河南省	52.279 1 (470)
20	哈尔滨东安汽车动力股份有限公司	黑龙江省	52.176 6 (480)

资料来源：科技大数据湖北省重点实验室

该产业上市公司相关的专利技术主题如表 4-12 所示，主题演化趋势如图 4-9 所示。2006～

2011 年，各个主题的强度都相对较弱。2012～2017 年，T0 外观设计、T1 动力系统、T2 车辆结构、T3 发动机等主题成为当下的热点主题。2018～2022 年，相比 T0 外观设计，更加注重 T3 发动机，T9 车灯等主题也实现较大增长。

表 4-12　汽车制造业上市公司专利主题

主题编号	主题名称	主题编号	主题名称
T0	外观设计	T15	过滤器
T1	动力系统	T16	消声器和减振器
T2	车辆结构	T17	锂电池
T3	发动机	T18	液晶显示
T4	电池组	T19	车桥
T5	冷却系统	T20	燃料电池
T6	传感器	T21	摄像机和图像处理
T7	电路	T22	清洗机
T8	复合材料	T23	行李架和行李舱
T9	车灯	T24	音响系统
T10	汽车座椅	T25	排气管
T11	汽车空调	T26	列车运行和控制系统
T12	轨道交通	T27	真空系统
T13	汽车部件设计	T28	地板构件
T14	图形用户界面	T29	防撞和碰撞安全

资料来源：科技大数据湖北省重点实验室

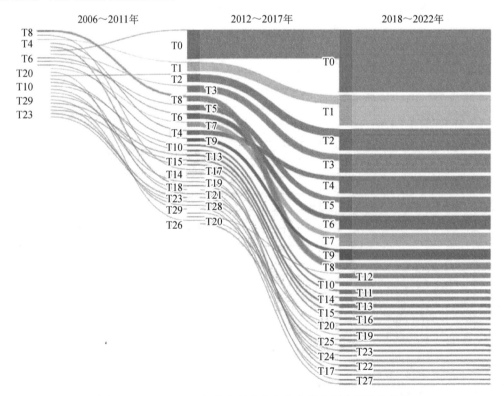

图 4-9　2006～2022 年汽车制造业上市公司专利主题演化趋势

资料来源：科技大数据湖北省重点实验室

4.2.5　信息传输、软件和信息技术服务业

2022 年，信息传输、软件和信息技术服务业上市公司的知识产权指数为 78.8037，在所有产业中排名第 5。截至 2022 年末，该产业上市公司的发明专利有效量为 22 846 件，实用新型专利有效量为 6400 件，外观设计专利有效量为 4384 件，各类有效专利拥有总量在全国排名第 6；商标注册量为 34 702 件，在全国排名第 3。2022 年，该产业上市公司的 PCT 专利申请量为 311 件，作品著作权登记量为 51 210 件，计算机软件著作权登记量为 7340 件，集成电路布图设计发证量为 221 件。2013～2022 年，信息传输、软件和信息技术服务业上市公司各类型专利授权量均呈现波动上升的趋势（图 4-10）。

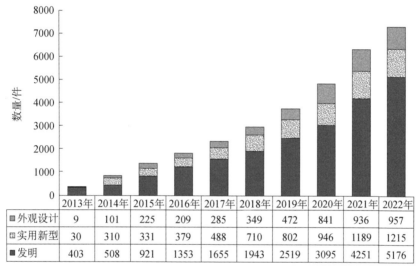

	2013年	2014年	2015年	2016年	2017年	2018年	2019年	2020年	2021年	2022年
外观设计	9	101	225	209	285	349	472	841	936	957
实用新型	30	310	331	379	488	710	802	946	1189	1215
发明	403	508	921	1353	1655	1943	2519	3095	4251	5176

图 4-10　信息传输、软件和信息技术服务业上市公司当前有效专利授权时间分布情况
资料来源：科技大数据湖北省重点实验室

北京市该产业上市公司的综合表现最为突出（表 4-13）。该产业共有 428 家上市公司，知识产权指数最高的上市公司是中国电信股份有限公司，上市板块为主板，所属地区为北京市（表 4-14）。

表 4-13　2022 年信息传输、软件和信息技术服务业不同知识产权类型地区分布及排名

序号	地区	IPI	有效专利拥有量/件（全国排名）	PCT 专利申请量/件（全国排名）	商标注册量/件（全国排名）	作品著作权登记量/件（全国排名）	计算机软件著作权登记量/件（全国排名）	农业植物新品种有效量/件（全国排名）	林草植物新品种有效量/件（全国排名）	集成电路布图设计发证量/件（全国排名）	上市公司数量/家
	总计	—	33 630	311	34 702	51 210	7 340	0	0	221	428
1	北京市	99.996 3	11 809（1）	135（1）	12 785（1）	50 683（1）	2 828（1）	—	—	—	111
2	广东省	78.865 8	5 054（2）	59（2）	4 971（2）	13（6）	987（2）	—	—	143（1）	77
3	浙江省	72.818 9	3 405（3）	35（3）	4 387（3）	124（3）	509（4）	—	—	6（4）	42
4	上海市	67.239 2	2 687（5）	28（4）	3 517（4）	14（5）	634（3）	—	—	17（3）	48
5	江苏省	66.564 8	3 359（4）	17（6）	1 424（7）	1（10）	393（5）	—	—	50（2）	32

序号	地区	IPI	有效专利拥有量/件（全国排名）	PCT专利申请量/件（全国排名）	商标注册量/件（全国排名）	作品著作权登记量/件（全国排名）	计算机软件著作权登记量/件（全国排名）	农业植物新品种有效量/件（全国排名）	林草植物新品种有效量/件（全国排名）	集成电路布图设计发证量/件（全国排名）	上市公司数量/家
6	安徽省	55.009 3	1 848（6）	10（7）	1 952（5）	342（2）	112（13）	—	—	—	6
7	福建省	53.109 8	1 103（8）	22（5）	1 638（6）	15（4）	304（8）	—	—	—	21
8	四川省	45.224 8	685（10）	—	478（9）	6（8）	370（6）	—	—	—	17
9	辽宁省	43.566 1	1 316（7）	1（9）	261（15）	1（10）	181（9）	—	—	—	4
10	山东省	41.952 8	902（9）	1（9）	692（8）	—	349（7）	—	—	5（5）	16
11	贵州省	41.101 0	159（14）	—	320（13）	—	2（24）	—	—	—	2
12	吉林省	35.999 8	198（13）	—	314（14）	—	50（14）	—	—	—	7
13	湖北省	35.689 1	230（12）	—	422（10）	—	34（16）	—	—	—	7
14	河南省	34.591 6	252（11）	—	182（16）	—	141（12）	—	—	—	4
15	湖南省	34.433 1	79（17）	—	373（11）	2（9）	143（10）	—	—	—	7
16	重庆市	34.303 8	69（20）	—	8（26）	—	29（17）	—	—	—	2
17	黑龙江省	34.046 0	78（18）	—	75（20）	—	3（23）	—	—	—	1
18	河北省	34.014 5	96（15）	—	37（24）	—	43（15）	—	—	—	4
19	广西壮族自治区	33.516 7	75（19）	—	136（17）	9（7）	23（19）	—	—	—	4
20	西藏自治区	33.505 9	4（24）	—	338（12）	—	25（18）	—	—	—	2
21	山西省	33.422 5	95（16）	—	5（27）	—	2（24）	—	—	—	1
22	新疆维吾尔自治区	33.377 1	21（23）	—	112（18）	—	14（21）	—	—	—	3
23	云南省	33.370 3	62（21）	—	19（25）	—	143（10）	—	—	—	1
24	陕西省	33.201 2	40（22）	—	63（21）	—	17（20）	—	—	—	3
25	天津市	33.111 0	3（25）	—	91（19）	—	—	—	—	—	2
26	江西省	32.879 9	1（26）	—	39（23）	—	4（22）	—	—	—	3
27	青海省	32.831 9	—	—	63（21）	—	—	—	—	—	1

资料来源：科技大数据湖北省重点实验室

表 4-14　2022 年信息传输、软件和信息技术服务业上市公司知识产权指数二十强上市公司

序号	上市公司名称	地区	IPI（全国排名）
1	中国电信股份有限公司	北京市	86.7751（15）
2	科大讯飞股份有限公司	安徽省	78.7933（42）
3	国电南瑞科技股份有限公司	江苏省	78.3417（43）
4	东软集团股份有限公司	辽宁省	71.7914（67）
5	飞天诚信科技股份有限公司	北京市	66.5652（90）
6	杭州迪普科技股份有限公司	浙江省	66.4525（93）

序号	上市公司名称	地区	IPI（全国排名）
7	网宿科技股份有限公司	上海市	64.0143（112）
8	杭州安恒信息技术股份有限公司	浙江省	62.8465（126）
9	厦门市美亚柏科信息股份有限公司	福建省	62.6063（130）
10	深信服科技股份有限公司	广东省	62.1055（134）
11	掌阅科技股份有限公司	北京市	61.4703（144）
12	奇安信科技集团股份有限公司	北京市	61.1490（149）
13	中科寒武纪科技股份有限公司	北京市	60.9527（155）
14	北京神州泰岳软件股份有限公司	北京市	60.3855（165）
15	浙江中控技术股份有限公司	浙江省	59.5410（184）
16	北京四维图新科技股份有限公司	北京市	58.8331（198）
17	北京万集科技股份有限公司	北京市	58.1942（208）
18	北京汉仪创新科技股份有限公司	北京市	57.6083（220）
19	上海宝信软件股份有限公司	上海市	57.2383（227）
20	北京思特奇信息技术股份有限公司	北京市	56.7561（246）

资料来源：科技大数据湖北省重点实验室

该产业上市公司相关的专利技术主题如表 4-15 所示，主题演化趋势如图 4-11 所示。2005~2009 年，各个主题的强度都相对较弱。2010~2014 年，T0 电路设计、T1 外观设计、T2 车辆传感器、T3 通信技术等主题成为当下的热点主题。2015 年之后，相比 T3 通信技术，更加注重 T1 外观设计和 T2 车辆传感器，值得注意的是 T4 图形用户界面和 T5 数据处理等主题发展速度明显加快。2020~2022 年，T6 视频信号等主题也实现较大增长。

表 4-15　信息传输、软件和信息技术服务业上市公司专利主题

主题编号	主题名称	主题编号	主题名称
T0	电路设计	T13	网页技术
T1	外观设计	T14	温度传感器
T2	车辆传感器	T15	智能卡
T3	通信技术	T16	摄像机
T4	图形用户界面	T17	自动测试
T5	数据处理	T18	激光雷达
T6	视频信号	T19	分布式系统
T7	音频技术	T20	认证码
T8	进程和任务调度	T21	加密算法
T9	虚拟机	T22	电池
T10	云服务	T23	电子书
T11	网络安全	T24	铁路交通
T12	文本处理	T25	人脸识别

续表

主题编号	主题名称	主题编号	主题名称
T26	定时器	T28	编码器和解码器
T27	打印设备	T29	密钥

资料来源：科技大数据湖北省重点实验室

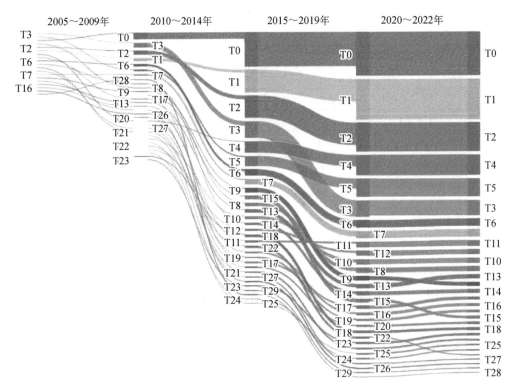

图 4-11　2005～2022 年信息传输、软件和信息技术服务业上市公司专利主题演化趋势

资料来源：科技大数据湖北省重点实验室

4.2.6　采矿业

2022 年，采矿业上市公司的知识产权指数为 74.4793，在所有产业中排名第 6。截至 2022 年末，该产业上市公司的发明专利有效量为 45 088 件，实用新型专利有效量为 26 685 件，外观设计专利有效量为 114 件，各类有效专利拥有总量在全国排名第 5；商标注册量为 2183 件，在全国排名第 35。2022 年，该产业上市公司的 PCT 专利申请量为 144 件，作品著作权登记量为 4 件，计算机软件著作权登记量为 959 件。2013～2022 年，采矿业上市公司各类型专利授权量均呈现波动上升的趋势（图 4-12）。

北京市该产业上市公司的综合表现最为突出（表 4-16）。该产业共有 81 家上市公司，知识产权指数最高的上市公司是中国石油化工股份有限公司，上市板块为主板，所属地区为北京市（表 4-17）。

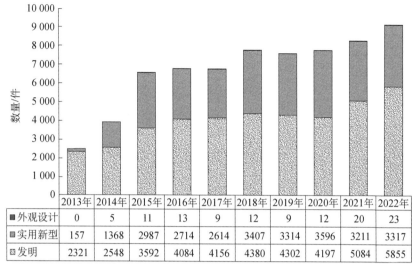

图 4-12　采矿业上市公司当前有效专利授权时间分布情况

资料来源：科技大数据湖北省重点实验室

表 4-16　2022 年采矿业不同知识产权类型地区分布及排名

序号	地区	IPI	有效专利拥有量/件（全国排名）	PCT专利申请量/件（全国排名）	商标注册量/件（全国排名）	作品著作权登记量/件（全国排名）	计算机软件著作权登记量/件（全国排名）	农业植物新品种有效量/件（全国排名）	林草植物新品种有效量/件（全国排名）	集成电路布图设计发证量/件（全国排名）	上市公司数量/家
	总计	—	71 887	144	2 183	4	959	0	0	0	81
1	北京市	99.998 8	65 900(1)	132（1）	207（5）	3（1）	847（1）	—	—	—	14
2	天津市	56.886 0	2 864（2）	11（2）	288（2）	1（2）	63（2）	—	—	—	3
3	甘肃省	46.878 9	63（15）	—	21（17）	—	2（9）	—	—	—	3
4	山西省	45.453 5	221（10）	—	70（10）	—	6（4）	—	—	—	6
5	新疆维吾尔自治区	45.115 6	117（12）	1（3）	67（11）	—	—	—	—	—	6
6	安徽省	43.943 6	248（9）	—	—	—	4（6）	—	—	—	3
7	上海市	43.730 7	78（13）	—	98（8）	—	1（10）	—	—	—	3
8	内蒙古自治区	43.317 8	78（13）	—	27（15）	—	1（10）	—	—	—	5
9	广东省	42.778 6	—	—	38（12）	—	—	—	—	—	2
10	湖南省	42.589 5	54（17）	—	5（20）	—	4（6）	—	—	—	2
11	陕西省	42.443 9	417（4）	—	232（4）	—	5（5）	—	—	—	3
12	河南省	42.330 3	269（7）	—	237（3）	—	20（3）	—	—	—	4
13	福建省	42.199 5	307（5）	—	458（1）	—	1（10）	—	—	—	3
14	云南省	41.654 1	425（3）	—	99（7）	—	1（10）	—	—	—	1
15	山东省	41.496 9	264（8）	—	13（19）	—	4（6）	—	—	—	5
16	浙江省	41.227 6	14（18）	—	74（9）	—	—	—	—	—	2
17	四川省	40.451 1	55（16）	—	31（13）	—	—	—	—	—	2
18	贵州省	39.816 7	302（6）	—	2（21）	—	—	—	—	—	1

续表

序号	地区	IPI	有效专利拥有量/件（全国排名）	PCT专利申请量/件（全国排名）	商标注册量/件（全国排名）	作品著作权登记量/件（全国排名）	计算机软件著作权登记量/件（全国排名）	农业植物新品种有效量/件（全国排名）	林草植物新品种有效量/件（全国排名）	集成电路布图设计发证量/件（全国排名）	上市公司数量/家
19	河北省	39.797 1	10（20）	—	—	—	—	—	—	—	2
20	海南省	39.726 4	14（18）	—	30（14）	—	—	—	—	—	3
21	青海省	39.601 3	178（11）	—	138（6）	—	—	—	—	—	1
22	西藏自治区	39.529 8	5（21）	—	27（15）	—	—	—	—	—	3
23	江苏省	39.341 4	4（22）	—	21（17）	—	—	—	—	—	1
24	辽宁省	38.733 4	—	—	—	—	—	—	—	—	1
25	江西省	38.724 8	—	—	—	—	—	—	—	—	1
26	重庆市	38.724 8	—	—	—	—	—	—	—	—	1

资料来源：科技大数据湖北省重点实验室

表 4-17　2022 年采矿业上市公司知识产权指数二十强上市公司

序号	上市公司名称	地区	IPI（全国排名）
1	中国石油化工股份有限公司	北京市	94.5872（4）
2	中国石油天然气股份有限公司	北京市	85.9928（19）
3	中国神华能源股份有限公司	北京市	80.8691（33）
4	中海油能源发展股份有限公司	北京市	74.3621（59）
5	中海油田服务股份有限公司	天津市	73.4297（63）
6	海洋石油工程股份有限公司	天津市	67.5629（86）
7	金堆城钼业股份有限公司	陕西省	54.3350（345）
8	云南驰宏锌锗股份有限公司	云南省	53.9443（365）
9	紫金矿业集团股份有限公司	福建省	53.8885（369）
10	山西潞安环保能源开发股份有限公司	山西省	51.6768（525）
11	安徽恒源煤电股份有限公司	安徽省	50.4962（670）
12	西部矿业股份有限公司	青海省	49.7369（816）
13	洛阳栾川钼业集团股份有限公司	河南省	49.7214（818）
14	贵州盘江精煤股份有限公司	贵州省	49.5009（875）
15	平顶山天安煤业股份有限公司	河南省	49.3393（922）
16	上海大屯能源股份有限公司	上海市	49.3364（923）
17	北京昊华能源股份有限公司	北京市	49.0678（1006）
18	山西兰花科技创业股份有限公司	山西省	48.4672（1223）
19	兖矿能源集团股份有限公司	山东省	48.4322（1237）
20	中煤新集能源股份有限公司	安徽省	47.9271（1504）

资料来源：科技大数据湖北省重点实验室

　　该产业上市公司相关的专利技术主题如表 4-18 所示，主题演化趋势如图 4-13 所示。2005～2010 年，T0 油气工业、T1 炼油工艺主题成为当下的热点主题。2011～2016 年，相比 T1 炼油工艺，更加注重 T0 油气工业，T2 聚合物、T3 润滑油和基础油等主题进一步发展。2017～2022 年，T4 废水处理、T7 橡胶制品、T9 建筑材料等主题发展速度明显加快。

表 4-18 采矿业上市公司专利主题

主题编号	主题名称
T0	油气工业
T1	炼油工艺
T2	聚合物
T3	润滑油和基础油
T4	废水处理
T5	采煤机械
T6	防砂和除砂技术
T7	橡胶制品
T8	金属矿物
T9	建筑材料
T10	过滤设备
T11	纳米材料
T12	硅材料
T13	微生物
T14	法兰式和管道
T15	脱蜡和胶黏剂

资料来源：科技大数据湖北省重点实验室

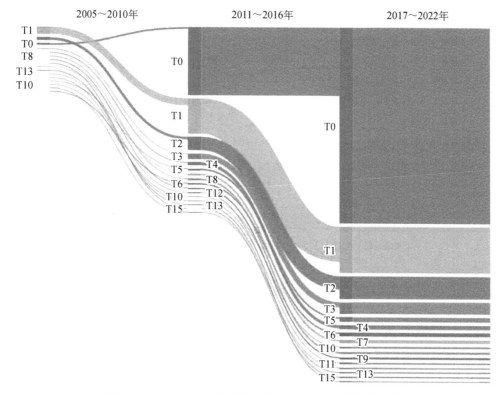

图 4-13 2005～2022 年采矿业上市公司专利主题演化趋势
资料来源：科技大数据湖北省重点实验室

4.2.7　医药制造业

2022 年，医药制造业上市公司的知识产权指数为 62.9394，在所有产业中排名第 7。截至 2022 年末，该产业上市公司的发明专利有效量为 9423 件，实用新型专利有效量为 4402 件，外观设计专利有效量为 2742 件，各类有效专利拥有总量在全国排名第 10；商标注册量为 45 746 件，在全国排名第 1；农业植物新品种有效量为 15 件，在全国排名第 2。2022 年，该产业上市公司的 PCT 专利申请量为 425 件，作品著作权登记量为 258 件，计算机软件著作权登记量为 136 件。2013～2022 年，医药制造业上市公司各类型专利授权量均呈现波动上升的趋势（图 4-14）。

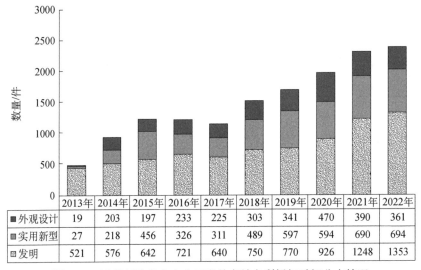

	2013年	2014年	2015年	2016年	2017年	2018年	2019年	2020年	2021年	2022年
■外观设计	19	203	197	233	225	303	341	470	390	361
▨实用新型	27	218	456	326	311	489	597	594	690	694
▨发明	521	576	642	721	640	750	770	926	1248	1353

图 4-14　医药制造业上市公司当前有效专利授权时间分布情况
资料来源：科技大数据湖北省重点实验室

广东省该产业上市公司的综合表现最为突出（表 4-19）。该产业共有 321 家上市公司，知识产权指数最高的上市公司是江苏恒瑞医药股份有限公司，上市板块为主板，所属地区为江苏省（表 4-20）。

表 4-19　2022 年医药制造业不同知识产权类型地区分布及排名

序号	地区	IPI	有效专利拥有量/件（全国排名）	PCT专利申请量/件（全国排名）	商标注册量/件（全国排名）	作品著作权登记量/件（全国排名）	计算机软件著作权登记量/件（全国排名）	农业植物新品种有效量/件（全国排名）	林草植物新品种有效量/件（全国排名）	集成电路布图设计发证量/件（全国排名）	上市公司数量/家
	总计	—	16 567	425	45 746	258	136	15	0	0	321
1	广东省	91.494 0	2 456（1）	79（2）	9 478（1）	27（3）	28（1）	4（2）	—	—	31
2	浙江省	87.573 8	2 088（2）	67（3）	3 920（3）	13（7）	14（4）	11（1）	—	—	41
3	江苏省	85.232 0	1 832（3）	127（1）	1 828（8）	6（10）	14（4）	—	—	—	30
4	四川省	76.936 0	1 441（4）	16（6）	2 267（6）	1（18）	10（6）	—	—	—	14
5	北京市	73.718 4	1 036（6）	17（5）	2 782（4）	6（10）	2（10）	—	—	—	30

续表

序号	地区	IPI	有效专利拥有量/件（全国排名）	PCT专利申请量/件（全国排名）	商标注册量/件（全国排名）	作品著作权登记量/件（全国排名）	计算机软件著作权登记量/件（全国排名）	农业植物新品种有效量/件（全国排名）	林草植物新品种有效量/件（全国排名）	集成电路布图设计发证量/件（全国排名）	上市公司数量/家
6	山东省	70.223 0	1 334（5）	16（6）	5 202（2）	29（2）	1（12）	—	—	—	16
7	上海市	69.628 1	821（8）	41（4）	1 984（7）	5（14）	20（3）	—	—	—	27
8	湖南省	48.861 3	825（7）	8（10）	1 531（9）	1（18）	3（9）	—	—	—	11
9	云南省	46.148 8	331（13）	15（8）	2 405（5）	77（1）	—	—	—	—	6
10	河南省	41.396 8	728（9）	2（16）	660（21）	1（18）	1（12）	—	—	—	9
11	重庆市	41.259 7	249（17）	3（14）	949（17）	2（17）	—	—	—	—	8
12	天津市	40.609 3	408（11）	11（9）	543（22）	6（10）	26（2）	—	—	—	8
13	湖北省	40.265 9	457（10）	—	1 225（10）	20（4）	10（6）	—	—	—	13
14	贵州省	38.499 0	308（14）	—	1 151（13）	15（5）	—	—	—	—	6
15	福建省	36.604 9	255（16）	6（12）	933（18）	1（18）	—	—	—	—	6
16	广西壮族自治区	33.251 8	156（20）	—	361（25）	—	—	—	—	—	4
17	河北省	33.149 6	399（12）	5（13）	1 183（12）	9（8）	1（12）	—	—	—	3
18	海南省	32.235 6	119（23）	7（11）	992（16）	—	—	—	—	—	5
19	江西省	32.117 9	303（15）	—	1 194（11）	4（16）	4（8）	—	—	—	6
20	黑龙江省	31.395 1	178（19）	—	1 104（14）	6（10）	—	—	—	—	5
21	吉林省	31.370 9	135（22）	1（17）	993（15）	—	—	—	—	—	9
22	西藏自治区	30.079 9	97（25）	3（14）	749（20）	8（9）	—	—	—	—	8
23	辽宁省	29.432 7	204（18）	1（17）	468（23）	5（14）	—	—	—	—	3
24	山西省	29.399 8	147（21）	—	895（19）	14（6）	—	—	—	—	5
25	安徽省	27.305 9	100（24）	—	171（27）	—	—	—	—	—	5
26	内蒙古自治区	25.767 1	51（26）	—	268（26）	1（18）	2（10）	—	—	—	4
27	陕西省	25.762 0	50（27）	—	362（24）	—	—	—	—	—	4
28	甘肃省	25.028 8	42（28）	—	83（28）	1（18）	—	—	—	—	2
29	新疆维吾尔自治区	24.599 9	17（29）	—	65（29）	—	—	—	—	—	2

资料来源：科技大数据湖北省重点实验室

表 4-20　2022 年医药制造业上市公司知识产权指数二十强上市公司

序号	上市公司名称	地区	IPI（全国排名）
1	江苏恒瑞医药股份有限公司	江苏省	69.5328（74）
2	四川科伦药业股份有限公司	四川省	68.6267（79）
3	华熙生物科技股份有限公司	山东省	63.0719（123）
4	江苏康缘药业股份有限公司	江苏省	59.1552（189）

续表

序号	上市公司名称	地区	IPI（全国排名）
5	浙江海正药业股份有限公司	浙江省	58.2396（207）
6	云南白药集团股份有限公司	云南省	56.8578（242）
7	浙江新和成股份有限公司	浙江省	56.7827（244）
8	东阿阿胶股份有限公司	山东省	56.5747（253）
9	华润三九医药股份有限公司	广东省	55.6528（283）
10	康美药业股份有限公司	广东省	55.3789（293）
11	重庆莱美药业股份有限公司	重庆市	55.2527（304）
12	广州白云山医药集团股份有限公司	广东省	54.4342（337）
13	广州万孚生物技术股份有限公司	广东省	54.3897（340）
14	浙江华海药业股份有限公司	浙江省	54.3414（343）
15	迈威（上海）生物科技股份有限公司	上海市	53.8385（371）
16	丽珠医药集团股份有限公司	广东省	53.3133（396）
17	江中药业股份有限公司	江西省	53.2239（397）
18	深圳翰宇药业股份有限公司	广东省	52.9938（407）
19	海创药业股份有限公司	四川省	52.9531（411）
20	株洲千金药业股份有限公司	湖南省	52.6497（440）

资料来源：科技大数据湖北省重点实验室

该产业上市公司相关的专利技术主题如表 4-21 所示，主题演化趋势如图 4-15 所示。2005～2009 年，T0 化合物主题成为当下的热点主题。2010～2014 年，T0 化合物、T1 包装设计、T2 检测分析、T3 动物疫苗等主题成为当下的热点主题。2015 年之后，T5 发酵、T6 包装和容器、T7 反应器、T9 输液瓶和药瓶等主题进一步发展。2020～2022 年，相比 T0 化合物，更加注重 T1 包装设计，T4 抗体等主题也实现较大增长。

表 4-21 医药制造业上市公司专利主题

主题编号	主题名称	主题编号	主题名称
T0	化合物	T11	硫醚和硫化
T1	包装设计	T12	过滤器
T2	检测分析	T13	基因工程
T3	动物疫苗	T14	清洗设备
T4	抗体	T15	人类疫苗
T5	发酵	T16	磁性装置
T6	包装和容器	T17	免疫检测
T7	反应器	T18	动物固定装置
T8	晶体	T19	肝疾病
T9	输液瓶和药瓶	T20	咳嗽药物
T10	抗肿瘤		

资料来源：科技大数据湖北省重点实验室

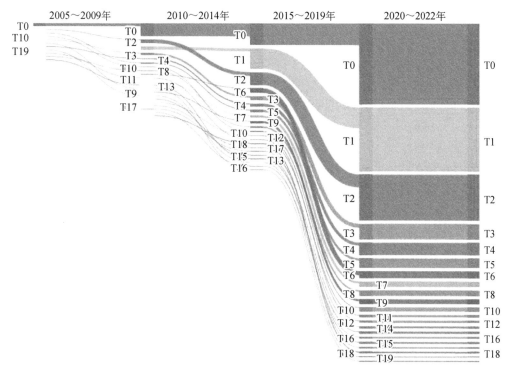

图 4-15 2005～2022 年医药制造业上市公司专利主题演化趋势

资料来源：科技大数据湖北省重点实验室

4.2.8 化学原料和化学制品制造业

2022 年，化学原料和化学制品制造业上市公司的知识产权指数为 56.2479，在所有产业中排名第 8。截至 2022 年末，该产业上市公司的发明专利有效量为 12 464 件，实用新型专利有效量为 7969 件，外观设计专利有效量为 1444 件，各类有效专利拥有总量在全国排名第 8；商标注册量为 28 241 件，在全国排名第 7。2022 年，该产业上市公司的 PCT 专利申请量为 160 件，作品著作权登记量为 283 件，计算机软件著作权登记量为 75 件。2013～2022 年，化学原料和化学制品制造业上市公司各类型专利授权量均呈现波动上升的趋势（图 4-16）。

山东省该产业上市公司的综合表现最为突出（表 4-22）。该产业共有 341 家上市公司，知识产权指数最高的上市公司是万华化学集团股份有限公司，上市板块为主板，所属地区为山东省（表 4-23）。

该产业上市公司相关的专利技术主题如表 4-24 所示，主题演化趋势如图 4-17 所示。2005～2010 年，T0 催化剂主题成为当下的热点主题。2011～2016 年，T1 电机装置、T2 聚合物、T3 外观设计等主题进一步发展。2017～2022 年，相比 T2 聚合物，更加注重 T3 外观设计，T4 冷却器、T6 涂料、T10 锂电池等主题也实现较大增长。

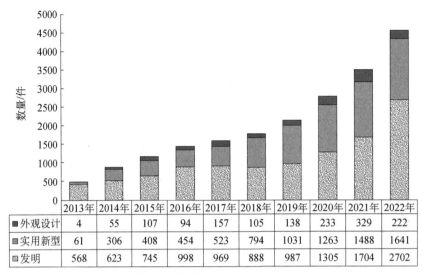

图 4-16　化学原料和化学制品制造业上市公司当前有效专利授权时间分布情况

资料来源：科技大数据湖北省重点实验室

表 4-22　2022 年化学原料和化学制品制造业不同知识产权类型地区分布及排名

序号	地区	IPI	有效专利拥有量/件（全国排名）	PCT专利申请量/件（全国排名）	商标注册量/件（全国排名）	作品著作权登记量/件（全国排名）	计算机软件著作权登记量/件（全国排名）	农业植物新品种有效量/件（全国排名）	林草植物新品种有效量/件（全国排名）	集成电路布图设计发证量/件（全国排名）	上市公司数量/家
	总计	—	21 877	160	28 241	283	75	0	0	0	341
1	山东省	99.351 1	4 449（1）	37（2）	3 731（2）	16（4）	24（1）	—	—	—	40
2	广东省	96.075 6	2 054（3）	30（3）	5 312（1）	14（5）	—	—	—	—	31
3	江苏省	95.418 2	2 686（2）	39（1）	3 092（3）	4（10）	3（7）	—	—	—	56
4	浙江省	89.438 1	2 009（4）	14（4）	3 038（4）	7（8）	10（2）	—	—	—	43
5	上海市	71.752 7	1 264（6）	12（5）	2 356（5）	119（1）	10（2）	—	—	—	20
6	四川省	68.476 0	1 046（7）	5（7）	2 263（6）	20（3）	2（9）	—	—	—	18
7	湖北省	54.635 9	899（8）	5（7）	705（10）	8（7）	4（5）	—	—	—	13
8	安徽省	51.358 3	1 468（5）	1（13）	497（13）	2（11）	3（7）	—	—	—	16
9	陕西省	43.010 5	492（12）	7（6）	1 323（8）	—	—	—	—	—	7
10	湖南省	41.873 8	169（23）	—	1 098（9）	72（2）	—	—	—	—	10
11	北京市	41.828 0	466（14）	2（10）	174（20）	—	—	—	—	—	5
12	福建省	38.007 8	542（11）	—	1 469（7）	6（9）	2（9）	—	—	—	5
13	辽宁省	37.015 1	408（15）	—	58（24）	—	—	—	—	—	10
14	河北省	35.952 8	468（13）	—	178（19）	—	1（12）	—	—	—	8
15	河南省	35.046 0	377（16）	—	141（22）	—	7（4）	—	—	—	8
16	贵州省	34.945 0	206（20）	2（10）	164（21）	14（5）	1（12）	—	—	—	6
17	新疆维吾尔自治区	33.508 8	782（9）	—	183（16）	—	—	—	—	—	3
18	青海省	33.028 8	619（10）	—	447（14）	—	—	—	—	—	3

续表

序号	地区	IPI	有效专利拥有量/件（全国排名）	PCT专利申请量/件（全国排名）	商标注册量/件（全国排名）	作品著作权登记量/件（全国排名）	计算机软件著作权登记量/件（全国排名）	农业植物新品种有效量/件（全国排名）	林草植物新品种有效量/件（全国排名）	集成电路布图设计发证量/件（全国排名）	上市公司数量/家
19	天津市	32.482 0	193（21）	4（9）	180（17）	1（12）	4（5）	—	—	—	3
20	江西省	31.495 9	217（19）	—	107（23）	—	1（12）	—	—	—	9
21	云南省	31.226 3	266（17）	—	599（12）	—	2（9）	—	—	—	3
22	重庆市	31.009 3	251（18）	2（10）	601（11）	—	1（12）	—	—	—	4
23	广西壮族自治区	28.162 5	87（25）	—	232（15）	—	—	—	—	—	3
24	内蒙古自治区	27.980 4	165（24）	—	179（18）	—	—	—	—	—	4
25	山西省	27.305 5	83（26）	—	38（25）	—	—	—	—	—	4
26	宁夏回族自治区	27.222 1	182（22）	—	20（28）	—	—	—	—	—	3
27	西藏自治区	26.606 6	23（27）	—	24（27）	—	—	—	—	—	2
28	甘肃省	26.047 3	—	—	29（26）	—	—	—	—	—	2
29	黑龙江省	26.014 3	6（28）	—	3（29）	—	—	—	—	—	1
30	吉林省	25.876 7	—	—	—	—	—	—	—	—	1

资料来源：科技大数据湖北省重点实验室

表 4-23　2022 年化学原料和化学制品制造业上市公司知识产权指数二十强上市公司

序号	上市公司名称	地区	IPI（全国排名）
1	万华化学集团股份有限公司	山东省	82.0070（31）
2	江苏苏博特新材料股份有限公司	江苏省	64.4131（108）
3	深圳诺普信农化股份有限公司	广东省	63.7929（117）
4	济南圣泉集团股份有限公司	山东省	59.4298（186）
5	深圳市芭田生态工程股份有限公司	广东省	58.1745（209）
6	上海家化联合股份有限公司	上海市	56.4664（258）
7	三棵树涂料股份有限公司	福建省	55.8263（277）
8	浙江新安化工集团股份有限公司	浙江省	55.7555（281）
9	青海盐湖工业股份有限公司	青海省	55.6509（284）
10	北京海新能源科技股份有限公司	北京市	54.9913（312）
11	中节能万润股份有限公司	山东省	54.1598（356）
12	新疆中泰化学股份有限公司	新疆维吾尔自治区	53.8517（370）
13	深圳新宙邦科技股份有限公司	广东省	53.3780（390）
14	四川国光农化股份有限公司	四川省	52.7221（429）
15	浙江闰土股份有限公司	浙江省	52.7202（431）
16	珀莱雅化妆品股份有限公司	浙江省	52.6174（444）
17	宜宾天原集团股份有限公司	四川省	52.5751（447）
18	浙江龙盛集团股份有限公司	浙江省	51.5043（541）

续表

序号	上市公司名称	地区	IPI（全国排名）
19	江苏扬农化工股份有限公司	江苏省	51.4556（549）
20	广东丸美生物技术股份有限公司	广东省	51.4196（555）

资料来源：科技大数据湖北省重点实验室

表 4-24　化学原料和化学制品制造业上市公司专利主题

主题编号	主题名称	主题编号	主题名称
T0	催化剂	T11	金属材料
T1	电机装置	T12	过滤设备
T2	聚合物	T13	容器和液位计
T3	外观设计	T14	废水处理
T4	冷却器	T15	磷化学品
T5	硅材料	T16	化肥
T6	涂料	T17	发酵罐和酵母
T7	硫化物	T18	氮气和制氮
T8	建筑材料	T19	传感器
T9	染料	T20	太阳能
T10	锂电池		

资料来源：科技大数据湖北省重点实验室

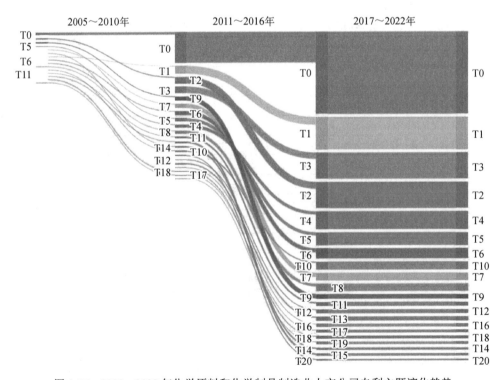

图 4-17　2005～2022 年化学原料和化学制品制造业上市公司专利主题演化趋势
资料来源：科技大数据湖北省重点实验室

4.2.9 通用设备制造业

2022 年，通用设备制造业上市公司的知识产权指数为 51.4952，在所有产业中排名第 9。截至 2022 年末，该产业上市公司的发明专利有效量为 6119 件，实用新型专利有效量为 19 334 件，外观设计专利有效量为 2954 件，各类有效专利拥有总量在全国排名第 7；商标注册量为 7050 件，在全国排名第 19。2022 年，该产业上市公司的 PCT 专利申请量为 225 件，作品著作权登记量为 26 件，计算机软件著作权登记量为 485 件。2013～2022 年，通用设备制造业上市公司各类型专利授权量均呈现波动上升的趋势（图 4-18）。

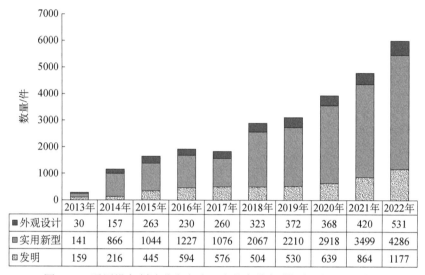

	2013年	2014年	2015年	2016年	2017年	2018年	2019年	2020年	2021年	2022年
■外观设计	30	157	263	230	260	323	372	368	420	531
▨实用新型	141	866	1044	1227	1076	2067	2210	2918	3499	4286
▥发明	159	216	445	594	576	504	530	639	864	1177

图 4-18 通用设备制造业上市公司当前有效专利授权时间分布情况

资料来源：科技大数据湖北省重点实验室

浙江省该产业上市公司的综合表现最为突出（表 4-25）。该产业共有 197 家上市公司，知识产权指数最高的上市公司是广州广电运通金融电子股份有限公司，上市板块为主板，所属地区为广东省（表 4-26）。

表 4-25　2022 年通用设备制造业不同知识产权类型地区分布及排名

序号	地区	IPI	有效专利拥有量/件（全国排名）	PCT 专利申请量/件（全国排名）	商标注册量/件（全国排名）	作品著作权登记量/件（全国排名）	计算机软件著作权登记量/件（全国排名）	农业植物新品种有效量/件（全国排名）	林草植物新品种有效量/件（全国排名）	集成电路布图设计发证量/件（全国排名）	上市公司数量/家
	总计	—	28 407	225	7 050	26	485	0	0	0	197
1	浙江省	99.954 6	7 933（1）	111（1）	1 743（1）	1（5）	156（1）	—	—	—	57
2	广东省	87.445 7	4 144（3）	52（2）	1 154（2）	5（3）	146（2）	—	—	—	15
3	江苏省	84.654 2	4 996（2）	17（4）	1 060（3）	3（4）	24（6）	—	—	—	39
4	上海市	65.165 5	1 708（5）	19（3）	754（4）	6（2）	20（7）	—	—	—	12
5	山东省	53.626 0	2 080（4）	6（6）	436（5）	1（5）	16（8）	—	—	—	17
6	辽宁省	52.894 5	1 532（6）	1（8）	230（8）	—	25（5）	—	—	—	8
7	新疆维吾尔自治区	47.210 7	849（10）	16（5）	235（7）	—	—	—	—	—	1

序号	地区	IPI	有效专利拥有量/件（全国排名）	PCT专利申请量/件（全国排名）	商标注册量/件（全国排名）	作品著作权登记量/件（全国排名）	计算机软件著作权登记量/件（全国排名）	农业植物新品种有效量/件（全国排名）	林草植物新品种有效量/件（全国排名）	集成电路布图设计发证量/件（全国排名）	上市公司数量/家
8	湖南省	46.730 7	929（9）	1（8）	130（12）	—	8（11）	—	—	—	6
9	四川省	45.534 7	936（8）	—	338（6）	10（1）	11（10）	—	—	—	9
10	安徽省	40.317 8	1 140（7）	2（7）	187（10）	—	12（9）	—	—	—	7
11	湖北省	34.814 3	397（11）	—	208（9）	—	29（4）	—	—	—	6
12	陕西省	30.890 1	303（14）	—	92（14）	—	—	—	—	—	2
13	福建省	30.724 6	360（12）	—	175（11）	—	1（13）	—	—	—	3
14	云南省	29.431 6	350（13）	—	61（16）	—	3（12）	—	—	—	2
15	重庆市	28.782 9	275（15）	—	45（17）	—	1（13）	—	—	—	3
16	河南省	28.092 5	132（18）	—	5（19）	—	—	—	—	—	3
17	河北省	27.979 7	141（17）	—	72（15）	—	32（3）	—	—	—	2
18	江西省	27.705 5	162（16）	—	111（13）	—	—	—	—	—	2
19	北京市	26.720 2	31（19）	—	14（18）	—	1（13）	—	—	—	1
20	宁夏回族自治区	26.298 2	9（20）	—	—	—	—	—	—	—	1
21	青海省	26.039 4	—	—	—	—	—	—	—	—	1

资料来源：科技大数据湖北省重点实验室

表4-26　2022年通用设备制造业上市公司知识产权指数二十强上市公司

序号	上市公司名称	地区	IPI（全国排名）
1	广州广电运通金融电子股份有限公司	广东省	68.1141（81）
2	新疆金风科技股份有限公司	新疆维吾尔自治区	67.6394（85）
3	沈阳新松机器人自动化股份有限公司	辽宁省	62.9172（125）
4	上海电气集团股份有限公司	上海市	62.2754（132）
5	浙江盾安人工环境股份有限公司	浙江省	60.9831（154）
6	浙江三花智能控制股份有限公司	浙江省	58.3060（204）
7	广州市昊志机电股份有限公司	广东省	58.1281（210）
8	成都市新筑路桥机械股份有限公司	四川省	57.9365（215）
9	广东拓斯达科技股份有限公司	广东省	57.0088（237）
10	湘潭电机股份有限公司	湖南省	56.6327（251）
11	明阳智慧能源集团股份有限公司	广东省	55.3646（295）
12	上海电气风电集团股份有限公司	上海市	55.1881（305）
13	杭叉集团股份有限公司	浙江省	54.8523（319）
14	天奇自动化工程股份有限公司	江苏省	54.2934（348）
15	湖南华曙高科技股份有限公司	湖南省	53.3709（392）
16	潍柴重机股份有限公司	山东省	53.1378（400）
17	康力电梯股份有限公司	江苏省	52.9605（410）
18	杭州中亚机械股份有限公司	浙江省	52.9448（412）
19	安徽全柴动力股份有限公司	安徽省	52.8868（414）
20	杭州前进齿轮箱集团股份有限公司	浙江省	52.6561（439）

资料来源：科技大数据湖北省重点实验室

该产业上市公司相关的专利技术主题如表 4-27 所示，主题演化趋势如图 4-19 所示。2007～2011 年，各个主题的强度都相对较弱。2012～2016 年，T0 机械装置、T1 外观设计、T3 阀门部件、T4 柴油机与燃油系统等主题成为当下的热点主题。2017～2022 年，相比 T3 阀门部件，更加注重 T2 风能发电，T5 空调与热交换、T6 传感器与电路、T7 电梯结构和功能、T8 机器人与自动化等主题进一步发展。

表 4-27　通用设备制造业上市公司专利主题

主题编号	主题名称	主题编号	主题名称
T0	机械装置	T11	过滤器
T1	外观设计	T12	激光技术
T2	风能发电	T13	复合材料
T3	阀门部件	T14	压缩机
T4	柴油机与燃油系统	T15	清洗设备
T5	空调与热交换	T16	蓄电池与充电器
T6	传感器与电路	T17	自动扶梯
T7	电梯结构和功能	T18	发动机
T8	机器人与自动化	T19	冷藏柜
T9	磁悬浮技术	T20	电梯外观设计
T10	钞票处理设备		

资料来源：科技大数据湖北省重点实验室

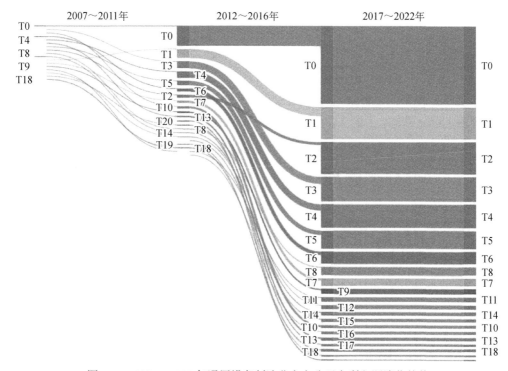

图 4-19　2007～2022 年通用设备制造业上市公司专利主题演化趋势
资料来源：科技大数据湖北省重点实验室

4.2.10 黑色金属冶炼和压延加工业

2022年，黑色金属冶炼和压延加工业上市公司的知识产权指数为49.2246，在所有产业中排名第10。截至2022年末，该产业上市公司的发明专利有效量为10 255件，实用新型专利有效量为10 415件，外观设计专利有效量为222件，各类有效专利拥有总量在全国排名第9；商标注册量为1007件，在全国排名第39。2022年，该产业上市公司的PCT专利申请量为89件，作品著作权登记量为1件，计算机软件著作权登记量为47件。2013～2022年，黑色金属冶炼和压延加工业上市公司各类型专利授权量均呈现波动上升的趋势（图4-20）。

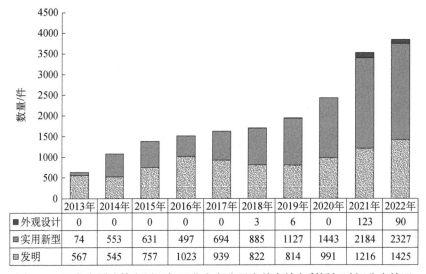

	2013年	2014年	2015年	2016年	2017年	2018年	2019年	2020年	2021年	2022年
■外观设计	0	0	0	0	0	3	6	0	123	90
■实用新型	74	553	631	497	694	885	1127	1443	2184	2327
▨发明	567	545	757	1023	939	822	814	991	1216	1425

图4-20 黑色金属冶炼和压延加工业上市公司当前有效专利授权时间分布情况

资料来源：科技大数据湖北省重点实验室

上海市该产业上市公司的综合表现最为突出（表4-28）。该产业共有32家上市公司，知识产权指数最高的上市公司是宝山钢铁股份有限公司，上市板块为主板，所属地区为上海市（表4-29）。

表4-28 2022年黑色金属冶炼和压延加工业不同知识产权类型地区分布及排名

序号	地区	IPI	有效专利拥有量/件（全国排名）	PCT专利申请量/件（全国排名）	商标注册量/件（全国排名）	作品著作权登记量/件（全国排名）	计算机软件著作权登记量/件（全国排名）	农业植物新品种有效量/件（全国排名）	林草植物新品种有效量/件（全国排名）	集成电路布图设计发证量/件（全国排名）	上市公司数量/家
	总计	—	20 892	89	1 007	1	47	0	0	0	32
1	上海市	94.940 1	4 353（1）	46（1）	217（2）	—	—	—	—	—	1
2	辽宁省	83.481 7	4 220（2）	—	12（10）	—	9（2）	—	—	—	4
3	安徽省	68.219 1	2 098（3）	5（4）	16（8）	—	3（6）	—	—	—	1
4	江苏省	67.816 2	1 726（4）	26（2）	14（9）	—	—	—	—	—	3
5	山东省	60.175 0	1 566（5）	8（3）	22（5）	—	5（5）	—	—	—	2
6	山西省	53.008 7	1 510（6）	1（6）	7（14）	—	—	—	—	—	2
7	北京市	41.824 2	910（7）	2（5）	—	—	—	—	—	—	1
8	内蒙古自治区	41.291 0	818（8）	—	513（1）	—	—	—	—	—	2

续表

序号	地区	IPI	有效专利拥有量/件（全国排名）	PCT专利申请量/件（全国排名）	商标注册量/件（全国排名）	作品著作权登记量/件（全国排名）	计算机软件著作权登记量/件（全国排名）	农业植物新品种有效量/件（全国排名）	林草植物新品种有效量/件（全国排名）	集成电路布图设计发证量/件（全国排名）	上市公司数量/家
9	浙江省	38.866 2	74（17）	—	21（7）	—	—	—	—	—	3
10	广西壮族自治区	37.885 3	547（11）	—	4（17）	—	—	—	—	—	1
11	甘肃省	36.085 0	759（9）	—	24（4）	—	—	—	—	—	1
12	新疆维吾尔自治区	34.076 0	659（10）	—	8（13）	—	—	—	—	—	1
13	江西省	33.289 5	488（12）	—	92（3）	—	11（1）	—	—	—	2
14	河南省	32.914 8	367（13）	—	2（18）	—	—	—	—	—	1
15	重庆市	31.856 3	354（14）	—	22（5）	—	—	—	—	—	1
16	青海省	31.614 4	34（18）	—	2（18）	—	—	—	—	—	1
17	河北省	30.883 5	230（15）	1（6）	10（11）	—	8（3）	—	—	—	1
18	福建省	30.497 5	177（16）	—	9（12）	—	8（3）	—	—	—	1
19	湖北省	29.866 0	—	—	1（20）	—	3（6）	—	—	—	1
20	湖南省	29.634 5	—	—	6（15）	—	—	—	—	—	1
21	广东省	29.013 5	2（19）	—	5（16）	1（1）	—	—	—	—	1

资料来源：科技大数据湖北省重点实验室

表4-29　2022年黑色金属冶炼和压延加工业上市公司知识产权指数二十强上市公司

序号	上市公司名称	地区	IPI（全国排名）
1	宝山钢铁股份有限公司	上海市	86.5949（16）
2	鞍钢股份有限公司	辽宁省	79.3701（38）
3	马鞍山钢铁股份有限公司	安徽省	77.9902（46）
4	南京钢铁股份有限公司	江苏省	72.1288（66）
5	山西太钢不锈钢股份有限公司	山西省	71.4873（68）
6	山东钢铁股份有限公司	山东省	69.3971（76）
7	北京首钢股份有限公司	北京市	60.0837（173）
8	甘肃酒钢集团宏兴钢铁股份有限公司	甘肃省	58.6725（200）
9	内蒙古包钢钢联股份有限公司	内蒙古自治区	57.2895（225）
10	新疆八一钢铁股份有限公司	新疆维吾尔自治区	57.0222（235）
11	柳州钢铁股份有限公司	广西壮族自治区	54.9393（314）
12	本钢板材股份有限公司	辽宁省	54.3635（341）
13	安阳钢铁股份有限公司	河南省	51.9873（496）
14	河钢股份有限公司	河北省	50.2291（714）
15	重庆钢铁股份有限公司	重庆市	50.0120（759）
16	福建三钢闽光股份有限公司	福建省	49.7549（812）
17	新余钢铁股份有限公司	江西省	49.5954（849）
18	方大特钢科技股份有限公司	江西省	49.1233（985）
19	内蒙古鄂尔多斯资源股份有限公司	内蒙古自治区	48.8334（1090）
20	凌源钢铁股份有限公司	辽宁省	47.6299（1712）

资料来源：科技大数据湖北省重点实验室

该产业上市公司相关的专利技术主题如表 4-30 所示，主题演化趋势如图 4-21 所示。2006~2011 年，T0 钢铁生产主题成为当下的热点主题。2012~2017 年，T0 钢铁生产主题进一步发展，T1 煤气管道、T2 冷却系统、T3 硅钢和钢材等主题发展迅速。2018~2022 年，T4 润滑油、T6 清洁设备等主题发展速度明显加快，T8 控制电路等主题也实现较大增长。值得注意的是，T14 外观设计主题出现并有所发展。

表 4-30 黑色金属冶炼和压延加工业上市公司专利主题

主题编号	主题名称	主题编号	主题名称
T0	钢铁生产	T14	外观设计
T1	煤气管道	T15	测量工具
T2	冷却系统	T16	水处理设备
T3	硅钢和钢材	T17	电缆
T4	润滑油	T18	液体过滤设备
T5	温度检测	T19	除尘设备
T6	清洁设备	T20	脱硫处理
T7	废水处理	T21	激光技术
T8	控制电路	T22	海洋工程
T9	炼焦煤和煤质	T23	真空技术
T10	钢铁类型	T24	含硫材料
T11	磁性材料	T25	磁性材料
T12	气体生产	T26	铁路车辆和运输
T13	起重设备		

资料来源：科技大数据湖北省重点实验室

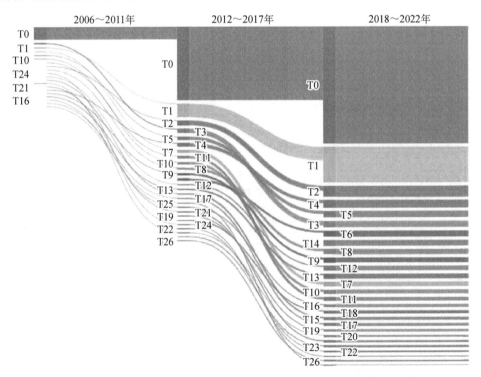

图 4-21 2006~2022 年黑色金属冶炼和压延加工业上市公司专利主题演化趋势

资料来源：科技大数据湖北省重点实验室

4.2.11　橡胶和塑料制品业

2022 年，橡胶和塑料制品业上市公司的知识产权指数为 44.7145，在所有产业中排名第 11。截至 2022 年末，该产业上市公司的发明专利有效量为 4785 件，实用新型专利有效量为 8306 件，外观设计专利有效量为 2541 件，各类有效专利拥有总量在全国排名第 12；商标注册量为 6071 件，在全国排名第 24。2022 年，该产业上市公司的 PCT 专利申请量为 180 件，作品著作权登记量为 16 件，计算机软件著作权登记量为 87 件。2013～2022 年，橡胶和塑料制品业上市公司各类型专利授权量均呈现波动上升的趋势（图 4-22）。

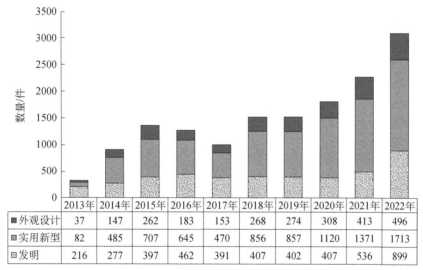

	2013年	2014年	2015年	2016年	2017年	2018年	2019年	2020年	2021年	2022年
■外观设计	37	147	262	183	153	268	274	308	413	496
■实用新型	82	485	707	645	470	856	857	1120	1371	1713
□发明	216	277	397	462	391	407	402	407	536	899

图 4-22　橡胶和塑料制品业上市公司当前有效专利授权时间分布情况
资料来源：科技大数据湖北省重点实验室

广东省该产业上市公司的综合表现最为突出（表 4-31）。该产业共有 120 家上市公司，知识产权指数最高的上市公司是金发科技股份有限公司，上市板块为主板，所属地区为广东省（表 4-32）。

表 4-31　2022 年橡胶和塑料制品业不同知识产权类型地区分布及排名

序号	地区	IPI	有效专利拥有量/件（全国排名）	PCT 专利申请量/件（全国排名）	商标注册量/件（全国排名）	作品著作权登记量/件（全国排名）	计算机软件著作权登记量/件（全国排名）	农业植物新品种有效量/件（全国排名）	林草植物新品种有效量/件（全国排名）	集成电路布图设计发证量/件（全国排名）	上市公司数量/家
	总计	—	15 632	180	6 071	16	87	0	0	0	120
1	广东省	98.958 9	2 467 (2)	121 (1)	1 013 (2)	3 (2)	11 (3)	—	—	—	23
2	浙江省	80.594 8	1 567 (4)	15 (3)	1 131 (1)	10 (1)	5 (5)	—	—	—	25
3	福建省	79.239 3	3 541 (1)	24 (2)	863 (3)	—	15 (2)	—	—	—	8
4	江苏省	66.440 2	1 487 (5)	9 (4)	651 (5)	—	4 (6)	—	—	—	19
5	湖南省	65.871 6	1 363 (6)	1 (7)	49 (13)	—	2 (7)	—	—	—	1
6	山东省	65.828 1	2 430 (3)	8 (5)	800 (4)	1 (4)	40 (1)	—	—	—	11

续表

序号	地区	IPI	有效专利拥有量/件（全国排名）	PCT专利申请量/件（全国排名）	商标注册量/件（全国排名）	作品著作权登记量/件（全国排名）	计算机软件著作权登记量/件（全国排名）	农业植物新品种有效量/件（全国排名）	林草植物新品种有效量/件（全国排名）	集成电路布图设计发证量/件（全国排名）	上市公司数量/家
7	安徽省	49.1549	1 109（7）	—	222（8）	—	—	—	—	—	7
8	上海市	44.5509	490（8）	2（6）	343（7）	—	1（9）	—	—	—	9
9	河南省	31.2041	328（9）	—	602（6）	—	—	—	—	—	2
10	湖北省	28.0653	136（11）	—	132（9）	—	—	—	—	—	2
11	四川省	27.7610	121（12）	—	51（11）	—	—	—	—	—	2
12	河北省	27.4705	88（15）	—	50（12）	—	—	—	—	—	4
13	江西省	26.4624	97（14）	—	7（17）	—	—	—	—	—	1
14	天津市	26.0691	68（17）	—	36（14）	—	—	—	—	—	1
15	云南省	26.0663	102（13）	—	25（16）	2（3）	2（7）	—	—	—	2
16	贵州省	25.8210	162（10）	—	35（15）	—	—	—	—	—	1
17	甘肃省	25.7994	76（16）	—	57（10）	—	7（4）	—	—	—	1
18	黑龙江省	24.3552	—	—	4（18）	—	—	—	—	—	1

资料来源：科技大数据湖北省重点实验室

表4-32　2022年橡胶和塑料制品业上市公司知识产权指数二十强上市公司

序号	上市公司名称	地区	IPI（全国排名）
1	金发科技股份有限公司	广东省	85.0956（21）
2	株洲时代新材料科技股份有限公司	湖南省	74.4389（57）
3	厦门建霖健康家居股份有限公司	福建省	62.0848（136）
4	厦门瑞尔特卫浴科技股份有限公司	福建省	59.8162（178）
5	厦门松霖科技股份有限公司	福建省	58.3992（203）
6	宁波长阳科技股份有限公司	浙江省	56.5241（255）
7	三角轮胎股份有限公司	山东省	54.1954（353）
8	浙江伟星新型建材股份有限公司	浙江省	54.0776（360）
9	赛轮集团股份有限公司	山东省	53.5177（384）
10	山东玲珑轮胎股份有限公司	山东省	52.8738（416）
11	安徽安利材料科技股份有限公司	安徽省	51.2424（571）
12	苏州赛伍应用技术股份有限公司	江苏省	51.2047（573）
13	上海普利特复合材料股份有限公司	上海市	51.0146（595）
14	杭州福斯特应用材料股份有限公司	浙江省	50.6733（642）
15	广东顺威精密塑料股份有限公司	广东省	50.5527（662）
16	江苏通用科技股份有限公司	江苏省	50.4906（671）
17	风神轮胎股份有限公司	河南省	50.4134（682）
18	佛山佛塑科技集团股份有限公司	广东省	50.3054（702）
19	黄山永新股份有限公司	安徽省	50.2269（716）
20	广州鹿山新材料股份有限公司	广东省	49.8093（794）

资料来源：科技大数据湖北省重点实验室

4.2.12　非金属矿物制品业

2022 年,非金属矿物制品业上市公司的知识产权指数为 44.4387,在所有产业中排名第 12。截至 2022 年末,该产业上市公司的发明专利有效量为 3837 件,实用新型专利有效量为 7625 件,外观设计专利有效量为 2984 件,各类有效专利拥有总量在全国排名第 14;商标注册量为 9427 件,在全国排名第 18。2022 年,该产业上市公司的 PCT 专利申请量为 90 件,作品著作权登记量为 192 件,计算机软件著作权登记量为 21 件。2013~2022 年,非金属矿物制品业上市公司各类型专利授权量均呈现波动上升的趋势(图 4-23)。

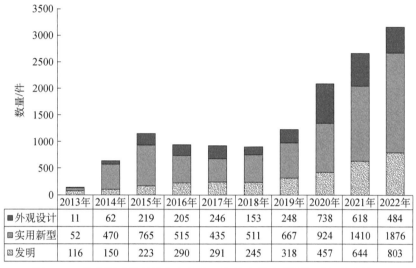

	2013年	2014年	2015年	2016年	2017年	2018年	2019年	2020年	2021年	2022年
■外观设计	11	62	219	205	246	153	248	738	618	484
▨实用新型	52	470	765	515	435	511	667	924	1410	1876
▤发明	116	150	223	290	291	245	318	457	644	803

图 4-23　非金属矿物制品业上市公司当前有效专利授权时间分布情况
资料来源:科技大数据湖北省重点实验室

广东省该产业上市公司的综合表现最为突出(表 4-33)。该产业共有 114 家上市公司,知识产权指数最高的上市公司是北新集团建材股份有限公司,上市板块为主板,所属地区为北京市(表 4-34)。

表 4-33　2022 年非金属矿物制品业不同知识产权类型地区分布及排名

序号	地区	IPI	有效专利拥有量/件(全国排名)	PCT专利申请量/件(全国排名)	商标注册量/件(全国排名)	作品著作权登记量/件(全国排名)	计算机软件著作权登记量/件(全国排名)	农业植物新品种有效量/件(全国排名)	林草植物新品种有效量/件(全国排名)	集成电路布图设计发证量/件(全国排名)	上市公司数量/家
	总计	—	14 446	90	9 427	192	21	0	0	0	114
1	广东省	96.568 4	4 756 (1)	25 (1)	3 660 (1)	176 (1)	1 (6)	—	—	—	17
2	北京市	93.304 6	3 061 (2)	11 (4)	2 304 (2)	4 (3)	5 (1)	—	—	—	8
3	江苏省	77.529 7	1 007 (4)	16 (3)	386 (4)	—	—	—	—	—	11
4	山东省	75.100 3	1 019 (3)	11 (4)	387 (3)	11 (2)	1 (6)	—	—	—	10
5	福建省	71.811 3	714 (7)	20 (2)	262 (6)	—	3 (3)	—	—	—	6
6	河南省	53.720 0	813 (5)	—	279 (5)	—	3 (3)	—	—	—	9

序号	地区	IPI	有效专利拥有量/件（全国排名）	PCT专利申请量/件（全国排名）	商标注册量/件（全国排名）	作品著作权登记量/件（全国排名）	计算机软件著作权登记量/件（全国排名）	农业植物新品种有效量/件（全国排名）	林草植物新品种有效量/件（全国排名）	集成电路布图设计发证量/件（全国排名）	上市公司数量/家
7	浙江省	46.6845	343（9）	4（6）	227（8）	—	—	—	—	—	8
8	湖南省	39.9289	322（10）	—	206（10）	1（4）	—	—	—	—	5
9	新疆维吾尔自治区	39.2938	270（11）	—	84（17）	—	2（5）	—	—	—	4
10	安徽省	37.4337	368（8）	—	138（16）	—	—	—	—	—	4
11	河北省	36.1951	802（6）	1（8）	155（14）	—	—	—	—	—	3
12	湖北省	36.0938	232（12）	—	162（13）	—	1（6）	—	—	—	3
13	重庆市	35.9813	175（13）	—	262（6）	—	—	—	—	—	4
14	上海市	33.5623	143（14）	—	163（12）	—	—	—	—	—	3
15	江西省	32.9629	72（17）	2（7）	146（15）	—	4（2）	—	—	—	2
16	四川省	31.9163	78（16）	—	207（9）	—	—	—	—	—	4
17	甘肃省	30.7748	61（19）	—	20（22）	—	—	—	—	—	4
18	辽宁省	30.4246	68（18）	—	27（21）	—	—	—	—	—	2
19	吉林省	28.9200	—	—	198（11）	—	—	—	—	—	1
20	陕西省	28.9014	89（15）	—	5（24）	—	—	—	—	—	1
21	宁夏回族自治区	28.8072	35（20）	—	28（20）	—	—	—	—	—	2
22	西藏自治区	28.5595	11（21）	—	81（18）	—	1（6）	—	—	—	1
23	海南省	28.1329	7（22）	—	7（23）	—	—	—	—	—	1
24	云南省	27.8252	—	—	33（19）	—	—	—	—	—	1

资料来源：科技大数据湖北省重点实验室

表 4-34　2022 年非金属矿物制品业上市公司知识产权指数二十强上市公司

序号	上市公司名称	地区	IPI（全国排名）
1	北新集团建材股份有限公司	北京市	79.6184（37）
2	福耀玻璃工业集团股份有限公司	福建省	65.7731（99）
3	北京东方雨虹防水技术股份有限公司	北京市	63.7575（118）
4	蒙娜丽莎集团股份有限公司	广东省	61.3786（145）
5	中国南玻集团股份有限公司	广东省	60.2615（170）
6	中材科技股份有限公司	江苏省	59.9549（174）
7	广东东鹏控股股份有限公司	广东省	59.3939（187）
8	箭牌家居集团股份有限公司	广东省	54.1334（358）
9	广东天安新材料股份有限公司	广东省	52.7085（432）
10	山东鲁阳节能材料股份有限公司	山东省	52.6779（436）
11	山东龙泉管道工程股份有限公司	山东省	52.1041（486）
12	山东省药用玻璃股份有限公司	山东省	51.8743（505）
13	江苏凯伦建材股份有限公司	江苏省	51.7103（518）

续表

序号	上市公司名称	地区	IPI（全国排名）
14	惠达卫浴股份有限公司	河北省	51.3008（564）
15	科顺防水科技股份有限公司	广东省	51.1833（575）
16	中建西部建设股份有限公司	新疆维吾尔自治区	51.1784（576）
17	河南黄河旋风股份有限公司	河南省	50.9829（599）
18	濮阳濮耐高温材料（集团）股份有限公司	河南省	50.4227（681）
19	宁波韵升股份有限公司	浙江省	50.3964（688）
20	瑞泰科技股份有限公司	北京市	49.9576（769）

资料来源：科技大数据湖北省重点实验室

4.2.13 科学研究和技术服务业

2022 年，科学研究和技术服务业上市公司的知识产权指数为 43.7886，在所有产业中排名第 13。截至 2022 年末，该产业上市公司的发明专利有效量为 2153 件，实用新型专利有效量为 6117 件，外观设计专利有效量为 432 件，各类有效专利拥有总量在全国排名第 19；商标注册量为 6090 件，在全国排名第 23。2022 年，该产业上市公司的 PCT 专利申请量为 64 件，作品著作权登记量为 2462 件，计算机软件著作权登记量为 635 件，集成电路布图设计发证量为 1 件。2013～2022 年，科学研究和技术服务业上市公司各类型专利授权量均呈现波动上升的趋势（图 4-24）。

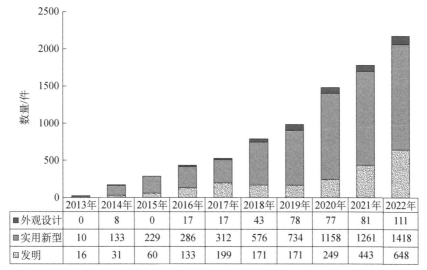

	2013年	2014年	2015年	2016年	2017年	2018年	2019年	2020年	2021年	2022年
外观设计	0	8	0	17	17	43	78	77	81	111
实用新型	10	133	229	286	312	576	734	1158	1261	1418
发明	16	31	60	133	199	171	171	249	443	648

图 4-24 科学研究和技术服务业上市公司当前有效专利授权时间分布情况
资料来源：科技大数据湖北省重点实验室

北京市该产业上市公司的综合表现最为突出（表 4-35）。该产业共有 111 家上市公司，知识产权指数最高的上市公司是中国汽车工程研究院股份有限公司，上市板块为主板，所属地区为重庆市（表 4-36）。

表 4-35　2022 年科学研究和技术服务业不同知识产权类型地区分布及排名

序号	地区	IPI	有效专利拥有量/件（全国排名）	PCT专利申请量/件（全国排名）	商标注册量/件（全国排名）	作品著作权登记量/件（全国排名）	计算机软件著作权登记量/件（全国排名）	农业植物新品种有效量/件（全国排名）	林草植物新品种有效量/件（全国排名）	集成电路布图设计发证量/件（全国排名）	上市公司数量/家
	总计	—	8702	64	6090	2462	635	0	0	1	111
1	北京市	88.1263	2625（1）	1（5）	1241（2）	11（3）	79（3）	—	—	—	21
2	广东省	86.8762	1721（2）	24（2）	2037（1）	45（2）	230（1）	—	—	1（1）	25
3	江苏省	85.5241	1639（3）	28（1）	1030（3）	1（5）	142（2）	—	—	—	18
4	上海市	59.6814	561（5）	4（4）	604（4）	2（4）	16（8）	—	—	—	18
5	重庆市	55.8854	687（4）	—	394（5）	—	63（4）	—	—	—	2
6	浙江省	48.9258	98（10）	—	295（6）	2403（1）	24（7）	—	—	—	4
7	贵州省	40.5417	458（6）	1（5）	11（16）	—	7（10）	—	—	—	1
8	河南省	39.4204	313（7）	—	11（16）	—	31（5）	—	—	—	2
9	安徽省	39.1258	292（8）	—	149（7）	—	24（6）	—	—	—	3
10	四川省	37.1967	68（12）	5（3）	39（10）	—	6（11）	—	—	—	4
11	天津市	34.0328	103（9）	1（5）	71（9）	—	10（9）	—	—	—	3
12	湖北省	31.4788	74（11）	—	6（19）	—	—	—	—	—	1
13	西藏自治区	30.6889	38（13）	—	12（15）	—	—	—	—	—	1
14	福建省	30.6719	5（15）	—	84（8）	—	—	—	—	—	2
15	陕西省	30.1595	15（14）	—	4（20）	—	2（12）	—	—	—	1
16	湖南省	30.1181	2（17）	—	32（11）	—	—	—	—	—	1
17	新疆维吾尔自治区	30.0930	—	—	15（14）	—	—	—	—	—	1
18	江西省	30.0592	3（16）	0（8）	17（13）	—	1（13）	—	—	—	1
19	广西壮族自治区	30.0473	—	—	29（12）	—	—	—	—	—	1
20	甘肃省	29.7820	—	—	9（18）	—	—	—	—	—	1

资料来源：科技大数据湖北省重点实验室

表 4-36　2022 年科学研究和技术服务业上市公司知识产权指数二十强上市公司

序号	上市公司名称	地区	IPI（全国排名）
1	中国汽车工程研究院股份有限公司	重庆市	60.5630（161）
2	阿尔特汽车技术股份有限公司	北京市	59.4943（185）
3	华电重工股份有限公司	北京市	57.7037（218）
4	浙江中胤时尚股份有限公司	浙江省	57.1636（230）
5	苏交科集团股份有限公司	江苏省	55.5596（288）
6	航天长征化学工程股份有限公司	北京市	55.4153（292）
7	深圳华大基因股份有限公司	广东省	53.6520（383）
8	广州地铁设计研究院股份有限公司	广东省	53.4869（386）
9	贵州省交通规划勘察设计研究院股份有限公司	贵州省	52.0458（491）
10	深圳市城市交通规划设计研究中心股份有限公司	广东省	50.7526（631）

续表

序号	上市公司名称	地区	IPI（全国排名）
11	河南省交通规划设计研究院股份有限公司	河南省	50.2018（725）
12	安徽省交通规划设计研究总院股份有限公司	安徽省	50.0999（741）
13	永安行科技股份有限公司	江苏省	49.9644（768）
14	南方电网电力科技股份有限公司	广东省	49.8059（795）
15	常州市建筑科学研究院集团股份有限公司	江苏省	48.7701（1108）
16	成都先导药物开发股份有限公司	四川省	48.7553（1116）
17	深圳市建筑科学研究院股份有限公司	广东省	48.5750（1177）
18	华设设计集团股份有限公司	江苏省	48.5167（1195）
19	南京诺唯赞生物科技股份有限公司	江苏省	48.4659（1225）
20	苏州电器科学研究院股份有限公司	江苏省	48.3916（1253）

资料来源：科技大数据湖北省重点实验室

4.2.14 金属制品业

2022 年，金属制品业上市公司的知识产权指数为 43.1976，在所有产业中排名第 14。截至 2022 年末，该产业上市公司的发明专利有效量为 3141 件，实用新型专利有效量为 10 315 件，外观设计专利有效量为 2512 件，各类有效专利拥有总量在全国排名第 11；商标注册量为 5592 件，在全国排名第 25。2022 年，该产业上市公司的 PCT 专利申请量为 76 件，作品著作权登记量为 21 件，计算机软件著作权登记量为 70 件。2013～2022 年，金属制品业上市公司各类型专利授权量均呈现波动上升的趋势（图 4-25）。

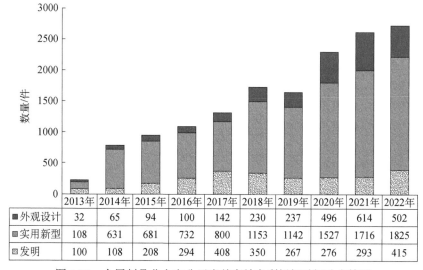

	2013年	2014年	2015年	2016年	2017年	2018年	2019年	2020年	2021年	2022年
外观设计	32	65	94	100	142	230	237	496	614	502
实用新型	108	631	681	732	800	1153	1142	1527	1716	1825
发明	100	108	208	294	408	350	267	276	293	415

图 4-25 金属制品业上市公司当前有效专利授权时间分布情况
资料来源：科技大数据湖北省重点实验室

广东省该产业上市公司的综合表现最为突出（表 4-37）。该产业共有 99 家上市公司，知识产权指数最高的上市公司是中国国际海运集装箱（集团）股份有限公司，上市板块为主板，所属地区为广东省（表 4-38）。

表 4-37 2022 年金属制品业不同知识产权类型地区分布及排名

序号	地区	IPI	有效专利拥有量/件（全国排名）	PCT专利申请量/件（全国排名）	商标注册量/件（全国排名）	作品著作权登记量/件（全国排名）	计算机软件著作权登记量/件（全国排名）	农业植物新品种有效量/件（全国排名）	林草植物新品种有效量/件（全国排名）	集成电路布图设计发证量/件（全国排名）	上市公司数量/家
	总计	—	15 968	76	5 592	21	70	0	0	0	99
1	广东省	98.265 7	5 137（1）	19（2）	1 470（2）	—	1（6）	—	—	—	13
2	浙江省	97.297 7	4 262（2）	24（1）	2 327（1）	7（2）	50（1）	—	—	—	16
3	江苏省	78.667 9	1 484（4）	19（2）	449（4）	—	6（2）	—	—	—	29
4	河北省	60.795 7	1 827（3）	—	172（5）	2（4）	—	—	—	—	2
5	北京市	60.075 6	580（6）	9（4）	140（6）	4（3）	—	—	—	—	3
6	湖南省	43.277 1	247（9）	5（5）	513（3）	—	5（3）	—	—	—	5
7	山东省	43.176 1	568（7）	—	91（8）	8（1）	1（6）	—	—	—	7
8	安徽省	41.438 4	607（5）	—	78（9）	—	5（3）	—	—	—	5
9	天津市	35.744 6	448（8）	—	122（7）	—	—	—	—	—	4
10	四川省	31.810 0	101（13）	—	40（12）	—	—	—	—	—	1
11	江西省	31.678 5	135（10）	—	42（11）	—	2（5）	—	—	—	3
12	河南省	30.706 1	126（12）	—	23（14）	—	—	—	—	—	1
13	贵州省	30.636 5	129（11）	—	1（19）	—	—	—	—	—	1
14	吉林省	29.928 1	77（14）	—	2（18）	—	—	—	—	—	1
15	福建省	29.786 5	70（16）	—	64（10）	—	—	—	—	—	2
16	上海市	29.699 3	65（17）	—	15（15）	—	—	—	—	—	2
17	山西省	29.368 6	77（14）	—	25（13）	—	—	—	—	—	1
18	湖北省	29.217 4	21（18）	—	1（19）	—	—	—	—	—	1
19	辽宁省	29.078 1	7（19）	—	13（16）	—	—	—	—	—	1
20	重庆市	28.255 4	—	—	4（17）	—	—	—	—	—	1

资料来源：科技大数据湖北省重点实验室

表 4-38 2022 年金属制品业上市公司知识产权指数二十强上市公司

序号	上市公司名称	地区	IPI（全国排名）
1	中国国际海运集装箱（集团）股份有限公司	广东省	80.3081（35）
2	新兴铸管股份有限公司	河北省	67.4202（87）
3	安泰科技股份有限公司	北京市	62.0864（135）
4	杭州巨星科技股份有限公司	浙江省	61.3577（146）
5	浙江苏泊尔股份有限公司	浙江省	55.3625（296）
6	广东坚朗五金制品股份有限公司	广东省	55.0464（308）
7	广东好太太科技集团股份有限公司	广东省	54.0094（363）
8	杭萧钢构股份有限公司	浙江省	53.1909（398）
9	浙江东南网架股份有限公司	浙江省	52.7478（427）
10	巨力索具股份有限公司	河北省	52.0757（489）
11	方大集团股份有限公司	广东省	52.0252（492）

续表

序号	上市公司名称	地区	IPI（全国排名）
12	东莞宜安科技股份有限公司	广东省	51.2058（572）
13	安徽富煌钢构股份有限公司	安徽省	50.7832（625）
14	安徽鸿路钢结构（集团）股份有限公司	安徽省	50.2178（719）
15	东睦新材料集团股份有限公司	浙江省	49.9389（771）
16	湖南泰嘉新材料科技股份有限公司	湖南省	49.8024（797）
17	浙江哈尔斯真空器皿股份有限公司	浙江省	49.5952（850）
18	祥鑫科技股份有限公司	广东省	49.2739（946）
19	爱仕达股份有限公司	浙江省	48.8732（1070）
20	王力安防科技股份有限公司	浙江省	48.7858（1105）

资料来源：科技大数据湖北省重点实验室

4.2.15 食品制造业

2022 年，食品制造业上市公司的知识产权指数为 42.8238，在所有产业中排名第 15。截至 2022 年末，该产业上市公司的发明专利有效量为 2604 件，实用新型专利有效量为 1990 件，外观设计专利有效量为 2183 件，各类有效专利拥有总量在全国排名第 21；商标注册量为 34 571 件，在全国排名第 4。2022 年，该产业上市公司的 PCT 专利申请量为 85 件，作品著作权登记量为 279 件，计算机软件著作权登记量为 15 件。2013～2022 年，食品制造业上市公司各类型专利授权量均呈现波动上升的趋势（图 4-26）。

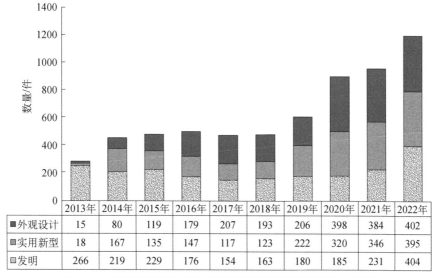

图 4-26　食品制造业上市公司当前有效专利授权时间分布情况
资料来源：科技大数据湖北省重点实验室

广东省该产业上市公司的综合表现最为突出（表 4-39）。该产业共有 77 家上市公司，知识产权指数最高的上市公司是内蒙古伊利实业集团股份有限公司，上市板块为主板，所属地区为内蒙古自治区（表 4-40）。

表 4-39　2022 年食品制造业不同知识产权类型地区分布及排名

序号	地区	IPI	有效专利拥有量/件（全国排名）	PCT专利申请量/件（全国排名）	商标注册量/件（全国排名）	作品著作权登记量/件（全国排名）	计算机软件著作权登记量/件（全国排名）	农业植物新品种有效量/件（全国排名）	林草植物新品种有效量/件（全国排名）	集成电路布图设计发证量/件（全国排名）	上市公司数量/家
	总计	—	6 777	85	34 571	279	15	0	0	0	77
1	广东省	93.040 8	1 041（2）	9（4）	7 236（2）	11（7）	0（5）	0（1）	0（1）	0（1）	9
2	内蒙古自治区	90.949 9	2 227（1）	14（2）	11 186（1）	48（2）	6（1）	0（1）	0（1）	0（1）	1
3	上海市	75.133 4	786（3）	—	2 428（4）	9（9）	1（4）	—	—	—	10
4	湖北省	65.016 1	349（5）	10（3）	1 103（7）	1（11）	6（1）	—	—	—	3
5	浙江省	64.309 2	307（6）	1（8）	3 294（3）	11（7）	—	—	—	—	6
6	北京市	57.077 8	224（10）	5（5）	2 112（5）	6（10）	—	—	—	—	3
7	山东省	52.719 2	291（7）	3（7）	940（9）	—	2（3）	—	—	—	8
8	安徽省	50.557 7	229（9）	38（1）	12（25）	—	—	—	—	—	1
9	江苏省	49.193 3	255（8）	—	523（11）	44（3）	—	—	—	—	4
10	河南省	47.746 0	379（4）	—	1 523（6）	14（6）	—	—	—	—	5
11	四川省	44.352 2	183（11）	—	600（10）	101（1）	—	—	—	—	3
12	福建省	40.150 1	105（13）	4（6）	329（15）	17（4）	—	—	—	—	2
13	湖南省	38.721 7	111（12）	—	1 082（8）	—	—	—	—	—	4
14	江西省	33.566 0	44（15）	—	43（24）	—	—	—	—	—	2
15	青海省	32.069 3	1（24）	1（8）	100（19）	—	—	—	—	—	1
16	广西壮族自治区	31.482 2	26（18）	—	501（12）	1（11）	—	—	—	—	3
17	重庆市	31.409 1	43（16）	—	349（14）	15（5）	—	—	—	—	2
18	山西省	31.384 8	21（20）	—	62（22）	—	—	—	—	—	1
19	西藏自治区	30.099 9	11（22）	—	90（20）	—	—	—	—	—	1
20	云南省	29.771 6	26（18）	—	250（16）	—	—	—	—	—	1
21	新疆维吾尔自治区	29.720 4	1（24）	—	388（13）	—	—	—	—	—	2
22	天津市	29.651 3	62（14）	—	141（18）	—	—	—	—	—	1
23	河北省	28.986 1	31（17）	—	—	—	—	—	—	—	1
24	吉林省	28.850 7	20（21）	—	54（23）	1（11）	—	—	—	—	1
25	甘肃省	28.806 1	4（23）	—	75（21）	—	—	—	—	—	1
26	辽宁省	28.455 1	—	—	150（17）	—	—	—	—	—	1

资料来源：科技大数据湖北省重点实验室

表 4-40　2022 年食品制造业上市公司知识产权指数二十强上市公司

序号	上市公司名称	地区	IPI（全国排名）
1	内蒙古伊利实业集团股份有限公司	内蒙古自治区	83.3002（27）
2	汤臣倍健股份有限公司	广东省	64.9480（105）
3	光明乳业股份有限公司	上海市	63.2441（120）
4	佛山市海天调味食品股份有限公司	广东省	60.3009（167）
5	安琪酵母股份有限公司	湖北省	56.1203（266）
6	安徽金禾实业股份有限公司	安徽省	56.0889（268）

序号	上市公司名称	地区	IPI（全国排名）
7	江苏恒顺醋业股份有限公司	江苏省	53.8276（373）
8	北京三元食品股份有限公司	北京市	52.4507（454）
9	贝因美股份有限公司	浙江省	52.2744（472）
10	三全食品股份有限公司	河南省	51.8807（502）
11	北京康比特体育科技股份有限公司	北京市	51.4816（545）
12	仙乐健康科技股份有限公司	广东省	51.3857（558）
13	浙江五芳斋实业股份有限公司	浙江省	51.2589（568）
14	威海百合生物技术股份有限公司	山东省	49.7569（811）
15	厦门金达威集团股份有限公司	福建省	49.6471（840）
16	浙江圣达生物药业股份有限公司	浙江省	49.1168（988）
17	嘉必优生物技术（武汉）股份有限公司	湖北省	48.9599（1037）
18	浙江一鸣食品股份有限公司	浙江省	48.7870（1104）
19	新希望乳业股份有限公司	四川省	48.4514（1230）
20	四川天味食品集团股份有限公司	四川省	48.1347（1388）

资料来源：科技大数据湖北省重点实验室

4.2.16 仪器仪表制造业

2022 年，仪器仪表制造业上市公司的知识产权指数为 41.0048，在所有产业中排名第 16。截至 2022 年末，该产业上市公司的发明专利有效量为 3757 件，实用新型专利有效量为 7749 件，外观设计专利有效量为 2536 件，各类有效专利拥有总量在全国排名第 15；商标注册量为 2687 件，在全国排名第 31。2022 年，该产业上市公司的 PCT 专利申请量为 66 件，作品著作权登记量为 57 件，计算机软件著作权登记量为 604 件，集成电路布图设计发证量为 1 件。2013～2022 年，仪器仪表制造业上市公司各类型专利授权量均呈现波动上升的趋势（图 4-27）。

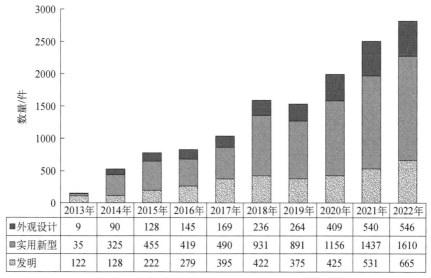

	2013年	2014年	2015年	2016年	2017年	2018年	2019年	2020年	2021年	2022年
外观设计	9	90	128	145	169	236	264	409	540	546
实用新型	35	325	455	419	490	931	891	1156	1437	1610
发明	122	128	222	279	395	422	375	425	531	665

图 4-27　仪器仪表制造业上市公司当前有效专利授权时间分布情况

资料来源：科技大数据湖北省重点实验室

广东省该产业上市公司的综合表现最为突出（表 4-41）。该产业共有 88 家上市公司，知识产权指数最高的上市公司是武汉精测电子集团股份有限公司，上市板块为创业板，所属地区为湖北省（表 4-42）。

表 4-41 2022 年仪器仪表制造业不同知识产权类型地区分布及排名

序号	地区	IPI	有效专利拥有量/件（全国排名）	PCT专利申请量/件（全国排名）	商标注册量/件（全国排名）	作品著作权登记量/件（全国排名）	计算机软件著作权登记量/件（全国排名）	农业植物新品种有效量/件（全国排名）	林草植物新品种有效量/件（全国排名）	集成电路布图设计发证量/件（全国排名）	上市公司数量/家
	总计	—	14 042	66	2 687	57	604	0	0	1	88
1	广东省	98.123 7	2 476（2）	28（1）	484（1）	19（2）	56（3）	—	—	—	13
2	浙江省	96.839 1	2 907（1）	4（5）	407（3）	2（4）	186（1）	—	—	1（1）	19
3	江苏省	77.475 7	1 351（3）	13（2）	446（2）	8（3）	21（10）	—	—	—	14
4	湖北省	64.135 1	1 299（4）	12（3）	10（16）	—	1（14）	—	—	—	2
5	湖南省	46.274 6	791（5）	6（4）	83（11）	—	9（13）	—	—	—	2
6	北京市	45.496 0	781（6）	—	159（6）	—	35（8）	—	—	—	7
7	重庆市	42.501 1	551（11）	—	131（9）	—	19（11）	—	—	—	1
8	四川省	41.873 5	496（12）	1（6）	154（7）	1（6）	60（2）	—	—	—	4
9	上海市	41.065 7	671（8）	1（6）	244（4）	23（1）	45（5）	—	—	—	7
10	安徽省	38.273 5	638（10）	—	169（5）	—	45（5）	—	—	—	4
11	福建省	38.167 9	714（7）	1（6）	53（12）	—	10（12）	—	—	—	2
12	河南省	37.465 9	668（9）	—	140（8）	2（4）	47（5）	—	—	—	5
13	河北省	26.087 8	215（14）	—	46（14）	1（6）	42（7）	—	—	—	2
14	江西省	24.141 5	359（13）	—	16（15）	—	26（9）	—	—	—	2
15	吉林省	19.964 2	82（15）	—	52（13）	—	1（14）	—	—	—	1
16	广西壮族自治区	19.642 2	26（16）	—	86（10）	—	1（14）	—	—	—	2
17	山东省	18.740 4	17（17）	—	7（17）	1（6）	—	—	—	—	1

资料来源：科技大数据湖北省重点实验室

表 4-42 2022 年仪器仪表上市公司知识产权指数二十强上市公司

序号	上市公司名称	地区	IPI（全国排名）
1	武汉精测电子集团股份有限公司	湖北省	62.9494（124）
2	深圳市科陆电子科技股份有限公司	广东省	61.0067（151）
3	重庆川仪自动化股份有限公司	重庆市	58.5575（202）
4	宁波三星医疗电气股份有限公司	浙江省	54.8852（317）
5	成都秦川物联网科技股份有限公司	四川省	54.7796（323）
6	湖南三德科技股份有限公司	湖南省	54.6007（329）
7	聚光科技（杭州）股份有限公司	浙江省	54.2117（351）
8	广东奥普特科技股份有限公司	广东省	52.3567（462）
9	福建福光股份有限公司	福建省	52.1423（481）
10	力合科技（湖南）股份有限公司	湖南省	51.3590（559）
11	深圳市鼎阳科技股份有限公司	广东省	51.0336（590）

续表

序号	上市公司名称	地区	IPI（全国排名）
12	江苏天瑞仪器股份有限公司	江苏省	50.7352（633）
13	汉威科技集团股份有限公司	河南省	50.5649（658）
14	福建星云电子股份有限公司	福建省	50.3994（687）
15	北京雪迪龙科技股份有限公司	北京市	49.9311（774）
16	杭州海兴电力科技股份有限公司	浙江省	49.5272（869）
17	南京埃斯顿自动化股份有限公司	江苏省	49.5113（873）
18	普源精电科技股份有限公司	江苏省	49.4025（901）
19	安科瑞电气股份有限公司	上海市	49.0881（997）
20	安徽皖仪科技股份有限公司	安徽省	49.0859（998）

资料来源：科技大数据湖北省重点实验室

4.2.17 建筑业

2022 年，建筑业上市公司的知识产权指数为 40.6079，在所有产业中排名第 17。截至 2022 年末，该产业上市公司的发明专利有效量为 2541 件，实用新型专利有效量为 11 370 件，外观设计专利有效量为 1309 件，各类有效专利拥有总量在全国排名第 13；商标注册量为 6531 件，在全国排名第 21；林草植物新品种有效量为 14 件，在全国排名第 1。2022 年，该产业上市公司的 PCT 专利申请量为 13 件，作品著作权登记量为 20 件，计算机软件著作权登记量为 120 件。2013~2022 年，建筑业上市公司各类型专利授权量均呈现波动上升的趋势（图 4-28）。

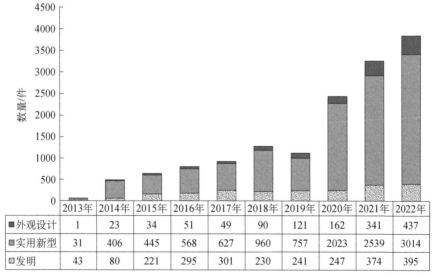

	2013年	2014年	2015年	2016年	2017年	2018年	2019年	2020年	2021年	2022年
■外观设计	1	23	34	51	49	90	121	162	341	437
▨实用新型	31	406	445	568	627	960	757	2023	2539	3014
▣发明	43	80	221	295	301	230	241	247	374	395

图 4-28 建筑业上市公司当前有效专利授权时间分布情况
资料来源：科技大数据湖北省重点实验室

北京市该产业上市公司的综合表现最为突出（表 4-43）。该产业共有 111 家上市公司，知识产权指数最高的上市公司是浙江亚厦装饰股份有限公司，上市板块为主板，所属地区为浙江省（表 4-44）。

表 4-43　2022 年建筑业不同知识产权类型地区分布及排名

序号	地区	IPI	有效专利拥有量/件（全国排名）	PCT专利申请量/件（全国排名）	商标注册量/件（全国排名）	作品著作权登记量/件（全国排名）	计算机软件著作权登记量/件（全国排名）	农业植物新品种有效量/件（全国排名）	林草植物新品种有效量/件（全国排名）	集成电路布图设计发证量/件（全国排名）	上市公司数量/家
	总计	—	15 220	13	6 531	20	120	0	14	0	111
1	北京市	99.550 9	2 745（2）	9（1）	2 296（1）	—	23（2）	—	2（2）	—	23
2	江苏省	91.342 7	2 116（3）	3（2）	1 098（3）	3（3）	22（3）	—	—	—	13
3	浙江省	78.849 8	5 260（1）	—	613（4）	—	9（5）	—	—	—	13
4	上海市	78.614 7	1 410（5）	—	188（5）	11（1）	30（1）	—	—	—	13
5	广东省	74.066 7	1 689（4）	—	1 599（2）	2（4）	12（4）	—	—	—	19
6	重庆市	41.628 8	506（6）	—	109（9）	—	4（9）	—	—	—	2
7	安徽省	39.476 7	228（8）	1（3）	5（15）	—	7（6）	—	—	—	3
8	山东省	34.877 2	238（7）	—	120（7）	—	2（10）	—	—	—	4
9	黑龙江省	33.056 9	211（9）	—	4（16）	—	—	—	—	—	2
10	福建省	32.711 2	181（10）	—	115（8）	—	6（7）	—	—	—	1
11	河北省	30.454 6	86（14）	—	38（13）	—	5（8）	—	—	—	2
12	河南省	30.365 5	43（16）	—	124（6）	4（2）	—	—	12（1）	—	1
13	新疆维吾尔自治区	30.226 2	157（11）	—	1（18）	—	—	—	—	—	2
14	湖北省	30.102 5	87（13）	—	60（11）	—	—	—	—	—	4
15	四川省	29.134 5	29（17）	—	35（14）	—	—	—	—	—	4
16	陕西省	29.125 4	143（12）	—	—	—	—	—	—	—	1
17	湖南省	29.113 2	63（15）	—	3（17）	—	—	—	—	—	1
18	青海省	28.275 2	19（18）	—	80（10）	—	—	—	—	—	1
19	江西省	27.888 2	9（19）	—	43（12）	—	—	—	—	—	1
20	吉林省	27.599 2	—	—	—	—	—	—	—	—	1

资料来源：科技大数据湖北省重点实验室

表 4-44　2022 年建筑业上市公司知识产权指数二十强上市公司

序号	上市公司名称	地区	IPI（全国排名）
1	浙江亚厦装饰股份有限公司	浙江省	70.7464（70）
2	中国建筑股份有限公司	北京市	64.1960（110）
3	苏州金螳螂建筑装饰股份有限公司	江苏省	62.6123（129）
4	上海建工集团股份有限公司	上海市	60.9492（156）
5	重庆建工集团股份有限公司	重庆市	56.1037（267）
6	江河创建集团股份有限公司	北京市	55.8045（279）
7	上海隧道工程股份有限公司	上海市	51.4902（543）
8	中国海诚工程科技股份有限公司	上海市	51.1424（582）
9	广东水电二局股份有限公司	广东省	50.9437（607）
10	苏州柯利达装饰股份有限公司	江苏省	50.6168（648）
11	中国铁建股份有限公司	北京市	50.1793（727）
12	东华工程科技股份有限公司	安徽省	50.1352（733）

续表

序号	上市公司名称	地区	IPI（全国排名）
13	苏文电能科技股份有限公司	江苏省	49.7802（805）
14	腾达建设集团股份有限公司	浙江省	49.6770（833）
15	宏润建设集团股份有限公司	浙江省	49.4711（879）
16	深圳瑞和建筑装饰股份有限公司	广东省	49.4143（897）
17	德才装饰股份有限公司	山东省	49.3944（903）
18	中国中铁股份有限公司	北京市	49.3707（911）
19	福建永福电力设计股份有限公司	福建省	49.2559（948）
20	森特士兴集团股份有限公司	北京市	49.2146（960）

资料来源：科技大数据湖北省重点实验室

4.2.18　金融业

2022 年，金融业上市公司的知识产权指数为 39.7574，在所有产业中排名第 18。截至 2022 年末，该产业上市公司的发明专利有效量为 2942 件，实用新型专利有效量为 1272 件，外观设计专利有效量为 1442 件，各类有效专利拥有总量在全国排名第 24；商标注册量为 25 800 件，在全国排名第 9。2022 年，该产业上市公司的 PCT 专利申请量为 1 件，作品著作权登记量为 90 件，计算机软件著作权登记量为 964 件。2013～2022 年，金融业上市公司各类型专利授权量均呈现波动上升的趋势（图 4-29）。

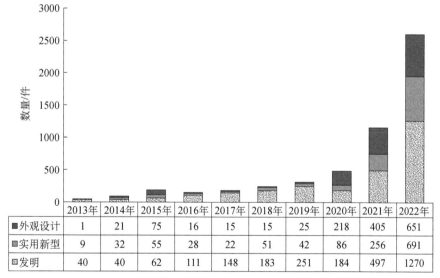

图 4-29　金融业上市公司当前有效专利授权时间分布情况
资料来源：科技大数据湖北省重点实验室

北京市该产业上市公司的综合表现最为突出（表 4-45）。该产业共有 128 家上市公司，知识产权指数最高的上市公司是中国工商银行股份有限公司，上市板块为主板，所属地区为北京市（表 4-46）。

表 4-45 2022 年金融业不同知识产权类型地区分布及排名

序号	地区	IPI	有效专利拥有量/件（全国排名）	PCT专利申请量/件（全国排名）	商标注册量/件（全国排名）	作品著作权登记量/件（全国排名）	计算机软件著作权登记量/件（全国排名）	农业植物新品种有效量/件（全国排名）	林草植物新品种有效量/件（全国排名）	集成电路布图设计发证量/件（全国排名）	上市公司数量/家
	总计	—	5 656	1	25 800	90	964	0	0	0	128
1	北京市	87.475 4	4 932（1）	—	8 781（1）	25（2）	723（1）	—	—	—	24
2	广东省	60.929 6	309（2）	—	7 114（2）	27（1）	19（5）	—	—	—	13
3	上海市	59.874 9	183（3）	—	2 847（3）	6（5）	96（2）	—	—	—	17
4	浙江省	49.067 5	61（5）	1（1）	1 400（5）	12（3）	23（4）	—	—	—	10
5	江苏省	42.188 4	28（6）	—	1 433（4）	2（8）	51（3）	—	—	—	15
6	湖南省	40.571 9	9（9）	—	231（12）	—	9（7）	—	—	—	4
7	重庆市	38.549 6	89（4）	—	1 085（6）	—	15（5）	—	—	—	3
8	山东省	38.209 0	16（8）	—	628（7）	1（9）	—	—	—	—	6
9	福建省	36.782 4	18（7）	—	579（8）	7（4）	1（14）	—	—	—	4
10	西藏自治区	36.580 3	—	—	103（15）	—	2（11）	—	—	—	1
11	安徽省	35.690 3	1（12）	—	94（16）	4（6）	9（7）	—	—	—	3
12	四川省	35.658 5	1（12）	—	259（10）	4（6）	4（10）	—	—	—	3
13	河南省	34.888 5	6（10）	—	249（11）	1（9）	1（14）	—	—	—	3
14	甘肃省	34.605 3	—	—	279（9）	—	2（11）	—	—	—	1
15	贵州省	34.510 2	—	—	184（13）	1（9）	5（9）	—	—	—	1
16	新疆维吾尔自治区	34.382 1	—	—	117（14）	—	—	—	—	—	2
17	湖北省	34.219 5	2（11）	—	89（17）	—	—	—	—	—	3
18	陕西省	34.153 0	1（12）	—	89（17）	—	1（14）	—	—	—	3
19	河北省	34.113 7	—	—	87（19）	—	2（11）	—	—	—	2
20	黑龙江省	33.893 2	—	—	10（24）	—	—	—	—	—	3
21	云南省	33.817 3	—	—	65（20）	—	—	—	—	—	2
22	山西省	33.735 8	—	—	28（22）	—	1（14）	—	—	—	1
23	广西壮族自治区	33.708 1	—	—	36（21）	—	—	—	—	—	1
24	海南省	33.658 1	—	—	0（25）	—	—	—	—	—	1
25	吉林省	33.634 0	—	—	13（23）	—	—	—	—	—	1
26	江西省	33.592 2	—	—	0（25）	—	—	—	—	—	1

资料来源：科技大数据湖北省重点实验室

表 4-46 2022 年金融业上市公司知识产权指数二十强上市公司

序号	上市公司名称	地区	IPI（全国排名）
1	中国工商银行股份有限公司	北京市	74.0465（61）
2	中国建设银行股份有限公司	北京市	69.4392（75）
3	中国银行股份有限公司	北京市	65.9871（98）
4	中国平安保险（集团）股份有限公司	广东省	62.2274（133）
5	中国农业银行股份有限公司	北京市	56.2329（264）
6	招商银行股份有限公司	广东省	51.8325（508）
7	中国邮政储蓄银行股份有限公司	北京市	50.7630（628）

序号	上市公司名称	地区	IPI（全国排名）
8	平安银行股份有限公司	广东省	50.1089（739）
9	交通银行股份有限公司	上海市	49.1371（979）
10	上海浦东发展银行股份有限公司	上海市	48.8804（1064）
11	经纬纺织机械股份有限公司	北京市	48.8764（1066）
12	国泰君安证券股份有限公司	上海市	48.6201（1162）
13	浙商银行股份有限公司	浙江省	48.2472（1327）
14	中信银行股份有限公司	北京市	48.2074（1346）
15	北京银行股份有限公司	北京市	48.1852（1364）
16	重庆农村商业银行股份有限公司	重庆市	48.1180（1394）
17	中国民生银行股份有限公司	北京市	48.0560（1424）
18	江苏银行股份有限公司	江苏省	48.0556（1425）
19	重庆银行股份有限公司	重庆市	47.9650（1482）
20	中国光大银行股份有限公司	北京市	47.6835（1678）

资料来源：科技大数据湖北省重点实验室

4.2.19　铁路、船舶、航空航天和其他运输设备制造业

2022 年，铁路、船舶、航空航天和其他运输设备制造业上市公司的知识产权指数为 39.4926，在所有产业中排名第 19。截至 2022 年末，该产业上市公司的发明专利有效量为 3407 件，实用新型专利有效量为 5559 件，外观设计专利有效量为 1680 件，各类有效专利拥有总量在全国排名第 17；商标注册量为 4750 件，在全国排名第 29。2022 年，该产业上市公司的 PCT 专利申请量为 38 件，作品著作权登记量为 73 件，计算机软件著作权登记量为 118 件。2013～2022 年，铁路、船舶、航空航天和其他运输设备制造业上市公司各类型专利授权量均呈现波动上升的趋势（图 4-30）。

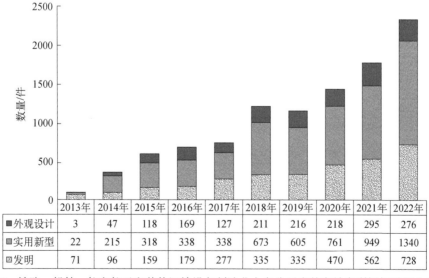

	2013年	2014年	2015年	2016年	2017年	2018年	2019年	2020年	2021年	2022年
外观设计	3	47	118	169	127	211	216	218	295	276
实用新型	22	215	318	338	338	673	605	761	949	1340
发明	71	96	159	179	277	335	335	470	562	728

图 4-30　铁路、船舶、航空航天和其他运输设备制造业上市公司当前有效专利授权时间分布情况

资料来源：科技大数据湖北省重点实验室

湖南省该产业上市公司的综合表现最为突出（表 4-47）。该产业共有 79 家上市公司，知识产权指数最高的上市公司是株洲中车时代电气股份有限公司，上市板块为科创板，所属地区为湖南省（表 4-48）。

表 4-47　2022 年铁路、船舶、航空航天和其他运输设备制造业不同知识产权类型地区分布及排名

序号	地区	IPI	有效专利拥有量/件（全国排名）	PCT专利申请量/件（全国排名）	商标注册量/件（全国排名）	作品著作权登记量/件（全国排名）	计算机软件著作权登记量/件（全国排名）	农业植物新品种有效量/件（全国排名）	林草植物新品种有效量/件（全国排名）	集成电路布图设计发证量/件（全国排名）	上市公司数量/家
	总计	—	10 646	38	4 750	73	118	0	0	0	79
1	湖南省	90.560 3	2 075（1）	17（1）	29（14）	—	2（13）	—	—	—	2
2	江苏省	84.281 2	1 637（2）	2（3）	567（4）	6（4）	6（7）	—	—	—	12
3	浙江省	79.877 0	1 636（3）	12（2）	697（3）	36（1）	14（2）	—	—	—	5
4	北京市	75.642 6	975（5）	2（3）	755（2）	—	8（4）	—	—	—	12
5	重庆市	59.512 2	1 033（4）	—	408（5）	12（3）	—	—	—	—	2
6	陕西省	57.324 8	606（6）	1（7）	135（9）	—	38（1）	—	—	—	6
7	广东省	55.048 4	606（6）	2（3）	71（10）	—	5（9）	—	—	—	9
8	四川省	45.684 0	352（9）	—	163（7）	3（5）	3（11）	—	—	—	6
9	山东省	39.067 3	404（8）	2（3）	146（8）	—	5（9）	—	—	—	3
10	天津市	38.230 5	118（14）	—	1 216（1）	15（2）	5（8）	—	—	—	1
11	新疆维吾尔自治区	35.067 2	25（21）	—	—	—	—	—	—	—	1
12	安徽省	34.535 5	181（12）	—	45（12）	—	3（11）	—	—	—	2
13	湖北省	32.997 8	245（10）	—	46（11）	1（6）	—	—	—	—	2
14	上海市	32.034 4	28（20）	—	363（6）	—	8（4）	—	—	—	4
15	河南省	31.373 6	170（13）	—	4（18）	—	8（4）	—	—	—	1
16	内蒙古自治区	29.987 9	183（11）	—	27（15）	—	1（14）	—	—	—	1
17	黑龙江省	29.657 1	74（17）	—	21（16）	—	13（3）	—	—	—	3
18	江西省	28.534 4	111（15）	—	21（16）	—	4（10）	—	—	—	2
19	贵州省	28.207 7	85（16）	—	3（19）	—	—	—	—	—	2
20	山西省	26.461 0	32（19）	—	1（20）	—	—	—	—	—	1
21	吉林省	26.334 9	70（18）	—	32（13）	—	—	—	—	—	1
22	河北省	25.124 0	—	—	—	—	—	—	—	—	1

资料来源：科技大数据湖北省重点实验室

表 4-48　2022 年铁路、船舶、航空航天和其他运输设备制造业上市公司知识产权指数二十强上市公司

序号	上市公司名称	地区	IPI（全国排名）
1	株洲中车时代电气股份有限公司	湖南省	78.8109（41）
2	隆鑫通用动力股份有限公司	重庆市	60.2140（171）
3	交控科技股份有限公司	北京市	59.0947（192）
4	南京康尼机电股份有限公司	江苏省	58.0923（212）
5	浙江春风动力股份有限公司	浙江省	56.0101（270）
6	中国航发动力股份有限公司	陕西省	54.7432（326）
7	江苏新日电动车股份有限公司	江苏省	52.2564（475）

序号	上市公司名称	地区	IPI（全国排名）
8	爱玛科技集团股份有限公司	天津市	51.3090（563）
9	浙江钱江摩托股份有限公司	浙江省	50.8537（618）
10	今创集团股份有限公司	江苏省	50.5834（652）
11	新疆机械研究院股份有限公司	新疆维吾尔自治区	50.4048（685）
12	浙江天台祥和实业股份有限公司	浙江省	49.6845（830）
13	江龙船艇科技股份有限公司	广东省	49.5195（870）
14	山东朗进科技股份有限公司	山东省	49.1762（970）
15	中船海洋与防务装备股份有限公司	广东省	49.1062（995）
16	金鹰重型工程机械股份有限公司	湖北省	49.0651（1008）
17	内蒙古第一机械集团股份有限公司	内蒙古自治区	49.0208（1023）
18	合肥工大高科信息科技股份有限公司	安徽省	48.8777（1065）
19	中国中车股份有限公司	北京市	48.4775（1214）
20	河南思维自动化设备股份有限公司	河南省	48.3559（1276）

资料来源：科技大数据湖北省重点实验室

4.2.20 有色金属冶炼和压延加工业

2022 年，有色金属冶炼和压延加工业上市公司的知识产权指数为 39.2176，在所有产业中排名第 20。截至 2022 年末，该产业上市公司的发明专利有效量为 3572 件，实用新型专利有效量为 3776 件，外观设计专利有效量为 56 件，各类有效专利拥有总量在全国排名第 20；商标注册量为 2552 件，在全国排名第 32。2022 年，该产业上市公司的 PCT 专利申请量为 5 件，作品著作权登记量为 17 件，计算机软件著作权登记量为 39 件。2013～2022 年，有色金属冶炼和压延加工业上市公司各类型专利授权量均呈现波动上升的趋势（图 4-31）。

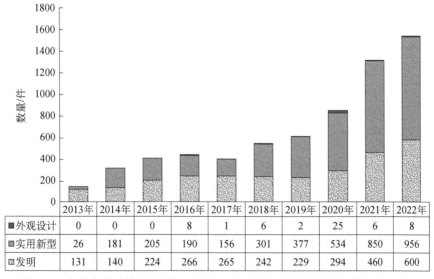

	2013年	2014年	2015年	2016年	2017年	2018年	2019年	2020年	2021年	2022年
外观设计	0	0	0	8	1	6	2	25	6	8
实用新型	26	181	205	190	156	301	377	534	850	956
发明	131	140	224	266	265	242	229	294	460	600

图 4-31 有色金属冶炼和压延加工业上市公司当前有效专利授权时间分布情况

资料来源：科技大数据湖北省重点实验室

北京市该产业上市公司的综合表现最为突出（表4-49）。该产业共有87家上市公司，知识产权指数最高的上市公司是中国铝业股份有限公司，上市板块为主板，所属地区为北京市（表4-50）。

表 4-49　2022 年有色金属冶炼和压延加工业不同知识产权类型地区分布及排名

序号	地区	IPI	有效专利拥有量/件（全国排名）	PCT 专利申请量/件（全国排名）	商标注册量/件（全国排名）	作品著作权登记量/件（全国排名）	计算机软件著作权登记量/件（全国排名）	农业植物新品种有效量/件（全国排名）	林草植物新品种有效量/件（全国排名）	集成电路布图设计发证量/件（全国排名）	上市公司数量/家
	总计	—	7404	5	2552	17	39	0	0	0	87
1	北京市	92.4474	1307（1）	1（2）	53（11）	—	1（8）	—	—	—	5
2	浙江省	90.8382	912（2）	1（2）	444（2）	2（3）	12（1）	—	—	—	7
3	福建省	75.8087	554（5）	2（1）	372（3）	9（1）	1（8）	—	—	—	2
4	陕西省	72.6144	512（6）	—	211（5）	—	4（5）	—	—	—	4
5	江苏省	69.4315	756（3）	—	511（1）	—	5（2）	—	—	—	13
6	云南省	69.1476	412（8）	—	303（4）	—	5（2）	—	—	—	7
7	广东省	59.1696	346（9）	1（2）	147（6）	1（4）	—	—	—	—	8
8	安徽省	58.1516	566（4）	—	17（13）	4（2）	—	—	—	—	5
9	江西省	54.2275	482（7）	—	132（7）	—	5（2）	—	—	—	5
10	甘肃省	42.4757	338（10）	—	14（14）	—	—	—	—	—	1
11	河南省	41.2481	209（13）	—	42（12）	—	3（6）	—	—	—	5
12	湖南省	41.1902	269（12）	—	70（9）	—	—	—	—	—	2
13	山东省	38.3064	293（11）	—	61（10）	—	3（6）	—	—	—	3
14	四川省	32.8990	198（14）	—	122（8）	—	—	—	—	—	5
15	宁夏回族自治区	30.3564	106（15）	—	4（21）	—	—	—	—	—	1
16	上海市	26.5014	58（16）	—	12（15）	—	—	—	—	—	4
17	黑龙江省	25.8059	27（17）	—	5（19）	—	—	—	—	—	1
18	吉林省	24.2871	23（18）	—	5（19）	—	—	—	—	—	2
19	内蒙古自治区	22.4738	13（20）	—	10（16）	1（4）	—	—	—	—	1
20	辽宁省	22.4533	14（19）	—	9（17）	—	—	—	—	—	2
21	海南省	22.1304	—	—	—	—	—	—	—	—	1
22	山西省	21.8595	9（21）	—	8（18）	—	—	—	—	—	2
23	新疆维吾尔自治区	21.3027	—	—	—	—	—	—	—	—	1

资料来源：科技大数据湖北省重点实验室

表 4-50　2022 年有色金属冶炼和压延加工业上市公司知识产权指数二十强上市公司

序号	上市公司名称	地区	IPI（全国排名）
1	中国铝业股份有限公司	北京市	70.8242（69）
2	厦门钨业股份有限公司	福建省	58.6161（201）
3	浙江海亮股份有限公司	浙江省	57.3826（224）
4	白银有色集团股份有限公司	甘肃省	55.0796（307）
5	江西铜业股份有限公司	江西省	54.3412（344）
6	宁波金田铜业（集团）股份有限公司	浙江省	51.7271（517）
7	西部金属材料股份有限公司	陕西省	51.6798（524）

序号	上市公司名称	地区	IPI（全国排名）
8	西部超导材料科技股份有限公司	陕西省	51.2599（566）
9	陕西斯瑞新材料股份有限公司	陕西省	51.1665（579）
10	有研新材料股份有限公司	北京市	51.0418（588）
11	铜陵有色金属集团股份有限公司	安徽省	50.9397（610）
12	株洲冶炼集团股份有限公司	湖南省	50.6877（639）
13	云南铝业股份有限公司	云南省	50.1690（728）
14	浙江华友钴业股份有限公司	浙江省	50.0720（751）
15	山东南山铝业股份有限公司	山东省	49.7484（813）
16	北京钢研高纳科技股份有限公司	北京市	49.6866（828）
17	安徽楚江科技新材料股份有限公司	安徽省	49.3104（932）
18	宁夏东方钽业股份有限公司	宁夏回族自治区	49.1924（966）
19	贵研铂业股份有限公司	云南省	49.1877（968）
20	郴州市金贵银业股份有限公司	湖南省	48.9081（1058）

资料来源：科技大数据湖北省重点实验室

4.2.21　批发和零售业

2022 年，批发和零售业上市公司的知识产权指数为 38.5316，在所有产业中排名第 21。截至 2022 年末，该产业上市公司的发明专利有效量为 475 件，实用新型专利有效量为 688 件，外观设计专利有效量为 2329 件，各类有效专利拥有总量在全国排名第 28；商标注册量为 31 526 件，在全国排名第 6。2022 年，该产业上市公司的 PCT 专利申请量为 33 件，作品著作权登记量为 497 件，计算机软件著作权登记量为 123 件。2013～2022 年，批发和零售业上市公司各类型专利授权量均呈现波动上升的趋势（图 4-32）。

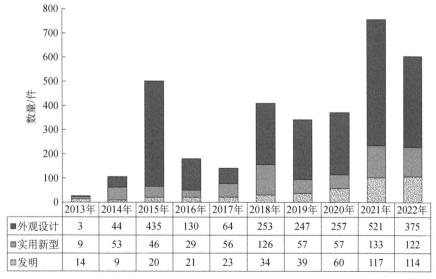

	2013年	2014年	2015年	2016年	2017年	2018年	2019年	2020年	2021年	2022年
外观设计	3	44	435	130	64	253	247	257	521	375
实用新型	9	53	46	29	56	126	57	57	133	122
发明	14	9	20	21	23	34	39	60	117	114

图 4-32　批发和零售业上市公司当前有效专利授权时间分布情况
资料来源：科技大数据湖北省重点实验室

　　江苏省该产业上市公司的综合表现最为突出（表 4-51）。该产业共有 192 家上市公司，知识产权指数最高的上市公司是美克国际家居用品股份有限公司，上市板块为主板，所属地区为江西省（表 4-52）。

表 4-51　2022 年批发和零售业不同知识产权类型地区分布及排名

序号	地区	IPI	有效专利拥有量/件（全国排名）	PCT 专利申请量/件（全国排名）	商标注册量/件（全国排名）	作品著作权登记量/件（全国排名）	计算机软件著作权登记量/件（全国排名）	农业植物新品种有效量/件（全国排名）	林草植物新品种有效量/件（全国排名）	集成电路布图设计发证量/件（全国排名）	上市公司数量/家
	总计	—	3 492	33	31 526	497	123	0	0	0	192
1	江苏省	91.452 6	335（4）	12（2）	3 586（3）	197（2）	1（9）	—	—	—	20
2	广东省	89.932 3	529（2）	3（3）	3 744（2）	4（6）	9（4）	—	—	—	26
3	上海市	86.055 6	104（8）	16（1）	4 109（1）	3（8）	4（6）	—	—	—	25
4	湖北省	82.884 0	230（6）	—	3 001（4）	233（1）	16（2）	—	—	—	8
5	安徽省	68.140 7	151（7）	2（4）	2 535（6）	14（4）	—	—	—	—	7
6	北京市	67.575 4	309（5）	—	2 067（8）	—	67（1）	—	—	—	17
7	浙江省	67.514 6	363（3）	—	1 654（9）	—	7（5）	—	—	—	17
8	江西省	58.257 3	1 287（1）	—	2 575（5）	30（3）	—	—	—	—	3
9	福建省	51.352 6	30（11）	—	2 455（7）	1（10）	1（9）	—	—	—	10
10	重庆市	42.900 1	60（9）	—	1 015（12）	3（8）	—	—	—	—	3
11	湖南省	41.344 8	7（14）	—	1 391（10）	1（10）	1（9）	—	—	—	11
12	云南省	38.379 2	13（13）	—	1 254（11）	4（6）	4（6）	—	—	—	3
13	山东省	34.053 1	37（10）	—	790（13）	7（5）	3（8）	—	—	—	9
14	四川省	29.941 5	1（16）	—	285（14）	—	10（3）	—	—	—	5
15	辽宁省	29.383 0	6（15）	—	245（15）	—	—	—	—	—	7
16	天津市	29.284 8	30（11）	—	2（26）	—	—	—	—	—	5
17	新疆维吾尔自治区	28.329 1	—	—	171（16）	—	—	—	—	—	3
18	贵州省	28.031 9	—	—	58（22）	—	—	—	—	—	1
19	广西壮族自治区	27.422 1	—	—	32（23）	—	—	—	—	—	3
20	山西省	27.345 7	—	—	108（19）	—	—	—	—	—	2
21	河北省	27.262 8	—	—	140（17）	—	—	—	—	—	1
22	黑龙江省	27.043 9	—	—	112（18）	—	—	—	—	—	1
23	陕西省	27.012 8	—	—	65（21）	—	—	—	—	—	1
24	甘肃省	26.772 8	—	—	75（20）	—	—	—	—	—	2
25	吉林省	26.450 4	—	—	30（24）	—	—	—	—	—	1
26	宁夏回族自治区	26.429 2	—	—	27（25）	—	—	—	—	—	1

资料来源：科技大数据湖北省重点实验室

表 4-52　2022 年批发和零售业上市公司知识产权指数二十强上市公司

序号	上市公司名称	地区	IPI（全国排名）
1	美克国际家居用品股份有限公司	江西省	58.0664（213）
2	苏宁易购集团股份有限公司	江苏省	56.2568（262）
3	三只松鼠股份有限公司	安徽省	55.4285（290）
4	上海来伊份股份有限公司	上海市	54.1977（352）
5	永辉超市股份有限公司	福建省	52.2854（469）
6	良品铺子股份有限公司	湖北省	51.4884（544）
7	广东星徽精密制造股份有限公司	广东省	50.5627（659）
8	上海医药集团股份有限公司	上海市	50.5084（667）
9	武商集团股份有限公司	湖北省	50.3017（703）
10	健民药业集团股份有限公司	湖北省	50.0889（746）
11	天虹数科商业股份有限公司	广东省	49.4996（876）
12	重庆百货大楼股份有限公司	重庆市	49.1338（981）
13	孩子王儿童用品股份有限公司	江苏省	48.7350（1124）
14	北京三夫户外用品股份有限公司	北京市	48.5066（1201）
15	一心堂药业集团股份有限公司	云南省	47.9757（1474）
16	九州通医药集团股份有限公司	湖北省	47.9432（1492）
17	利尔达科技集团股份有限公司	浙江省	47.8470（1547）
18	大参林医药集团股份有限公司	广东省	47.7700（1612）
19	王府井集团股份有限公司	北京市	47.7382（1635）
20	华致酒行连锁管理股份有限公司	云南省	47.7267（1644）

资料来源：科技大数据湖北省重点实验室

4.2.22　电力、热力、燃气及水生产和供应业

2022 年，电力、热力、燃气及水生产和供应业上市公司的知识产权指数为 38.2045，在所有产业中排名第 22。截至 2022 年末，该产业上市公司的发明专利有效量为 2194 件，实用新型专利有效量为 6668 件，外观设计专利有效量为 48 件，各类有效专利拥有总量在全国排名第 18；商标注册量为 2262 件，在全国排名第 34。2022 年，该产业上市公司的 PCT 专利申请量为 82 件，作品著作权登记量为 8 件，计算机软件著作权登记量为 361 件。2013～2022 年，电力、热力、燃气及水生产和供应业上市公司各类型专利授权量均呈现波动上升的趋势（图 4-33）。

北京市该产业上市公司的综合表现最为突出（表 4-53）。该产业共有 134 家上市公司，知识产权指数最高的上市公司是中国广核电力股份有限公司，上市板块为主板，所属地区为广东省（表 4-54）。

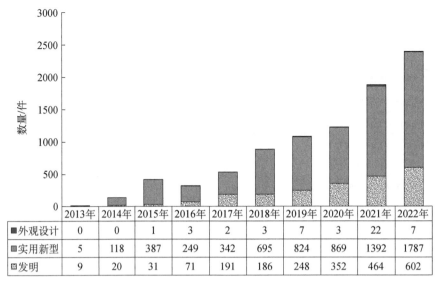

图4-33 电力、热力、燃气及水生产和供应业上市公司当前有效专利授权时间分布情况
资料来源：科技大数据湖北省重点实验室

表4-53 2022年电力、热力、燃气及水生产和供应业不同知识产权类型地区分布及排名

序号	地区	IPI	有效专利拥有量/件（全国排名）	PCT专利申请量/件（全国排名）	商标注册量/件（全国排名）	作品著作权登记量/件（全国排名）	计算机软件著作权登记量/件（全国排名）	农业植物新品种有效量/件（全国排名）	林草植物新品种有效量/件（全国排名）	集成电路布图设计发证量/件（全国排名）	上市公司数量/家
	总计	—	8910	82	2262	8	361	0	0	0	134
1	北京市	96.5833	2427（2）	20（2）	488（2）	2（1）	129（1）	—	—	—	14
2	广东省	93.9996	4455（1）	60（1）	551（1）	2（1）	116（2）	—	—	—	16
3	云南省	53.8382	640（3）	2（3）	23（15）	—	55（3）	—	—	—	2
4	浙江省	48.9049	234（4）	—	29（13）	2（1）	4（9）	—	—	—	10
5	河南省	44.1639	218（5）	—	45（11）	—	4（9）	—	—	—	4
6	天津市	43.6718	39（14）	—	11（19）	—	1（15）	—	—	—	2
7	四川省	43.0061	143（6）	—	117（4）	1（4）	8（6）	—	—	—	11
8	重庆市	42.9326	56（12）	—	429（3）	—	10（4）	—	—	—	5
9	河北省	41.8750	39（14）	—	55（10）	—	4（9）	—	—	—	4
10	江西省	40.7265	69（8）	—	19（16）	—	—	—	—	—	4
11	上海市	40.3368	57（11）	—	—	—	—	—	—	—	3
12	山东省	40.0190	34（18）	—	66（9）	—	1（15）	—	—	—	4
13	湖南省	39.8004	51（13）	—	73（6）	—	—	—	—	—	3
14	福建省	39.1542	39（14）	—	16（18）	—	—	—	—	—	4
15	宁夏回族自治区	38.8455	61（10）	—	10（21）	—	5（7）	—	—	—	3
16	广西壮族自治区	38.7824	131（7）	—	9（22）	—	2（13）	—	—	—	3
17	江苏省	38.5801	23（20）	—	89（5）	1（4）	3（12）	—	—	—	6

续表

序号	地区	IPI	有效专利拥有量/件（全国排名）	PCT专利申请量/件（全国排名）	商标注册量/件（全国排名）	作品著作权登记量/件（全国排名）	计算机软件著作权登记量/件（全国排名）	农业植物新品种有效量/件（全国排名）	林草植物新品种有效量/件（全国排名）	集成电路布图设计发证量/件（全国排名）	上市公司数量/家
18	新疆维吾尔自治区	38.5457	63（9）	—	67（8）	—	5（7）	—	—	—	7
19	湖北省	38.0608	6（24）	—	—	—	—	—	—	—	5
20	安徽省	38.0477	26（19）	—	70（7）	—	1（15）	—	—	—	2
21	陕西省	38.0075	36（17）	—	17（17）	—	10（4）	—	—	—	3
22	辽宁省	37.9926	23（20）	—	31（12）	—	—	—	—	—	6
23	吉林省	37.8503	6（24）	—	11（19）	—	1（15）	—	—	—	3
24	黑龙江省	37.8336	12（23）	—	5（23）	—	—	—	—	—	3
25	贵州省	37.3896	22（22）	—	5（23）	—	2（13）	—	—	—	2
26	山西省	37.0102	—	—	26（14）	—	—	—	—	—	4
27	内蒙古自治区	36.5532	—	—	—	—	—	—	—	—	1
28	甘肃省	36.5234	—	—	—	—	—	—	—	—	1

资料来源：科技大数据湖北省重点实验室

表 4-54　2022 年电力、热力、燃气及水生产和供应业上市公司知识产权指数二十强上市公司

序号	上市公司名称	地区	IPI（全国排名）
1	中国广核电力股份有限公司	广东省	84.2122（23）
2	中国长江电力股份有限公司	北京市	63.9190（115）
3	华能国际电力股份有限公司	北京市	55.8909（273）
4	广东梅雁吉祥水电股份有限公司	广东省	55.4563（289）
5	华能澜沧江水电股份有限公司	云南省	54.4910（333）
6	深圳市燃气集团股份有限公司	广东省	51.1093（584）
7	广州发展集团股份有限公司	广东省	49.7858（804）
8	河南安彩高科股份有限公司	河南省	48.9126（1055）
9	重庆燃气集团股份有限公司	重庆市	48.1977（1353）
10	北京京能电力股份有限公司	北京市	48.0090（1452）
11	中国三峡新能源（集团）股份有限公司	北京市	47.8325（1562）
12	浙江富春江环保热电股份有限公司	浙江省	47.4695（1825）
13	广西桂冠电力股份有限公司	广西壮族自治区	47.4170（1858）
14	中原环保股份有限公司	河南省	47.4139（1860）
15	广州迪森热能技术股份有限公司	广东省	47.1879（2102）
16	杭州中泰深冷技术股份有限公司	浙江省	47.1289（2157）
17	海天水务集团股份公司	四川省	47.1093（2185）
18	大唐国际发电股份有限公司	北京市	47.0317（2263）
19	宁夏银星能源股份有限公司	宁夏回族自治区	46.6912（2644）
20	上海电力股份有限公司	上海市	46.6626（2689）

资料来源：科技大数据湖北省重点实验室

4.2.23 酒、饮料和精制茶制造业

2022年，酒、饮料和精制茶制造业上市公司的知识产权指数为37.8474，在所有产业中排名第23。截至2022年末，该产业上市公司的发明专利有效量为528件，实用新型专利有效量为1838件，外观设计专利有效量为3523件，各类有效专利拥有总量在全国排名第23；商标注册量为27 809件，在全国排名第8。2022年，该产业上市公司的PCT专利申请量为2件，作品著作权登记量为264件，计算机软件著作权登记量为32件。2013～2022年，酒、饮料和精制茶制造业上市公司各类型专利授权量均呈现波动上升的趋势（图4-34）。

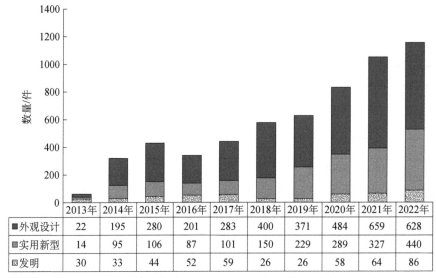

	2013年	2014年	2015年	2016年	2017年	2018年	2019年	2020年	2021年	2022年
外观设计	22	195	280	201	283	400	371	484	659	628
实用新型	14	95	106	87	101	150	229	289	327	440
发明	30	33	44	52	59	26	26	58	64	86

图4-34 酒、饮料和精制茶制造业上市公司当前有效专利授权时间分布情况

资料来源：科技大数据湖北省重点实验室

四川省该产业上市公司的综合表现最为突出（表4-55）。该产业共有49家上市公司，知识产权指数最高的上市公司是泸州老窖股份有限公司，上市板块为主板，所属地区为四川省（表4-56）。

表4-55 2022年酒、饮料和精制茶制造业不同知识产权类型地区分布及排名

序号	地区	IPI	有效专利拥有量/件（全国排名）	PCT专利申请量/件（全国排名）	商标注册量/件（全国排名）	作品著作权登记量/件（全国排名）	计算机软件著作权登记量/件（全国排名）	农业植物新品种有效量/件（全国排名）	林草植物新品种有效量/件（全国排名）	集成电路布图设计发证量/件（全国排名）	上市公司数量/家
	总计	—	5 889	2	27 809	264	32	0	0	0	49
1	四川省	88.329 3	1 741（1）	—	8 570（1）	36（2）	1（10）	—	—	—	4
2	安徽省	77.769 1	1 598（2）	—	2 172（5）	—	2（6）	—	—	—	4
3	山东省	68.218 5	415（3）	—	2 962（3）	33（3）	4（3）	—	—	—	4
4	江苏省	67.847 3	411（4）	—	4 661（2）	18（5）	1（10）	—	—	—	3
5	浙江省	62.858 3	299（5）	2（1）	1 440（6）	33（3）	—	—	—	—	4
6	山西省	51.905 9	232（7）	—	2 586（4）	16（6）	6（1）	—	—	—	1
7	上海市	50.688 6	120（11）	—	341（15）	106（1）	4（3）	—	—	—	3

续表

序号	地区	IPI	有效专利拥有量/件（全国排名）	PCT专利申请量/件（全国排名）	商标注册量/件（全国排名）	作品著作权登记量/件（全国排名）	计算机软件著作权登记量/件（全国排名）	农业植物新品种有效量/件（全国排名）	林草植物新品种有效量/件（全国排名）	集成电路布图设计发证量/件（全国排名）	上市公司数量/家
8	广东省	49.442 5	110（12）	—	1 161（7）	6（8）	3（5）	—	—	—	4
9	北京市	47.096 6	126（10）	—	447（11）	—	—	—	—	—	3
10	河北省	41.483 7	294（6）	—	869（8）	1（10）	5（2）	—	—	—	3
11	甘肃省	40.530 4	136（9）	—	660（9）	5（9）	—	—	—	—	4
12	贵州省	35.502 8	217（8）	—	10（19）	10（7）	2（6）	—	—	—	1
13	福建省	34.937 1	54（14）	—	88（17）	—	—	—	—	—	1
14	新疆维吾尔自治区	31.446 7	15（15）	—	462（10）	—	2（6）	—	—	—	2
15	湖北省	30.401 5	10（16）	—	194（16）	—	2（6）	—	—	—	1
16	青海省	30.383 8	3（18）	—	384（12）	—	—	—	—	—	1
17	海南省	29.909 0	1（19）	—	373（13）	—	—	—	—	—	1
18	湖南省	29.005 5	101（13）	—	344（14）	—	—	—	—	—	1
19	吉林省	28.049 7	6（17）	—	83（18）	—	—	—	—	—	2
20	重庆市	26.600 3	—	—	1（20）	—	—	—	—	—	1
21	西藏自治区	25.681 2	—	—	1（20）	—	—	—	—	—	1

资料来源：科技大数据湖北省重点实验室

表 4-56　2022 年酒、饮料和精制茶制造业上市公司知识产权指数二十强上市公司

序号	上市公司名称	地区	IPI（全国排名）
1	泸州老窖股份有限公司	四川省	64.3207（109）
2	安徽古井贡酒股份有限公司	安徽省	60.7850（158）
3	江苏洋河酒厂股份有限公司	江苏省	60.4018（163）
4	山西杏花村汾酒厂股份有限公司	山西省	57.2150（228）
5	青岛啤酒股份有限公司	山东省	55.8767（274）
6	四川水井坊股份有限公司	四川省	54.4592（334）
7	舍得酒业股份有限公司	四川省	52.9723（409）
8	江苏今世缘酒业股份有限公司	江苏省	50.8773（616）
9	宜宾五粮液股份有限公司	四川省	50.5700（657）
10	烟台张裕葡萄酿酒股份有限公司	山东省	49.4512（883）
11	香飘飘食品股份有限公司	浙江省	49.4330（893）
12	东鹏饮料（集团）股份有限公司	广东省	49.1173（987）
13	河北养元智汇饮品股份有限公司	河北省	48.8707（1072）
14	安徽金种子酒业股份有限公司	安徽省	48.5006（1206）
15	浙江李子园食品股份有限公司	浙江省	48.2263（1337）
16	安徽口子酒业股份有限公司	安徽省	47.8560（1538）
17	贵州茅台酒股份有限公司	贵州省	47.8507（1543）
18	威龙葡萄酒股份有限公司	山东省	47.7976（1585）
19	金徽酒股份有限公司	甘肃省	47.6582（1695）
20	酒鬼酒股份有限公司	湖南省	47.3863（1882）

资料来源：科技大数据湖北省重点实验室

4.2.24 农副食品加工业

2022年，农副食品加工业上市公司的知识产权指数为37.3376，在所有产业中排名第24。截至2022年末，该产业上市公司的发明专利有效量为1268件，实用新型专利有效量为2331件，外观设计专利有效量为1159件，各类有效专利拥有总量在全国排名第26；商标注册量为14773件，在全国排名第14。2022年，该产业上市公司的PCT专利申请量为8件，作品著作权登记量为180件，计算机软件著作权登记量为21件。2013~2022年，农副食品加工业上市公司各类型专利授权量均呈现波动上升的趋势（图4-35）。

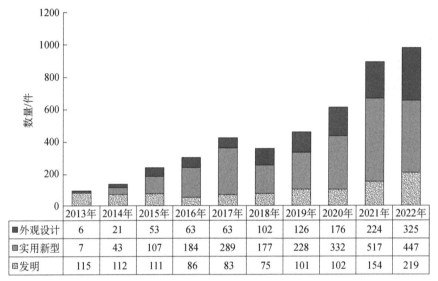

	2013年	2014年	2015年	2016年	2017年	2018年	2019年	2020年	2021年	2022年
■外观设计	6	21	53	63	63	102	126	176	224	325
▨实用新型	7	43	107	184	289	177	228	332	517	447
▣发明	115	112	111	86	83	75	101	102	154	219

图4-35　农副食品加工业上市公司当前有效专利授权时间分布情况

资料来源：科技大数据湖北省重点实验室

四川省该产业上市公司的综合表现最为突出（表4-57）。该产业共有64家上市公司，知识产权指数最高的上市公司是北京大北农科技集团股份有限公司，上市板块为主板，所属地区为北京市（表4-58）。

表4-57　2022年农副食品加工业不同知识产权类型地区分布及排名

序号	地区	IPI	有效专利拥有量/件（全国排名）	PCT专利申请量/件（全国排名）	商标注册量/件（全国排名）	作品著作权登记量/件（全国排名）	计算机软件著作权登记量/件（全国排名）	农业植物新品种有效量/件（全国排名）	林草植物新品种有效量/件（全国排名）	集成电路布图设计发证量/件（全国排名）	上市公司数量/家
	总计	—	4758	8	14773	180	21	0	0	0	64
1	四川省	83.3879	1255（1）	1（2）	942（7）	6（6）	13（1）	—	—	—	2
2	北京市	72.6949	658（3）	—	405（11）	—	1（4）	—	—	—	1
3	山东省	71.1794	342（4）	—	2403（2）	14（3）	2（3）	—	—	—	12
4	福建省	68.7948	226（7）	—	1222（3）	105（1）	—	—	—	—	4
5	浙江省	63.9203	302（6）	5（1）	803（8）	7（5）	—	—	—	—	5
6	河南省	63.3058	748（2）	—	3275（1）	1（10）	—	—	—	—	2

续表

序号	地区	IPI	有效专利拥有量/件（全国排名）	PCT专利申请量/件（全国排名）	商标注册量/件（全国排名）	作品著作权登记量/件（全国排名）	计算机软件著作权登记量/件（全国排名）	农业植物新品种有效量/件（全国排名）	林草植物新品种有效量/件（全国排名）	集成电路布图设计发证量/件（全国排名）	上市公司数量/家
7	河北省	57.293 9	331（5）	1（2）	258（15）	—	—	—	—	—	2
8	广东省	56.490 5	123（10）	—	984（6）	29（2）	1（4）	—	—	—	8
9	湖南省	44.228 2	88（12）	—	1 019（5）	11（4）	1（4）	—	—	—	7
10	安徽省	41.253 1	148（9）	—	1 158（4）	2（7）	—	—	—	—	1
11	江西省	39.061 7	185（8）	1（2）	365（13）	—	—	—	—	—	3
12	江苏省	34.157 1	122（11）	—	595（9）	2（7）	3（2）	—	—	—	4
13	新疆维吾尔自治区	31.453 6	85（13）	—	409（10）	2（7）	—	—	—	—	4
14	辽宁省	26.797 8	79（14）	—	157（16）	—	—	—	—	—	2
15	广西壮族自治区	24.640 9	58（15）	—	63（17）	—	—	—	—	—	2
16	上海市	24.532 5	8（16）	—	370（12）	1（10）	—	—	—	—	2
17	黑龙江省	23.483 3	—	—	330（14）	—	—	—	—	—	1
18	内蒙古自治区	20.661 2	—	—	15（18）	—	—	—	—	—	1
19	海南省	20.629 7	—	—	—	—	—	—	—	—	1

资料来源：科技大数据湖北省重点实验室

表 4-58　2022 年农副食品加工业上市公司知识产权指数二十强上市公司

序号	上市公司名称	地区	IPI（全国排名）
1	北京大北农科技集团股份有限公司	北京市	67.1460（88）
2	通威股份有限公司	四川省	57.0093（236）
3	新希望六和股份有限公司	四川省	56.1467（265）
4	晨光生物科技集团股份有限公司	河北省	56.0406（269）
5	河南双汇投资发展股份有限公司	河南省	55.7726（280）
6	山东惠发食品股份有限公司	山东省	52.9958（406）
7	洽洽食品股份有限公司	安徽省	52.6757（437）
8	好想你健康食品股份有限公司	河南省	52.0925（488）
9	福建傲农生物科技集团股份有限公司	福建省	50.4720（676）
10	浙江华康药业股份有限公司	浙江省	49.8515（787）
11	广东海大集团股份有限公司	广东省	49.2950（937）
12	保龄宝生物股份有限公司	山东省	48.2046（1348）
13	天康生物股份有限公司	新疆维吾尔自治区	48.1961（1355）
14	海欣食品股份有限公司	福建省	48.1883（1362）
15	祖名豆制品股份有限公司	浙江省	48.0390（1441）
16	甘源食品股份有限公司	江西省	47.7759（1602）
17	福建天马科技集团股份有限公司	福建省	47.6041（1727）
18	佩蒂动物营养科技股份有限公司	浙江省	47.5862（1738）
19	苏州市味知香食品股份有限公司	江苏省	47.3518（1913）
20	禾丰食品股份有限公司	辽宁省	47.3361（1935）

资料来源：科技大数据湖北省重点实验室

4.2.25 水利、环境和公共设施管理业

2022 年，水利、环境和公共设施管理业上市公司的知识产权指数为 36.8362，在所有产业中排名第 25。截至 2022 年末，该产业上市公司的发明专利有效量为 1334 件，实用新型专利有效量为 5082 件，外观设计专利有效量为 170 件，各类有效专利拥有总量在全国排名第 22；商标注册量为 4930 件，在全国排名第 26。2022 年，该产业上市公司的 PCT 专利申请量为 18件，作品著作权登记量为 32 件，计算机软件著作权登记量为 111 件。2013～2022 年，水利、环境和公共设施管理业上市公司各类型专利授权量均呈现波动上升的趋势（图 4-36）。

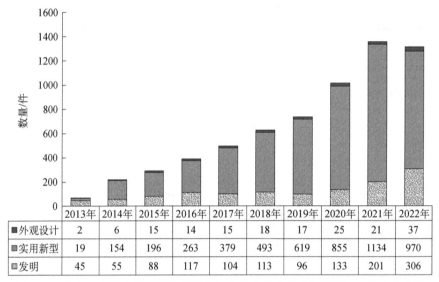

	2013年	2014年	2015年	2016年	2017年	2018年	2019年	2020年	2021年	2022年
■外观设计	2	6	15	14	15	18	17	25	21	37
▤实用新型	19	154	196	263	379	493	619	855	1134	970
▥发明	45	55	88	117	104	113	96	133	201	306

图 4-36 水利、环境和公共设施管理业上市公司当前有效专利授权时间分布情况
资料来源：科技大数据湖北省重点实验室

北京市该产业上市公司的综合表现最为突出（表 4-59）。该产业共有 99 家上市公司，知识产权指数最高的上市公司是北京高能时代环境技术股份有限公司，上市板块为主板，所属地区为北京市（表 4-60）。

表 4-59　2022 年水利、环境和公共设施管理业不同知识产权类型地区分布及排名

序号	地区	IPI	有效专利拥有量/件（全国排名）	PCT 专利申请量/件（全国排名）	商标注册量/件（全国排名）	作品著作权登记量/件（全国排名）	计算机软件著作权登记量/件（全国排名）	农业植物新品种有效量/件（全国排名）	林草植物新品种有效量/件（全国排名）	集成电路布图设计发证量/件（全国排名）	上市公司数量/家
	总计	—	6586	18	4930	32	111	0	0	0	99
1	北京市	95.8399	1667（1）	6（2）	741（1）	2（3）	10（2）	—	—	—	14
2	江苏省	94.4334	1127（2）	11（1）	464（4）	2（3）	61（1）	—	—	—	11
3	浙江省	74.7895	788（3）	—	302（7）	—	1（10）	—	—	—	9
4	安徽省	74.3726	781（4）	—	481（3）	—	9（3）	—	—	—	11
5	广东省	65.4549	535（5）	—	716（2）	1（5）	5（6）	—	—	—	11
6	湖南省	60.7892	444（6）	1（3）	83（13）	—	6（4）	—	0（1）	0（1）	6

续表

序号	地区	IPI	有效专利拥有量/件（全国排名）	PCT专利申请量/件（全国排名）	商标注册量/件（全国排名）	作品著作权登记量/件（全国排名）	计算机软件著作权登记量/件（全国排名）	农业植物新品种有效量/件（全国排名）	林草植物新品种有效量/件（全国排名）	集成电路布图设计发证量/件（全国排名）	上市公司数量/家
7	广西壮族自治区	50.7162	304（7）	—	100（11）	—	1（10）	—	—	—	2
8	上海市	48.5117	183（9）	—	90（12）	—	6（4）	—	—	—	6
9	内蒙古自治区	39.1251	17（17）	—	428（5）	19（1）	2（9）	—	—	—	1
10	陕西省	38.5658	153（10）	—	400（6）	—	1（10）	—	—	—	3
11	湖北省	36.6805	219（8）	—	65（16）	—	—	—	—	—	4
12	山东省	35.2765	36（14）	—	297（8）	—	4（7）	—	—	—	2
13	福建省	34.7443	91（12）	—	79（14）	—	3（8）	—	—	—	2
14	天津市	31.9893	109（11）	—	15（24）	—	—	—	—	—	1
15	四川省	31.0066	—	—	236（9）	—	—	—	—	—	2
16	江西省	30.8110	57（13）	—	39（19）	—	1（10）	—	—	—	1
17	重庆市	30.7435	30（16）	—	76（15）	—	—	—	—	—	3
18	辽宁省	30.3902	11（18）	—	110（10）	7（2）	—	—	—	—	2
19	云南省	29.9899	—	—	62（17）	—	—	—	—	—	2
20	河南省	29.2246	32（15）	—	28（20）	1（5）	1（10）	—	—	—	1
21	河北省	28.2791	—	—	17（23）	—	—	—	—	—	1
22	吉林省	28.2604	2（19）	—	27（21）	—	—	—	—	—	2
23	西藏自治区	28.0803	—	—	49（18）	—	—	—	—	—	1
24	新疆维吾尔自治区	27.7630	—	—	25（22）	—	—	—	—	—	1

资料来源：科技大数据湖北省重点实验室

表4-60　2022年水利、环境和公共设施管理业上市公司知识产权指数二十强上市公司

序号	上市公司名称	地区	IPI（全国排名）
1	北京高能时代环境技术股份有限公司	北京市	55.2531（303）
2	广西博世科环保科技股份有限公司	广西壮族自治区	53.7310（378）
3	无锡华光环保能源集团股份有限公司	江苏省	50.5026（668）
4	兴源环境科技股份有限公司	浙江省	50.3357（698）
5	博天环境集团股份有限公司	北京市	49.3749（909）
6	浙江德创环保科技股份有限公司	浙江省	49.1973（965）
7	中国天楹股份有限公司	江苏省	49.1128（991）
8	北京建工环境修复股份有限公司	北京市	49.0770（1002）
9	安徽中环环保科技股份有限公司	安徽省	48.7057（1132）
10	杭州国泰环保科技股份有限公司	浙江省	48.5686（1179）
11	北京清新环境技术股份有限公司	北京市	48.3508（1277）
12	安徽省通源环境节能股份有限公司	安徽省	48.3116（1293）

序号	上市公司名称	地区	IPI（全国排名）
13	凯龙高科技股份有限公司	江苏省	48.3107（1294）
14	南京万德斯环保科技股份有限公司	江苏省	48.2346（1333）
15	湖南军信环保股份有限公司	湖南省	48.2097（1345）
16	中持水务股份有限公司	北京市	48.1193（1393）
17	湖南艾布鲁环保科技股份有限公司	湖南省	47.8558（1539）
18	北京碧水源科技股份有限公司	北京市	47.8425（1551）
19	蒙草生态环境（集团）股份有限公司	内蒙古自治区	47.8179（1573）
20	岭南生态文旅股份有限公司	广东省	47.8084（1577）

资料来源：科技大数据湖北省重点实验室

4.2.26 纺织服装、服饰业

2022 年，纺织服装、服饰业上市公司的知识产权指数为 36.8316，在所有产业中排名第 26。截至 2022 年末，该产业上市公司的发明专利有效量为 427 件，实用新型专利有效量为 1734 件，外观设计专利有效量为 861 件，各类有效专利拥有总量在全国排名第 29；商标注册量为 19 248 件，在全国排名第 12。2022 年，该产业上市公司的 PCT 专利申请量为 1 件，作品著作权登记量为 972 件，计算机软件著作权登记量为 23 件。2013～2022 年，纺织服装、服饰业上市公司各类型专利授权量均呈现波动上升的趋势（图 4-37）。

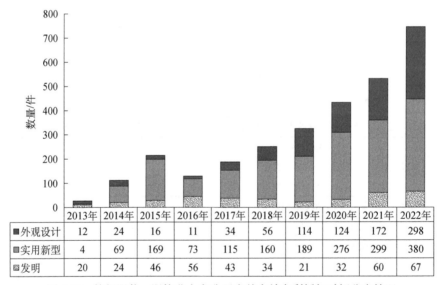

图 4-37　纺织服装、服饰业上市公司当前有效专利授权时间分布情况
资料来源：科技大数据湖北省重点实验室

浙江省该产业上市公司的综合表现最为突出（表 4-61）。该产业共有 42 家上市公司，知识产权指数最高的上市公司是浙江伟星实业发展股份有限公司，上市板块为主板，所属地区为浙江省（表 4-62）。

表 4-61　2022 年纺织服装、服饰业不同知识产权类型地区分布及排名

序号	地区	IPI	有效专利拥有量/件（全国排名）	PCT专利申请量/件（全国排名）	商标注册量/件（全国排名）	作品著作权登记量/件（全国排名）	计算机软件著作权登记量/件（全国排名）	农业植物新品种有效量/件（全国排名）	林草植物新品种有效量/件（全国排名）	集成电路布图设计发证量/件（全国排名）	上市公司数量/家
	总计	—	3 022	1	19 248	972	23	0	0	0	42
1	浙江省	94.107 9	1 635（1）	1（1）	5 095（1）	209（2）	7（1）	—	—	—	13
2	上海市	71.677 2	133（6）	—	3 765（2）	535（1）	5（3）	—	—	—	4
3	广东省	54.469 8	236（4）	—	3 400（3）	33（5）	4（4）	—	—	—	9
4	福建省	52.025 1	484（2）	—	2 714（4）	73（4）	—	—	—	—	4
5	北京市	38.898 4	225（5）	—	1 865（5）	2（7）	7（1）	—	—	—	5
6	江苏省	38.187 8	246（3）	—	1 792（6）	4（6）	—	—	—	—	4
7	山东省	29.006 4	63（7）	—	587（7）	116（3）	—	—	—	—	1
8	四川省	19.219 4	—	—	—	—	—	—	—	—	1
9	湖北省	18.513 6	—	—	30（8）	—	—	—	—	—	1

资料来源：科技大数据湖北省重点实验室

表 4-62　2022 年纺织服装、服饰业上市公司知识产权指数二十强上市公司

序号	上市公司名称	地区	IPI（全国排名）
1	浙江伟星实业发展股份有限公司	浙江省	56.5001（257）
2	浙江森马服饰股份有限公司	浙江省	55.8699（275）
3	上海美特斯邦威服饰股份有限公司	上海市	54.9745（313）
4	地素时尚股份有限公司	上海市	53.0293（405）
5	九牧王股份有限公司	福建省	52.7570（426）
6	锦泓时装集团股份有限公司	江苏省	51.3259（562）
7	爱慕股份有限公司	北京市	51.1642（580）
8	青岛酷特智能股份有限公司	山东省	49.9351（773）
9	上海嘉麟杰纺织品股份有限公司	上海市	49.7601（809）
10	福建七匹狼实业股份有限公司	福建省	49.7045（823）
11	报喜鸟控股股份有限公司	浙江省	49.4340（891）
12	比音勒芬服饰股份有限公司	广东省	49.3768（908）
13	安正时尚集团股份有限公司	浙江省	49.3302（926）
14	宁波太平鸟时尚服饰股份有限公司	浙江省	49.2831（941）
15	日播时尚集团股份有限公司	上海市	49.1139（989）
16	贵人鸟股份有限公司	福建省	49.0078（1027）
17	深圳汇洁集团股份有限公司	广东省	48.8080（1096）
18	探路者控股集团股份有限公司	北京市	48.4753（1216）
19	浙江乔治白服饰股份有限公司	浙江省	48.2850（1310）
20	江苏红豆实业股份有限公司	江苏省	48.0782（1411）

资料来源：科技大数据湖北省重点实验室

4.2.27　文教、工美、体育和娱乐用品制造业

2022年，文教、工美、体育和娱乐用品制造业上市公司的知识产权指数为36.5786，在所有产业中排名第27。截至2022年末，该产业上市公司的发明专利有效量为207件，实用新型专利有效量为1546件，外观设计专利有效量为3286件，各类有效专利拥有总量在全国排名第25；商标注册量为15 964件，在全国排名第13。2022年，该产业上市公司的PCT专利申请量为27件，作品著作权登记量为1471件，计算机软件著作权登记量为35件。2013～2022年，文教、工美、体育和娱乐用品制造业上市公司各类型专利授权量均呈现波动上升的趋势（图4-38）。

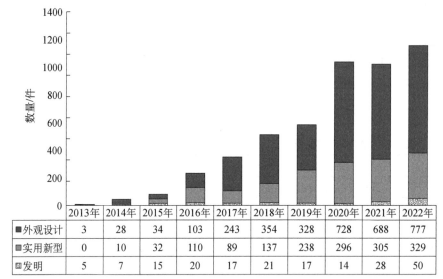

	2013年	2014年	2015年	2016年	2017年	2018年	2019年	2020年	2021年	2022年
外观设计	3	28	34	103	243	354	328	728	688	777
实用新型	0	10	32	110	89	137	238	296	305	329
发明	5	7	15	20	17	21	17	14	28	50

图4-38　文教、工美、体育和娱乐用品制造业上市公司当前有效专利授权时间分布情况

资料来源：科技大数据湖北省重点实验室

广东省该产业上市公司的综合表现最为突出（表4-63）。该产业共有25家上市公司，知识产权指数最高的上市公司是奥飞娱乐股份有限公司，上市板块为主板，所属地区为广东省（表4-64）。

表4-63　2022年文教、工美、体育和娱乐用品制造业不同知识产权类型地区分布及排名

序号	地区	IPI	有效专利拥有量/件（全国排名）	PCT专利申请量/件（全国排名）	商标注册量/件（全国排名）	作品著作权登记量/件（全国排名）	计算机软件著作权登记量/件（全国排名）	农业植物新品种有效量/件（全国排名）	林草植物新品种有效量/件（全国排名）	集成电路布图设计发证量/件（全国排名）	上市公司数量/家
	总计	—	5 039	27	15 964	1 471	35	0	0	0	25
1	广东省	99.602 1	2 531 (1)	26 (1)	13 115(1)	858 (1)	8 (2)	—	—	—	8
2	浙江省	50.938 8	603 (3)	—	789 (2)	272 (2)	2 (4)	—	—	—	6
3	上海市	43.340 7	1 044 (2)	—	554 (4)	132 (4)	1 (5)	—	—	—	1
4	山东省	41.305 7	340 (5)	—	355 (5)	160 (3)	20 (1)	—	—	—	2
5	福建省	37.636 1	350 (4)	—	405 (4)	47 (5)	3 (3)	—	—	—	3

序号	地区	IPI	有效专利拥有量/件（全国排名）	PCT专利申请量/件（全国排名）	商标注册量/件（全国排名）	作品著作权登记量/件（全国排名）	计算机软件著作权登记量/件（全国排名）	农业植物新品种有效量/件（全国排名）	林草植物新品种有效量/件（全国排名）	集成电路布图设计发证量/件（全国排名）	上市公司数量/家
6	江苏省	34.0785	143（6）	1（2）	110（9）	1（6）	1（5）	—	—	—	2
7	江西省	30.4387	—	—	249（7）	1（6）	—	—	—	—	1
8	北京市	29.4972	27（7）	—	268（6）	—	—	—	—	—	1
9	辽宁省	28.9599	1（8）	—	119（8）	—	—	—	—	—	1

资料来源：科技大数据湖北省重点实验室

表4-64　2022年文教、工美、体育和娱乐用品制造业上市公司知识产权指数二十强上市公司

序号	上市公司名称	地区	IPI（全国排名）
1	奥飞娱乐股份有限公司	广东省	77.5838（47）
2	上海晨光文具股份有限公司	上海市	54.4446（336）
3	深圳齐心集团股份有限公司	广东省	52.6370（442）
4	宁波创源文化发展股份有限公司	浙江省	50.1327（734）
5	青岛英派斯健康科技股份有限公司	山东省	49.9746（767）
6	广州珠江钢琴集团股份有限公司	广东省	47.9924（1463）
7	德艺文化创意集团股份有限公司	福建省	47.9461（1491）
8	舒华体育股份有限公司	福建省	47.6418（1705）
9	浙江联翔智能家居股份有限公司	浙江省	47.5411（1764）
10	杭州天元宠物用品股份有限公司	浙江省	47.1442（2143）
11	广州华立科技股份有限公司	广东省	47.0782（2210）
12	实丰文化发展股份有限公司	广东省	47.0231（2273）
13	青岛三柏硕健康科技股份有限公司	山东省	46.7937（2517）
14	江苏金陵体育器材股份有限公司	江苏省	46.7211（2608）
15	北京金一文化发展股份有限公司	北京市	46.6706（2681）
16	江苏共创人造草坪股份有限公司	江苏省	46.6256（2737）
17	江西沐邦高科股份有限公司	江西省	46.5844（2807）
18	广东金马游乐股份有限公司	广东省	46.4254（3016）
19	温州源飞宠物玩具制品股份有限公司	浙江省	46.4203（3030）
20	海伦钢琴股份有限公司	浙江省	46.3358（3179）

资料来源：科技大数据湖北省重点实验室

4.2.28　家具制造业

2022年，家具制造业上市公司的知识产权指数为36.4724，在所有产业中排名第28。截至2022年末，该产业上市公司的发明专利有效量为394件，实用新型专利有效量为4115件，外观设计专利有效量为7062件，各类有效专利拥有总量在全国排名第16；商标注册量为10425件，在全国排名第17。2022年，该产业上市公司的PCT专利申请量为37件，作品著作权登记量为142件，计算机软件著作权登记量为35件。2013～2022年，家具制造业上市公司各类型专利授权量均呈现波动上升的趋势（图4-39）。

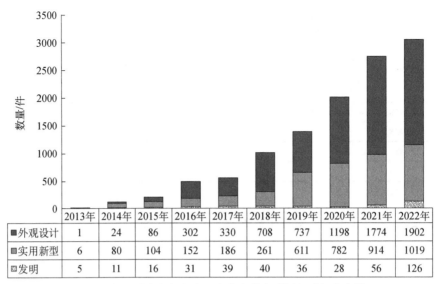

图 4-39 家具制造业上市公司当前有效专利授权时间分布情况

资料来源：科技大数据湖北省重点实验室

浙江省该产业上市公司的综合表现最为突出（表 4-65）。该产业共有 31 家上市公司，知识产权指数最高的上市公司是喜临门家具股份有限公司，上市板块为主板，所属地区为浙江省（表 4-66）。

表 4-65　2022 年家具制造业不同知识产权类型地区分布及排名

序号	地区	IPI	有效专利拥有量/件（全国排名）	PCT 专利申请量/件（全国排名）	商标注册量/件（全国排名）	作品著作权登记量/件（全国排名）	计算机软件著作权登记量/件（全国排名）	农业植物新品种有效量/件（全国排名）	林草植物新品种有效量/件（全国排名）	集成电路布图设计发证量/件（全国排名）	上市公司数量/家
	总计	—	11 571	37	10 425	142	35	0	0	0	31
1	浙江省	97.500 2	6 601 (1)	36 (1)	4 226 (1)	19 (2)	16 (1)	—	—	—	12
2	广东省	73.875 2	3 047 (2)	—	3 903 (2)	112 (1)	13 (2)	—	—	—	9
3	福建省	35.294 2	234 (5)	1 (2)	474 (4)	7 (3)	3 (3)	—	—	—	3
4	江苏省	31.305 1	945 (3)	—	459 (5)	2 (4)	2 (4)	—	—	—	4
5	安徽省	29.431 2	215 (6)	—	1 025 (3)	2 (4)	1 (5)	—	—	—	1
6	北京市	25.108 0	381 (4)	—	250 (6)	—	—	—	—	—	1
7	四川省	24.667 9	148 (7)	—	88 (7)	—	—	—	—	—	1

资料来源：科技大数据湖北省重点实验室

表 4-66　2022 年家具制造业上市公司知识产权指数二十强上市公司

序号	上市公司名称	地区	IPI（全国排名）
1	喜临门家具股份有限公司	浙江省	56.5648（254）
2	慕思健康睡眠股份有限公司	广东省	55.3731（294）
3	麒盛科技股份有限公司	浙江省	55.0245（310）
4	顾家家居股份有限公司	浙江省	54.7445（325）
5	广东顶固集创家居股份有限公司	广东省	54.0878（359）
6	乐歌人体工学科技股份有限公司	浙江省	54.0113（362）

序号	上市公司名称	地区	IPI（全国排名）
7	浙江永强集团股份有限公司	浙江省	52.6597（438）
8	索菲亚家居股份有限公司	广东省	52.5250（450）
9	志邦家居股份有限公司	安徽省	51.8175（511）
10	欧派家居集团股份有限公司	广东省	51.7100（519）
11	永艺家具股份有限公司	浙江省	51.4514（552）
12	江山欧派门业股份有限公司	浙江省	49.5344（862）
13	广东皮阿诺科学艺术家居股份有限公司	广东省	49.1918（967）
14	金牌厨柜家居科技股份有限公司	福建省	48.7155（1129）
15	恒林家居股份有限公司	浙江省	48.2904（1306）
16	南京我乐家居股份有限公司	江苏省	48.0126（1449）
17	广州好莱客创意家居股份有限公司	广东省	47.9638（1483）
18	中源家居股份有限公司	浙江省	47.6755（1682）
19	深圳市易尚展示股份有限公司	广东省	47.6736（1683）
20	梦天家居集团股份有限公司	浙江省	47.5432（1761）

资料来源：科技大数据湖北省重点实验室

4.2.29　纺织业

2022 年，纺织业上市公司的知识产权指数为 35.8425，在所有产业中排名第 29。截至 2022 年末，该产业上市公司的发明专利有效量为 762 件，实用新型专利有效量为 2089 件，外观设计专利有效量为 911 件，各类有效专利拥有总量在全国排名第 27；商标注册量为 6783 件，在全国排名第 20。2022 年，该产业上市公司的 PCT 专利申请量为 5 件，作品著作权登记量为 1089 件，计算机软件著作权登记量为 2 件，集成电路布图设计发证量为 1 件。2013～2022 年，纺织业上市公司各类型专利授权量均呈现波动上升的趋势（图 4-40）。

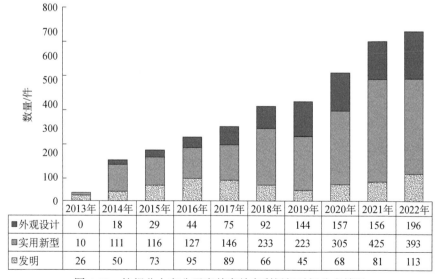

	2013年	2014年	2015年	2016年	2017年	2018年	2019年	2020年	2021年	2022年
外观设计	0	18	29	44	75	92	144	157	156	196
实用新型	10	111	116	127	146	233	223	305	425	393
发明	26	50	73	95	89	66	45	68	81	113

图 4-40　纺织业上市公司当前有效专利授权时间分布情况
资料来源：科技大数据湖北省重点实验室

浙江省该产业上市公司的综合表现最为突出（表 4-67）。该产业共有 51 家上市公司，知识产权指数最高的上市公司是上海水星家用纺织品股份有限公司，上市板块为主板，所属地区为上海市（表 4-68）。

表 4-67　2022 年纺织业不同知识产权类型地区分布及排名

序号	地区	IPI	有效专利拥有量/件（全国排名）	PCT专利申请量/件（全国排名）	商标注册量/件（全国排名）	作品著作权登记量/件（全国排名）	计算机软件著作权登记量/件（全国排名）	农业植物新品种有效量/件（全国排名）	林草植物新品种有效量/件（全国排名）	集成电路布图设计发证量/件（全国排名）	上市公司数量/家
	总计	—	3762	5	6783	1089	2	0	0	1	51
1	浙江省	81.2086	1071（1）	1（3）	1245（2）	74（4）	—	—	—	1（1）	19
2	山东省	73.0786	598（2）	—	737（5）	228（2）	1（1）	—	—	—	6
3	江苏省	70.6949	520（3）	2（1）	1632（1）	97（3）	—	—	—	—	8
4	上海市	54.0660	133（9）	—	1081（3）	657（1）	—	—	—	—	4
5	广东省	47.7743	461（4）	—	649（6）	33（5）	1（1）	—	—	—	2
6	安徽省	45.6187	441（5）	—	99（9）	—	—	—	—	—	5
7	湖南省	41.7540	138（7）	—	1051（4）	—	—	—	—	—	2
8	福建省	29.6355	171（6）	2（1）	172（7）	—	—	—	—	—	2
9	河南省	22.2444	135（8）	—	3（11）	—	—	—	—	—	1
10	海南省	22.1635	82（10）	—	102（8）	—	—	—	—	—	1
11	宁夏回族自治区	18.9365	12（11）	—	12（10）	—	—	—	—	—	1

资料来源：科技大数据湖北省重点实验室

表 4-68　2022 年纺织业上市公司知识产权指数二十强上市公司

序号	上市公司名称	地区	IPI（全国排名）
1	上海水星家用纺织品股份有限公司	上海市	57.0689（233）
2	罗莱生活科技股份有限公司	江苏省	52.7445（428）
3	鲁泰纺织股份有限公司	山东省	52.1132（485）
4	湖南梦洁家纺股份有限公司	湖南省	51.9528（497）
5	稳健医疗用品股份有限公司	广东省	51.9242（501）
6	安徽华茂纺织股份有限公司	安徽省	50.2847（706）
7	华纺股份有限公司	山东省	49.7047（822）
8	杭州诺邦无纺股份有限公司	浙江省	48.4413（1232）
9	福建凤竹纺织科技股份有限公司	福建省	48.2919（1305）
10	孚日集团股份有限公司	山东省	48.2764（1314）
11	浙江台华新材料股份有限公司	浙江省	48.0342（1444）
12	河南新野纺织股份有限公司	河南省	47.8657（1535）
13	苏州太湖雪丝绸股份有限公司	江苏省	47.8565（1537）
14	欣龙控股（集团）股份有限公司	海南省	47.8262（1566）

序号	上市公司名称	地区	IPI（全国排名）
15	深圳市富安娜家居用品股份有限公司	广东省	47.8250（1569）
16	宁波先锋新材料股份有限公司	浙江省	47.7882（1591）
17	江苏联发纺织股份有限公司	江苏省	47.6124（1724）
18	浙江新澳纺织股份有限公司	浙江省	47.5298（1770）
19	厦门延江新材料股份有限公司	福建省	47.3702（1896）
20	浙江大自然户外用品股份有限公司	浙江省	47.3390（1931）

资料来源：科技大数据湖北省重点实验室

4.2.30 农、林、牧、渔业

2022 年，农、林、牧、渔业上市公司的知识产权指数为 34.8824，在所有产业中排名第 30。截至 2022 年末，该产业上市公司的发明专利有效量为 343 件，实用新型专利有效量为 1181 件，外观设计专利有效量为 142 件，各类有效专利拥有总量在全国排名第 34；商标注册量为 4805 件，在全国排名第 28；农业植物新品种有效量为 1177 件，在全国排名第 1。2022 年，该产业上市公司的 PCT 专利申请量为 10 件，作品著作权登记量为 13 件，计算机软件著作权登记量为 26 件。2013～2022 年，农、林、牧、渔业上市公司各类型专利授权量均呈现波动上升的趋势（图 4-41）。

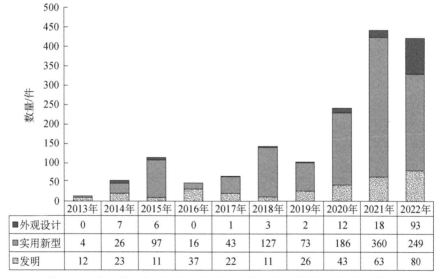

	2013年	2014年	2015年	2016年	2017年	2018年	2019年	2020年	2021年	2022年
■外观设计	0	7	6	0	1	3	2	12	18	93
■实用新型	4	26	97	16	43	127	73	186	360	249
田发明	12	23	11	37	22	11	26	43	63	80

图 4-41　农、林、牧、渔业上市公司当前有效专利授权时间分布情况

资料来源：科技大数据湖北省重点实验室

山东省该产业上市公司的综合表现最为突出（表 4-69）。该产业共有 48 家上市公司，知识产权指数最高的上市公司是袁隆平农业高科技股份有限公司，上市板块为主板，所属地区为湖南省（表 4-70）。

表 4-69　2022 年农、林、牧、渔业不同知识产权类型地区分布及排名

序号	地区	IPI	有效专利拥有量/件（全国排名）	PCT专利申请量/件（全国排名）	商标注册量/件（全国排名）	作品著作权登记量/件（全国排名）	计算机软件著作权登记量/件（全国排名）	农业植物新品种有效量/件（全国排名）	林草植物新品种有效量/件（全国排名）	集成电路布图设计发证量/件（全国排名）	上市公司数量/家
	总计	—	1666	10	4805	13	26	1177	0	0	48
1	山东省	76.5782	146（3）		605（3）		1（6）	254（3）	—	—	5
2	湖南省	75.5346	75（6）	—	986（1）		—	354（2）	—	—	4
3	河南省	69.4332	729（1）		291（6）	6（1）	15（1）	21（5）	—	—	3
4	安徽省	64.0706	18（13）		266（7）		—	505（1）	—	—	2
5	海南省	61.7249	40（9）	9（1）	357（5）	1（3）	—	—	—	—	3
6	广东省	49.6531	200（2）		393（4）		2（3）	—	—	—	4
7	福建省	48.7218	127（4）	1（2）	81（14）		2（3）	4（7）	—	—	4
8	辽宁省	45.3072	21（11）		871（2）		—	—	—	—	1
9	江苏省	39.1017	125（5）		239（8）		—	5（6）	—	—	2
10	甘肃省	37.4495	14（14）		109（11）	5（2）	—	30（4）	—	—	3
11	北京市	35.9865			17（17）		4（2）	1（9）	—	—	2
12	新疆维吾尔自治区	35.6132	7（15）		97（12）		—	—	—	—	5
13	黑龙江省	34.9658	5（16）		11（19）		—	—	—	—	2
14	云南省	33.7090	38（10）		166（9）	1（3）	—	—	—	—	3
15	上海市	32.5676	50（7）		87（13）		—	3（8）	—	—	2
16	宁夏回族自治区	32.0856	19（12）		12（18）		2（3）	—	—	—	1
17	江西省	31.6457	48（8）		39（16）		—	—	—	—	1
18	浙江省	30.2658	1（18）		115（10）		—	—	—	—	1
19	广西壮族自治区	29.6098	3（17）		61（15）		—	—	—	—	1
20	四川省	28.5555	—		2（20）		—	—	—	—	1

资料来源：科技大数据湖北省重点实验室

表 4-70　2022 年农、林、牧、渔业上市公司知识产权指数二十强上市公司

序号	上市公司名称	地区	IPI（全国排名）
1	袁隆平农业高科技股份有限公司	湖南省	56.9275（241）
2	牧原食品股份有限公司	河南省	56.4607（259）
3	山东登海种业股份有限公司	山东省	52.3738（459）
4	安徽荃银高科种业股份有限公司	安徽省	51.7455（514）
5	合肥丰乐种业股份有限公司	安徽省	51.2446（570）
6	温氏食品集团股份有限公司	广东省	50.9029（615）
7	獐子岛集团股份有限公司	辽宁省	49.7438（815）
8	山东东方海洋科技股份有限公司	山东省	48.6834（1144）
9	山东好当家海洋发展股份有限公司	山东省	48.3060（1296）
10	海南天然橡胶产业集团股份有限公司	海南省	48.2310（1334）

序号	上市公司名称	地区	IPI（全国排名）
11	福建万辰生物科技集团股份有限公司	福建省	47.2291（2050）
12	江苏立华牧业股份有限公司	江苏省	46.8673（2437）
13	江苏华绿生物科技股份有限公司	江苏省	46.8123（2499）
14	云南神农农业产业集团股份有限公司	云南省	46.7525（2569）
15	上海雪榕生物科技股份有限公司	上海市	46.7034（2631）
16	江西正邦科技股份有限公司	江西省	46.6377（2718）
17	大湖水殖股份有限公司	湖南省	46.2724（3295）
18	河南秋乐种业科技股份有限公司	河南省	46.2575（3315）
19	甘肃省敦煌种业集团股份有限公司	甘肃省	46.2563（3317）
20	海南神农科技股份有限公司	海南省	46.1867（3449）

资料来源：科技大数据湖北省重点实验室

4.2.31 造纸和纸制品业

2022 年，造纸和纸制品业上市公司的知识产权指数为 34.4882，在所有产业中排名第 31。截至 2022 年末，该产业上市公司的发明专利有效量为 562 件，实用新型专利有效量为 2041 件，外观设计专利有效量为 375 件，各类有效专利拥有总量在全国排名第 30；商标注册量为 3372 件，在全国排名第 30。2022 年，该产业上市公司的 PCT 专利申请量为 2 件，作品著作权登记量为 31 件，计算机软件著作权登记量为 1 件。2013～2022 年，造纸和纸制品业上市公司各类型专利授权量均呈现波动上升的趋势（图 4-42）。

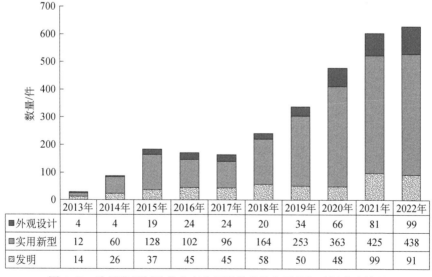

	2013年	2014年	2015年	2016年	2017年	2018年	2019年	2020年	2021年	2022年
外观设计	4	4	19	24	24	20	34	66	81	99
实用新型	12	60	128	102	96	164	253	363	425	438
发明	14	26	37	45	45	58	50	48	99	91

图 4-42　造纸和纸制品业上市公司当前有效专利授权时间分布情况

资料来源：科技大数据湖北省重点实验室

浙江省该产业上市公司的综合表现最为突出（表 4-71）。该产业共有 39 家上市公司，知识产权指数最高的上市公司是中顺洁柔纸业股份有限公司，上市板块为主板，所属地区为广东省（表4-72）。

表 4-71　2022 年造纸和纸制品业不同知识产权类型地区分布及排名

序号	地区	IPI	有效专利拥有量/件（全国排名）	PCT专利申请量/件（全国排名）	商标注册量/件（全国排名）	作品著作权登记量/件（全国排名）	计算机软件著作权登记量/件（全国排名）	农业植物新品种有效量/件（全国排名）	林草植物新品种有效量/件（全国排名）	集成电路布图设计发证量/件（全国排名）	上市公司数量/家
	总计	—	**2978**	**2**	**3372**	**31**	**1**	**0**	**0**	**0**	**39**
1	浙江省	93.7313	800（2）	2（1）	529（2）	15（1）	—	—	—	—	12
2	广东省	79.5298	895（1）	—	1542（1）	4（4）	—	—	—	—	6
3	山东省	72.0207	258（4）	—	496（3）	6（2）	—	—	—	—	6
4	安徽省	52.2346	378（3）	—	73（8）	—	1（1）	—	—	—	2
5	重庆市	41.2809	170（5）	—	190（4）	—	—	—	—	—	1
6	上海市	40.3597	148（6）	—	120（6）	—	—	—	—	—	3
7	湖南省	35.7855	59（8）	—	120（6）	—	—	—	—	—	1
8	天津市	33.6850	43（11）	—	125（5）	6（2）	—	—	—	—	1
9	福建省	31.2670	59（8）	—	60（9）	—	—	—	—	—	2
10	黑龙江省	31.0730	50（10）	—	39（11）	—	—	—	—	—	1
11	陕西省	29.2286	22（12）	—	4（13）	—	—	—	—	—	1
12	宁夏回族自治区	29.1555	65（7）	—	31（12）	—	—	—	—	—	1
13	江苏省	27.5655	21（13）	—	2（14）	—	—	—	—	—	1
14	四川省	26.9315	10（14）	—	41（10）	—	—	—	—	—	1

资料来源：科技大数据湖北省重点实验室

表 4-72　2022 年造纸和纸制品业上市公司知识产权指数二十强上市公司

序号	上市公司名称	地区	IPI（全国排名）
1	中顺洁柔纸业股份有限公司	广东省	51.6854（523）
2	山东太阳纸业股份有限公司	山东省	50.5583（661）
3	山鹰国际控股股份有限公司	安徽省	50.3155（701）
4	深圳市裕同包装科技股份有限公司	广东省	49.9874（765）
5	美盈森集团股份有限公司	广东省	49.3153（929）
6	重庆百亚卫生用品股份有限公司	重庆市	48.9482（1042）
7	杭州可靠护理用品股份有限公司	浙江省	48.9105（1056）
8	浙江大胜达包装股份有限公司	浙江省	48.7172（1128）
9	岳阳林纸股份有限公司	湖南省	48.1708（1375）
10	山东晨鸣纸业集团股份有限公司	山东省	48.0039（1454）
11	山东华泰纸业股份有限公司	山东省	47.8413（1555）
12	杭州豪悦护理用品股份有限公司	浙江省	47.7984（1582）
13	浙江荣晟环保纸业股份有限公司	浙江省	47.7804（1597）
14	仙鹤股份有限公司	浙江省	47.7590（1622）
15	龙利得智能科技股份有限公司	安徽省	47.6562（1697）
16	上海艾录包装股份有限公司	上海市	47.1198（2172）

续表

序号	上市公司名称	地区	IPI（全国排名）
17	牡丹江恒丰纸业股份有限公司	黑龙江省	47.1165（2181）
18	浙江凯恩特种材料股份有限公司	浙江省	46.9564（2336）
19	浙江景兴纸业股份有限公司	浙江省	46.7066（2622）
20	中荣印刷集团股份有限公司	广东省	46.6880（2651）

资料来源：科技大数据湖北省重点实验室

4.2.32 房地产业

2022 年，房地产业上市公司的知识产权指数为 34.4745，在所有产业中排名第 32。截至 2022 年末，该产业上市公司的发明专利有效量为 76 件，实用新型专利有效量为 167 件，外观设计专利有效量为 209 件，各类有效专利拥有总量在全国排名第 41；商标注册量为 11 411 件，在全国排名第 15。2022 年，该产业的作品著作权登记量为 7 件，计算机软件著作权登记量为 33 件。2013～2022 年，房地产业上市公司各类型专利授权量均呈现波动上升的趋势（图 4-43）。

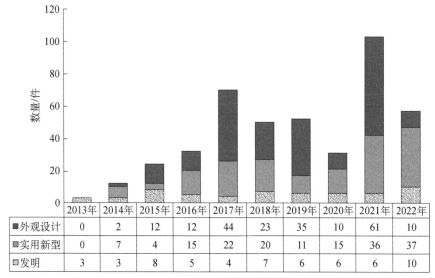

	2013年	2014年	2015年	2016年	2017年	2018年	2019年	2020年	2021年	2022年
外观设计	0	2	12	12	44	23	35	10	61	10
实用新型	0	7	4	15	22	20	11	15	36	37
发明	3	3	8	5	4	7	6	6	6	10

图 4-43　房地产业上市公司当前有效专利授权时间分布情况

资料来源：科技大数据湖北省重点实验室

广东省该产业上市公司的综合表现最为突出（表 4-73）。该产业共有 112 家上市公司，知识产权指数最高的上市公司是万科企业股份有限公司，上市板块为主板，所属地区为广东省（表 4-74）。

表 4-73　2022 年房地产业不同知识产权类型地区分布及排名

序号	地区	IPI	有效专利拥有量/件（全国排名）	PCT专利申请量/件（全国排名）	商标注册量/件（全国排名）	作品著作权登记量/件（全国排名）	计算机软件著作权登记量/件（全国排名）	农业植物新品种有效量/件（全国排名）	林草植物新品种有效量/件（全国排名）	集成电路布图设计发证量/件（全国排名）	上市公司数量/家
	总计	—	452	0	11 411	7	33	0	0	0	112
1	广东省	98.383 2	69（3）	—	4 411（1）	1（3）	9（2）	—	—	—	24

续表

序号	地区	IPI	有效专利拥有量/件（全国排名）	PCT专利申请量/件（全国排名）	商标注册量/件（全国排名）	作品著作权登记量/件（全国排名）	计算机软件著作权登记量/件（全国排名）	农业植物新品种有效量/件（全国排名）	林草植物新品种有效量/件（全国排名）	集成电路布图设计发证量/件（全国排名）	上市公司数量/家
2	重庆市	78.363 2	40（4）	—	1 851（2）	2（2）	13（1）	—	—	—	6
3	浙江省	74.309 3	177（1）	—	308（9）	—	9（2）	—	—	—	12
4	江苏省	58.503 7	89（2）	—	1 206（3）	—	—	—	—	—	8
5	上海市	55.763 9	12（7）	—	566（6）	4（1）	—	—	—	—	17
6	湖北省	50.531 9	21（6）	—	98（12）	—	1（4）	—	—	—	4
7	北京市	48.838 2	7（8）	—	922（4）	—	1（4）	—	—	—	12
8	福建省	45.736 9	32（5）	—	775（5）	—	—	—	—	—	4
9	天津市	38.598 7	5（9）	—	37（15）	—	—	—	—	—	5
10	河北省	36.342 2	—	—	372（7）	—	—	—	—	—	2
11	山东省	35.475 8	—	—	188（11）	—	—	—	—	—	4
12	贵州省	34.963 8	—	—	318（8）	—	—	—	—	—	1
13	云南省	34.144 9	—	—	198（10）	—	—	—	—	—	3
14	海南省	31.854 0	—	—	38（14）	—	—	—	—	—	2
15	陕西省	31.228 4	—	—	66（13）	—	—	—	—	—	1
16	四川省	30.683 9	—	—	16（17）	—	—	—	—	—	1
17	广西壮族自治区	30.650 9	—	—	24（16）	—	—	—	—	—	1
18	吉林省	30.591 8	—	—	2（19）	—	—	—	—	—	2
19	安徽省	30.501 7	—	—	13（18）	—	—	—	—	—	1
20	西藏自治区	30.353 5	—	—	2（19）	—	—	—	—	—	1
21	辽宁省	30.326 6	—	—	—	—	—	—	—	—	1

资料来源：科技大数据湖北省重点实验室

表 4-74　2022 年房地产业上市公司知识产权指数二十强上市公司

序号	上市公司名称	地区	IPI（全国排名）
1	万科企业股份有限公司	广东省	54.7981（322）
2	金科地产集团股份有限公司	重庆市	52.3789（458）
3	新城控股集团股份有限公司	江苏省	50.3359（697）
4	金地（集团）股份有限公司	广东省	48.8969（1060）
5	数源科技股份有限公司	浙江省	48.7334（1125）
6	格力地产股份有限公司	广东省	48.4452（1231）
7	泰禾集团股份有限公司	福建省	48.2904（1307）
8	招商局蛇口工业区控股股份有限公司	广东省	48.0594（1422）
9	金融街控股股份有限公司	北京市	47.0390（2254）
10	中天金融集团股份有限公司	贵州省	46.8161（2497）
11	深圳华侨城股份有限公司	广东省	46.7579（2563）
12	荣盛房地产发展股份有限公司	河北省	46.6756（2669）

续表

序号	上市公司名称	地区	IPI（全国排名）
13	重庆市迪马实业股份有限公司	重庆市	46.6294（2729）
14	北京电子城高科技集团股份有限公司	北京市	46.5872（2800）
15	保利发展控股集团股份有限公司	广东省	46.3606（3142）
16	深圳世联行集团股份有限公司	广东省	46.3388（3176）
17	上海世茂股份有限公司	上海市	46.3057（3225）
18	鲁商健康产业发展股份有限公司	山东省	46.2875（3264）
19	湖北国创高新材料股份有限公司	湖北省	46.2648（3308）
20	招商局积余产业运营服务股份有限公司	广东省	46.2537（3324）

资料来源：科技大数据湖北省重点实验室

4.2.33　文化、体育和娱乐业

2022 年，文化、体育和娱乐业上市公司的知识产权指数为 34.2588，在所有产业中排名第 33。截至 2022 年末，该产业上市公司的发明专利有效量为 40 件，实用新型专利有效量为 214 件，外观设计专利有效量为 38 件，各类有效专利拥有总量在全国排名第 42；商标注册量为 10 813 件，在全国排名第 16。2022 年，该产业的作品著作权登记量为 155 件，计算机软件著作权登记量为 143 件。2013～2022 年，文化、体育和娱乐业上市公司各类型专利授权量均呈现波动上升的趋势（图 4-44）。

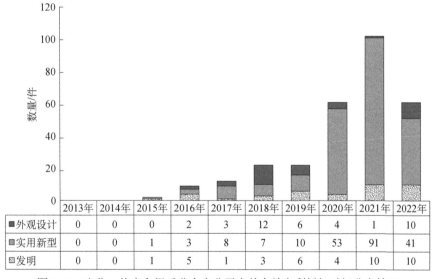

	2013年	2014年	2015年	2016年	2017年	2018年	2019年	2020年	2021年	2022年
■外观设计	0	0	0	2	3	12	6	4	1	10
■实用新型	0	0	1	3	8	7	10	53	91	41
▨发明	0	0	1	5	1	3	6	4	10	10

图 4-44　文化、体育和娱乐业上市公司当前有效专利授权时间分布情况
资料来源：科技大数据湖北省重点实验室

北京市该产业上市公司的综合表现最为突出（表 4-75）。该产业共有 63 家上市公司，知识产权指数最高的上市公司是中文在线集团股份有限公司，上市板块为创业板，所属地区为北京市（表 4-76）。

表4-75 2022年文化、体育和娱乐业不同知识产权类型地区分布及排名

序号	地区	IPI	有效专利拥有量/件（全国排名）	PCT专利申请量/件（全国排名）	商标注册量/件（全国排名）	作品著作权登记量/件（全国排名）	计算机软件著作权登记量/件（全国排名）	农业植物新品种有效量/件（全国排名）	林草植物新品种有效量/件（全国排名）	集成电路布图设计发证量/件（全国排名）	上市公司数量/家
	总计	—	292	0	10 813	155	143	0	0	0	63
1	北京市	96.898 8	51（3）	—	3 150（2）	50（2）	15（2）	—	—	—	11
2	浙江省	80.608 1	120（1）	—	3 186（1）	—	4（5）	—	—	—	12
3	上海市	68.910 9	65（2）	—	803（4）	1（5）	96（1）	—	—	—	6
4	湖南省	61.391 7	2（9）	—	1 577（3）	—	13（3）	—	—	—	3
5	天津市	52.169 9	—	—	370（5）	56（1）	—	—	—	—	2
6	陕西省	44.793 1	21（4）	—	125（11）	36（3）	—	—	—	—	1
7	四川省	44.783 0	5（6）	—	357（6）	—	1（9）	—	—	—	2
8	江苏省	40.915 0	2（9）	—	174（9）	—	—	—	—	—	4
9	山东省	38.567 9	—	—	107（13）	12（4）	7（4）	—	—	—	3
10	辽宁省	37.323 4	—	—	140（10）	—	1（9）	—	—	—	2
11	甘肃省	36.289 6	5（6）	—	238（7）	—	2（6）	—	—	—	1
12	湖北省	35.177 6	15（5）	—	71（14）	—	—	—	—	—	3
13	广东省	35.130 0	2（9）	—	211（8）	—	—	—	—	—	3
14	安徽省	34.813 9	4（8）	—	118（12）	—	2（6）	—	—	—	2
15	江西省	32.638 3	—	—	57（15）	—	—	—	—	—	2
16	海南省	32.419 3	—	—	41（17）	—	—	—	—	—	1
17	河南省	31.664 4	—	—	15（18）	—	2（6）	—	—	—	1
18	新疆维吾尔自治区	31.641 5	—	—	57（15）	—	—	—	—	—	1
19	内蒙古自治区	31.034 4	—	—	15（18）	—	—	—	—	—	1
20	黑龙江省	30.905 4	—	—	1（20）	—	—	—	—	—	1
21	重庆市	30.876 8	—	—	—	—	—	—	—	—	1

资料来源：科技大数据湖北省重点实验室

表4-76 2022年文化、体育和娱乐业上市公司知识产权指数二十强上市公司

序号	上市公司名称	地区	IPI（全国排名）
1	中文在线集团股份有限公司	北京市	52.3466（465）
2	宋城演艺发展股份有限公司	浙江省	51.4039（557）
3	芒果超媒股份有限公司	湖南省	49.6730（834）
4	美盛文化创意股份有限公司	浙江省	49.3529（915）
5	华谊兄弟传媒股份有限公司	浙江省	48.3769（1264）
6	北京光线传媒股份有限公司	北京市	48.1493（1381）
7	读客文化股份有限公司	上海市	48.0482（1432）
8	中广天择传媒股份有限公司	湖南省	47.9008（1514）
9	锋尚文化集团股份有限公司	北京市	47.7968（1587）
10	上海风语筑文化科技股份有限公司	上海市	47.5472（1760）

续表

序号	上市公司名称	地区	IPI（全国排名）
11	新华文轩出版传媒股份有限公司	四川省	47.0004（2297）
12	浙江华策影视股份有限公司	浙江省	46.8353（2477）
13	新经典文化股份有限公司	天津市	46.7618（2557）
14	读者出版传媒股份有限公司	甘肃省	46.6122（2765）
15	万达电影股份有限公司	北京市	46.5040（2909）
16	荣信教育文化产业发展股份有限公司	陕西省	46.4916（2919）
17	中体产业集团股份有限公司	天津市	46.3569（3149）
18	浙江唐德影视股份有限公司	浙江省	46.3345（3181）
19	北京捷成世纪科技股份有限公司	北京市	46.3139（3210）
20	中国电影股份有限公司	北京市	46.2113（3404）

资料来源：科技大数据湖北省重点实验室

4.2.34 租赁和商务服务业

2022 年，租赁和商务服务业上市公司的知识产权指数为 34.2529，在所有产业中排名第 34。截至 2022 年末，该产业上市公司的发明专利有效量为 245 件，实用新型专利有效量为 349 件，外观设计专利有效量为 459 件，各类有效专利拥有总量在全国排名第 35；商标注册量为 6199 件，在全国排名第 22。2022 年，该产业上市公司的 PCT 专利申请量为 36 件，作品著作权登记量为 22 件，计算机软件著作权登记量为 137 件。2013～2022 年，租赁和商务服务业上市公司各类型专利授权量均呈现波动上升的趋势（图 4-45）。

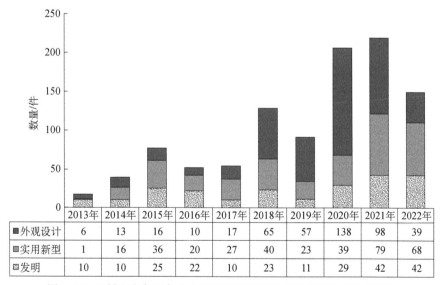

	2013年	2014年	2015年	2016年	2017年	2018年	2019年	2020年	2021年	2022年
外观设计	6	13	16	10	17	65	57	138	98	39
实用新型	1	16	36	20	27	40	23	39	79	68
发明	10	10	25	22	10	23	11	29	42	42

图 4-45 租赁和商务服务业上市公司当前有效专利授权时间分布情况

资料来源：科技大数据湖北省重点实验室

浙江省该产业上市公司的综合表现最为突出（表 4-77）。该产业共有 68 家上市公司，知识产权指数最高的上市公司是三维通信股份有限公司,上市板块为主板,所属地区为浙江省(表4-78)。

表4-77 2022年租赁和商务服务业不同知识产权类型地区分布及排名

序号	地区	IPI	有效专利拥有量/件(全国排名)	PCT专利申请量/件(全国排名)	商标注册量/件(全国排名)	作品著作权登记量/件(全国排名)	计算机软件著作权登记量/件(全国排名)	农业植物新品种有效量/件(全国排名)	林草植物新品种有效量/件(全国排名)	集成电路布图设计发证量/件(全国排名)	上市公司数量/家
	总计	—	1053	36	6199	22	137	0	0	0	68
1	浙江省	97.0110	409(1)	36(1)	974(4)	1(3)	24(2)	—	—	—	13
2	广东省	82.2914	204(3)	—	1348(2)	13(1)	74(1)	—	—	—	18
3	北京市	68.2509	312(2)	—	1273(3)	6(2)	23(3)	—	—	—	14
4	上海市	59.2134	36(5)	—	1349(1)	—	3(5)	—	—	—	8
5	江苏省	39.8523	62(4)	—	489(5)	1(3)	—	—	—	—	2
6	四川省	36.1568	—	—	378(6)	—	1(6)	—	—	—	1
7	山东省	33.6002	27(6)	—	61(9)	1(3)	12(4)	—	—	—	2
8	福建省	32.2390	—	—	175(7)	—	—	—	—	—	3
9	天津市	31.8959	—	—	136(8)	—	—	—	—	—	1
10	陕西省	29.6698	3(7)	—	10(10)	—	—	—	—	—	1
11	湖北省	29.2393	—	—	2(12)	—	—	—	—	—	2
12	海南省	29.0534	—	—	4(11)	—	—	—	—	—	1
13	山西省	28.9420	—	—	—	—	—	—	—	—	1
14	新疆维吾尔自治区	28.9139	—	—	—	—	—	—	—	—	1

资料来源:科技大数据湖北省重点实验室

表4-78 2022年租赁和商务服务业上市公司知识产权指数二十强上市公司

序号	上市公司名称	地区	IPI(全国排名)
1	三维通信股份有限公司	浙江省	57.8699(216)
2	红星美凯龙家居集团股份有限公司	上海市	49.5093(874)
3	深圳市联建光电股份有限公司	广东省	49.3314(925)
4	传化智联股份有限公司	浙江省	49.1078(993)
5	北京元隆雅图文化传播股份有限公司	北京市	48.7236(1126)
6	广博集团股份有限公司	浙江省	47.8290(1565)
7	南极电商股份有限公司	江苏省	47.7141(1648)
8	深圳市农产品集团股份有限公司	广东省	47.2574(2018)
9	成都富森美家居股份有限公司	四川省	47.0716(2222)
10	创业黑马科技集团股份有限公司	北京市	47.0384(2256)
11	深圳市怡亚通供应链股份有限公司	广东省	46.9989(2302)
12	广州岭南集团控股股份有限公司	广东省	46.9660(2325)

序号	上市公司名称	地区	IPI（全国排名）
13	深圳万润科技股份有限公司	广东省	46.9354（2356）
14	浙江中国小商品城集团股份有限公司	浙江省	46.5983（2786）
15	中青旅控股股份有限公司	北京市	46.5396（2865）
16	上海畅联国际物流股份有限公司	上海市	46.4629（2961）
17	青岛建邦汽车科技股份有限公司	山东省	46.2366（3352）
18	浙江米奥兰特商务会展股份有限公司	浙江省	46.1774（3466）
19	兆讯传媒广告股份有限公司	天津市	46.0921（3612）
20	北京零点有数数据科技股份有限公司	北京市	46.0523（3685）

资料来源：科技大数据湖北省重点实验室

4.2.35 交通运输、仓储和邮政业

2022 年，交通运输、仓储和邮政业上市公司的知识产权指数为 34.1042，在所有产业中排名第 35。截至 2022 年末，该产业上市公司的发明专利有效量为 244 件，实用新型专利有效量为 1435 件，外观设计专利有效量为 104 件，各类有效专利拥有总量在全国排名第 33；商标注册量为 4918 件，在全国排名第 27。2022 年，该产业上市公司的 PCT 专利申请量为 5 件，作品著作权登记量为 15 件，计算机软件著作权登记量为 218 件。2013～2022 年，交通运输、仓储和邮政业上市公司各类型专利授权量均呈现波动上升的趋势（图 4-46）。

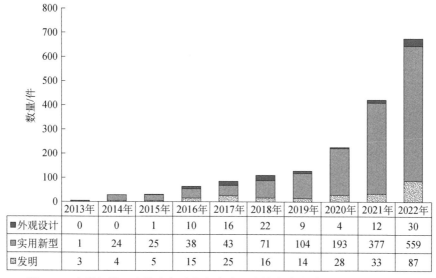

	2013年	2014年	2015年	2016年	2017年	2018年	2019年	2020年	2021年	2022年
外观设计	0	0	1	10	16	22	9	4	12	30
实用新型	1	24	25	38	43	71	104	193	377	559
发明	3	4	5	15	25	16	14	28	33	87

图 4-46　交通运输、仓储和邮政业上市公司当前有效专利授权时间分布情况
资料来源：科技大数据湖北省重点实验室

广东省该产业上市公司的综合表现最为突出（表 4-79）。该产业共有 113 家上市公司，知识产权指数最高的上市公司是中国国际航空股份有限公司，上市板块为主板，所属地区为北京市（表 4-80）。

表 4-79　2022 年交通运输、仓储和邮政业不同知识产权类型地区分布及排名

序号	地区	IPI	有效专利拥有量/件（全国排名）	PCT专利申请量/件（全国排名）	商标注册量/件（全国排名）	作品著作权登记量/件（全国排名）	计算机软件著作权登记量/件（全国排名）	农业植物新品种有效量/件（全国排名）	林草植物新品种有效量/件（全国排名）	集成电路布图设计发证量/件（全国排名）	上市公司数量/家
	总计	—	1783	5	4918	15	218	0	0	0	113
1	广东省	80.6602	326 (2)	—	366 (3)	2 (2)	61 (1)	—	—	—	19
2	山东省	79.9332	631 (1)	3 (1)	19 (16)	—	56 (2)	—	—	—	6
3	上海市	77.0998	176 (4)	1 (2)	744 (2)	8 (1)	25 (3)	—	—	—	21
4	北京市	66.2191	73 (6)	—	2415 (1)	2 (2)	16 (5)	—	—	—	5
5	江苏省	56.5069	157 (5)	—	135 (8)	—	2	—	—	—	9
6	河北省	48.0969	210 (3)	—	—	—	—	—	—	—	2
7	天津市	36.2464	38 (7)	—	6 (20)	—	9 (7)	—	—	—	4
8	贵州省	35.9375	4 (15)	—	283 (4)	—	2 (11)	—	—	—	1
9	江西省	35.9137	36 (8)	—	15 (17)	—	—	—	—	—	2
10	福建省	35.1779	20 (12)	—	217 (5)	—	1 (12)	—	—	—	7
11	四川省	34.0911	4 (15)	1 (2)	58 (9)	—	1 (12)	—	—	—	2
12	重庆市	33.8116	—	—	204 (7)	—	—	—	—	—	3
13	海南省	33.4502	24 (11)	—	211 (6)	—	1 (12)	—	—	—	3
14	湖北省	32.5324	6 (14)	—	36 (12)	2 (2)	—	—	—	—	3
15	辽宁省	31.1515	35 (9)	—	36 (12)	—	3 (10)	—	—	—	4
16	河南省	30.6091	3 (18)	—	32 (14)	—	—	—	—	—	3
17	山西省	30.1020	25 (10)	—	44 (11)	—	1 (12)	—	—	—	2
18	浙江省	29.9323	2 (19)	—	52 (10)	—	—	—	—	—	5
19	湖南省	29.5606	4 (15)	—	10 (18)	—	7 (8)	—	—	—	3
20	安徽省	29.0428	7 (13)	—	23 (15)	—	1 (12)	—	—	—	2
21	黑龙江省	28.4011	1 (20)	—	—	1 (5)	4 (9)	—	—	—	2
22	宁夏回族自治区	27.4521	—	—	7 (19)	—	—	—	—	—	1
23	吉林省	27.2190	—	—	—	—	—	—	—	—	1
24	广西壮族自治区	27.1342	1 (20)	—	—	—	—	—	—	—	2
25	新疆维吾尔自治区	26.9479	—	—	5 (21)	—	—	—	—	—	1

资料来源：科技大数据湖北省重点实验室

表 4-80　2022 年交通运输、仓储和邮政业上市公司知识产权指数二十强上市公司

序号	上市公司名称	地区	IPI（全国排名）
1	中国国际航空股份有限公司	北京市	54.2361（350）
2	青岛港国际股份有限公司	山东省	53.1018（402）
3	山东高速股份有限公司	山东省	49.7180（820）
4	唐山港集团股份有限公司	河北省	48.0760（1412）
5	德邦物流股份有限公司	上海市	47.9997（1457）
6	京沪高速铁路股份有限公司	北京市	47.6948（1669）
7	广州港股份有限公司	广东省	47.2105（2070）

序号	上市公司名称	地区	IPI（全国排名）
8	广州市嘉诚国际物流股份有限公司	广东省	47.2096（2072）
9	秦皇岛港股份有限公司	河北省	47.0399（2253）
10	中国南方航空股份有限公司	广东省	47.0135（2287）
11	上海国际港务（集团）股份有限公司	上海市	46.9144（2379）
12	江西赣粤高速公路股份有限公司	江西省	46.8880（2411）
13	南京盛航海运股份有限公司	江苏省	46.8545（2453）
14	华夏航空股份有限公司	贵州省	46.7597（2560）
15	南京音飞储存设备（集团）股份有限公司	江苏省	46.3685（3127）
16	三羊马（重庆）物流股份有限公司	重庆市	46.3095（3216）
17	龙洲集团股份有限公司	福建省	46.2109（3405）
18	海南航空控股股份有限公司	海南省	46.1990（3420）
19	大秦铁路股份有限公司	山西省	46.1449（3517）
20	中国东方航空股份有限公司	上海市	46.0532（3684）

资料来源：科技大数据湖北省重点实验室

4.2.36 化学纤维制造业

2022 年，化学纤维制造业上市公司的知识产权指数为 33.8788，在所有产业中排名第 36。截至 2022 年末，该产业上市公司的发明专利有效量为 676 件，实用新型专利有效量为 1179 件，外观设计专利有效量为 12 件，各类有效专利拥有总量在全国排名第 32；商标注册量为 956 件，在全国排名第 40。2022 年，该产业上市公司的 PCT 专利申请量为 9 件，作品著作权登记量为 2 件，计算机软件著作权登记量为 6 件。2013～2022 年，化学纤维制造业上市公司各类型专利授权量均呈现波动上升的趋势（图 4-47）。

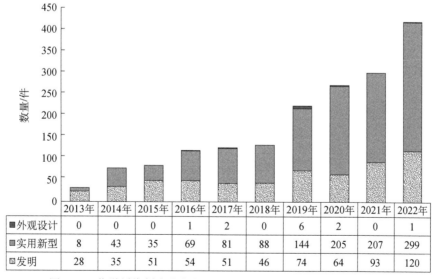

	2013年	2014年	2015年	2016年	2017年	2018年	2019年	2020年	2021年	2022年
外观设计	0	0	0	1	2	0	6	2	0	1
实用新型	8	43	35	69	81	88	144	205	207	299
发明	28	35	51	54	51	46	74	64	93	120

图 4-47　化学纤维制造业上市公司当前有效专利授权时间分布情况

资料来源：科技大数据湖北省重点实验室

浙江省该产业上市公司的综合表现最为突出（表 4-81）。该产业共有 32 家上市公司，知识产权指数最高的上市公司是上海凯赛生物技术股份有限公司，上市板块为科创板，所属地区为上海市（表 4-82）。

表 4-81　2022 年化学纤维制造业不同知识产权类型地区分布及排名

序号	地区	IPI	有效专利拥有量/件（全国排名）	PCT专利申请量/件（全国排名）	商标注册量/件（全国排名）	作品著作权登记量/件（全国排名）	计算机软件著作权登记量/件（全国排名）	农业植物新品种有效量/件（全国排名）	林草植物新品种有效量/件（全国排名）	集成电路布图设计发证量/件（全国排名）	上市公司数量/家
	总计	—	1867	9	956	2	6	0	0	0	32
1	浙江省	97.3718	699（1）	3（2）	330（1）	1（1）	4（1）	—	—	—	9
2	上海市	75.6618	225（3）	6（1）	18（8）	—	—	—	—	—	1
3	江苏省	61.8529	267（2）	—	206（3）	—	—	—	—	—	9
4	安徽省	44.6073	135（6）	—	207（2）	—	2（2）	—	—	—	1
5	山东省	42.6077	199（4）	—	63（4）	—	—	—	—	—	3
6	河南省	38.6476	168（5）	—	14（9）	—	—	—	—	—	2
7	广东省	35.6258	94（7）	—	28（7）	—	—	—	—	—	2
8	北京市	30.2083	47（8）	—	47（5）	—	—	—	—	—	1
9	吉林省	26.3369	33（9）	—	43（6）	1（1）	—	—	—	—	2
10	辽宁省	21.8367	—	—	—	—	—	—	—	—	1
11	广西壮族自治区	21.8168	—	—	—	—	—	—	—	—	1

资料来源：科技大数据湖北省重点实验室

表 4-82　2022 年化学纤维制造业上市公司知识产权指数二十强上市公司

序号	上市公司名称	地区	IPI（全国排名）
1	上海凯赛生物技术股份有限公司	上海市	53.4312（388）
2	桐昆集团股份有限公司	浙江省	50.4772（673）
3	安徽皖维高新材料股份有限公司	安徽省	49.8693（782）
4	华峰化学股份有限公司	浙江省	49.2495（952）
5	广东新会美达锦纶股份有限公司	广东省	47.9407（1493）
6	威海光威复合材料股份有限公司	山东省	47.7777（1599）
7	浙江尤夫高新纤维股份有限公司	浙江省	47.7300（1642）
8	新乡化纤股份有限公司	河南省	47.6051（1726）
9	新凤鸣集团股份有限公司	浙江省	47.4652（1830）
10	浙江海利得新材料股份有限公司	浙江省	47.3556（1907）
11	北京同益中新材料科技股份有限公司	北京市	47.1761（2112）
12	苏州龙杰特种纤维股份有限公司	江苏省	47.0628（2228）
13	神马实业股份有限公司	河南省	46.9786（2315）
14	恒天海龙股份有限公司	山东省	46.8592（2447）
15	浙江汇隆新材料股份有限公司	浙江省	46.8281（2482）
16	优彩环保资源科技股份有限公司	江苏省	46.8266（2489）
17	江苏江南高纤股份有限公司	江苏省	46.7981（2515）
18	中简科技股份有限公司	江苏省	46.6918（2642）
19	浙江海正生物材料股份有限公司	浙江省	46.6335（2726）
20	中复神鹰碳纤维股份有限公司	江苏省	46.4016（3069）

资料来源：科技大数据湖北省重点实验室

4.2.37 其他制造业

2022 年，其他制造业上市公司的知识产权指数为 33.6885，在所有产业中排名第 37。截至 2022 年末，该产业上市公司的发明专利有效量为 395 件，实用新型专利有效量为 883 件，外观设计专利有效量为 1626 件，各类有效专利拥有总量在全国排名第 31；商标注册量为 1728 件，在全国排名第 36。2022 年，该产业上市公司的 PCT 专利申请量为 8 件，作品著作权登记量为 38 件，计算机软件著作权登记量为 2 件。2013～2022 年，其他制造业上市公司各类型专利授权量均呈现波动上升的趋势（图 4-48）。

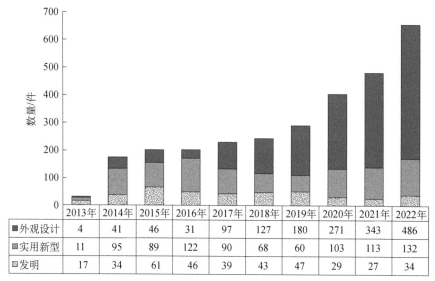

图 4-48　其他制造业上市公司当前有效专利授权时间分布情况

资料来源：科技大数据湖北省重点实验室

福建省该产业上市公司的综合表现最为突出（表 4-83）。该产业共有 17 家上市公司，知识产权指数最高的上市公司是福建浔兴拉链科技股份有限公司，上市板块为主板，所属地区为福建省（表 4-84）。

表 4-83　2022 年其他制造业不同知识产权类型地区分布及排名

序号	地区	IPI	有效专利拥有量/件（全国排名）	PCT 专利申请量/件（全国排名）	商标注册量/件（全国排名）	作品著作权登记量/件（全国排名）	计算机软件著作权登记量/件（全国排名）	农业植物新品种有效量/件（全国排名）	林草植物新品种有效量/件（全国排名）	集成电路布图设计发证量/件（全国排名）	上市公司数量/家
	总计	—	2904	8	1728	38	2	0	0	0	17
1	福建省	86.3723	832（2）	8（1）	100（4）	—	—	—	—	—	3
2	广东省	69.2805	1048（1）	—	715（1）	30（1）	2（1）	—	—	—	4
3	浙江省	64.1240	713（3）	—	578（2）	2（3）	—	—	—	—	2
4	江苏省	41.7257	199（4）	—	190（3）	6（2）	—	—	—	—	2
5	陕西省	34.1168	47（5）	—	85（5）	—	—	—	—	—	2
6	江西省	29.4622	41（6）	—	8（8）	—	—	—	—	—	1

序号	地区	IPI	有效专利拥有量/件（全国排名）	PCT专利申请量/件（全国排名）	商标注册量/件（全国排名）	作品著作权登记量/件（全国排名）	计算机软件著作权登记量/件（全国排名）	农业植物新品种有效量/件（全国排名）	林草植物新品种有效量/件（全国排名）	集成电路布图设计发证量/件（全国排名）	上市公司数量/家
7	河北省	28.5503	24（7）	—	33（6）	—	—	—	—	—	1
8	安徽省	26.7981	—	—	3（9）	—	—	—	—	—	1
9	上海市	25.2114	—	—	16（7）	—	—	—	—	—	1

资料来源：科技大数据湖北省重点实验室

表 4-84　2022 年其他制造业上市公司知识产权指数十七强上市公司

序号	上市公司名称	地区	IPI（全国排名）
1	福建浔兴拉链科技股份有限公司	福建省	61.0725（150）
2	浙江友邦集成吊顶股份有限公司	浙江省	50.9563（602）
3	周大生珠宝股份有限公司	广东省	49.3079（935）
4	东莞市华立实业股份有限公司	广东省	48.5468（1185）
5	法狮龙家居建材股份有限公司	浙江省	48.1954（1357）
6	广东潮宏基实业股份有限公司	广东省	47.4227（1850）
7	福建阿石创新材料股份有限公司	福建省	47.2906（1983）
8	倍加洁集团股份有限公司	江苏省	47.1993（2086）
9	北方长龙新材料技术股份有限公司	陕西省	46.3307（3184）
10	江西新余国科科技股份有限公司	江西省	46.2337（3359）
11	江苏艾迪药业股份有限公司	江苏省	46.2031（3416）
12	秦皇岛天秦装备制造股份有限公司	河北省	46.1688（3484）
13	陕西华秦科技实业股份有限公司	陕西省	45.9435（3877）
14	中金辐照股份有限公司	广东省	45.9017（3958）
15	清源科技股份有限公司	福建省	45.6450（4489）
16	安徽长城军工股份有限公司	安徽省	45.6116（4578）
17	老凤祥股份有限公司	上海市	45.5771（4699）

资料来源：科技大数据湖北省重点实验室

4.2.38　废弃资源综合利用业

2022 年，废弃资源综合利用业上市公司的知识产权指数为 33.3870，在所有产业中排名第 38。截至 2022 年末，该产业上市公司的发明专利有效量为 240 件，实用新型专利有效量为 601 件，外观设计专利有效量为 15 件，各类有效专利拥有总量在全国排名第 38；商标注册量为 574 件，在全国排名第 43。2022 年，该产业上市公司的 PCT 专利申请量为 5 件，作品著作权登记量为 742 件，计算机软件著作权登记量为 4 件。2013~2022 年，废弃资源综合利用业上市公司各类型专利授权量均呈现波动上升的趋势（图 4-49）。

广东省该产业上市公司的综合表现最为突出（表 4-85）。该产业共有 13 家上市公司，知识产权指数最高的上市公司是格林美股份有限公司，上市板块为主板，所属地区为广东省（表 4-86）。

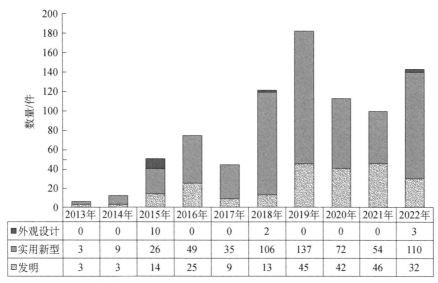

图 4-49 废弃资源综合利用业上市公司当前有效专利授权时间分布情况

资料来源：科技大数据湖北省重点实验室

表 4-85 2022 年废弃资源综合利用业不同知识产权类型地区分布及排名

序号	地区	IPI	有效专利拥有量/件（全国排名）	PCT 专利申请量/件（全国排名）	商标注册量/件（全国排名）	作品著作权登记量/件（全国排名）	计算机软件著作权登记量/件（全国排名）	农业植物新品种有效量/件（全国排名）	林草植物新品种有效量/件（全国排名）	集成电路布图设计发证量/件（全国排名）	上市公司数量/家
	总计	—	856	5	574	742	4	0	0	0	13
1	广东省	82.9799	539（1）	5（1）	373（1）	6（2）	—	—	—	—	2
2	山东省	58.5390	65（3）	—	42（4）	736（1）	—	—	—	—	2
3	福建省	46.8487	74（2）	—	6（7）	—	—	—	—	—	1
4	浙江省	42.1764	37（6）	—	47（3）	—	—	—	—	—	2
5	重庆市	38.7758	38（5）	—	2（8）	—	—	—	—	—	1
6	北京市	36.3396	26（8）	—	72（2）	—	3（1）	—	—	—	1
7	内蒙古自治区	36.2673	44（4）	—	2（8）	—	1（2）	—	—	—	1
8	江苏省	34.9809	33（7）	—	7（6）	—	—	—	—	—	1
9	江西省	31.0450	—	—	—	—	—	—	—	—	1
10	陕西省	30.9388	—	—	23（5）	—	—	—	—	—	1

资料来源：科技大数据湖北省重点实验室

表 4-86 2022 年废弃资源综合利用业上市公司知识产权指数十三强上市公司

序号	上市公司名称	地区	IPI（全国排名）
1	格林美股份有限公司	广东省	55.6310（285）
2	山东英科环保再生资源股份有限公司	山东省	52.7714（425）
3	东江环保股份有限公司	广东省	48.8395（1088）
4	龙岩卓越新能源股份有限公司	福建省	46.8617（2445）

序号	上市公司名称	地区	IPI（全国排名）
5	华新绿源环保股份有限公司	北京市	46.3256（3191）
6	内蒙古欧晶科技股份有限公司	内蒙古自治区	46.2157（3401）
7	杭州大地海洋环保股份有限公司	浙江省	46.1842（3453）
8	重庆顺博铝合金股份有限公司	重庆市	46.1437（3519）
9	徐州浩通新材料科技股份有限公司	江苏省	46.1312（3539）
10	青岛惠城环保科技集团股份有限公司	山东省	45.7672（4216）
11	杭州屹通新材料股份有限公司	浙江省	45.7009（4359）
12	中再资源环境股份有限公司	陕西省	45.6052（4603）
13	神雾节能股份有限公司	江西省	45.5277（4958）

资料来源：科技大数据湖北省重点实验室

4.2.39 皮革、毛皮、羽毛及其制品和制鞋业

2022 年，皮革、毛皮、羽毛及其制品和制鞋业上市公司的知识产权指数为 33.1783，在所有产业中排名第 39。截至 2022 年末，该产业上市公司的发明专利有效量为 155 件，实用新型专利有效量为 535 件，外观设计专利有效量为 235 件，各类有效专利拥有总量在全国排名第 37；商标注册量为 2328 件，在全国排名第 33。2022 年，该产业的作品著作权登记量为 100 件。2013～2022 年，皮革、毛皮、羽毛及其制品和制鞋业上市公司各类型专利授权量均呈现波动上升的趋势（图 4-50）。

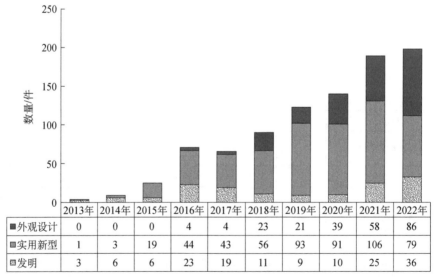

	2013年	2014年	2015年	2016年	2017年	2018年	2019年	2020年	2021年	2022年
外观设计	0	0	0	4	4	23	21	39	58	86
实用新型	1	3	19	44	43	56	93	91	106	79
发明	3	6	6	23	19	11	9	10	25	36

图 4-50 皮革、毛皮、羽毛及其制品和制鞋业上市公司当前有效专利授权时间分布情况
资料来源：科技大数据湖北省重点实验室

浙江省该产业上市公司的综合表现最为突出（表 4-87）。该产业共有 12 家上市公司，知识产权指数最高的上市公司是浙江奥康鞋业股份有限公司，上市板块为主板，所属地区为浙江省（表 4-88）。

表 4-87　2022 年皮革、毛皮、羽毛及其制品和制鞋业不同知识产权类型地区分布及排名

序号	地区	IPI	有效专利拥有量/件（全国排名）	PCT 专利申请量/件（全国排名）	商标注册量/件（全国排名）	作品著作权登记量/件（全国排名）	计算机软件著作权登记量/件（全国排名）	农业植物新品种有效量/件（全国排名）	林草植物新品种有效量/件（全国排名）	集成电路布图设计发证量/件（全国排名）	上市公司数量/家
	总计	—	925	0	2328	100	0	0	0	0	12
1	浙江省	79.1794	426（1）	—	1205（1）	—	—	—	—	—	4
2	广东省	53.8985	207（2）	—	557（2）	—	—	—	—	—	3
3	福建省	48.1102	105（4）	—	79（5）	—	—	—	—	—	1
4	河北省	39.7649	47（5）	—	23（6）	97（1）	—	—	—	—	1
5	河南省	37.2251	127（3）	—	137（4）	—	—	—	—	—	1
6	江苏省	31.8712	13（6）	—	309（3）	3（2）	—	—	—	—	1
7	山东省	23.6475		—	18（7）	—	—	—	—	—	1

资料来源：科技大数据湖北省重点实验室

表 4-88　2022 年皮革、毛皮、羽毛及其制品和制鞋业上市公司知识产权指数十二强上市公司

序号	上市公司名称	地区	IPI（全国排名）
1	浙江奥康鞋业股份有限公司	浙江省	49.7000（824）
2	浙江红蜻蜓鞋业股份有限公司	浙江省	49.0905（996）
3	兴业皮革科技股份有限公司	福建省	48.7068（1131）
4	天创时尚股份有限公司	广东省	48.3881（1256）
5	起步股份有限公司	浙江省	48.1735（1372）
6	河南瑞贝卡发制品股份有限公司	河南省	47.9994（1458）
7	哈森商贸（中国）股份有限公司	江苏省	46.9881（2308）
8	广东万里马实业股份有限公司	广东省	46.8776（2424）
9	明新旭腾新材料股份有限公司	浙江省	46.8758（2426）
10	华斯控股股份有限公司	河北省	46.8458（2461）
11	中山华利实业集团股份有限公司	广东省	45.8272（4100）
12	山东新华锦国际股份有限公司	山东省	45.5847（4673）

资料来源：科技大数据湖北省重点实验室

4.2.40　石油、煤炭及其他燃料加工业

2022 年，石油、煤炭及其他燃料加工业上市公司的知识产权指数为 33.1525，在所有产业中排名第 40。截至 2022 年末，该产业上市公司的发明专利有效量为 418 件，实用新型专利有效量为 591 件，外观设计专利有效量为 11 件，各类有效专利拥有总量在全国排名第 36；商标注册量为 486 件，在全国排名第 44。2022 年，该产业的计算机软件著作权登记量为 2 件。2013～2022 年，石油、煤炭及其他燃料加工业上市公司各类型专利授权量均呈现波动上升的趋势（图 4-51）。

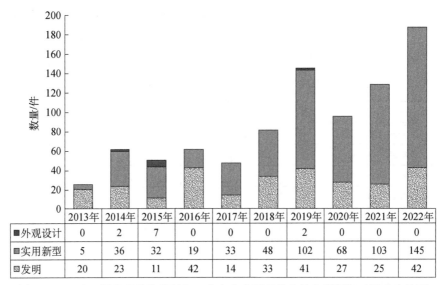

图 4-51 石油、煤炭及其他燃料加工业上市公司当前有效专利授权时间分布情况

资料来源：科技大数据湖北省重点实验室

上海市该产业上市公司的综合表现最为突出（表 4-89）。该产业共有 16 家上市公司，知识产权指数最高的上市公司是中国石化上海石油化工股份有限公司，上市板块为主板，所属地区为上海市（表 4-90）。

表 4-89　2022 年石油、煤炭及其他燃料加工业不同知识产权类型地区分布及排名

序号	地区	IPI	有效专利拥有量/件（全国排名）	PCT专利申请量/件（全国排名）	商标注册量/件（全国排名）	作品著作权登记量/件（全国排名）	计算机软件著作权登记量/件（全国排名）	农业植物新品种有效量/件（全国排名）	林草植物新品种有效量/件（全国排名）	集成电路布图设计发证量/件（全国排名）	上市公司数量/家
	总计	—	1020	0	486	0	2	0	0	0	16
1	上海市	91.9686	384（1）	—	43（3）	—	2（1）	—	—	0（1）	1
2	山东省	61.9764	142（3）	—	280（1）	—	—	—	—	—	2
3	辽宁省	55.7394	170（2）	—	11（7）	—	—	—	—	—	2
4	云南省	43.5312	67（5）	—	37（4）	—	—	—	—	—	2
5	江苏省	40.1483	29（8）	—	24（5）	—	—	—	—	—	1
6	浙江省	37.0294	47（6）	—	2（11）	—	—	—	—	—	1
7	陕西省	36.4151	103（4）	—	3（10）	—	—	—	—	—	1
8	河北省	34.7567	19（9）	—	4（8）	—	—	—	—	—	1
9	山西省	34.1726	35（7）	—	2（11）	—	—	—	—	—	2
10	黑龙江省	32.1118	14（10）	—	56（2）	—	—	—	—	—	1
11	湖南省	31.5484	10（11）	—	4（8）	—	—	—	—	—	1
12	广东省	30.3645	—	—	20（6）	—	—	—	—	—	1

资料来源：科技大数据湖北省重点实验室

表 4-90　2022 年石油、煤炭及其他燃料加工业上市公司知识产权指数十六强上市公司

序号	上市公司名称	地区	IPI（全国排名）
1	中国石化上海石油化工股份有限公司	上海市	56.7653（245）
2	金能科技股份有限公司	山东省	47.9701（1478）
3	北方华锦化学工业股份有限公司	辽宁省	47.5137（1784）
4	沈阳化工股份有限公司	辽宁省	47.0206（2279）
5	陕西黑猫焦化股份有限公司	陕西省	46.9828（2312）
6	云南煤业能源股份有限公司	云南省	46.9196（2373）
7	青岛康普顿科技股份有限公司	山东省	46.9096（2383）
8	江苏中晟高科环境股份有限公司	江苏省	46.4925（2918）
9	开滦能源化工股份有限公司	河北省	46.4011（3070）
10	宁波博汇化工科技股份有限公司	浙江省	46.3674（3131）
11	山西焦化股份有限公司	山西省	46.1720（3479）
12	宝泰隆新材料股份有限公司	黑龙江省	45.9889（3802）
13	岳阳兴长石化股份有限公司	湖南省	45.7828（4181）
14	云南云维股份有限公司	云南省	45.7234（4306）
15	山西美锦能源股份有限公司	山西省	45.6536（4473）
16	茂名石化实华股份有限公司	广东省	45.6303（4529）

资料来源：科技大数据湖北省重点实验室

4.2.41　印刷和记录媒介复制业

2022 年，印刷和记录媒介复制业上市公司的知识产权指数为 32.9247，在所有产业中排名第 41。截至 2022 年末，该产业上市公司的发明专利有效量为 139 件，实用新型专利有效量为 565 件，外观设计专利有效量为 141 件，各类有效专利拥有总量在全国排名第 39；商标注册量为 581 件，在全国排名第 42。2013～2022 年，印刷和记录媒介复制业上市公司各类型专利授权量均呈现波动上升的趋势（图 4-52）。

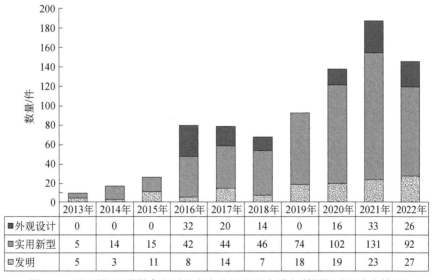

	2013年	2014年	2015年	2016年	2017年	2018年	2019年	2020年	2021年	2022年
外观设计	0	0	0	32	20	14	0	16	33	26
实用新型	5	14	15	42	44	46	74	102	131	92
发明	5	3	11	8	14	7	18	19	23	27

图 4-52　印刷和记录媒介复制业上市公司当前有效专利授权时间分布情况

资料来源：科技大数据湖北省重点实验室

广东省该产业上市公司的综合表现最为突出（表4-91）。该产业共有15家上市公司，知识产权指数最高的上市公司是汕头东风印刷股份有限公司，上市板块为主板，所属地区为广东省（表4-92）。

表4-91　2022年印刷和记录媒介复制业不同知识产权类型地区分布及排名

序号	地区	IPI	有效专利拥有量/件（全国排名）	PCT专利申请量/件（全国排名）	商标注册量/件（全国排名）	作品著作权登记量/件（全国排名）	计算机软件著作权登记量/件（全国排名）	农业植物新品种有效量/件（全国排名）	林草植物新品种有效量/件（全国排名）	集成电路布图设计发证量/件（全国排名）	上市公司数量/家
	总计	—	845	0	581	0	0	0	0	0	15
1	广东省	73.5802	587（1）	—	383（1）	—	—	—	—	—	5
2	福建省	40.1266	52（2）	—	40（3）	—	—	—	—	—	1
3	上海市	39.0544	34（5）	—	112（2）	—	—	—	—	—	2
4	山东省	32.4326	34（5）	—	20（4）	—	—	—	—	—	1
5	安徽省	29.6999	38（4）	—	2（7）	—	—	—	—	—	1
6	陕西省	27.8920	34（5）	—	—	—	—	—	—	—	1
7	北京市	27.7356	46（3）	—	17（5）	—	—	—	—	—	1
8	四川省	27.4265	8（9）	—	5（6）	—	—	—	—	—	1
9	贵州省	26.3015	12（8）	—	2（7）	—	—	—	—	—	1
10	天津市	24.5577	—	—	—	—	—	—	—	—	1

资料来源：科技大数据湖北省重点实验室

表4-92　2022年印刷和记录媒介复制业上市公司知识产权指数十五强上市公司

序号	上市公司名称	地区	IPI（全国排名）
1	汕头东风印刷股份有限公司	广东省	48.6104（1166）
2	深圳劲嘉集团股份有限公司	广东省	47.8361（1558）
3	广东天元实业集团股份有限公司	广东省	47.6976（1666）
4	深圳市柏星龙创意包装股份有限公司	广东省	47.3461（1924）
5	鸿博股份有限公司	福建省	47.2026（2082）
6	上海翔港包装科技股份有限公司	上海市	46.9265（2367）
7	广东新宏泽包装股份有限公司	广东省	46.7878（2523）
8	东港股份有限公司	山东省	46.3657（3134）
9	安徽集友新材料股份有限公司	安徽省	46.3094（3217）
10	北京盛通印刷股份有限公司	北京市	46.2522（3327）
11	陕西金叶科教集团股份有限公司	陕西省	46.1606（3498）
12	上海易连实业集团股份有限公司	上海市	45.7983（4152）
13	贵州永吉印务股份有限公司	贵州省	45.7552（4237）
14	四川金时科技股份有限公司	四川省	45.7339（4284）
15	天津滨海能源发展股份有限公司	天津市	45.5640（4758）

资料来源：科技大数据湖北省重点实验室

4.2.42　木材加工和木、竹、藤、棕、草制品业

2022年，木材加工和木、竹、藤、棕、草制品业上市公司的知识产权指数为32.8759，在

所有产业中排名第 42。截至 2022 年末，该产业上市公司的发明专利有效量为 144 件，实用新型专利有效量为 199 件，外观设计专利有效量为 155 件，各类有效专利拥有总量在全国排名第 40；商标注册量为 1245 件，在全国排名第 37。2022 年，该产业的作品著作权登记量为 6 件。2013～2022 年，木材加工和木、竹、藤、棕、草制品业上市公司各类型专利授权量均呈现波动上升的趋势（图 4-53）。

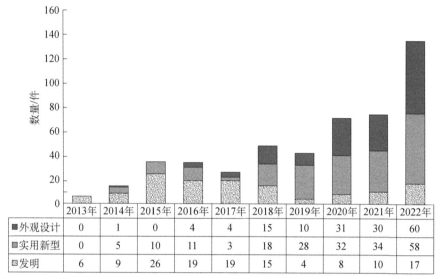

	2013年	2014年	2015年	2016年	2017年	2018年	2019年	2020年	2021年	2022年
■外观设计	0	1	0	4	4	15	10	31	30	60
▦实用新型	0	5	10	11	3	18	28	32	34	58
▨发明	6	9	26	19	19	15	4	8	10	17

图 4-53 木材加工和木、竹、藤、棕、草制品业上市公司当前有效专利授权时间分布情况
资料来源：科技大数据湖北省重点实验室

浙江省该产业上市公司的综合表现最为突出（表 4-93）。该产业共有 9 家上市公司，知识产权指数最高的上市公司是德华兔宝宝装饰新材股份有限公司，上市板块为主板，所属地区为浙江省（表 4-94）。

表 4-93 2022 年木材加工和木、竹、藤、棕、草制品业不同知识产权类型地区分布及排名

序号	地区	IPI	有效专利拥有量/件（全国排名）	PCT专利申请量/件（全国排名）	商标注册量/件（全国排名）	作品著作权登记量/件（全国排名）	计算机软件著作权登记量/件（全国排名）	农业植物新品种有效量/件（全国排名）	林草植物新品种有效量/件（全国排名）	集成电路布图设计发证量/件（全国排名）	上市公司数量/家
	总计	—	498	0	1245	6	0	0	0	0	9
1	浙江省	95.0363	306（1）	—	476（1）	6（1）	—	—	—	—	2
2	黑龙江省	52.7469	72（2）	—	69（4）	—	—	—	—	—	1
3	江苏省	49.7991	32（5）	—	423（2）	—	—	—	—	—	2
4	上海市	44.0803	55（3）	—	240（3）	—	—	—	—	—	1
5	广西壮族自治区	30.9280	33（4）	—	11（6）	—	—	—	—	—	1
6	山东省	28.0767	—	—	—	—	—	—	—	—	1
7	四川省	22.1441	—	—	26（5）	—	—	—	—	—	1

资料来源：科技大数据湖北省重点实验室

表 4-94　2022 年木材加工和木、竹、藤、棕、草制品业上市公司知识产权指数九强上市公司

序号	上市公司名称	地区	IPI（全国排名）
1	德华兔宝宝装饰新材股份有限公司	浙江省	51.0438（587）
2	哈尔滨森鹰窗业股份有限公司	黑龙江省	48.0602（1420）
3	德尔未来科技控股集团股份有限公司	江苏省	47.8378（1556）
4	菲林格尔家居科技股份有限公司	上海市	47.2996（1968）
5	双枪科技股份有限公司	浙江省	46.8638（2443）
6	广西丰林木业集团股份有限公司	广西壮族自治区	46.5853（2806）
7	正源控股股份有限公司	四川省	45.6174（4561）
8	康欣新材料股份有限公司	山东省	45.5580（4786）
9	大亚圣象家居股份有限公司	江苏省	45.5376（4902）

资料来源：科技大数据湖北省重点实验室

4.2.43　卫生和社会工作

2022 年，卫生和社会工作类上市公司的知识产权指数为 32.8110，在所有产业中排名第 43。截至 2022 年末，该产业上市公司的发明专利有效量为 27 件，实用新型专利有效量为 118 件，外观设计专利有效量为 1 件，各类有效专利拥有总量在全国排名第 43；商标注册量为 1062 件，在全国排名第 38。2022 年，该产业上市公司的 PCT 专利申请量为 3 件，作品著作权登记量为 6 件，计算机软件著作权登记量为 34 件。2013～2022 年，卫生和社会工作上市公司的各类型专利授权量均呈现波动上升的趋势（图 4-54）。

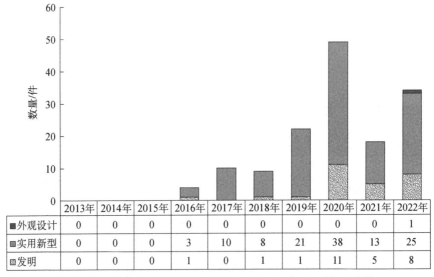

	2013年	2014年	2015年	2016年	2017年	2018年	2019年	2020年	2021年	2022年
外观设计	0	0	0	0	0	0	0	0	0	1
实用新型	0	0	0	3	10	8	21	38	13	25
发明	0	0	0	1	0	1	1	11	5	8

图 4-54　卫生和社会工作上市公司当前有效专利授权时间分布情况
资料来源：科技大数据湖北省重点实验室

广东省该产业上市公司的综合表现最为突出（表 4-95）。该产业共有 16 家上市公司，知识产权指数最高的上市公司是广州金域医学检验集团股份有限公司，上市板块为主板，所属地区为广东省（表 4-96）。

表 4-95　2022 年卫生和社会工作不同知识产权类型地区分布及排名

序号	地区	IPI	有效专利拥有量/件（全国排名）	PCT 专利申请量/件（全国排名）	商标注册量/件（全国排名）	作品著作权登记量/件（全国排名）	计算机软件著作权登记量/件（全国排名）	农业植物新品种有效量/件（全国排名）	林草植物新品种有效量/件（全国排名）	集成电路布图设计发证量/件（全国排名）	上市公司数量/家
	总计	—	146	3	1062	6	34	0	0	0	16
1	广东省	98.2621	77（1）	3（1）	448（1）	1（3）	19（1）	—	—	—	2
2	湖南省	54.0609	22（3）	—	57（5）	—	4（3）	—	—	—	1
3	浙江省	52.3407	1（5）	—	150（2）	—	2（5）	—	—	—	3
4	福建省	48.7923	29（2）	—	42（8）	2（1）	—	—	—	—	1
5	上海市	47.4701	17（4）	—	56（6）	1（3）	3（4）	—	—	—	1
6	江苏省	38.8333	—	—	97（3）	—	1（6）	—	—	—	1
7	四川省	38.2693	—	—	51（7）	2（1）	5（2）	—	—	—	2
8	新疆维吾尔自治区	34.3240	—	—	79（4）	—	—	—	—	—	1
9	山东省	33.8048	—	—	20（11）	—	—	—	—	—	1
10	甘肃省	30.3686	—	—	41（9）	—	—	—	—	—	1
11	辽宁省	28.6885	—	—	21（10）	—	—	—	—	—	1
12	陕西省	27.6410	—	—	—	—	—	—	—	—	1

资料来源：科技大数据湖北省重点实验室

表 4-96　2022 年卫生和社会工作上市公司知识产权指数十六强上市公司

序号	上市公司名称	地区	IPI（全国排名）
1	广州金域医学检验集团股份有限公司	广东省	51.4247（554）
2	爱尔眼科医院集团股份有限公司	湖南省	46.2949（3250）
3	迪安诊断技术集团股份有限公司	浙江省	46.2212（3388）
4	华厦眼科医院集团股份有限公司	福建省	46.1360（3532）
5	上海兰卫医学检验所股份有限公司	上海市	46.0485（3692）
6	美年大健康产业控股股份有限公司	江苏省	45.9323（3898）
7	光正眼科医院集团股份有限公司	新疆维吾尔自治区	45.8356（4087）
8	成都普瑞眼科医院股份有限公司	四川省	45.7427（4268）
9	新里程健康科技集团股份有限公司	甘肃省	45.6788（4411）
10	盈康生命科技股份有限公司	山东省	45.6234（4546）
11	辽宁何氏眼科医院集团股份有限公司	辽宁省	45.5986（4625）
12	华塑控股股份有限公司	四川省	45.5740（4712）
13	宜华健康医疗股份有限公司	广东省	45.5643（4752）
14	通策医疗股份有限公司	浙江省	45.5363（4912）
15	西安国际医学投资股份有限公司	陕西省	45.5184（5032）
16	创新医疗管理股份有限公司	浙江省	45.5112（5102）

资料来源：科技大数据湖北省重点实验室

4.2.44 教育

2022 年，教育类上市公司的知识产权指数为 32.5943，在所有产业中排名第 44。截至 2022 年末，该产业上市公司的发明专利有效量为 4 件，实用新型专利有效量为 13 件，各类有效专利拥有总量在全国排名第 44；商标注册量为 346 件，在全国排名第 45。2022 年，该产业的作品著作权登记量为 5 件，计算机软件著作权登记量为 106 件。

江苏省该产业上市公司的综合表现最为突出（表 4-97）。该产业共有 12 家上市公司，知识产权指数最高的上市公司是江苏传智播客教育科技股份有限公司，上市板块为主板，所属地区为江苏省（表 4-98）。

表 4-97　2022 年教育不同知识产权类型地区分布及排名

序号	地区	IPI	有效专利拥有量/件（全国排名）	PCT 专利申请量/件（全国排名）	商标注册量/件（全国排名）	作品著作权登记量/件（全国排名）	计算机软件著作权登记量/件（全国排名）	农业植物新品种有效量/件（全国排名）	林草植物新品种有效量/件（全国排名）	集成电路布图设计发证量/件（全国排名）	上市公司数量/家
	总计	—	17	0	346	5	106	0	0	0	12
1	江苏省	84.4338	17（1）	—	142（1）	2（1）	88（1）	—	—	—	2
2	北京市	68.4954	—	—	133（2）	1（3）	1（3）	—	—	—	3
3	上海市	47.7887	—	—	70（3）	2（1）	17（2）	—	—	—	2
4	安徽省	28.8660	—	—	—	—	—	—	—	—	1
5	湖南省	26.2329	—	—	1（4）	—	—	—	—	—	1
6	福建省	23.8958	—	—	—	—	—	—	—	—	1
7	辽宁省	23.4706	—	—	—	—	—	—	—	—	1
8	陕西省	23.4706	—	—	—	—	—	—	—	—	1

资料来源：科技大数据湖北省重点实验室

表 4-98　2022 年教育上市公司知识产权指数十二强上市公司

序号	上市公司名称	地区	IPI（全国排名）
1	江苏传智播客教育科技股份有限公司	江苏省	47.0131（2288）
2	上海行动教育科技股份有限公司	上海市	46.0275（3726）
3	中国高科集团股份有限公司	北京市	45.9370（3889）
4	苏州科德教育科技股份有限公司	江苏省	45.8480（4060）
5	东方时尚驾驶学校股份有限公司	北京市	45.8086（4135）
6	北京凯文德信教育科技股份有限公司	北京市	45.7360（4278）
7	中公教育科技股份有限公司	安徽省	45.6663（4440）
8	开元教育科技集团股份有限公司	湖南省	45.5956（4635）
9	上海新南洋昂立教育科技股份有限公司	上海市	45.5563（4799）
10	学大（厦门）教育科技集团股份有限公司	福建省	45.5277（4958）
11	西安博通资讯股份有限公司	陕西省	45.5112（5102）
12	大连美吉姆教育科技股份有限公司	辽宁省	45.5112（5102）

资料来源：科技大数据湖北省重点实验室

4.2.45　住宿和餐饮业

2022 年，住宿和餐饮业上市公司的知识产权指数为 32.5665，在所有产业中排名第 45。截至 2022 年末，该产业上市公司的实用新型专利有效量为 1 件，外观设计专利有效量为 1 件，各类有效专利拥有总量在全国排名第 46；商标注册量为 880 件，在全国排名第 41。2022 年，该产业的计算机软件著作权登记量为 4 件。

北京市该产业上市公司的综合表现最为突出（表 4-99）。该产业共有 8 家上市公司，知识产权指数最高的上市公司是中国全聚德（集团）股份有限公司，上市板块为主板，所属地区为北京市（表 4-100）。

表 4-99　2022 年住宿和餐饮业不同知识产权类型地区分布及排名

序号	地区	IPI	有效专利拥有量/件（全国排名）	PCT 专利申请量/件（全国排名）	商标注册量/件（全国排名）	作品著作权登记量/件（全国排名）	计算机软件著作权登记量/件（全国排名）	农业植物新品种有效量/件（全国排名）	林草植物新品种有效量/件（全国排名）	集成电路布图设计发证量/件（全国排名）	上市公司数量/家
	总计	—	2	0	880	0	4	0	0	0	8
1	北京市	60.3884	1（1）	—	406（1）	—	—	—	—	—	2
2	江苏省	42.8392	1（1）	—	26（6）	—	4（1）	—	—	—	1
3	浙江省	39.6287	—	—	181（2）	—	—	—	—	—	1
4	安徽省	32.7642	—	—	118（3）	—	—	—	—	—	1
5	上海市	29.4718	—	—	85（4）	—	—	—	—	—	1
6	陕西省	25.4400	—	—	64（5）	—	—	—	—	—	1
7	湖南省	19.3528	—	—	—	—	—	—	—	—	1

资料来源：科技大数据湖北省重点实验室

表 4-100　2022 年住宿和餐饮业上市公司知识产权指数八强上市公司

序号	上市公司名称	地区	IPI（全国排名）
1	中国全聚德（集团）股份有限公司	北京市	47.1077（2188）
2	君亭酒店集团股份有限公司	浙江省	46.2524（3326）
3	同庆楼餐饮股份有限公司	安徽省	45.9956（3788）
4	上海锦江国际酒店股份有限公司	上海市	45.8618（4035）
5	西安饮食股份有限公司	陕西省	45.7728（4202）
6	金陵饭店股份有限公司	江苏省	45.6821（4404）
7	北京首旅酒店（集团）股份有限公司	北京市	45.6078（4591）
8	华天酒店集团股份有限公司	湖南省	45.5112（5102）

资料来源：科技大数据湖北省重点实验室

4.2.46　综合

2022 年，综合类上市公司的知识产权指数为 32.4966，在所有产业中排名第 46。截至 2022 年末，该产业上市公司的发明专利有效量为 6 件，实用新型专利有效量为 9 件，各类有效专利拥有总量在全国排名第 45；商标注册量为 170 件，在全国排名第 46。

广西壮族自治区该领域上市公司的综合表现最为突出（表 4-101）。该领域共有 12 家上市公司，知识产权指数最高的上市公司是广西粤桂广业控股股份有限公司，上市板块为主板，所属地区为广西壮族自治区（表 4-102）。

表 4-101　2022 年综合不同知识产权类型地区分布及排名

序号	地区	IPI	有效专利拥有量/件（全国排名）	PCT 专利申请量/件（全国排名）	商标注册量/件（全国排名）	作品著作权登记量/件（全国排名）	计算机软件著作权登记量/件（全国排名）	农业植物新品种有效量/件（全国排名）	林草植物新品种有效量/件（全国排名）	集成电路布图设计发证量/件（全国排名）	上市公司数量/家
	总计	—	15	0	170	0	0	0	0	0	12
1	广西壮族自治区	53.3984	13（1）	—	10（4）	—	—	—	—	—	1
2	海南省	48.3286	—	—	93（1）	—	—	—	—	—	1
3	广东省	47.6742	—	—	51（2）	—	—	—	—	—	3
4	江苏省	33.6253	2（2）	—	14（3）	—	—	—	—	—	2
5	山东省	20.3817	—	—	—	—	—	—	—	—	2
6	北京市	17.8934	—	—	2（5）	—	—	—	—	—	1
7	上海市	17.1618	—	—	—	—	—	—	—	—	1
8	四川省	17.1618	—	—	—	—	—	—	—	—	1

资料来源：科技大数据湖北省重点实验室

表 4-102　2022 年综合上市公司知识产权指数十二强上市公司

序号	上市公司名称	地区	IPI（全国排名）
1	广西粤桂广业控股股份有限公司	广西壮族自治区	45.9025（3956）
2	新大洲控股股份有限公司	海南省	45.8966（3966）
3	中国宝安集团股份有限公司	广东省	45.7060（4350）
4	江苏综艺股份有限公司	江苏省	45.6425（4496）
5	广东东阳光科技控股股份有限公司	广东省	45.6372（4512）
6	珠海华金资本股份有限公司	广东省	45.5932（4644）
7	江苏悦达投资股份有限公司	江苏省	45.5811（4685）
8	绿能慧充数字能源技术股份有限公司	山东省	45.5684（4735）
9	北京中迪投资股份有限公司	北京市	45.5193（5021）
10	上海市天宸股份有限公司	上海市	45.5112（5102）
11	烟台园城黄金股份有限公司	山东省	45.5112（5102）
12	广汇物流股份有限公司	四川省	45.5112（5102）

资料来源：科技大数据湖北省重点实验室

4.2.47　居民服务、修理和其他服务业

2022 年，居民服务、修理和其他服务业上市公司的知识产权指数为 32.4733，在所有产业中排名第 47。截至 2022 年末，该产业上市公司的外观设计专利有效量为 2 件，各类有效专利拥有总量在全国排名第 46；商标注册量为 138 件，在全国排名第 47。2022 年，该产业的作品著作权登记量为 4 件（表 4-103）。

该产业共有 1 家上市公司——北京百华悦邦科技股份有限公司，上市板块为创业板，所属地区为北京市（表 4-104）。

表 4-103　2022 年居民服务、修理和其他服务业不同知识产权类型地区分布及排名

序号	地区	IPI	有效专利拥有量/件（全国排名）	PCT 专利申请量/件（全国排名）	商标注册量/件（全国排名）	作品著作权登记量/件（全国排名）	计算机软件著作权登记量/件（全国排名）	农业植物新品种有效量/件（全国排名）	林草植物新品种有效量/件（全国排名）	集成电路布图设计发证量/件（全国排名）	上市公司数量/家
	总计	—	2	0	138	4	0	0	0	0	1
1	北京市	—	2（1）	—	138（1）	4（1）	—	—	—	—	1

资料来源：科技大数据湖北省重点实验室

表 4-104　2022 年居民服务、修理和其他服务业上市公司知识产权指数上市公司

序号	上市公司名称	地区	IPI（全国排名）
1	北京百华悦邦科技股份有限公司	北京市	46.3399（3174）

资料来源：科技大数据湖北省重点实验室

第5章 中国上市公司知识产权指数企业报告

5.1 2022 年中国上市公司知识产权指数（企业）排行榜

按照中国上市公司知识产权指数（企业）公式 $\text{IPI}_{某上市公司-某年} = w_1C_1 + w_2C_2 + w_3A_1 + w_4A_2 + w_5P_1 + w_6P_2 + w_7E_1$ 计算，得到 2022 年中国上市公司知识产权指数（企业）排行榜。由于篇幅限制，本书仅列出 2022 年中国上市公司知识产权指数（企业）排行榜 500 强（见附录），并选择前十强企业展开详细分析。

5.2 2022 年中国上市公司知识产权指数（企业）排行榜分析

本节对 2022 年中国上市公司知识产权指数（企业）排行榜十强上市公司的全球专利申请趋势、在华专利授权趋势、重点专利技术领域分布及未来技术发展趋势展开分析。2022 年知识产权指数排行榜十强上市公司包括中兴通讯股份有限公司、珠海格力电器股份有限公司、比亚迪股份有限公司、中国石油化工股份有限公司、美的集团股份有限公司、长城汽车股份有限公司、京东方科技集团股份有限公司、杭州海康威视数字技术股份有限公司、广州视源电子科技股份有限公司和广州汽车集团股份有限公司。

5.2.1 中兴通讯股份有限公司

中兴通讯股份有限公司（简称"中兴通讯"）是全球领先的综合性通信设备制造业上市公司和全球综合通信信息解决方案提供商，公司于 1997 年 11 月首次公开发行 A 股并在深交所主板上市。2004 年 12 月，中兴通讯公开发行 H 股并在香港联交所主板上市，成为首家在香港联交所主板上市的 A 股公司。公司致力于为客户提供满意的信息与通信技术（ICT）产品及解决方案，集设计、开发、生产、销售、服务等于一体，聚焦运营商网络、政企业务、消费者业务。在运营商网络方面，聚焦运营商网络演进需求，提供无线接入、有线接入、承载网、核心网、服务器及存储等创新技术和产品解决方案；在政企业务方面，聚焦政企客户需求，基于"通信网络、物联网、大数据、云计算"等产品，为政府和企业提供各类信息化解决方案；在消费者业务方面，聚焦消费者的智能体验，兼顾行业需求，开发、生产、销售家庭信息终端、智能手机、移动互联终端、融合创新终端等产品，以及相关的软件应用与增值服务。2022 年，公司实现营业收入 1229.54 亿元，归属于上市公司普通股股东的净利润为 80.80 亿元，同比增长了 18.6%[1]。

截至 2022 年 12 月 31 日，中兴通讯申请 166 935 件专利，按照申请号合并后，共计 117 588 件专利。2003～2022 年，中兴通讯在全球的专利申请趋势如表 5-1 所示。总体上，中兴通讯的专利申请量波动较大。2003～2009 年，中兴通讯在国内的专利申请量呈现逐步增长趋势，2009 年达到峰值，从 2003 年的 1074 件达到 2009 年的 10 046 件；随后专利申请量逐渐下降，在 2014 年开始慢慢回升，自 2017 年之后专利申请量呈现缓慢下降趋势。从地区分布看，中兴通讯的专利注重国际化布局，海外专利主要布局在美国、日本、韩国和印度等地区。

表 5-1　2003～2022 年中兴通讯全球专利申请趋势　　　（单位：件）

年份	中国	世界知识产权组织	欧洲专利局	美国	日本	韩国	印度	巴西	澳大利亚	西班牙
2003	1 074	45	62	1	2	2	2	4	44	10
2004	1 391	89	119	0	3	6	2	6	4	3
2005	2 257	192	142	0	1	22	33	7	4	5
2006	4 298	239	82	0	6	33	26	9	0	6
2007	8 594	437	379	0	51	58	41	23	14	19
2008	7 847	370	512	5	54	45	10	25	11	28
2009	10 046	1 170	1 221	1	199	177	55	166	42	47
2010	9 008	3 422	2 752	0	456	263	77	317	103	70
2011	8 081	3 275	1 533	2	239	122	264	151	29	28
2012	6 275	2 227	980	102	166	72	403	38	8	21
2013	3 487	2 473	2 256	1 473	401	162	70	58	62	40
2014	4 883	2 848	2 191	1 344	408	164	81	26	36	32
2015	5 039	3 146	1 034	653	148	74	175	6	7	10
2016	5 756	3 423	769	538	102	45	99	0	5	15
2017	4 315	2 477	835	456	166	128	83	8	23	18
2018	3 350	1 238	1 015	491	247	277	23	17	52	11
2019	2 233	1 369	1 227	630	151	281	50	42	66	1
2020	1 942	1 513	1 630	813	96	349	93	44	74	2
2021	1 801	1 508	663	692	12	166	124	33	32	0
2022	460	1 479	8	498	30	9	263	1	8	0

资料来源：科技大数据湖北省重点实验室

2022 年，中兴通讯的知识产权指数为 95.0401，排名第 1；在华发明专利、实用新型专利和外观设计专利授权量分别达到了 1874 件、56 件和 21 件（表 5-2）。

表 5-2　2018～2022 年中兴通讯在华不同类型专利授权趋势　　　（单位：件）

年份	发明专利	实用新型专利	外观设计专利
2018	1929	51	74
2019	1696	43	74
2020	1523	31	27
2021	1613	26	32
2022	1874	56	21

资料来源：科技大数据湖北省重点实验室

表 5-3 为中兴通讯在华授权专利覆盖的前十大 IPC 分类技术领域，可以看出，中兴通讯的研发布局较为集中，专利布局领域多为电通信技术相关的领域，其中数字信息的传输（H04L）和无线通信网络（H04W）的专利数量最多，占比 60.06%。

表 5-3　中兴通讯授权专利技术领域分布（TOP 10）

IPC 分类号（小类）	IPC 分类号含义	专利授权数量/件	占比/%
H04L	数字信息的传输，例如电报通信	11 331	32.52
H04W	无线通信网络	9 598	27.54
G06F	电数字数据处理	2 322	6.66
H04B	电通信技术中的传输	1 968	5.65
H04N	图像通信	1 405	4.03
H04M	电话通信	1 274	3.66
H04Q	电通信技术中的选择	1 232	3.54
H04J	多路复用通信	584	1.68
H05K	印刷电路；电设备的外壳或结构零部件；电气元件组件的制造	564	1.62
H01Q	天线	288	0.83

资料来源：科技大数据湖北省重点实验室

表 5-4 为中兴通讯 2020 年 1 月 1 日至 2022 年 12 月 31 日授权专利覆盖前十大技术领域的分布情况。对比所有专利授权和 2020～2022 年专利授权前十技术领域占比可以发现：第一，中兴通讯一直非常重视数字信息的传输和无线通信网络技术领域的专利布局，这两类技术专利授权稳居前二，占比约为总量的 2/3；第二，电数字数据处理技术领域的专利授权占比也大幅度提高。中兴通讯 2022 年年报的"2023 年业务展望"中提到，公司在互联网、金融、电力、交通、政务、大企业市场发力，加大 IT 和数字能源的投入，构建竞争优势，同时，基于"5G+数字星云"架构，深耕产业数字化。在服务器及存储方面，尽快进入国内主流供应商行列；在数字能源方面，整合现有电源、储能、数据中心和能源管理产品与能力，把握"东数西算"等契机，加快核心技术自研，实现突破；在产业数字化方面，矿山、冶金钢铁特战队有序推进，实现行业方案复制。同时，以数字星云为核心能力，构建企业数字化平台，提供数字化整体解决方案。公司的发展战略规划与 2020～2022 年专利授权布局的重点领域一致。

表 5-4　2020～2022 年中兴通讯授权专利技术领域分布（TOP 10）

IPC 分类号（小类）	IPC 分类号含义	专利授权数量/件	占比/%
H04L	数字信息的传输，例如电报通信	1917	36.81
H04W	无线通信网络	1461	28.05

续表

IPC 分类号（小类）	IPC 分类号含义	专利授权数量/件	占比/%
G06F	电数字数据处理	447	8.58
H04B	电通信技术中的传输	301	5.78
H04N	图像通信	224	4.30
H04M	电话通信	126	2.42
H04Q	电通信技术中的选择	74	1.42
H01Q	天线	57	1.09
H05K	印刷电路；电设备的外壳或结构零部件；电气元件组件的制造	56	1.08
H04J	多路复用通信	48	0.92

资料来源：科技大数据湖北省重点实验室

5.2.2 珠海格力电器股份有限公司

珠海格力电器股份有限公司（简称"格力电器"）是一家多元化、科技型的全球工业集团，于 1996 年 11 月在深交所挂牌上市。格力电器拥有格力、TOSOT、晶弘三大消费品牌及凌达、凯邦、新元等工业品牌，产业覆盖家用消费品和工业装备两大领域。消费领域覆盖家用空调、暖通空调、冰箱、洗衣机、热水器、厨房电器、环境电器、通信产品、智能楼宇、智能家居，工业领域覆盖高端装备、精密模具、冷冻冷藏设备、电机、压缩机、电容、半导体器件、精密铸造、基础材料、工业储能、再生资源，产品远销 190 多个国家和地区，致力于为消费者提供优质的产品服务与智能化场景选择，为消费者创造美好生活。2022 年，公司实现营业收入 352.59 亿元，归属于上市公司股东的净利润为 40.03 亿元[2]。

截至 2022 年 12 月 31 日，格力电器申请 121 324 件专利，按照申请号合并后，共计 102 080 件专利。2003～2022 年，格力电器在全球的专利申请趋势如表 5-5 所示。2003～2020 年格力电器在国内的专利申请量呈逐年增长态势（2017 年除外），从 2003 年的 72 件增长到 2020 年的 16 971 件，2021 年和 2022 年相比上一年其专利申请量均有所下降，但仍保持在 10 000 件以上。总体上趋于增长趋势的专利申请量也体现了格力电器对技术创新和知识产权的重视，反映了格力电器在该领域强大的技术实力和丰富的技术积累。从地域分布情况来看，格力电器最重视国内市场，2003～2022 年在国内共申请专利 115 603 件。从 2006 年开始重视专利的国际布局，特别是自 2014 年以来，海外专利授权数量显著增长，2003～2022 年累计在世界知识产权组织申请专利 2371 件，在欧洲专利局申请专利 1048 件，在美国申请专利 764 件，在日本申请专利 177 件。

表 5-5　2003～2022 年格力电器全球专利申请趋势　　（单位：件）

年份	中国	世界知识产权组织	美国	欧洲专利局	英国	日本	印度	澳大利亚	韩国	西班牙
2003	72	0	0	0	0	0	0	0	0	0
2004	104	0	0	0	0	0	0	0	0	6
2005	238	0	0	0	0	0	0	0	0	0
2006	375	5	0	0	0	0	0	0	0	0
2007	453	15	0	15	0	0	0	0	0	3

续表

年份	中国	世界知识产权组织	美国	欧洲专利局	英国	日本	印度	澳大利亚	韩国	西班牙
2008	479	17	0	6	0	0	0	2	0	0
2009	614	3	0	6	0	3	0	4	3	1
2010	947	32	0	0	0	0	2	0	0	0
2011	1 799	28	0	29	0	11	4	0	10	4
2012	3 495	18	1	13	2	2	7	1	4	2
2013	3 711	7	9	11	3	6	0	8	2	3
2014	4 707	101	54	91	13	30	7	6	8	16
2015	6 075	68	19	24	0	5	4	7	2	4
2016	8 655	97	59	69	3	4	2	12	15	4
2017	8 290	298	118	174	32	7	18	21	16	11
2018	15 149	651	262	359	33	50	27	13	15	8
2019	16 895	379	101	138	42	42	16	13	5	1
2020	16 971	295	59	60	15	12	21	16	1	0
2021	14 791	208	60	53	0	5	8	16	8	0
2022	11 783	149	22	0	0	0	6	0	0	0

资料来源：科技大数据湖北省重点实验室

2022 年，格力电器的知识产权指数为 94.8579，排名第 2；在华发明专利、实用新型专利和外观设计专利授权量分别达到了 2875 件、4725 件和 620 件（表 5-6）。

表 5-6　2018～2022 年格力电器在华不同类型专利授权趋势　　　（单位：件）

年份	发明专利	实用新型专利	外观设计专利
2018	1951	2949	686
2019	1799	4907	863
2020	2678	5366	892
2021	2914	5510	669
2022	2875	4725	620

资料来源：科技大数据湖北省重点实验室

表 5-7 为格力电器在华授权专利覆盖的前十大 IPC 分类技术领域，其中空气调节类专利授权数量最多，占比约 1/4，表明空调领域是格力电器最重要的专利技术布局方向。其次，分别是制冷机等相关技术（F25B）、家庭用具或餐桌用具（A47J）、电机（H02K）、非变容式泵（F04D）、变容式泵等（F04C）、纺织品的处理（D06F）、吸尘器等（A47L）、一般有热发生装置的流体加热器（F24H）和家用炉或灶等（F24C）。

表 5-7　格力电器授权专利技术领域分布（TOP 10）

IPC 分类号（小类）	IPC 分类号含义	专利授权数量/件	占比/%
F24F	空气调节；空气增湿；通风；空气流作为屏蔽的应用（从尘、烟产生区消除尘、烟入 B08B15/00；从建筑物中排除废气的竖向管道入 E04F17/02；烟囱或通风井顶部，烟道末端入 F23L17/02）	13 671	23.26
F25B	制冷机，制冷设备或系统；加热和制冷的联合系统；热泵系统	2 844	4.84
A47J	家庭用具或餐桌用具（书档入 A47B65/00；刀具入 B26B）	2 175	3.70

续表

IPC 分类号（小类）	IPC 分类号含义	专利授权数量/件	占比/%
H02K	电机（电动继电器入 H01H53/00；直流或交流电力输入变换为浪涌电力输出入 H02M9/00）	2 108	3.59
F04D	非变容式泵（发动机燃料喷射泵入 F02M；离子泵入 H01J41/12；电动泵入 H02K44/02）	1 977	3.36
F04C	旋转活塞或摆动活塞的液体变容式机械（液体驱动的发动机入 F03C）；旋转活塞或摆动活塞的变容式泵（发动机燃料喷射泵入 F02M）	1 620	2.76
D06F	纺织品的洗涤、干燥、熨烫、压平或打折	1 373	2.34
A47L	家庭的洗涤或清扫（刷子入 A46B；大量瓶子或其他同一种类空心物件的洗涤入 B08B9/00；洗衣入 D06F）；一般吸尘器（一般清扫入 B08）	1 159	1.97
F24H	一般有热发生装置如热泵的流体加热器，例如水或空气的加热器（蒸汽发生入 F22）	855	1.45
F24C	家用炉或灶（用固体燃料的入 F24B）；一般用途家用炉或灶的零部件	835	1.42

资料来源：科技大数据湖北省重点实验室

表 5-8 为格力电器 2020 年 1 月 1 日至 2022 年 12 月 31 日的授权专利覆盖前十大技术领域分布情况。对比所有专利授权和 2020～2022 年专利授权前十技术领域占比可以发现：第一，其他相关子类目不包括的冰箱、冷库、冰柜、冷冻设备（F25D）替换了一般有热发生装置的流体加热器（F24H），表明各类型的冷冻设备技术的受重视程度在提高，流体加热器技术受到的重视程度在降低；第二，空调技术（F24F）和变容式泵等（F04C）两个技术领域的专利比重在下降，而家庭用具或餐桌用具（A47J）、电机（H02K）、非变容式泵（F04D）、纺织品的处理（D06F）、吸尘器等（A47L）和家用炉或灶等（F24C）6 个技术领域的专利授权占比在上升，纺织品的处理（D06F）和吸尘器等（A47L）两个技术领域的专利布局增长显著，反映了格力电器近些年主要的技术研发新动向。根据 2022 年年报披露信息，格力电器 2023 年以工业制品、智能装备、生活电器、新能源为多元化发展的重点方向，热泵热水器、高端装备等格力、晶弘、TOSOT 三大品牌的众多产品逐步形成规模，不断入局、破局。格力电器持续深入技术研究，以关键核心技术为主攻方向，坚持原创性、引领性科技攻关，不断完善专业的全球认证技术团队和先进实验设施，实现技术迭代升级，研发更高效节能的系统方案及设备，保证产品的关键技术自主可控，巩固行业领跑者的优势地位。同时，充分发挥技术上的创新能力，为从研发、设计、调研到营销、服务全生命周期提供助力，优化产品生命周期，通过技术创新推动高质量发展。格力电器的专利技术布局情况与年报中的战略规划基本吻合。

表 5-8 2020～2022 年格力电器授权专利技术领域分布（TOP 10）

IPC 分类号（小类）	IPC 分类号含义	专利授权数量/件	占比/%
F24F	空气调节；空气增湿；通风；空气流作为屏蔽的应用（从尘、烟产生区消除尘、烟入 B08B15/00；从建筑物中排除废气的竖向管道入 E04F17/02；烟囱或通风井顶部，烟道末端入 F23L17/02）	5848	22.28
A47J	家庭用具或餐桌用具（书档入 A47B65/00；刀具入 B26B）	1139	4.34
D06F	纺织品的洗涤、干燥、熨烫、压平或打折	976	3.72
F25B	制冷机，制冷设备或系统；加热和制冷的联合系统；热泵系统	960	3.66

续表

IPC 分类号（小类）	IPC 分类号含义	专利授权数量/件	占比/%
H02K	电机（电动继电器入 H01H53/00；直流或交流电力输入变换为浪涌电力输出入 H02M9/00）	949	3.62
F04D	非变容式泵（发动机燃料喷射泵入 F02M；离子泵入 H01J41/12；电动泵入 H02K44/02）	920	3.50
A47L	家庭的洗涤或清扫（刷子入 A46B；大量瓶子或其他同一种类空心物件的洗涤入 B08B9/00；洗衣入 D06F）；一般吸尘器（一般清扫入 B08）	839	3.20
F25D	其他相关子类目不包括的冰箱、冷库、冰柜、冷冻设备（冷藏陈列柜入 A47F3/04；家用绝热容器入 A47J41/00；冷藏车见 B60 至 B64 类的适当小类；一般隔热容器入 B65D81/38；热传导、热交换或热贮存材料，即制冷剂，或通过化学反应而不是燃烧产生热或冷的材料入 C09K5/00；用于液化或固化气体的隔热容器入 F17C；空气调节或空气增湿入 F24F；制冷机器、装置或系统入 F25B；仪器或类似装置的无冻结的冷却入 G12B；发动机或泵的冷却见有关类）	642	2.45
F04C	旋转活塞或摆动活塞的液体变容式机械（液体驱动的发动机入 F03C）；旋转活塞或摆动活塞的变容式泵（发动机燃料喷射泵入 F02M）	537	2.05%
F24C	家用炉或灶（用固体燃料的入 F24B）；一般用途家用炉或灶的零部件	490	1.87%

资料来源：科技大数据湖北省重点实验室

5.2.3　比亚迪股份有限公司

比亚迪股份有限公司（简称"比亚迪"）是一家致力于"用技术创新，满足人们对美好生活的向往"的高新技术企业。比亚迪成立于 1995 年 2 月，经过 20 多年的高速发展，已在全球设立 30 多个工业园，实现全球六大洲的战略布局。公司业务布局涵盖电子、汽车、新能源和轨道交通等领域，并在这些领域发挥着举足轻重的作用，从能源的获取、存储到应用，全方位构建零排放的新能源整体解决方案。2022 年，公司实现营业收入 4240.61 亿元，同比增长 96.2%，其中汽车、汽车相关产品及其他产品业务的收入约 3246.91 亿元，同比增长 151.78%；手机部件、组装及其他产品业务的收入约 988.15 亿元，同比增长 14.30%。两大业务占集团总收入的比例分别为 76.57% 和 23.30%。归属于上市公司股东的净利润为 166.22 亿元，同比增长 445.86%，各项核心经营指标实现强势增长[3]。

截至 2022 年 12 月 31 日，比亚迪共申请 45 204 件专利，按照申请号合并后，共计 33 850 件专利。2003～2022 年，比亚迪在全球的专利申请趋势如表 5-9 所示。总体上，比亚迪在国内的专利申请从 2003 年的 128 件增长到 2022 年的 2191 件，体现了其对技术创新和知识产权的重视，也反映了比亚迪在该领域强大的技术实力和丰富的技术积累。从地域分布情况来看，比亚迪从 2004 年开始重视专利的国际布局，特别是自 2010 年以来，海外专利布局数量显著增长，2003～2022 年累计在世界知识产权组织申请专利 2156 件，在欧洲专利局申请专利 2180 件，在美国申请专利 1218 件，在韩国申请专利 705 件。

表 5-9   2003～2022 年比亚迪全球专利申请趋势   （单位：件）

年份	中国	世界知识产权组织	欧洲专利局	美国	韩国	日本	巴西	中国台湾	英国	印度
2003	128	0	0	0	0	0	0	0	0	0
2004	412	7	20	0	0	9	0	0	0	0
2005	1030	12	30	0	11	18	0	0	0	0
2006	1339	39	66	0	46	30	0	0	0	0
2007	1796	25	46	0	21	5	4	0	1	0
2008	1850	48	106	0	34	36	22	2	9	0
2009	1447	46	103	0	18	12	0	1	9	3
2010	1574	77	160	2	42	33	4	6	4	12
2011	1571	73	101	0	21	28	1	68	16	2
2012	1364	96	160	38	36	43	4	44	9	0
2013	1454	93	113	97	12	18	3	38	8	2
2014	1462	133	207	164	56	51	8	10	13	0
2015	1487	133	191	107	56	65	15	21	8	0
2016	2525	131	169	156	54	48	2	7	7	3
2017	2929	239	197	241	52	37	38	15	26	9
2018	3296	295	100	131	42	25	42	82	39	2
2019	3221	215	157	100	35	56	34	34	16	40
2020	2790	130	118	93	35	69	39	15	10	30
2021	2205	160	127	31	104	85	20	3	10	22
2022	2191	204	9	58	30	2	16	6	10	35

资料来源：科技大数据湖北省重点实验室

2022 年，比亚迪的知识产权指数为 94.6741，排名第 3；在华发明专利、实用新型专利和外观设计专利授权量分别达到了 1297 件、1563 件和 235 件（表 5-10）。

表 5-10   2018～2022 年比亚迪在华不同类型专利授权趋势   （单位：件）

年份	发明专利	实用新型专利	外观设计专利
2018	405	632	229
2019	756	611	203
2020	950	753	117
2021	1094	849	170
2022	1297	1563	235

资料来源：科技大数据湖北省重点实验室

表 5-11 为比亚迪在华授权专利覆盖的前十大 IPC 分类技术领域，通过计算可以得知前十大技术方向的专利数量占比 35.67%，用于直接转变化学能为电能的方法或装置（H01M）技术的专利授权数量最多（2393 件，占比 11.35%），是排名第二的车辆动力装置或传动装置的布置或安装等（B60K）技术专利授权数量（884 件，占比 4.19%）的将近三倍。不包含在其他类目中的车辆、车辆配件或车辆部件（B60R）技术专利、电动车辆动力装置等（B60L）技术专利、机动车等（B62D）技术专利授权数量均在 500 以上，分别占比 3.77%、3.38% 和 2.93%。从 IPC 小类前十技术领域可以推断，比亚迪的研发活动主要围绕电池技术、电动汽车、半导体技术、数字电路等领域展开，从各领域占比可以看出比亚迪研发设计的技术领域较多，企业

产品及技术储备呈现多元化特征。

表 5-11 比亚迪授权专利技术领域分布（TOP 10）

IPC 分类号（小类）	IPC 分类号含义	专利授权数量/件	占比/%
H01M	用于直接转变化学能为电能的方法或装置，例如电池组	2393	11.35
B60K	车辆动力装置或传动装置的布置或安装；两个以上不同的车辆原动机的布置或安装；车辆辅助驱动装置；车辆用仪表或仪表板；与车辆动力装置的冷却、进气、排气或燃料供给结合的布置	884	4.19
B60R	不包含在其他类目中的车辆、车辆配件或车辆部件	794	3.77
B60L	电动车辆动力装置；车辆辅助装备的供电；一般车辆的电力制动系统；车辆的磁悬置或悬浮；电动车辆的监控操作变量；电力牵引	712	3.38
B62D	机动车；挂车	617	2.93
G06F	电数字数据处理	495	2.35
H05K	印刷电路；电设备的外壳或结构零部件；电气元件组件的制造	452	2.14
H01L	半导体器件；其他类目中不包括的电固体器件	426	2.02
H02J	电缆或电线的安装，或光电组合电缆或电线的安装	397	1.88
G01R	测量电变量；测量磁变量	349	1.66

资料来源：科技大数据湖北省重点实验室

表 5-12 为比亚迪 2020 年 1 月 1 日至 2022 年 12 月 31 日的授权专利覆盖前十大技术领域分布情况。对比所有专利授权和 2020～2022 年专利授权前十技术领域占比可以发现：第一，用于直接转变化学能为电能的方法或装置（H01M）、电动车辆动力装置等（B60L）、机动车等（B62D）、不包含在其他类目中的车辆、车辆配件或车辆部件（B60R）和车辆动力装置或传动装置的布置或安装等（B60K）技术的授权数量占比升高；第二，铁路交通管理等（B61L），车辆制动控制系统或其部件等（B60T），特别适用于车辆客室或货室的加热、冷却、通风或其他空气处理设备的布置或装置（B60H），系统控制（B60W）和电机（H02K）等技术的专利授权占比在上升，在 2020～2022 年排名中分别排名第 6～第 10，表明比亚迪近几年在车辆控制、车辆自动驾驶等方向加大了科研和投资力度；第三，半导体器件等（H01L）、电数字数据处理（G06F）、印刷电路等（H05K）、电缆或电线的安装等（H02J）、测量电变量等（G01R）技术专利不再处于前十技术领域之列。比亚迪 2022 年年报中提到，新能源汽车是全球汽车产业转型发展的主要方向，是促进世界经济持续增长的重要引擎，在新能源乘用车领域，比亚迪将继续深化新能源汽车核心技术研发。

表 5-12 2020～2022 年比亚迪授权专利技术领域分布（TOP 10）

IPC 分类号（小类）	IPC 分类号含义	专利授权数量/件	占比/%
H01M	用于直接转变化学能为电能的方法或装置，例如电池组	1092	15.54
B60L	电动车辆动力装置；车辆辅助装备的供电；一般车辆的电力制动系统；车辆的磁悬置或悬浮；电动车辆的监控操作变量；电力牵引	484	6.89
B62D	机动车；挂车	324	4.61
B60R	不包含在其他类目中的车辆、车辆配件或车辆部件	323	4.60
B60K	车辆动力装置或传动装置的布置或安装；两个以上不同的车辆原动机的布置或安装；车辆辅助驱动装置；车辆用仪表或仪表板；与车辆动力装置的冷却、进气、排气或燃料供给结合的布置	317	4.51

续表

IPC 分类号（小类）	IPC 分类号含义	专利授权数量/件	占比/%
B61L	铁路交通管理；保证铁路交通安全	157	2.23
B60T	车辆制动控制系统或其部件；一般制动控制系统或其部件	141	2.01
B60H	特别适用于车辆客室或货室的加热、冷却、通风或其他空气处理设备的布置或装置	134	1.91
B60W	不同类型或不同功能的车辆子系统的联合控制；专门适用于混合动力车辆的控制系统；不与某一特定子系统的控制相关联的道路车辆驾驶控制系统	128	1.82
H02K	电机	126	1.79

资料来源：科技大数据湖北省重点实验室

5.2.4　中国石油化工股份有限公司

中国石油化工股份有限公司（简称"中国石化"）是由中国石化集团有限公司依据《中华人民共和国公司法》，以独家发起方式于 2000 年 2 月 25 日设立的股份制企业，于 2000 年 10 月 19 日成功在香港、纽约、伦敦三地证券交易所上市。中国石化是中国最大的一体化能源化工公司之一，主要从事石油与天然气勘探开发、管道运输、销售，石油炼制、石油化工、煤化工、化纤及其他化工生产与产品销售、储运，石油、天然气、石油产品、石油化工及其他化工产品和其他商品、技术的进出口、代理进出口业务，技术、信息的研究、开发、应用。中国石化是中国大型油气生产商，炼油能力在中国排名第一；在中国拥有完善的成品油销售网络，是中国最大的成品油供应商；乙烯生产能力在中国排名第一，构建了比较完善的化工产品营销网络。2022 年，公司实现营业收入 33 181.68 亿元，营业利润为 96 414 亿元，比 2021 年增加了 14.23%[4]。

截至 2022 年 12 月 31 日，中国石化申请 120 421 件专利，按照申请号合并后，共计 81 400 件专利。2003～2022 年，中国石化在全球的专利申请趋势如表 5-13 所示。2003～2017 年中国石化在国内的专利申请数量一直稳步提升，从 2003 年的 1100 件达到 2017 年的 9855 件。2018 年和 2019 年申请量均比 2017 年少，2020 年申请量回升到 9767 件，2021 年和 2022 年申请量呈下降趋势。从地区分布来看，中国石化的专利申请主要集中在国内，海外专利主要布局在世界知识产权组织、美国、欧洲专利局和韩国等地区，相对国内的专利数量而言，海外专利数量较少。

表 5-13　2003～2022 年中国石化全球专利申请趋势　（单位：件）

年份	中国	世界知识产权组织	美国	欧洲专利局	印度	日本	韩国	加拿大	新加坡	澳大利亚
2003	1100	18	10	22	4	3	28	12	0	21
2004	1184	14	3	24	5	3	16	9	2	1
2005	1230	15	0	26	3	7	17	6	2	3
2006	1283	20	0	34	15	10	36	12	3	1
2007	1455	20	0	24	16	6	18	8	2	5
2008	1537	14	0	20	10	8	17	8	0	12
2009	2531	13	0	8	17	15	23	8	1	3
2010	4646	19	1	44	13	28	20	6	2	0
2011	6241	27	0	36	15	28	34	8	9	11

续表

年份	中国	世界知识产权组织	美国	欧洲专利局	印度	日本	韩国	加拿大	新加坡	澳大利亚
2012	7190	21	22	28	18	19	30	14	8	16
2013	7538	21	74	21	17	18	39	20	14	16
2014	8459	16	71	31	21	32	40	18	14	8
2015	8800	13	58	36	17	24	20	20	2	12
2016	9000	17	65	42	18	28	21	9	0	0
2017	9855	32	85	51	9	39	17	18	2	11
2018	9143	32	93	54	14	38	10	13	1	8
2019	9191	62	108	65	14	40	0	24	2	13
2020	9767	95	118	77	20	24	4	35	36	14
2021	8500	110	55	72	39	3	3	30	18	14
2022	3560	120	7	2	48	4	5	7	5	0

资料来源：科技大数据湖北省重点实验室

2022 年，中国石化的知识产权指数为 94.5872，排名第 4；在华发明专利、实用新型专利和外观设计专利授权量分别达到了 3838 件、1809 件和 13 件（表 5-14）。

表 5-14 2018～2022 年中国石化在华不同类型专利授权趋势   （单位：件）

年份	发明专利	实用新型专利	外观设计专利
2018	2928	1136	2
2019	2951	932	2
2020	2921	1109	2
2021	3679	1323	10
2022	3838	1809	13

资料来源：科技大数据湖北省重点实验室

表 5-15 为中国石化在华授权专利覆盖的前十大 IPC 分类技术领域，可以看出，中国石化研发布局较为集中，主要聚焦化学或物理方法（B01J）、土层或岩石的钻进等（E21B）、烃油裂化等（C10G）和无环或碳环化合物等（C07C）领域。其中专利授权量占比超过 10% 的有 2 个技术领域：化学或物理方法（B01J）专利授权量达到 7896 件，占比 16.56%；土层或岩石的钻进等（E21B）技术专利授权量为 6267 件，占比 13.14%。烃油裂化等（C10G）、无环或碳环化合物（C07C）和仅用碳—碳不饱和键反应得到的高分子化合物（C08F）技术的专利数量占比 5%～10%，其中烃油裂化等（C10G）技术专利数量占比 8.73%，无环或碳环化合物（C07C）技术专利数量占比 8.01%，仅用碳—碳不饱和键反应得到的高分子化合物（C08F）技术专利数量占比 5.40%。此外，中国石化在借助于测定材料的化学或物理性质来测试或分析材料（G01N）技术、分离技术（B01D）等领域也有较多的专利布局。

表 5-15 中国石化授权专利技术领域分布

IPC 分类号（小类）	IPC 分类号含义	专利授权数量/件	占比/%
B01J	化学或物理方法，例如催化作用或胶体化学	7896	16.56
E21B	土层或岩石的钻进；从井中开采油、气、水、可溶解或可熔化物质或矿物泥浆	6267	13.14

续表

IPC 分类号（小类）	IPC 分类号含义	专利授权数量/件	占比/%
C10G	烃油裂化；液态烃混合物的制备，例如用破坏性加氢反应、低聚反应、聚合反应；从油页岩、油矿或油气中回收烃油；含烃类为主的混合物的精制；石脑油的重整；地蜡	4162	8.73
C07C	无环或碳环化合物	3822	8.01
C08F	仅用碳—碳不饱和键反应得到的高分子化合物	2573	5.40
G01N	借助于测定材料的化学或物理性质来测试或分析材料	2023	4.24
B01D	分离技术	1851	3.88
C01B	非金属元素；其化合物	1517	3.18
C08L	高分子化合物的组合物	1472	3.09
C02F	水、废水、污水或污泥的处理	1392	2.92

资料来源：科技大数据湖北省重点实验室

表 5-16 为中国石化 2020 年 1 月 1 日至 2022 年 12 月 31 日的授权专利覆盖前十大技术领域分布情况。对比所有专利授权和 2020～2022 年专利授权前十技术领域占比可以发现：第一，中国石化近些年一直很重视化学或物理方法（B01J）技术领域专利布局，该技术领域专利授权量在 2020～2022 年排第一，占比 14.30%；第二，化学或物理方法（B01J）、烃油裂化等（C10G）、无环或碳环化合物（C07C）和仅用碳—碳不饱和键反应得到的高分子化合物（C08F）技术领域的专利授权占比有所下降；第三，土层或岩石的钻进等（E21B）、分离技术（B01D）、借助于测定材料的化学或物理性质来测试或分析材料（G01N）和高分子化合物的组合物（C08L）技术领域的专利授权量占比相对有所提升。公司 2022 年年报"业务展望"章节中强调，公司将加强战略性领域风险勘探，增加优质规模储量；加强效益开发，在稳油增气降本上取得新成效。公司将坚定实施创新驱动发展战略，全力攻坚关键核心技术，纵深推进科技体制机制改革，加快向世界领先洁净能源化工公司迈进。围绕油气资源增储上产、降本增效产业化技术攻关，大力攻坚油气地质理论与勘探开发关键技术。持续加强油化一体化技术开发，优化炼油产品结构，提升资源清洁高效低碳利用水平。积极开展油转化、油转特和氢能关键技术攻关与应用开发。围绕化工与材料升级需求，聚力攻关多元化、过程绿色化基础化学品生产技术，加快高附加值合成材料生产关键核心技术突破。

表 5-16　2020～2022 年中国石化授权专利技术领域分布（TOP 10）

IPC 分类号（小类）	IPC 分类号含义	专利授权数量/件	占比/%
B01J	化学或物理方法，例如催化作用或胶体化学	2103	14.30
E21B	土层或岩石的钻进；从井中开采油、气、水、可溶解或可熔化物质或矿物泥浆	1953	13.28
C10G	烃油裂化；液态烃混合物的制备，例如用破坏性加氢反应、低聚反应、聚合反应；从油页岩、油矿或油气中回收烃油；含烃类为主的混合物的精制；石脑油的重整；地蜡	903	6.14
C07C	无环或碳环化合物	850	5.78
C08F	仅用碳—碳不饱和键反应得到的高分子化合物	776	5.28
B01D	分离技术	692	4.71
G01N	借助于测定材料的化学或物理性质来测试或分析材料	638	4.34

续表

IPC 分类号（小类）	IPC 分类号含义	专利授权数量/件	占比/%
G01V	地球物理；重力测量；物质或物体的探测；示踪物	487	3.31
C08L	高分子化合物的组合物	475	3.23
C09K	不包含在其他类目中的各种应用材料；不包含在其他类目中的材料的各种应用	468	3.18

资料来源：科技大数据湖北省重点实验室

5.2.5 美的集团股份有限公司

美的集团股份有限公司（简称"美的集团"）是一家覆盖智能家居、工业技术、楼宇科技、机器人与自动化和其他创新业务的全球化科技集团，已建立 ToC（to consumer）与 ToB（to business）并重发展的业务矩阵，可提供多元化的产品种类与服务，于 2013 年 9 月 18 日在深交所正式上市。在美的的五大业务板块中，智能家居事业群作为智慧家电、智慧家居及周边相关产业和生态链的经营主体，负责面向终端用户的智能化场景搭建、用户运营和数据价值发掘，致力于为终端用户提供最佳体验的全屋智能家居及服务；工业技术事业群以科技为核心驱动力，聚合智慧交通、工业自动化、绿色能源和消费电器四大领域的核心科技力量，为全球泛工业客户提供绿色、高效、智慧的产品和技术解决方案；楼宇科技事业部作为负责楼宇产品、服务及相关产业的经营主体，以 iBUILDING 美的楼宇数字化服务平台为核心，业务覆盖暖通、电梯、能源、楼宇控制等；机器人与自动化事业部主要围绕未来工厂相关领域，提供包括工业机器人、物流自动化系统及传输系统解决方案；其他创新业务包括以智能供应链、工业互联网等在美的集团商业模式变革中孵化出的新型业务，可为企业数字化转型提供软件服务、无人零售解决方案和生产性服务等。迄今，美的在全球拥有约 200 家子公司、31 个研发中心和 40 个主要生产基地，业务覆盖 200 多个国家和地区。2022 年，公司实现营业收入 3439.18 亿元，归属于上市公司股东的净利润为 295.54 亿元，比 2021 年增加了 3.43%[5]。

截至 2022 年 12 月 31 日，美的集团申请 85 336 件专利，按照申请号合并后，共计 72 045 件专利。2003～2022 年，美的集团在全球的专利申请趋势如表 5-17 所示。总体上，2003～2017 年美的集团在国内的专利申请量处于逐年增长状态（2004 年和 2016 年除外），从 2003 年的 262 件增加到 2017 年的 10 022 件，在 2017 年后专利申请量开始逐步减少。从地区分布来看，美的集团从 2007 年开始开拓海外市场专利布局，且主要采用 PCT 专利保护，其余海外专利布局主要分布在世界知识产权组织、美国、欧洲专利局等。

表 5-17　2003～2022 年美的集团全球专利申请趋势　　（单位：件）

年份	中国	世界知识产权组织	美国	欧洲专利局	日本	英国	韩国	加拿大	澳大利亚	巴西
2003	262	0	0	0	0	0	0	0	0	0
2004	245	0	0	0	0	0	0	0	0	0
2005	338	0	0	0	0	0	0	0	0	0
2006	538	0	0	0	0	0	0	0	0	0
2007	726	4	0	0	0	0	0	0	0	0
2008	897	3	0	0	0	0	0	0	0	0

续表

年份	中国	世界知识产权组织	美国	欧洲专利局	日本	英国	韩国	加拿大	澳大利亚	巴西
2009	940	1	0	0	0	0	0	0	0	0
2010	1 286	2	0	1	0	0	0	0	0	0
2011	1 870	1	0	0	0	0	0	1	0	0
2012	2 023	6	1	8	6	0	9	0	0	0
2013	2 804	18	8	5	2	3	4	2	4	3
2014	4 345	26	28	38	3	0	0	10	9	3
2015	9 993	136	106	131	37	5	39	18	14	15
2016	9 706	254	101	137	54	21	31	48	28	15
2017	10 022	438	198	194	106	47	79	42	27	10
2018	9 072	432	345	226	156	33	61	18	10	17
2019	7 545	491	320	296	175	39	50	57	21	4
2020	5 818	368	304	150	57	131	12	22	10	1
2021	4 867	292	169	62	28	0	6	4	5	8
2022	3 119	203	98	10	10	2	0	7	4	0

资料来源：科技大数据湖北省重点实验室

2022 年，美的集团的知识产权指数为 94.5660，排名第 5；在华发明专利、实用新型专利和外观设计专利授权量分别达到了 1264 件、2096 件和 621 件（表 5-18）。

表 5-18 2018～2022 年美的集团在华不同类型专利授权趋势 （单位：件）

年份	发明专利	实用新型专利	外观设计专利
2018	1630	3393	929
2019	1832	3423	583
2020	1696	2709	761
2021	1588	1858	751
2022	1264	2096	621

资料来源：科技大数据湖北省重点实验室

表 5-19 为美的集团在华授权专利覆盖的前十大 IPC 分类技术领域，可以看出，美的集团的研究布局较为集中，主要聚集在空气调节等（F24F）、家庭用具或餐桌用具等（A47J）技术。其中空气调节等（F24F）技术的专利授权数量最多（10 749 件），占比约为总量的 1/4；其次是家庭用具或餐桌用具（A47J）技术，其专利授权数量占比排名第二，数量为 5366 件；剩余技术专利授权量占比均在 5% 以下，包括其他相关子类目不包括的冰箱、冷库、冰柜、冷冻设备（F25D）技术、家庭的洗涤或清扫等（A47L）技术、家用炉或灶等（F24C）技术和制冷机等（F25B）技术等。

表 5-19 美的集团授权专利技术领域分布（TOP 10）

IPC 分类号（小类）	IPC 分类号含义	专利授权数量/件	占比/%
F24F	空气调节；空气增湿；通风；空气流作为屏蔽的应用	10 749	25.27
A47J	家庭用具或餐桌用具	5 366	12.61
F25D	其他相关子类目不包括的冰箱、冷库、冰柜、冷冻设备	2 125	4.99
A47L	家庭的洗涤或清扫；一般吸尘器	2 059	4.84

续表

IPC 分类号（小类）	IPC 分类号含义	专利授权数量/件	占比/%
F24C	家用炉或灶（用固体燃料的入 F24B）；一般用途家用炉或灶的零部件	1 752	4.12
F25B	制冷机，制冷设备或系统；加热和制冷的联合系统；热泵系统	1 193	2.80
F04D	非变容式泵	978	2.30
F24H	一般有热发生装置如热泵的流体加热器，例如水或空气的加热器	904	2.12
C02F	水、废水、污水或污泥的处理	722	1.70
H05B	电热；其他类目不包含的电照明光源；一般的用于电照明光源的电路	702	1.65

资料来源：科技大数据湖北省重点实验室

表 5-20 为美的集团 2020 年 1 月 1 日至 2022 年 12 月 31 日的专利覆盖技术领域分布情况。对比所有专利授权和近三年专利授权前十技术领域的占比可以发现：第一，美的集团近三年高度重视核心技术创新，空调技术（F24F）领域的专利布局占比高达 34.74%；第二，家庭用具或餐桌用具（A47J）技术的专利布局降低幅度较大，一般吸尘器等（A47L）、制冷机等（F25B）、非变容式泵（F04D）、家用炉或灶等（F24C）和水处理（C02F）技术布局有小幅度下降；2020～2022 年专利技术分布中电热等（H05B）技术消失，新增分离技术（B01D）。

美的集团 2022 年年报中强调，公司以科技领先为立身之本，建立健全研究组织，加大数字化与研发投入，持续改善人才结构，做好科技创新、产品创新、技术创新、业务模式创新、流程创新，构建支撑"科技领先"的体系机制。坚定加大研发投入，构建研发规模优势，持续布局核心技术、前沿技术、基础技术、数字化和智能化等，以产品需求牵引技术创新，通过技术战略和产品战略双轮驱动，通过三级技术委员会和四级研发体系创新机制保障，夯实"三个一代"的体系，集合研发实力。持续推动海外本地化研发，加大本地化研发投入力度，发挥本土化研发的优势，进一步服务当地市场，以联合创新的模式在绿色、节能、健康、智能化以及机器人自动化等方面持续推动核心技术突破，以打造美的技术名片；支持推进集团"绿色战略"，通过技术创新，实现绿色低碳技术的产品应用，助力产品全生命周期节能减排，深入主导参与绿色标准制定，推动全品类产品通过国家绿色产品认证；践行"3+1"标准化战略，围绕绿色、节能、智能、健康、舒适、便捷等技术创新领域推进技术标准化，加强国际标准制修订工作，以标准化推进科技创新成果的快速应用。

表 5-20 2020～2022 年美的集团授权专利技术领域分布（TOP 10）

IPC 分类号（小类）	IPC 分类号含义	专利授权数量/件	占比/%
F24F	空气调节；空气增湿；通风；空气流作为屏蔽的应用	4636	34.74
A47J	家庭用具或餐桌用具	933	6.99
F25D	其他相关子类目不包括的冰箱、冰库、冰柜、冷冻设备	787	5.90
A47L	家庭的洗涤或清扫；一般吸尘器	591	4.43
F25B	制冷机，制冷设备或系统；加热和制冷的联合系统；热泵系统	295	2.21
F24H	一般有热发生装置如热泵的流体加热器，例如水或空气的加热器	287	2.15
F04D	非变容式泵	271	2.03

续表

IPC 分类号（小类）	IPC 分类号含义	专利授权数量/件	占比/%
F24C	家用炉或灶（用固体燃料的入 F24B）；一般用途家用炉或灶的零部件	254	1.90
C02F	水、废水、污水或污泥的处理	197	1.48
B01D	分离技术	148	1.11

资料来源：科技大数据湖北省重点实验室

5.2.6 长城汽车股份有限公司

长城汽车股份有限公司（简称"长城汽车"）是一家全球化智能科技公司，业务包括汽车及零部件设计、研发、生产、销售和服务，产品涵盖 SUV、轿车、皮卡三大品类。该公司是中国最大的 SUV 和皮卡制造企业之一，目前旗下拥有哈弗、魏牌、欧拉、坦克、长城皮卡五大品牌，并与宝马集团合资成立光束汽车有限公司。长城汽车 2022 年全年销售 106.17 万辆，连续 7 年销量超 100 万辆。其中，海外市场已覆盖 170 多个国家和地区，海外销售渠道超过 700家，累计销售 17.22 万辆，同比增长 23.09%，海外市场累计销量已超 100 万辆；20 万元以上车型销量占比达 15.27%，上升 5 个百分点；智能化进阶加速落地，智能化车型销量占比达86.17%。2022 年，公司实现营业收入 1373.40 亿元，归属于上市公司股东的净利润为 82.66 亿元，比上年增加了 22.90%[6]。

截至 2022 年 12 月 31 日，长城汽车申请 20 141 件专利，按照申请号合并后，共计 17 455件专利。2003～2022 年，长城汽车在全球的专利申请趋势如表 5-21 所示。长城汽车 2003～2005年在国内的专利申请量很少，均少于 30 件。2006～2013 年专利申请数量呈增长趋势，从 2006年的 58 件增加到 2013 年的 1362 件。2014～2017 年有小幅度减少之后，2018～2022 年开启快速增长模式，从 2018 年的 1382 件增加到 2022 年的 3192 件，增加约 1.3 倍。从地区分布来看，长城汽车在海外的专利布局较少，主要集中在世界知识产权组织、欧洲专利局、美国和澳大利亚等。

表 5-21　2003～2022 年长城汽车全球专利申请趋势　　　（单位：件）

年份	中国	世界知识产权组织	欧洲专利局	美国	澳大利亚	印度	欧盟	巴西	英国	俄罗斯
2003	27	0	0	0	0	0	0	0	0	0
2004	12	0	0	0	0	0	0	0	0	0
2005	3	0	0	0	0	0	0	0	0	0
2006	58	0	0	0	0	0	3	0	0	0
2007	67	0	0	0	5	0	16	4	0	0
2008	89	0	0	0	0	0	2	1	0	0
2009	123	0	0	0	0	0	0	0	0	0
2010	212	0	0	0	4	0	2	4	0	0
2011	806	0	0	0	0	0	0	0	0	0
2012	971	0	0	0	0	0	0	0	0	0
2013	1362	3	0	1	7	1	4	5	4	0
2014	1271	0	0	2	3	0	2	0	2	0
2015	918	0	0	0	4	0	1	2	1	0

年份	中国	世界知识产权组织	欧洲专利局	美国	澳大利亚	印度	欧盟	巴西	英国	俄罗斯
2016	1259	0	0	0	2	1	3	0	3	0
2017	1151	10	6	4	0	0	3	0	3	0
2018	1382	27	33	30	8	0	3	0	3	11
2019	1369	55	61	37	13	6	12	1	12	8
2020	1722	70	87	29	21	24	1	5	0	15
2021	2741	139	89	57	15	39	15	14	6	0
2022	3192	99	1	2	10	7	16	4	2	0

资料来源：科技大数据湖北省重点实验室

2022 年，长城汽车的知识产权指数为 93.8962，排名第 6；在华发明专利、实用新型专利和外观设计专利授权量分别达到了 338 件、1555 件和 240 件（表 5-22）。

表 5-22　2018~2022 年长城汽车在华不同类型专利授权趋势　（单位：件）

年份	发明专利	实用新型专利	外观设计专利
2018	64	564	200
2019	187	470	205
2020	256	551	278
2021	332	1167	571
2022	338	1555	240

资料来源：科技大数据湖北省重点实验室

表 5-23 为长城汽车在华授权专利覆盖的前十大 IPC 分类技术领域，专利授权量排名前三位的技术领域分别为机动车等（B62D）、不包含在其他类目中的车辆、车辆配件或车辆部件（B60R）和车辆动力装置或传动装置的布置或安装等（B60K）。长城汽车前十大技术的专利授权量共 5008 件，占全部授权数量的 41.26%，研发布局较为分散，涉及汽车产业链的多个技术领域，企业产品向全产业生态链布局。

表 5-23　长城汽车授权专利技术领域分布（TOP 10）

IPC 分类号（小类）	IPC 分类号含义	专利授权数量/件	占比/%
B62D	机动车；挂车	1232	10.15
B60R	不包含在其他类目中的车辆、车辆配件或车辆部件	965	7.95
B60K	车辆动力装置或传动装置的布置或安装；两个以上不同的车辆原动机的布置或安装；车辆辅助驱动装置；车辆用仪表或仪表板；与车辆动力装置的冷却、进气、排气或燃料供给结合的布置	589	4.85
F16H	传动装置	558	4.60
B60N	用于车辆的特殊位置；不包含在其他类目中的车辆乘客用设备	368	3.03
F02M	一般燃烧发动机可燃混合物的供给或其组成部分	339	2.79
B60H	特别适用于车辆客室或货室的加热、冷却、通风或其他空气处理设备的布置或装置	269	2.22
B60J	车辆的窗、挡风玻璃、非固定车顶、门或类似装置；专门适用于车辆的可移动的外部护套	268	2.21
H01M	用于直接转变化学能为电能的方法或装置，例如电池组	214	1.76
F02F	燃烧发动机的汽缸、活塞或曲轴箱；燃烧发动机的密封装置	206	1.70

资料来源：科技大数据湖北省重点实验室

表 5-24 为长城汽车 2020 年 1 月 1 日至 2022 年 12 月 31 日的授权专利覆盖前十大技术领域分布情况。对比所有专利授权和 2020～2022 年专利授权前十技术领域占比可以发现：第一，机动车等（B62D）、不包含在其他类目中的车辆、车辆配件或车辆部件（B60R）和车辆动力装置或传动装置的布置或安装等（B60K）三项技术专利仍然排在前三位，分别占比 13.56%、10.89% 和 5.33%，且占比均有提升；第二，用于车辆的特殊位置等（B60N），特别适用于车辆客室或货室的加热、冷却、通风或其他空气处理设备的布置或装置（B60H），车辆的窗、挡风玻璃、非固定车顶、门等装置等（B60J）和一般燃烧发动机可燃混合物的供给或其组成部分（F02M）技术专利的布局均有小幅度提升，传动装置（F16H）技术的专利布局占比从 4.60% 下降为 2.70%；第三，2020～2022 年的前十 IPC 小类技术领域中，车辆的控制系统（B60W）和电动车辆动力装置等（B60L）均为新进入的技术领域。长城汽车 2022 年年报中提到，公司长期致力于核心零部件的自主研发及生产，大幅提升整车在技术、质量与成本上的竞争力，同时也为零部件公司开拓外部市场打下基础。同时，长城汽车与博世（Bosch）、大陆（Continental）、法雷奥（Valeo）、哈曼（Hamann）等国际零部件集团保持良好合作，共同打造完善的国际零部件供应体系。长城汽车已经构建了一整套贯穿从整车到核心零部件的森林生态体系，正持续赋能长城汽车向上发展。面对行业新浪潮，长城汽车正以全球化为翼拓宽市场版图，以森林生态体系为基锚定高质发展，笃定智能新能源发展，深化全球市场竞争力，努力实现自身发展拾级而上，全力冲刺企业进阶新高度。

表 5-24 2020～2022 年长城汽车授权专利技术领域分布（TOP 10）

IPC 分类号（小类）	IPC 分类号含义	专利授权数量/件	占比/%
B62D	机动车；挂车	717	13.56
B60R	不包含在其他类目中的车辆、车辆配件或车辆部件	576	10.89
B60K	车辆动力装置或传动装置的布置或安装；两个以上不同的车辆原动机的布置或安装；车辆辅助驱动装置；车辆用仪表或仪表板；与车辆动力装置的冷却、进气、排气或燃料供给结合的布置	282	5.33
B60N	用于车辆的特殊位置；不包含在其他类目中的车辆乘客用设备	184	3.48
B60H	特别适用于车辆客室或货室的加热、冷却、通风或其他空气处理设备的布置或装置	177	3.35
B60J	车辆的窗、挡风玻璃、非固定车顶、门或类似装置；专门适用于车辆的可移动的外部护套	166	3.14
F02M	一般燃烧发动机可燃混合物的供给或其组成部分	161	3.04
F16H	传动装置	143	2.70
B60W	不同类型或不同功能的车辆子系统的联合控制；专门适用于混合动力车辆的控制系统；不与某一特定子系统的控制相关联的道路车辆驾驶控制系统	130	2.46
B60L	电动车辆动力装置；车辆辅助装备的供电；一般车辆的电力制动系统；车辆的磁悬置或悬浮；电动车辆的监控操作变量；电力牵引		

资料来源：科技大数据湖北省重点实验室

5.2.7 京东方科技集团股份有限公司

京东方科技集团股份有限公司（简称"京东方"）是一家全球创新型物联网公司，为信息交互和人类健康提供智慧端口产品与专业服务，形成了以半导体显示为核心，物联网创新、传感器及解决方案、MLED（mini LED and micro LED）、智慧医工融合发展的"1+4+N+生态链"业务发展架构。2022 年，京东方的液晶显示器（liquid crystal display，LCD）主流应用全年出货稳中有升，在智能手机、平板电脑、笔记本电脑、显示器、电视五大应用领域出货面积继续稳居全球第一，拼接、车载等创新应用领域出货量位列全球第一；柔性有源矩阵有机发光二极管（active matrix organic light emitting diode，AMOLED）持续保持增长势头，出货量进一步取得突破，同比增长超三成。在"屏之物联"战略指引下，京东方物联网转型业务在 2022 年也取得了一系列亮眼成绩，系统方案营收同比增长超 41%，传感业务营收同比增长超 41%，MLED业务营收同比增长约 85%，智慧医工业务营收同比增长超 19%，并在智慧园区、智慧金融、视觉艺术等物联网细分应用场景成功打造多个标杆项目。2022 年，公司实现营业收入 1784.14亿元，归属于上市公司股东的净利润为 75.51 亿元[7]。

截至 2022 年 12 月 31 日，京东方申请 141 737 件专利，按照申请号合并后，共计 97 080 件专利。2003～2022 年，京东方在全球的专利申请趋势如表 5-25 所示。2006～2019 年京东方在国内的专利申请量保持增长趋势，从 2006 年的 142 件增加到 2019 年的 9497 件。自 2020 年开始，国内的专利申请量开始呈下降趋势。从地区分布来看，京东方自 2012 年起的海外授权专利量迅猛增加，海外专利主要布局在世界知识产权组织、美国、欧洲专利局和日本等。

表 5-25　2003～2022 年京东方全球专利申请趋势　　　（单位：件）

年份	中国	美国	世界知识产权组织	欧洲专利局	日本	韩国	印度	英国	德国	巴西
2003	178	0	2	4	0	0	0	0	2	0
2004	110	0	0	0	0	0	0	0	0	0
2005	114	0	0	3	1	0	0	0	0	0
2006	142	0	0	0	0	0	0	0	0	0
2007	421	0	0	1	0	0	0	0	0	0
2008	631	0	0	2	0	3	0	0	0	0
2009	643	0	0	6	2	13	0	0	0	0
2010	601	0	0	10	4	13	0	0	0	0
2011	1517	0	1	8	20	33	0	0	0	0
2012	3285	328	417	291	139	168	0	0	0	0
2013	4773	1872	925	493	161	159	0	0	0	0
2014	5324	2816	1208	634	41	45	0	8	0	0
2015	6133	3102	1411	1320	131	151	7	3	0	20
2016	7393	4266	1504	754	87	75	6	0	0	5
2017	8681	4066	1706	961	278	102	147	0	0	31
2018	9317	5647	1809	1077	230	96	194	0	0	8
2019	9497	5599	2040	900	189	110	155	1	0	25
2020	8042	3413	2062	563	31	59	101	57	32	8
2021	6974	3188	2885	385	3	47	53	158	89	5
2022	3956	421	861	17	7	1	62	4	0	0

资料来源：科技大数据湖北省重点实验室

2022 年，京东方的知识产权指数为 91.7746，排名第 7；在华发明专利、实用新型专利和外观设计专利授权量分别达到了 3178 件、680 件和 122 件（表 5-26）。

表 5-26 2018～2022 年京东方在华不同类型专利授权趋势 （单位：件）

年份	发明专利	实用新型专利	外观设计专利
2018	2099	1003	96
2019	2546	523	156
2020	2882	691	159
2021	3903	553	128
2022	3178	680	122

资料来源：科技大数据湖北省重点实验室

表 5-27 为京东方在华授权专利覆盖的前十大 IPC 分类技术领域，可以看出，京东方的研发分布较为集中，主要聚焦于半导体器件等（H01L）、通过改变其中涉及的元件的介质的光学性质来控制光的光学器件或装置等（G02F）和对用静态方法显示可变信息的指示装置进行控制的装置等（G09G），专利授权量分别为 6581 件、5813 件和 4352 件，占比加和超过 50%。

表 5-27 京东方授权专利技术领域分布（TOP 10）

IPC 分类号（小类）	IPC 分类号含义	专利授权数量/件	占比/%
H01L	半导体器件；其他类目中不包括的电固体器件	6581	21.35
G02F	通过改变其中涉及的元件的介质的光学性质来控制光的光学器件或装置；非线性光学元件；光的变频；光学逻辑元件；光学模拟/数字转换器	5813	18.86
G09G	对用静态方法显示可变信息的指示装置进行控制的装置或电路传输数据的装置在数字计算机与显示器之间入 G06F3/14；由若干分离源或光控的光电池结合而成的静态指示装置入 G09F9/00；由若干光源的组合而构成的静态指示装置入 H01J, H01K, H01L, H05B33/12；文件或者类似物的扫描、传输或者重现，如传真传输，其零部件入 H04N1/00	4352	14.12
G06F	电数字数据处理	2086	6.77
G09F	显示；广告；标记；标签或铭牌；印鉴	1314	4.26
G02B	光学元件、系统或仪器	1148	3.72
C23C	对金属材料的镀覆；用金属材料对材料的镀覆；表面扩散法，化学转化或置换法的金属材料表面处理；真空蒸发法、溅射法、离子注入法或化学气相沉积法的一般镀覆	773	2.51
G03F	图纹面的照相制版工艺，例如，印刷工艺、半导体器件的加工工艺；其所用材料；其所用原版；其所用专用设备	438	1.42
H04N	图像通信，如电视	426	1.38
F21S	非便携式照明装置或其系统；专门适用于车辆外部的车辆照明设备	409	1.33

资料来源：科技大数据湖北省重点实验室

表 5-28 为京东方 2020 年 1 月 1 日至 2022 年 12 月 31 日的授权专利覆盖前十大技术领域分布情况。对比所有专利授权和 2020～2022 年专利授权前十技术领域占比可以发现：第一，京东方近三年高度重视半导体器件等（H01L）技术领域的专利布局，该技术领域的专利授权量占比排在第一位；第二，半导体器件等（H01L），对用静态方法显示可变信息的指示装置进行控制的装置等（G09G），电数字数据处理（G06F），显示等相关技术（G09F），光学元件、系统或仪器（G02B）等领域的专利授权占比有所提升，通过改变其中涉及的元件的介质的光学性质来控制光的光学器件或装置等（G02F）、对金属材料的镀覆等（C23C）和图纹面的照相制版工艺等（G03F）领域的专利授权占比有小幅度下降趋势；第三，在 2020～2022 年京东

方授权专利技术领域前十分布中，新增图形数据读取等（G06K）技术。

表 5-28　近三年京东方授权专利技术领域分布（TOP 10）

IPC 分类号（小类）	IPC 分类号含义	专利授权数量/件	占比/%
H01L	半导体器件；其他类目中不包括的电固体器件	3181	25.87
G09G	对用静态方法显示可变信息的指示装置进行控制的装置或电路传输数据的装置在数字计算机与显示器之间入 G06F3/14；由若干分离源或光控的光电池结合而成的静态指示装置入 G09F9/00；由若干光源的组合而构成的静态的指示装置入 H01J，H01K，H01L，H05B33/12；文件或者类似物的扫描、传输或者重现，如传真传输，其零部件入 H04N1/00	2008	16.33
G02F	通过改变其中涉及的元件的介质的光学性质来控制光的光学器件或装置；非线性光学元件；光的变频；光学逻辑元件；光学模拟/数字转换器	1674	13.61
G06F	电数字数据处理	846	6.88
G09F	显示；广告；标记；标签或铭牌；印鉴	788	6.41
G02B	光学元件、系统或仪器	386	3.14
C23C	对金属材料的镀覆；用金属材料对材料的镀覆；表面扩散法、化学转化或置换法的金属材料表面处理；真空蒸发法、溅射法、离子注入法或化学气相沉积法的一般镀覆	259	2.11
G06K	图形数据读取（图像或视频识别或理解 G06V）；数据的呈现；记录载体；处理记录载体笔记	217	1.76
H04N	图像通信，如电视	186	1.51
G03F	图纹面的照相制版工艺，例如，印刷工艺、半导体器件的加工工艺；其所用材料；其所用原版；其所用专用设备	131	1.07

资料来源：科技大数据湖北省重点实验室

京东方 2022 年年报的"公司未来发展的展望"中提到，公司"1+4+N+生态链"业务发展架构中，在显示器件方面，加速提升 OLED 技术实力，持续优化产品性能，提升高端产品占比，加快新应用市场开拓，进一步强化竞争优势构建；聚焦 LCD 产品结构优化，加快建立创新应用市场全面领先优势；积极发挥行业龙头优势，持续引领产业健康发展。在物联网创新方面，提升软硬融合、系统设计整合能力，持续加大战略客户开拓力度，加强与生态伙伴间的合作，强化落地标杆项目，提升品牌影响力，加速实现业务规模增长。在传感方面，持续深耕医疗生物、智慧视窗、消费电子、工业传感器等业务方向，为客户提供性能卓越的产品和服务。在 MLED 方面，打造以主动式驱动、玻璃基（COG）为核心，板上芯片封装（COB）与表面贴装器件（SMD）协同发展的 MLED 产品群，加强上下游资源协同与整合，不断丰富产品结构，提升产品竞争力，拓展应用市场，加快业务布局。在智慧医工方面，持续深化"以健康管理为核心、医工产品为牵引、数字医院为支撑的服务闭环体系建设"，强化核心能力，加速业务布局。在"N"方面，基于"1+4"的能力分布触达需求侧和市场端，实现规模化应用场景，持续深耕优势赛道，加速核心能力成长和新兴应用市场开拓，开启公司高质高速增长的新纪元。在生态链方面，秉持"深度合作、协同开发、价值共创"的理念，充分融合关键产业资源，提升整体价值创造能力，打造共享共赢的发展生态。

5.2.8　杭州海康威视数字技术股份有限公司

杭州海康威视数字技术股份有限公司（简称"海康威视"）是一家专注技术创新的科技公

司，于 2010 年 5 月 28 日在深交所上市。海康威视秉承"专业、厚实、诚信"的经营理念，践行"成就客户、价值为本、诚信务实、追求卓越"的核心价值观，致力于将物联感知、人工智能、大数据技术服务于千行百业，引领智能物联新未来。公司的业务包含 3 类支撑技术、5 类软硬产品、4 项系统能力、2 类业务组织和 2 个营销体系。其中，3 类支撑技术包括物联感知技术、人工智能技术和大数据技术；5 类软硬产品包括物联感知产品、IT 基础产品、平台服务产品、数据服务产品和应用服务产品；4 项系统能力包括系统设计开发、系统工程实施、系统运维管理和系统运营服务；2 类业务组织包括 3 个事业群（公共服务事业群、企事业事业群和中小企业事业群）和 8 个创新业务（智能家居、移动机器人与机器视觉、红外热成像、汽车电子、智慧存储、智慧消防、智慧安检、智慧医疗）；2 个营销体系包括国内业务营销体系和国际业务营销体系。2022 年，公司实现营业收入 831.66 亿元，归属于上市公司股东的净利润为 128.37 亿元，比上年减少了 23.59%，是公司成立以来第一次出现利润负增长的年份[8]。

截至 2022 年 12 月 31 日，海康威视申请 14 613 件专利，按照申请号合并后，共计 10 462 件专利。2003～2022 年，海康威视在全球的专利申请趋势如表 5-29 所示。总体上，2003～2019 年海康威视在国内的专利申请量呈上升趋势，从 2003 年的 1 件增加到 2019 年的 2350 件，2019 年后，在国内的专利申请量逐渐下降。自 2010 年起，海康威视开始开拓海外专利布局，主要集中在美国、世界知识产权组织、欧洲专利局、英国和欧盟等。

表 5-29　2003～2022 年海康威视全球专利申请趋势　　　　（单位：件）

年份	中国	世界知识产权组织	美国	欧洲专利局	英国	欧盟	韩国	日本	加拿大	新加坡
2003	1	0	0	0	0	0	0	0	0	0
2004	4	0	0	0	0	0	0	0	0	0
2005	21	0	0	0	0	0	0	0	0	0
2006	22	0	0	0	0	0	0	0	0	0
2007	10	0	0	0	0	0	0	0	0	0
2008	42	0	0	0	0	0	0	0	0	0
2009	83	0	0	0	0	0	0	0	0	0
2010	168	3	0	1	6	6	0	0	0	0
2011	184	1	0	3	1	1	0	0	0	0
2012	159	6	4	7	3	3	0	0	0	0
2013	233	6	7	7	0	0	0	0	0	0
2014	312	12	21	22	1	1	0	0	0	0
2015	609	24	44	45	5	5	0	0	0	0
2016	920	64	96	121	4	4	2	0	0	0
2017	1112	80	101	137	5	4	2	2	0	0
2018	2232	121	123	142	29	35	7	4	0	0
2019	2350	167	71	71	13	12	5	9	6	1
2020	1534	114	47	79	18	18	10	18	7	6
2021	1118	73	21	59	1	1	13	12	0	3
2022	923	58	5	1	7	13	2	0	0	2

资料来源：科技大数据湖北省重点实验室

2022 年，海康威视的知识产权指数为 91.4933，排名第 8；在华发明专利、实用新型专利和外观设计专利授权量分别达到了 951 件、77 件和 109 件（表 5-30）。

表 5-30 2018～2022 年海康威视在华不同类型专利授权趋势 （单位：件）

年份	发明专利	实用新型专利	外观设计专利
2018	68	182	257
2019	158	304	320
2020	340	106	228
2021	559	89	156
2022	951	77	109

资料来源：科技大数据湖北省重点实验室

表 5-31 为海康威视在华授权专利覆盖的前十大 IPC 分类技术领域，可以看出，海康威视的研发布局较为集中，主要集中在图像通信（H04N）、电数字数据处理（G06F）、数字信息的传输（H04L）等领域。在图像通信（H04N）技术的专利授权数量最多，占比 27.46%，且远超过其他专利技术领域。另外，电数字数据处理（G06F）和数字信息的传输（H04L）技术的专利授权量较多，分别是 383 件和 223 件；图形数据读取（G06K）、一般的图像数据处理或产生（G06T）和交通控制系统（G08G）等技术的专利授权占比均低于 3%。

表 5-31 海康威视授权专利技术领域分布（TOP 10）

IPC 分类号（小类）	IPC 分类号含义	专利授权数量/件	占比/%
H04N	图像通信，如电视	1513	27.46
G06F	电数字数据处理	383	6.95
H04L	数字信息的传输，例如电报通信	223	4.05
G06K	图形数据读取（图像或视频识别或理解 G06V）；数据的呈现；记录载体；处理记录载体笔记	164	2.98
G06T	一般的图像数据处理或产生	148	2.69
G08G	交通控制系统	119	2.16
F16M	非专门用于其他类目所包含的发动机、机器或设备的框架、外壳或底座；机座；支架	105	1.91
G03B	摄影、放映或观看用的装置或设备；利用了光波以外其他波的类似技术的装置或设备；以及有关的附件	101	1.83
H05K	印刷电路；电设备的外壳或结构零部件；电气元件组件的制造	80	1.45
G02B	光学元件、系统或仪器	53	0.96

资料来源：科技大数据湖北省重点实验室

表 5-32 为海康威视 2020 年 1 月 1 日至 2022 年 12 月 31 日的授权专利覆盖前十大技术领域分布情况。对比所有专利授权和 2020～2022 年专利授权前十技术领域占比可以发现：第一，图像通信（H04N）、电数字数据处理（G06F）、数字信息的传输（H04L）、图形数据读取（G06K）、一般的图像数据处理或产生（G06T）和交通控制系统（G08G）6 个技术的专利授权排名无变化，一直稳居前六名，且占比均有所提升；第二，印刷电路等（H05K）和非专门用于其他类目所包含的发动机等（F16M）技术专利授权占比稍有下降；第三，在 2020～2022 年海康威视授权专利技术领域分布中，新增图像或视频识别或理解（G06V）技术和时间登记器或出勤登

表 5-32 2020～2022 年海康威视授权专利技术领域分布（TOP 10）

IPC 分类号（小类）	IPC 分类号含义	专利授权数量/件	占比/%
H04N	图像通信，如电视	848	32.43
G06F	电数字数据处理	232	8.87
H04L	数字信息的传输，例如电报通信	171	6.54
G06K	图形数据读取（图像或视频识别或理解 G06V）；数据的呈现；记录载体；处理记录载体笔记	123	4.70
G06T	一般的图像数据处理或产生	96	3.67
G08G	交通控制系统	85	3.25
G06V	图像或视频识别或理解	49	1.87
H05K	印刷电路；电设备的外壳或结构零部件；电气元件组件的制造	36	1.38
F16M	非专门用于其他类目所包含的发动机、机器或设备的框架、外壳或底座；机座；支架	34	1.30
G07C	时间登记器或出勤登记器；登记或指示机器的运行；产生随机数；投票或彩票设备；未列入其他类目的核算装置、系统或设备	29	1.11

资料来源：科技大数据湖北省重点实验室

记器等（G07C）技术。海康威视在 2022 年年报"公司未来发展的展望"中强调，公司致力于将物联感知、人工智能、大数据技术服务于千行百业，引领智能物联新未来：以全面的感知技术，帮助人、物更好地链接，构筑智能世界的基础；以丰富的智能产品，洞察和满足多样化需求，让智能触手可及；以创新的智能物联应用，建设便捷、高效、安心的智能世界，助力人人享有美好未来。

5.2.9 广州视源电子科技股份有限公司

广州视源电子科技股份有限公司（简称"视源股份"）是一家以显示、交互控制和连接技术为核心的智能电子产品及解决方案提供商，始终致力于通过产品创新、研发设计提升产品的用户体验，为客户和用户持续创造价值，于 2017 年 1 月 17 日在深交所上市。公司自成立以来，依托在音视频技术、信号处理、电源管理、人机交互、应用开发、系统集成等电子产品领域的软硬件技术积累，面向多应用场景进行技术创新和产品开发，通过产品和资源整合等能力在细分市场逐步取得领先地位，并建立了教育数字化工具及服务提供商希沃（seewo）、智慧协同平台 MAXHUB 等多个业内知名品牌。目前公司的主营业务为液晶显示主控板卡和交互智能平板等显控产品的设计、研发与销售，产品已广泛应用于家电、教育信息化、企业服务等领域。2022 年，公司实现营业收入 209.90 亿元，归属于上市公司股东的净利润为 20.72 亿元，比上年增加 21.98%[9]。

截至 2022 年 12 月 31 日，视源股份申请 13 434 件专利，按照申请号合并后，共计 11 559 件专利。2003～2022 年，视源股份在全球的专利申请趋势如表 5-33 所示。2007 年，视源股份首个专利在国内申请，随后专利申请量一直递增，直到 2011 年达到 196 件。2012 年申请量下降到 66 件后，2012～2018 年申请量逐渐递增，2018 年申请量增加到 2083 件。2019 年和 2020 年申请量均在下降，2021 年申请量开始上升，2022 年又开始大幅下降。从地区分布来看，视源股份较晚开始开拓海外市场专利布局，且主要采用 PCT 专利保护，海外专利布局仅分布在英国、世界知识产权组织、欧盟、欧洲专利局、美国等。

表 5-33　2003～2022 年视源股份全球专利申请趋势　　（单位：件）

年份	中国	世界知识产权组织	英国	美国	欧盟	欧洲专利局
2003	0	0	0	0	0	0
2004	0	0	0	0	0	0
2005	0	0	0	0	0	0
2006	0	0	0	0	0	0
2007	3	0	0	0	0	0
2008	9	1	0	0	0	0
2009	18	0	0	0	0	0
2010	18	0	0	0	0	0
2011	196	0	0	0	0	0
2012	66	0	0	0	0	0
2013	136	0	0	0	0	0
2014	336	0	0	0	0	0
2015	338	0	0	0	0	0
2016	1760	112	0	0	0	0
2017	1816	319	0	0	0	0
2018	2083	116	2	1	2	2
2019	1639	108	0	0	0	1
2020	1221	85	10	0	8	1
2021	1846	59	23	13	16	2
2022	877	84	25	15	22	1

资料来源：科技大数据湖北省重点实验室

2022 年，视源股份的知识产权指数为 90.7628，排名第 9；在华发明专利、实用新型专利和外观设计专利授权量分别达到了 221 件、836 件和 209 件（表 5-34）。

表 5-34　2018～2022 年视源股份在华不同类型专利授权趋势　　（单位：件）

年份	发明专利	实用新型专利	外观设计专利
2018	118	533	339
2019	377	628	341
2020	363	549	293
2021	453	568	229
2022	221	836	209

资料来源：科技大数据湖北省重点实验室

表 5-35 为视源股份在华授权专利覆盖的前十大 IPC 分类技术领域，通过计算可以得知：前十大技术方向的专利授权数量占比 43.67%，电数字数据处理（G06F）技术的专利授权数量最多（1225 件，占比 16.03%），是排名第二的图像通信（H04N）技术专利授权数量（482 件，占比 6.31%）的两倍多。印刷电路等相关技术（H05K）、显示等相关技术（G09F）、扬声器等相关技术（H04R）、通过改变其中涉及的元件的介质的光学性质来控制光的光学器件或装置等（G02F）技术专利授权数量均为 200～300 件，分别占比 3.74%、3.57%、2.77% 和 2.64%。

表 5-35 视源股份授权专利技术领域分布（TOP 10）

IPC 分类号（小类）	IPC 分类号含义	专利授权数量/件	占比/%
G06F	电数字数据处理	1225	16.03
H04N	图像通信，如电视	482	6.31
H05K	印刷电路；电设备的外壳或结构零部件；电气元件组件的制造	286	3.74
G09F	显示；广告；标记；标签或铭牌；印鉴	273	3.57
H04R	扬声器、传声器、唱机拾音器或其他声-机电传感器；助听器；扩音系统	212	2.77
G02F	通过改变其中涉及的元件的介质的光学性质来控制光的光学器件或装置；非线性光学元件；光的变频；光学逻辑元件；光学模拟/数字转换器	202	2.64
F16M	非专门用于其他类目所包含的发动机、机器或设备的框架、外壳或底座；机座；支架	190	2.49
H02M	用于交流和交流之间、交流和直流之间、直流和直流之间的转换以及用于与电源或类似的供电系统一起使用的设备；直流或交流输入功率至浪涌输出功率的转换；以及它们的控制或调节	180	2.36
A61B	诊断；外科；鉴定	155	2.03
G01R	测量电变量；测量磁变量	132	1.73

资料来源：科技大数据湖北省重点实验室

表 5-36 为视源股份 2020 年 1 月 1 日至 2022 年 12 月 31 日的授权专利覆盖前十大技术领域分布情况。对比所有专利授权和近三年专利授权前十技术领域占比可以发现：第一，电数字数据处理（G06F）技术在 2020～2022 年的专利授权数量仍然排名第一，表明该技术在视源股份仍处于重要地位；第二，显示和广告等（G09F）、通过改变其中涉及的元件的介质的光学性质来控制光的光学器件或装置等（G02F）技术的专利授权数量占比有所提升，印刷电路等（H05K）、非专门用于其他类目所包含的发动机等（F16M）、数字信息的传输（H04L）技术的专利授权数量占比有小幅度下降；第三，在 2020～2022 年视源股份授权专利技术领域分布中，新增扬声器和传声器（H04R）、机械手等（B25J）和纺织品的处理（D06F）等技术。

视源股份在 2022 年年报"公司未来发展的展望"中强调，公司液晶显示主控板卡等相关业务将持续推动显示技术变革和智能交互需求挖掘，通过与上游企业的深入合作向上游延伸，巩固和提升市场领先优势。生活电器业务以研发为驱动，持续提升产品的综合竞争力，同时，积极探索面向工商业的应用领域和创新型家电领域，寻求可持续发展，努力成为机电控制技术应用领域的行业领先者。部件业务将持续拓展至更多相关领域，为客户产品提供核心驱动力。在部件业务中，持续加大在显示领域的研发投入，从技术上引领显示驱动行业的发展，强化运营管理，提升库存周转率和资金使用效率，进一步提升在全球液晶显示领域的市场占有率，尤其是在全球头部客户的出货量占比。生活电器业务将加强在自有知识产权变频控制算法领域的研发投入和产品差异化创新力度，通过器件研究和供应链管理，进一步管控原材料采购成本；通过研发、采购、生产制造全过程质量管理，提升客户满意度，降低质量成本，为客户提供差异化的价值和更有竞争力的产品，进一步开拓市场及深化与客户的合作关系。

表 5-36 2020～2022 年视源股份授权专利技术领域分布（TOP 10）

IPC 分类号（小类）	IPC 分类号含义	专利授权数量/件	占比/%
G06F	电数字数据处理	739	19.86
H04N	图像通信，如电视	228	6.13
G09F	显示；广告；标记；标签或铭牌；印鉴	174	4.68
G02F	通过改变其中涉及的元件的介质的光学性质来控制光的光学器件或装置；非线性光学元件；光的变频；光学逻辑元件；光学模拟/数字转换器	131	3.52
H05K	印刷电路；电设备的外壳或结构零部件；电气元件组件的制造	122	3.28
H04R	扬声器、传声器、唱机拾音器或其他声-机电传感器；助听器；扩音系统	105	2.82
F16M	非专门用于其他类目所包含的发动机、机器或设备的框架、外壳或底座；机座；支架	83	2.23
H04L	数字信息的传输，例如电报通信	78	2.10
B25J	机械手；装有操纵装置的容器	76	2.04
D06F	纺织品的洗涤、干燥、熨烫、压平或打折	75	2.02

资料来源：科技大数据湖北省重点实验室

5.2.10 广州汽车集团股份有限公司

广州汽车集团股份有限公司（简称"广汽集团"）是在 A+H 股整体上市的大型股份制汽车企业集团。广汽集团主营业务涵盖研发、整车、零部件、能源及生态、国际化、商贸与出行、投资与金融七大板块，坚持自主创新与合资合作同步推进，目前正全力向科技型企业转型。2022年，广汽集团汽车产销为 247.99 万辆和 243.38 万辆，逆势大幅增长 15.99% 和 13.50%，优于行业 12.6 个百分点和 11.4 个百分点，产销规模稳居国内汽车企业集团第四名，市场份额提升至约 9.1%。自主品牌双星闪耀，共实现销量 63.37 万辆，创历史最好成绩。其中，广汽传祺实现销量 36.25 万辆，同比增长 11.83%；广汽埃安实现销量 27.12 万辆，同比增长 125.67%，整体呈现质量高、效益好、潜力足的良好发展态势。2022 年，该公司的营业收入为 1093.35 亿元，归属于上市公司股东的净利润为 80.68 亿元，同比增长约 10%[10]。

截至 2022 年 12 月 31 日，广汽集团申请 10 658 件专利，按照申请号合并后，共计 9087 件专利。2003～2022 年，广汽集团在全球的专利申请趋势如表 5-37 所示。整体上，2003～2020 年广汽集团在国内的专利申请量呈增长趋势，从 2005 年的 2 件增加到 2020 年的 1809 件，2021 年和 2022 年的专利申请量分别为 1447 件与 1149 件。自 2013 年起，广汽集团开始开拓海外专利布局，主要聚集在美国、世界知识产权组织、欧洲专利局、巴西和澳大利亚。

表 5-37 2003～2022 年广汽集团全球专利申请趋势 （单位：件）

年份	中国	世界知识产权组织	美国	欧洲专利局	巴西	澳大利亚
2003	0	0	0	0	0	0
2004	0	0	0	0	0	0
2005	2	0	0	0	0	0
2006	2	0	0	0	0	0

年份	中国	世界知识产权组织	美国	欧洲专利局	巴西	澳大利亚
2007	0	0	0	0	0	0
2008	2	0	0	0	0	0
2009	12	0	0	0	0	0
2010	35	0	0	0	0	0
2011	101	0	0	0	0	0
2012	240	0	0	0	0	0
2013	351	0	0	0	1	0
2014	470	0	0	0	0	0
2015	647	3	6	8	1	0
2016	635	3	7	8	1	1
2017	664	16	21	0	1	1
2018	1141	41	65	0	0	0
2019	1555	12	17	0	0	0
2020	1809	2	26	0	0	0
2021	1447	46	41	0	0	0
2022	1149	33	6	0	0	0

资料来源：科技大数据湖北省重点实验室

2022 年，广汽集团的知识产权指数为 90.0003，排名第 10；在华发明专利、实用新型专利和外观设计专利授权量分别达到了 311 件、396 件和 274 件（表 5-38）。

表 5-38　2018～2022 年广汽集团在华不同类型专利授权趋势　（单位：件）

年份	发明专利	实用新型专利	外观设计专利
2018	154	285	208
2019	175	425	184
2020	129	614	237
2021	196	581	316
2022	311	396	274

资料来源：科技大数据湖北省重点实验室

表 5-39 为广汽集团在华授权专利覆盖的前十大 IPC 分类技术领域，通过计算可以得知，前十大技术方向的专利授权数量占比 41.88%，机动车等（B62D）技术的专利授权数量最多（661 件，占比 10.51%）。车辆动力装置或传动装置的布置或安装等（B60K）、不包含在其他类目中的车辆、车辆配件或车辆部件（B60R）、传动装置（F16H）技术的专利授权数量占比均在 5% 以上，数量分别为 402 件、377 件和 371 件。

表 5-39　广汽集团授权专利技术领域分布（TOP 10）

IPC 分类号（小类）	IPC 分类号含义	专利授权数量/件	占比/%
B62D	机动车；挂车	661	10.51
B60K	车辆动力装置或传动装置的布置或安装；两个以上不同的车辆原动机的布置或安装；车辆辅助驱动装置；车辆用仪表或仪表板；与车辆动力装置的冷却、进气、排气或燃料供给结合的布置	402	6.39
B60R	不包含在其他类目中的车辆、车辆配件或车辆部件	377	5.99

续表

IPC 分类号（小类）	IPC 分类号含义	专利授权数量/件	占比/%
F16H	传动装置	371	5.90
G01M	机器或结构部件的静或动平衡的测试；其他类目中不包括的结构部件或设备的测试	220	3.50
B60G	车辆悬架装置的配置	179	2.85
B60W	系统控制	132	2.10
H01M	用于直接转变化学能为电能的方法或装置，例如电池组	129	2.05
B60L	电动车辆动力装置	83	1.32
F16F	弹簧；减震器；减振装置	80	1.27

资料来源：科技大数据湖北省重点实验室

表 5-40 为广汽集团 2020 年 1 月 1 日至 2022 年 12 月 31 日的授权专利覆盖前十大技术领域分布情况。对比所有专利授权和 2020～2022 年专利授权前十技术领域占比可以发现：第一，不论是所有专利授权还是 2020～2022 年专利授权，前十技术领域变化都不大，只有排名第十的弹簧等（F16F）技术变化为一般燃烧发动机可燃混合物的供给或其组成部分（F02M）技术；第二，不包含在其他类目中的车辆、车辆配件或车辆部件（B60R）、系统控制（B60W）、用于直接转变化学能为电能的方法或装置（H01M）和电动车辆动力装置（B60L）的专利授权占比有小幅度提升；第三，车辆动力装置或传动装置的布置或安装等（B60K）、传动装置（F16H）、机器或结构部件的静或动平衡的测试等（G01M）、车辆悬架装置的配置（B60G）技术的专利授权占比有所降低。

表 5-40 近三年广汽集团授权专利技术领域分布（TOP 10）

IPC 分类号（小类）	IPC 分类号含义	专利授权数量/件	占比/%
B62D	机动车；挂车	312	10.22
B60R	不包含在其他类目中的车辆、车辆配件或车辆部件	190	6.22
B60K	车辆动力装置或传动装置的布置或安装；两个以上不同的车辆原动机的布置或安装；车辆辅助驱动装置；车辆用仪表或仪表板；与车辆动力装置的冷却、进气、排气或燃料供给结合的布置	180	5.89
F16H	传动装置	176	5.76
G01M	机器或结构部件的静或动平衡的测试；其他类目中不包括的结构部件或设备的测试	93	3.05
B60G	车辆悬架装置的配置	85	2.78
B60W	系统控制	82	2.69
H01M	用于直接转变化学能为电能的方法或装置，例如电池组	72	2.36
B60L	电动车辆动力装置	53	1.74
F02M	一般燃烧发动机可燃混合物的供给或其组成部分	44	1.44

资料来源：科技大数据湖北省重点实验室

广汽集团在 2022 年年报的"公司未来发展战略"中提出，公司将加快电动化、智联化、数字化、共享化转型，带动提升产业链能级。具体来说，延伸上下游推进电动化，推进新一代自研电池、电芯和电驱的开发；兼顾软硬件推进智联化，强化智联化关键核心技术掌控；强化统筹推进数字化，赋能业务发展；创新路子推进共享化，加快推进 Robotaxi（自动驾驶出租车）

商业化项目落地；"自主研发+合资合作+投资并购"三路并举，推进补链强链，构筑自主可控核心产业链。全力推进落实"万亿广汽 1578 发展纲要"，力争 2030 年完成 1 个目标：产销超 475 万辆、营业收入（汇总口径）1 万亿元、利税 1000 亿元，成为产品卓越、品牌卓著、创新领先、治理现代的世界一流科技企业；发力五大增量，包括整车转型升级、零部件强链延链、商贸与出行智慧化、能源及生态赋能、国际化勇毅前行；夯实七大板块，包括研发、整车、零部件、商贸与出行、能源及生态、国际化、投资与金融；落实八大行动，包括体制机制改革深化、科技创新研-投并重、自主品牌全力提升、强链延链优化结构、能源生态全面发力、软件业务深度布局、海外市场重点突破、智慧交通模式创新。

本章参考文献

[1] 中兴通讯股份有限公司. 投资者关系[EB/OL]. https://www.zte.com.cn/china/about/investorrelations/corporate_report.html[2023-09-14].

[2] 珠海格力电器股份有限公司. 定期报告[EB/OL]. https://www.gree.com/about/investor[2023-09-14].

[3] 比亚迪股份有限公司. 定期报告[EB/OL]. https://www.bydglobal.com/cn/Investor/InvestorAnnals.html[2023-09-14].

[4] 中国石油化工股份有限公司. 年度报告[EB/OL]. http://www.sinopec.com/listco/investor_centre/reports/[2023-09-14].

[5] 美的集团股份有限公司. 财务报告[EB/OL]. https://www.midea.com.cn/Investors/Financial_Reports[2023-09-14].

[6] 长城汽车股份有限公司. 投资者关系[EB/OL]. https://www.gwm.com.cn/annualreport.html[2023-09-14].

[7] 京东方科技集团股份有限公司. 定期公告[EB/OL]. https://www.boe.com/investorRelations/regularCompanyAnnouncements[2023-09-14].

[8] 杭州海康威视数字技术股份有限公司. 投资者关系[EB/OL]. https://www.hikvision.com/cn/ir/[2023-09-14].

[9] 广州视源电子科技股份有限公司. 投资者关系[EB/OL]. http://www.cvte.com/invest/invest_announce.html[2023-09-14].

[10] 广州汽车集团股份有限公司. 投资者关系[EB/OL]. https://www.gac.com.cn/cn/invest/notice[2023-09-14].

2022 年中国上市公司知识产权指数企业排行榜 500 强

IPI 排名	证券名称	IPI	发明专利有效量/件（排名）	实用新型有效量/件（排名）	外观设计有效量/件（排名）	商标注册量/件（排名）	2022年PCT专利公开量/件（排名）	2022年作品著作权登记量/件（排名）	2022年计算机软件著作权登记量/件（排名）	2022年集成电路布图设计发证量/件（排名）
1	中兴通讯	95.040 1	17 801（3）	653（82）	656（30）	1 762（27）	1 090（3）	1（352）	45（76）	—
2	格力电器	94.857 9	15 233（4）	27 362（1）	4 997（2）	5 780（4）	215（7）	—	10（417）	—
3	比亚迪	94.674 1	7 362（7）	5 916（8）	1 291（14）	1 335（47）	139（10）	1（352）	7（535）	—
4	中国石化	94.587 2	31 260（1）	8 402（6）	32（569）	45（1 827）	115（14）	—	316（3）	—
5	美的集团	94.566 0	9 646（6）	21 116（2）	5 494（1）	6 150（3）	240（6）	2（264）	7（535）	—
6	长城汽车	93.896 2	2 003（20）	5 655（9）	1 891（5）	4 351（7）	109（16）	20（63）	13（333）	—
7	京东方 A	91.774 6	18 555（2）	6 422（7）	1 067（18）	715（124）	1 856（1）	—	56（56）	—
8	海康威视	91.493 3	2 304（14）	908（61）	1 280（15）	735（121）	56（27）	4（188）	40（91）	—
9	视源股份	90.762 8	1 677（27）	3 883（11）	1 813（7）	1 916（21）	124（12）	218（9）	1（1 212）	—
10	广汽集团	90.000 3	1 146（37）	2 768（18）	1 527（12）	719（123）	40（32）	8（118）	134（10）	—
11	歌尔股份	89.290 7	2 084（17）	1 595（31）	31（579）	107（1 007）	270（4）	—	—	—
12	宁德时代	89.154 6	1 171（36）	3 379（13）	40（478）	256（446）	267（5）	1（352）	14（317）	—
13	中联重科	87.514 1	2 523（13）	1 568（32）	336（61）	1 058（71）	21（55）	18（69）	6（591）	—
14	海信视像	87.273 9	1 956（22）	574（98）	335（62）	110（989）	145（9）	—	7（535）	—
15	中国电信	86.775 1	3 530（10）	96（847）	1（1 858）	48（1 749）	67（22）	—	38（99）	—
16	宝钢股份	86.594 9	3 613（9）	740（69）	—	217（524）	46（30）	—	—	—
17	海尔智家	86.308 5	5 077（8）	8 746（5）	2 595（3）	263（435）	1 130（2）	—	—	—
18	长安汽车	86.149 1	1 876（24）	3 445（12）	1 540（10）	1 365（44）	3（297）	1（352）	149（8）	—
19	中国石油	85.992 8	9 804（5）	10 231（3）	32（569）	44（1 852）	14（84）	—	473（1）	—
20	潍柴动力	85.973 8	2 563（12）	4 596（10）	404（47）	651（142）	18（63）	—	24（187）	—
21	金发科技	85.095 6	996（42）	139（594）	26（652）	201（555）	113（15）	—	6（591）	—
22	福田汽车	84.776 5	1 738（25）	2 660（20）	619（33）	1 420（39）	—	8（118）	31（133）	—

续表

IPI 排名	证券名称	IPI	发明专利有效量/件（排名）	实用新型有效量/件（排名）	外观设计有效量/件（排名）	商标注册量/件（排名）	2022 年 PCT 专利公开量/件（排名）	2022 年作品著作权登记量/件（排名）	2022 年计算机软件著作权登记量/件（排名）	2022 年集成电路布图设计发证量/件（排名）
23	中国广核	84.212 2	1 337（31）	2 248（21）	27（632）	—	53（29）		107（13）	—
24	迈瑞医疗	84.157 8	671（58）	700（76）	238（86）	336（329）	102（17）	1（352）	2（996）	—
25	九阳股份	83.999 7	1 003（40）	9 647（4）	1 528（11）	1 179（59）	1（471）	8（118）	9（455）	—
26	四川长虹	83.985 6	1 967（21）	982（53）	1 053（19）	1 239（54）	—		3（867）	—
27	伊利股份	83.300 2	530（78）	672（78）	1 025（21）	11 186（2）	14（84）	48（33）	6（591）	—
28	汇顶科技	83.236 1	835（49）	604（91）	22（707）	34（2 124）	203（8）		11（389）	9（21）
29	海洋王	82.859 7	2 042（19）	54（1 383）	183（122）	35（2 087）	—		25（177）	—
30	烽火通信	82.759 9	2 114（15）	455（144）	298（65）	133（837）	19（61）		71（42）	—
31	万华化学	82.007 0	1 927（23）	21（2 378）	3（1 531）	188（600）	28（40）	5（171）	3（867）	—
32	欧普照明	81.546 1	224（170）	1 645（28）	1 589（8）	917（90）	116（13）	—	—	—
33	中国神华	80.869 1	1 196（34）	2 848（17）	12（966）	—	—		—	—
34	大族激光	80.411 4	1 096（39）	3 052（15）	902（22）	554（168）	—		123（11）	—
35	中集集团	80.308 1	810（51）	1 781（24）	47（427）	133（837）	—		—	—
36	大华股份	80.261 9	1 723（26）	1 289（37）	707（28）	218（521）	—	12（89）	90（26）	—
37	北新建材	79.618 4	585（67）	1 344（35）	300（64）	875（95）	9（126）	—	1（1 212）	—
38	鞍钢股份	79.370 1	2 085（16）	1 429（33）	5（1 329）	2（4 332）	—		9（455）	—
39	江淮汽车	79.097 2	2 945（11）	558（104）	292（67）	868（98）	—		7（535）	—
40	上汽集团	78.922 8	1 314（32）	1 279（38）	1 331（13）	1 336（46）	2（357）	3（219）	—	—
41	时代电气	78.810 9	1 343（30）	553（107）	115（192）	—	17（66）		2（996）	—
42	科大讯飞	78.793 3	642（61）	394（175）	467（41）	1 896（23）	10（114）	313（7）	61（52）	—
43	国电南瑞	78.341 7	2 053（18）	202（390）	33（564）	13（3 101）	7（156）		92（25）	—
44	联影医疗	78.218 3	1 486（29）	643（84）	149（154）	394（274）	16（72）		9（455）	—
45	深天马 A	78.164 2	1 580（28）	590（95）	4（1 415）	24（2 495）	—		—	—
46	马钢股份	77.990 2	1 116（38）	982（53）	—	16（2 895）	5（203）		3（867）	—
47	奥飞娱乐	77.583 8	33（1 093）	415（166）	1 571（9）	12 080（1）	7（156）	833（3）	—	—
48	正泰电器	77.230 4	296（125）	2 142（22）	355（55）	336（329）	3（297）	—	8（494）	—
49	许继电气	76.932 5	1 210（33）	457（143）	29（610）	7（3 643）	10（114）		1（1 212）	—
50	中国西电	76.910 4	568（71）	1 249（40）	4（1 415）	29（2 287）	2（357）		10（417）	—
51	龙腾光电	76.868 5	951（44）	1 985（23）	—	15（2 968）	1（471）		—	—
52	浪潮信息	76.838 8	879（46）	71（1 115）	10（1 052）	196（577）	19（61）		2（996）	—
53	阳光电源	76.697 1	768（52）	1 174（42）	179（130）	294（387）	26（43）		—	—
54	中航光电	76.029 9	1 185（35）	445（150）	160（144）	12（3 171）	2（357）		—	—
55	华帝股份	75.508 7	378（102）	2 998（16）	733（27）	649（143）	1（471）	1（352）	4（760）	—
56	横店东磁	75.208 2	559（72）	530（113）	43（455）	188（600）	25（45）		—	—
57	时代新材	74.438 9	940（45）	412（167）	11（1 009）	49（1 728）	1（471）		2（996）	—
58	深康佳 A	74.420 6	548（76）	170（467）	65（308）	340（324）	3（297）	5（171）	1（1 212）	—

续表

IPI 排名	证券名称	IPI	发明专利有效量/件（排名）	实用新型有效量/件（排名）	外观设计有效量/件（排名）	商标注册量/件（排名）	2022 年 PCT 专利公开量/件（排名）	2022 年作品著作权登记量/件（排名）	2022 年计算机软件著作权登记量/件（排名）	2022 年集成电路布图设计发证量/件（排名）
59	海油发展	74.362 1	869（48）	812（66）	18（789）	56（1 594）	3（297）	—	47（70）	—
60	三一重工	74.248 3	597（65）	156（519）	2（1 663）	34（2 124）	—	—	8（494）	—
61	工商银行	74.046 5	870（47）	945（58）	385（49）	834（105）	—	—	61（52）	—
62	TCL 科技	73.473 9	728（53）	25（2 202）	42（464）	822（107）	77（21）	—	—	—
63	中海油服	73.429 7	658（59）	646（83）	1（1 858）	252（454）	11（105）	—	29（144）	—
64	新宝股份	73.180 4	232（160）	1 694（27）	2 093（4）	667（137）	1（471）	9（110）	1（1 212）	—
65	楚天科技	72.405 2	445（88）	1 753（25）	215（96）	65（1 425）	7（156）	—	3（867）	—
66	南钢股份	72.128 8	590（66）	1 057（48）	—	7（3 643）	25（45）	—	—	—
67	东软集团	71.791 4	999（41）	124（660）	180（129）	251（455）	1（471）	—	181（5）	—
68	太钢不锈	71.487 3	814（50）	669（79）	—	—	1（471）	—	—	—
69	中国铝业	70.824 2	675（57）	349（204）	—	25（2 453）	—	—	—	—
70	亚厦股份	70.746 4	137（272）	3 223（14）	1 053（19）	108（1 000）	—	—	4（760）	—
71	柳工	70.489 0	480（84）	663（80）	87（241）	28（2 334）	—	—	21（212）	—
72	老板电器	69.948 5	91（426）	2 662（19）	517（38）	345（318）	—	—	26（168）	—
73	新华医疗	69.741 3	190（204）	1 611（30）	372（50）	84（1 202）	—	—	28（152）	—
74	恒瑞医药	69.532 8	439（90）	4（3 224）	2（1 663）	366（301）	90（18）	—	—	—
75	建设银行	69.439 2	649（60）	35（1 878）	342（59）	1 781（25）	—	4（188）	329（2）	—
76	山东钢铁	69.397 1	550（74）	928（60）	—	6（3 746）	7（156）	—	5（664）	—
77	光迅科技	69.167 9	546（77）	216（362）	12（966）	4（4 009）	33（38）	—	10（417）	—
78	振华重工	68.686 8	330（119）	1 022（51）	27（632）	21（2 629）	—	—	35（110）	—
79	科伦药业	68.626 7	156（244）	631（86）	169（137）	612（153）	4（247）	—	—	—
80	新北洋	68.579 3	349（110）	1 025（50）	113（197）	77（1 280）	8（138）	1（352）	7（535）	—
81	广电运通	68.114 1	421（93）	175（452）	386（48）	84（1 202）	20（57）	1（352）	81（30）	—
82	长虹美菱	68.053 2	253（148）	1 416（34）	345（58）	778（113）	—	—	—	—
83	航天信息	67.934 7	637（63）	290（260）	240（84）	147（760）	—	—	72（41）	—
84	经纬恒润	67.862 8	576（70）	499（125）	57（357）	85（1 193）	—	—	7（535）	—
85	金风科技	67.639 4	334（116）	491（127）	24（681）	235（488）	16（72）	—	—	—
86	海油工程	67.562 9	341（114）	1 116（44）	2（1 663）	13（3 101）	—	1（352）	33（119）	—
87	新兴铸管	67.420 2	263（139）	1 245（41）	39（490）	23（2 538）	—	—	—	—
88	大北农	67.146 0	317（122）	335（213）	6（1 250）	405（262）	—	—	1（1 212）	—
89	汉王科技	67.058 7	392（100）	83（977）	118（187）	838（102）	4（247）	4（188）	5（664）	—
90	飞天诚信	66.565 2	701（54）	75（1 067）	222（91）	120（911）	17（66）	1（352）	2（996）	—
91	先导智能	66.520 0	141（266）	1 630（29）	54（374）	122（905）	16（72）	—	7（535）	—
92	安徽合力	66.517 9	174（219）	1 724（26）	779（26）	1（4 535）	1（471）	—	7（535）	—
93	迪普科技	66.452 5	992（43）	15（2 625）	80（262）	14（3 037）	—	—	9（455）	—
94	海能达	66.316 2	428（92）	296（256）	251（74）	91（1 144）	37（35）	—	6（591）	—

续表

IPI 排名	证券名称	IPI	发明专利有效量/件（排名）	实用新型有效量/件（排名）	外观设计有效量/件（排名）	商标注册量/件（排名）	2022 年 PCT 专利公开量/件（排名）	2022 年作品著作权登记量/件（排名）	2022 年计算机软件著作权登记量/件（排名）	2022 年集成电路布图设计发证量/件（排名）
95	和辉光电	66.290 6	577（68）	301（251）	—	13（3 101）	2（357）	—	—	—
96	徐工机械	66.275 7	395（98）	622（88）	86（244）	251（455）	1（471）	1（352）	32（126）	—
97	光峰科技	66.229 4	381（101）	254（300）	82（252）	383（283）	61（25）	1（352）	5（664）	—
98	中国银行	65.987 1	691（55）	26（2 165）	246（82）	1 344（45）	—	2（264）	46（73）	—
99	福耀玻璃	65.773 1	314（123）	206（381）	10（1 052）	119（915）	20（57）	—	1（1 212）	—
100	大洋电机	65.741 2	122（315）	849（63）	7（1 193）	113（970）	15（77）	—	—	—
101	东旭光电	65.740 4	248（151）	862（62）	31（579）	—	—	—	—	—
102	生益科技	65.566 0	455（85）	144（569）	1（1 858）	77（1 280）	15（77）	—	2（996）	—
103	沃尔核材	65.168 2	178（214）	847（64）	70（290）	288（396）	—	—	3（867）	—
104	*ST 同洲	64.973 2	172（222）	2（3 409）	39（490）	326（344）	—	—	1（1 212）	—
105	汤臣倍健	64.948 0	89（436）	85（955）	151（153）	3 952（8）	8（138）	4（188）	—	—
106	江铃汽车	64.596 3	292（127）	794（67）	251（74）	600（155）	—	—	1（1 212）	—
107	珠海冠宇	64.458 2	303（124）	420（162）	6（1 250）	23（2 538）	67（22）	—	—	—
108	苏博特	64.413 1	617（64）	59（1 285）	—	53（1 641）	3（297）	—	—	—
109	泸州老窖	64.320 7	17（1 783）	82（991）	167（139）	4 751（6）	—	13（85）	—	—
110	中国建筑	64.196 0	199（191）	362（198）	3（1 531）	1 148（64）	—	—	7（535）	—
111	太原重工	64.090 6	447（87）	331（219）	3（1 531）	—	—	—	—	—
112	网宿科技	64.014 3	638（62）	4（3 224）	25（663）	274（417）	12（94）	—	23（193）	—
113	博众精工	63.988 2	419（94）	709（73）	54（374）	288（396）	5（203）	2（264）	23（193）	—
114	四方股份	63.942 6	685（56）	147（553）	8（1 138）	42（1 907）	—	—	9（455）	—
115	长江电力	63.919 0	153（248）	1 337（36）	5（1 329）	247（467）	1（471）	1（352）	99（16）	—
116	安凯客车	63.913 4	342（113）	704（75）	59（343）	82（1 226）	—	—	—	—
117	诺普信	63.792 9	241（154）	11（2 802）	3（1 531）	1 381（42）	—	—	—	—
118	东方雨虹	63.757 5	199（191）	213（366）	55（368）	1 220（57）	2（357）	4（188）	—	—
119	平高电气	63.575 3	495（82）	255（298）	2（1 663）	2（4 332）	5（203）	—	—	—
120	光明乳业	63.244 1	514（80）	65（1 204）	12（966）	997（79）	—	6（146）	—	—
121	山推股份	63.151 4	210（182）	979（56）	104（205）	68（1 390）	—	—	10（417）	—
122	中微公司	63.149 6	516（79）	112（720）	16（842）	41（1 932）	—	—	3（867）	—
123	华熙生物	63.071 9	136（275）	27（2 127）	37（514）	2 986（10）	11（105）	18（69）	—	—
124	精测电子	62.949 4	445（88）	531（112）	186（119）	7（3 643）	12（94）	—	1（1 212）	—
125	机器人	62.917 2	482（83）	133（613）	120（183）	79（1 259）	1（471）	—	25（177）	—
126	安恒信息	62.846 5	555（73）	2（3 409）	1（1 858）	144（778）	9（126）	7（131）	30（140）	—
127	达意隆	62.813 2	229（165）	433（155）	17（814）	24（2 495）	5（203）	204（12）	23（193）	—
128	洲明科技	62.715 8	125（301）	578（97）	219（92）	95（1 107）	36（36）	10（100）	17（257）	—
129	金螳螂	62.612 3	259（142）	936（59）	29（610）	61（1 491）	—	—	—	—
130	美亚柏科	62.606 3	405（95）	10（2 849）	19（758）	83（1 214）	—	2（264）	83（28）	—

续表

IPI 排名	证券名称	IPI	发明专利有效量/件（排名）	实用新型有效量/件（排名）	外观设计有效量/件（排名）	商标注册量/件（排名）	2022年PCT专利公开量/件（排名）	2022年作品著作权登记量/件（排名）	2022年计算机软件著作权登记量/件（排名）	2022年集成电路布图设计发证量/件（排名）
131	铁建重工	62.531 4	431（91）	659（81）	75（273）	2（4 332）	3（297）	—	76（35）	—
132	上海电气	62.275 4	293（126）	231（336）	42（464）	139（802）	1（471）	—	9（455）	—
133	中国平安	62.227 4	—	—	4（1 415）	4 757（5）	—	3（219）	—	-
134	深信服	62.105 5	577（68）	2（3 409）	116（190）	126（875）	2（357）	—	32（126）	—
135	安泰科技	62.086 4	318（121）	139（594）	1（1 858）	55（1 607）	8（138）	—	—	—
136	建霖家居	62.084 8	151（252）	1 004（52）	91（227）	269（426）	—	—	—	—
137	道通科技	62.049 9	124（306）	195（399）	356（54）	62（1 474）	88（20）	—	2（996）	—
138	理邦仪器	61.953 8	348（111）	395（174）	155（149）	162（697）	7（156）	7（131）	41（89）	—
139	莱克电气	61.802 7	136（275）	500（124）	339（60）	296（384）	11（105）	—	—	—
140	中天科技	61.722 6	222（173）	421（161）	7（1 193）	59（1 533）	15（77）	—	6（591）	—
141	国民技术	61.558 8	401（97）	44（1 618）	1（1 858）	423（250）	—	—	1（1 212）	13（14）
142	万和电气	61.553 8	115（331）	748（68）	331（63）	398（271）	1（471）	—	7（535）	—
143	龙净环保	61.538 9	160（240）	516（118）	—	62（1 474）	—	—	4（760）	—
144	掌阅科技	61.470 3	358（107）	24（2 247）	175（134）	1 158（61）	9（126）	2（264）	17（257）	-
145	蒙娜丽莎	61.378 6	191（202）	43（1 643）	651（31）	1 923（20）	3（297）	131（15）	—	—
146	巨星科技	61.357 7	48（789）	427（159）	837（23）	429（245）	17（66）	—	2（996）	—
147	利元亨	61.276 4	138（271）	1 166（43）	85（246）	206（547）	7（156）	—	50（66）	—
148	星宇股份	61.270 8	92（420）	1 275（39）	248（79）	50（1 708）	4（247）	1（352）	28（152）	—
149	奇安信	61.149 0	550（74）	—	44（447）	569（162）	1（471）	2（264）	3（867）	—
150	浔兴股份	61.072 5	272（137）	380（186）	122（182）	8（3 530）	8（138）	—	—	—
151	科陆电子	61.006 7	176（216）	205（382）	145（159）	22（2 579）	—	—	7（535）	—
152	长电科技	61.004 8	242（153）	299（254）	—	29（2 287）	5（203）	—	—	—
153	亿纬锂能	60.996 6	257（144）	408（169）	41（473）	255（451）	13（90）	—	—	—
154	盾安环境	60.983 1	89（436）	321（229）	37（514）	29（2 287）	90（18）	—	—	—
155	寒武纪	60.952 7	256（146）	12（2 740）	22（707）	679（135）	27（41）	—	4（760）	—
156	上海建工	60.949 2	366（104）	543（108）	7（1 193）	5（3 864）	—	—	29（144）	—
157	东风汽车	60.911 3	195（194）	320（230）	139（165）	136（816）	—	—	1（1 212）	—
158	古井贡酒	60.785 0	35（1 036）	1 061（47）	192（113）	1 328（48）	—	—	2（996）	—
159	兴森科技	60.589 3	277（136）	236（324）	1（1 858）	31（2 212）	—	—	2（996）	—
160	和而泰	60.563 2	120（322）	541（109）	49（405）	65（1 425）	1（471）	—	6（591）	—
161	中国汽研	60.563	216（178）	404（172）	39（490）	299（379）	—	—	58（54）	—
162	德赛西威	60.467 8	346（112）	453（145）	147（157）	133（837）	5（203）	2（264）	1（1 212）	—
163	洋河股份	60.401 8	35（1 036）	9（2 900）	182（125）	3 546（9）	—	18（69）	—	—
164	长飞光纤	60.387 0	453（86）	247（305）	4（1 415）	190（596）	—	—	15（293）	—
165	神州泰岳	60.385 5	361（105）	8（2 953）	4（1 415）	45（1 827）	—	2（264）	48（68）	—
166	软控股份	60.302 8	153（248）	511（122）	10（1 052）	58（1 546）	4（247）	—	7（535）	—

续表

IPI 排名	证券名称	IPI	发明专利有效量/件（排名）	实用新型有效量/件（排名）	外观设计有效量/件（排名）	商标注册量/件（排名）	2022 年PCT 专利公开量/件（排名）	2022 年作品著作权登记量/件（排名）	2022 年计算机软件著作权登记量/件（排名）	2022 年集成电路布图设计发证量/件（排名）
167	海天味业	60.300 9	151（252）	208（377）	44（447）	1 374（43）	—	4（188）	—	—
168	石头科技	60.295 0	74（525）	440（152）	217（93）	167（680）	56（27）	2（264）	—	—
169	英威腾	60.284 2	259（142）	247（305）	83（250）	120（911）	5（203）	—	—	—
170	南玻 A	60.261 5	211（181）	721（71）	5（1 329）	98（1 080）	4（247）	—	—	—
171	隆鑫通用	60.214 0	173（221）	314（240）	462（42）	408（259）	—	12（89）	—	—
172	泰豪科技	60.179 3	76（510）	291（259）	48（417）	12（3 171）	—	—	2（996）	—
173	首钢股份	60.083 7	353（109）	557（105）	—	—	2（357）	—	—	—
174	中材科技	59.954 9	224（170）	67（1 180）	—	—	6（176）	—	—	—
175	国电南自	59.947 7	203（187）	70（1 129）	60（337）	30（2 246）	—	—	13（333）	—
176	小熊电器	59.901 3	25（1 368）	982（53）	542（37）	1 052（72）	—	7（131）	—	—
177	银轮股份	59.874 7	71（553）	256（297）	37（514）	9（3 431）	5（203）	—	12（362）	—
178	瑞尔特	59.816 2	70（557）	1 033（49）	183（122）	135（824）	3（297）	—	1（1 212）	—
179	良信股份	59.774 3	106（365）	1 069（46）	167（139）	233（495）	7（156）	—	12（362）	—
180	南京熊猫	59.756 6	134（279）	237（322）	99（211）	133（837）	—	—	12（362）	—
181	士兰微	59.719 9	282（132）	275（273）	23（693）	51（1 690）	2（357）	2（264）	4（760）	—
182	大丰实业	59.702 9	195（194）	186（422）	49（405）	269（426）	4（247）	1（352）	7（535）	—
183	苏州科达	59.629 0	361（105）	86（945）	187（116）	64（1 440）	11（105）	—	23（193）	—
184	中控技术	59.541 0	285（128）	50（1 482）	18（789）	268（429）	14（84）	7（131）	62（51）	—
185	阿尔特	59.494 3	35（1 036）	1 090（45）	21（719）	158（713）	—	—	1（1 212）	—
186	圣泉集团	59.429 8	234（158）	84（965）	31（579）	695（130）	—	1（352）	15（293）	—
187	东鹏控股	59.393 9	235（157）	348（205）	638（32）	443（227）	—	34（41）	—	—
188	拓邦股份	59.166 8	124（306）	720（72）	88（238）	213（532）	3（297）	—	—	—
189	康缘药业	59.155 2	393（99）	1（3 519）	20（739）	283（405）	8（138）	—	2（996）	—
190	东土科技	59.137 8	239（155）	23（2 294）	73（282）	289（393）	—	—	2（996）	—
191	共进股份	59.130 3	339（115）	224（346）	55（368）	105（1 025）	2（357）	—	2（996）	—
192	交控科技	59.094 7	501（81）	87（935）	31（579）	29（2 287）	2（357）	—	6（591）	—
193	中国一重	59.059 6	257（144）	292（258）	—	8（3 530）	—	—	—	—
194	信维通信	59.009 9	105（367）	950（57）	1（1 858）	21（2 629）	8（138）	—	—	—
195	欣锐科技	58.985 1	53（723）	444（151）	35（540）	40（1 958）	59（26）	—	—	—
196	中信重工	58.941 4	249（150）	300（253）	27（632）	12（3 171）	—	2（264）	6（591）	—
197	锐捷网络	58.848 2	405（95）	37（1 816）	8（1 138）	214（530）	1（471）	2（264）	2（996）	—
198	四维图新	58.833 1	246（152）	11（2 802）	14（897）	405（262）	1（471）	1（352）	17（257）	—
199	天地科技	58.716 6	283（131）	150（537）	1（1 858）	4（4 009）	4（247）	1（352）	1（1 212）	—
200	酒钢宏兴	58.672 5	188（206）	559（103）	12（966）	24（2 495）	—	—	—	—
201	厦门钨业	58.616 1	260（141）	161（502）	7（1 193）	307（369）	2（357）	9（110）	1（1 212）	—
202	川仪股份	58.557 5	232（160）	272（275）	47（427）	131（849）	—	—	19（231）	—

IPI 排名	证券名称	IPI	发明专利有效量/件（排名）	实用新型有效量/件（排名）	外观设计有效量/件（排名）	商标注册量/件（排名）	2022年PCT专利公开量/件（排名）	2022年作品著作权登记量/件（排名）	2022年计算机软件著作权登记量/件（排名）	2022年集成电路布图设计发证量/件（排名）
203	松霖科技	58.399 2	128（289）	381（185）	84（248）	124（891）	21（55）	—	—	—
204	三花智控	58.306 0	319（120）	204（384）	82（252）	68（1 390）	10（114）	—	—	—
205	大连重工	58.260 5	221（174）	405（171）	4（1 415）	29（2 287）	1（471）	—	4（760）	—
206	亨通光电	58.259 2	164（237）	343（208）	1（1 858）	63（1 449）	14（84）	—	12（362）	—
207	海正药业	58.239 6	226（168）	11（2 802）	—	109（994）	23（50）	—	—	—
208	万集科技	58.194 2	170（226）	536（111）	63（320）	31（2 212）	3（297）	—	21（212）	—
209	芭田股份	58.174 5	148（256）	169（470）	11（1 009）	342（321）	—	—	—	—
210	昊志机电	58.128 1	147（257）	316（236）	12（966）	170（665）	12（94）	—	6（591）	—
211	传音控股	58.101 6	122（315）	78（1 038）	114（195）	—	66（24）	—	22（202）	—
212	康尼机电	58.092 3	124（306）	473（134）	22（707）	35（2 087）	2（357）	—	3（867）	—
213	美克家居	58.066 4	1（3 640）	6（3 069）	1 280（15）	2 489（12）	—	30（49）	—	—
214	澳柯玛	57.962 3	89（436）	518（117）	205（102）	399（269）	—	—	—	—
215	新筑股份	57.936 5	123（311）	303（249）	5（1 329）	26（2 406）	—	—	—	—
216	三维通信	57.869 9	128（289）	41（1 697）	23（693）	26（2 406）	36（36）	—	21（212）	—
217	森源电气	57.837 5	84（464）	598（93）	7（1 193）	64（1 440）	—	—	3（867）	—
218	华电重工	57.703 7	107（358）	616（89）	2（1 663）	5（3 864）	—	—	—	—
219	公牛集团	57.625 0	72（539）	412（167）	227（88）	1 119（67）	7（156）	3（219）	7（535）	—
220	汉仪股份	57.608 3	4（3 053）	—	1（1 858）	319（356）	—	50 614（1）	1（1 212）	—
221	奥拓电子	57.588 6	92（420）	231（336）	31（579）	52（1 669）	12（94）	—	23（193）	—
222	四创电子	57.528 4	239（155）	186（422）	10（1 052）	9（3 431）	—	—	17（257）	—
223	亚太股份	57.446 3	56（686）	565（101）	22（707）	110（989）	2（357）	—	2（996）	—
224	海亮股份	57.382 6	40（925）	446（148）	16（842）	65（1 425）	—	—	8（494）	—
225	包钢股份	57.289 5	197（193）	392（177）	—	10（3 331）	—	—	—	—
226	汇川技术	57.273 4	190（204）	303（249）	173（135）	13（3 101）	1（471）	35（40）	7（535）	—
227	宝信软件	57.238 3	284（130）	34（1 913）	1（1 858）	268（429）	—	—	122（12）	—
228	山西汾酒	57.215 0	15（1 913）	35（1 878）	182（125）	2 586（11）	—	16（76）	6（591）	—
229	建科机械	57.171 2	200（190）	248（303）	6（1 250）	37（2 036）	1（471）	—	—	—
230	中胤时尚	57.163 6	—	11（2 802）	13（934）	258（444）	—	2 403（2）	—	—
231	顺络电子	57.144 3	206（184）	152（534）	—	15（2 968）	7（156）	—	4（760）	—
232	惠而浦	57.077 4	122（315）	317（231）	293（66）	149（748）	—	—	—	—
233	水星家纺	57.068 9	40（925）	25（2 202）	63（320）	983（82）	—	655（5）	—	—
234	天正电气	57.032 6	81（477）	733（70）	91（227）	90（1 151）	—	—	14（317）	—
235	八一钢铁	57.022 2	90（431）	569（100）	—	8（3 530）	—	—	—	—
236	通威股份	57.009 3	113（338）	384（184）	1（1 858）	466（218）	1（471）	—	3（867）	—
237	拓斯达	57.008 8	70（557）	432（156）	20（739）	211（535）	18（63）	—	1（1 212）	—
238	欧菲光	56.961 9	3（3 226）	11（2 802）	—	222（509）	130（11）	—	—	—

续表

IPI 排名	证券名称	IPI	发明专利有效量/件（排名）	实用新型有效量/件（排名）	外观设计有效量/件（排名）	商标注册量/件（排名）	2022 年 PCT 专利公开量/件（排名）	2022 年作品著作权登记量/件（排名）	2022 年计算机软件著作权登记量/件（排名）	2022 年集成电路布图设计发证量/件（排名）
239	奥比中光	56.935 0	151（252）	115（708）	78（267）	82（1 226）	25（45）	—	2（996）	3（40）
240	通富微电	56.930 9	263（139）	167（483）	—	14（3 037）	—	—	—	—
241	隆平高科	56.927 5	37（995）	12（2 740）	—	761（116）	—	—	—	—
242	云南白药	56.857 8	32（1 122）	28（2 101）	25（663）	1 983（18）	6（176）	7（131）	—	—
243	风华高科	56.828 4	253（148）	170（467）	—	43（1 884）	—	—	—	—
244	新和成	56.782 7	256（146）	24（2 247）	8（1 138）	324（348）	5（203）	—	—	—
245	上海石化	56.765 3	279（134）	105（765）	—	43（1 884）	—	—	2（996）	—
246	思特奇	56.756 1	369（103）	—	—	119（915）	—	—	81（30）	—
247	山河智能	56.746 5	122（315）	372（189）	49（405）	58（1 546）	1（471）	—	22（202）	—
248	天能股份	56.687 0	141（266）	282（267）	19（758）	468（215）	2（357）	—	5（664）	—
249	国科微	56.655 1	193（199）	13（2 694）	6（1 250）	65（1 425）	6（176）	—	7（535）	2（48）
250	金溢科技	56.652 5	231（163）	159（508）	62（326）	77（1 280）	—	—	1（1 212）	—
251	湘电股份	56.632 7	105（367）	264（287）	—	56（1 594）	—	—	1（1 212）	—
252	鹏鼎控股	56.590 0	358（107）	84（965）	—	14（3 037）	8（138）	—	—	—
253	东阿阿胶	56.574 7	179（211）	207（379）	99（211）	744（117）	—	10（100）	1（1 212）	—
254	喜临门	56.564 8	23（1 448）	334（214）	546（36）	1 404（40）	—	14（81）	—	—
255	长阳科技	56.524 1	156（244）	3（3 309）	—	12（3 171）	6（176）	—	1（1 212）	—
256	天臣医疗	56.518 8	172（222）	257（294）	9（1 098）	45（1 827）	3（297）	—	—	—
257	伟星股份	56.500 1	154（247）	599（92）	217（93）	70（1 370）	1（471）	—	1（1 212）	—
258	上海家化	56.466 4	92（420）	25（2 202）	245（83）	1 270（49）	4（247）	116（18）	1（1 212）	—
259	牧原股份	56.460 7	28（1 249）	610（90）	90（231）	106（1 016）	—	6（146）	15（293）	—
260	新美星	56.319 8	168（228）	524（115）	18（789）	67（1 404）	6（176）	5（171）	—	—
261	科沃斯	56.257 3	149（255）	219（357）	154（150）	501（200）	5（203）	1（352）	1（1 212）	—
262	ST 易购	56.256 8	115（331）	1（3 519）	3（1 531）	1 235（56）	12（94）	34（41）	—	—
263	瑞斯康达	56.239 3	334（116）	36（1 854）	35（540）	27（2 366）	—	—	4（760）	—
264	农业银行	56.232 9	223（172）	61（1 262）	47（427）	972（84）	—	3（219）	—	—
265	新希望	56.146 7	106（365）	570（99）	81（256）	476（212）	—	6（146）	10（417）	—
266	安琪酵母	56.120 3	144（264）	23（2 294）	48（417）	831（106）	10（114）	—	5（664）	—
267	重庆建工	56.103 7	126（298）	367（191）	7（1 193）	12（3 171）	—	—	4（760）	—
268	金禾实业	56.088 9	159（242）	69（1 142）	1（1 858）	12（3 171）	38（34）	—	—	—
269	晨光生物	56.040 6	234（158）	67（1 180）	—	242（473）	1（471）	—	—	—
270	春风动力	56.010 1	31（1 157）	838（65）	77（269）	189（598）	4（247）	32（44）	14（317）	—
271	长盈精密	55.982 6	180（210）	304（247）	4（1 415）	53（1 641）	7（156）	—	—	—
272	开立医疗	55.947 1	221（174）	330（220）	75（273）	136（816）	—	7（131）	42（80）	—
273	华能国际	55.890 9	135（278）	388（178）	—	47（1 775）	11（105）	—	—	—
274	青岛啤酒	55.876 7	121（319）	19（2 456）	202（105）	1 562（33）	—	31（47）	4（760）	—

续表

IPI 排名	证券名称	IPI	发明专利有效量/件（排名）	实用新型有效量/件（排名）	外观设计有效量/件（排名）	商标注册量/件（排名）	2022年PCT专利公开量/件（排名）	2022年作品著作权登记量/件（排名）	2022年计算机软件著作权登记量/件（排名）	2022年集成电路布图设计发证量/件（排名）
275	森马服饰	55.869 9	15（1 913）	132（621）	154（150）	1 904（22）	—	26（54）	2（996）	—
276	石化机械	55.863 4	166（233）	475（133）	7（1 193）	—	1（471）	—	—	—
277	三棵树	55.826 3	169（227）	61（1 262）	197（111）	908（92）	—	5（171）	—	—
278	永创智能	55.810 0	52（740）	388（178）	47（427）	62（1 474）	—	—	2（996）	—
279	江河集团	55.804 5	118（324）	476（131）	1（1 858）	47（1 775）	—	—	2（996）	—
280	双汇发展	55.772 6	6（2 792）	24（2 247）	678（29）	1 791（24）	—	—	—	—
281	新安股份	55.755 5	179（211）	35（1 878）	40（478）	542（174）	1（471）	1（352）	2（996）	—
282	奥佳华	55.673 6	66（595）	430（157）	171（136）	390（275）	5（203）	1（352）	5（664）	—
283	华润三九	55.652 8	59（650）	30（2 032）	141（164）	1 768（26）	—	10（100）	—	—
284	盐湖股份	55.650 9	117（328）	490（128）	12（966）	402（265）	—	—	—	—
285	格林美	55.631 0	175（217）	271（276）	12（966）	209（542）	2（357）	6（146）	—	—
286	陕鼓动力	55.616 8	66（595）	314（240）	17（814）	143（780）	—	—	18（246）	—
287	安克创新	55.615 4	83（473）	510（123）	177（132）	217（524）	12（94）	—	—	—
288	苏交科	55.559 6	137（272）	364（194）	16（842）	49（1 728）	4（247）	—	42（80）	—
289	梅雁吉祥	55.456 3	—	198（393）	—	—	—	—	—	—
290	三只松鼠	55.428 5	23（1 448）	35（1 878）	49（405）	2 131（15）	—	13（85）	—	—
291	威海广泰	55.424 2	64（607）	326（224）	43（455）	35（2 087）	2（357）	1（352）	1（1 212）	—
292	航天工程	55.415 3	59（650）	180（440）	—	18（2 782）	—	—	2（996）	—
293	ST 康美	55.378 9	71（553）	84（965）	88（238）	1 518（35）	—	—	4（760）	—
294	慕思股份	55.373 1	40（925）	354（200）	563（34）	899（93）	—	78（27）	1（1 212）	—
295	明阳智能	55.364 6	145（263）	624（87）	20（739）	53（1 641）	1（471）	—	27（162）	—
296	苏泊尔	55.362 5	64（607）	401（173）	76（271）	540（177）	—	—	3（867）	—
297	江丰电子	55.359 2	272（137）	159（508）	—	1（4 535）	4（247）	—	—	—
298	乐普医疗	55.355 5	100（380）	78（1 038）	13（934）	615（151）	4（247）	—	2（996）	—
299	海格通信	55.318 9	172（222）	195（399）	163（142）	43（1 884）	—	—	42（80）	—
300	航天电器	55.302 1	98（390）	98（829）	—	19（2 719）	1（471）	—	3（867）	—
301	海光信息	55.276 1	231（163）	45（1 595）	2（1 663）	89（1 158）	1（471）	—	15（293）	41（1）
302	国星光电	55.269 1	88（444）	332（215）	46（437）	48（1 749）	1（471）	—	1（1 212）	—
303	高能环境	55.253 1	96（401）	388（178）	—	98（1 080）	6（176）	—	4（760）	—
304	莱美药业	55.252 7	83（473）	15（2 625）	—	200（558）	—	1（352）	—	—
305	电气风电	55.188 1	195（194）	190（407）	6（1 250）	109（994）	15（77）	—	7（535）	—
306	航天晨光	55.161 9	72（539）	317（231）	3（1 531）	38（2 005）	—	—	5（664）	—
307	白银有色	55.079 6	72（539）	266（283）	—	14（3 037）	—	—	—	—
308	坚朗五金	55.046 4	71（553）	538（110）	45（440）	331（337）	—	—	1（1 212）	—
309	华兴源创	55.028 8	111（346）	476（131）	61（330）	171（662）	4（247）	—	25（177）	—
310	麒盛科技	55.024 5	11（2 276）	260（291）	410（46）	299（379）	24（49）	—	1（1 212）	—

续表

IPI 排名	证券名称	IPI	发明专利有效量/件（排名）	实用新型有效量/件（排名）	外观设计有效量/件（排名）	商标注册量/件（排名）	2022 年 PCT 专利公开量/件（排名）	2022 年作品著作权登记量/件（排名）	2022 年计算机软件著作权登记量/件（排名）	2022 年集成电路布图设计发证量/件（排名）
311	倍轻松	55.008 9	62（623）	323（227）	134（170）	656（141）	3（297）	6（146）	37（103）	—
312	海新能科	54.991 3	278（135）	10（2 849）	—	68（1 390）	—	—	—	—
313	美邦服饰	54.974 5	—	—	10（1 052）	2 328（13）	—	3（219）	—	—
314	柳钢股份	54.939 3	128（289）	419（163）	—	4（4 009）	—	—	—	—
315	朗玛信息	54.890 1	109（353）	9（2 900）	6（1 250）	186（608）	—	—	1（1 212）	—
316	通宇通讯	54.888 7	108（356）	520（116）	89（234）	6（3 746）	1（471）	—	—	—
317	三星医疗	54.885 2	203（187）	374（188）	95（216）	22（2 579）	3（297）	—	4（760）	—
318	大族数控	54.870 5	191（202）	230（338）	32（569）	29（2 287）	1（471）	—	13（333）	—
319	杭叉集团	54.852 3	94（411）	512（121）	57（357）	167（680）	—	—	7（535）	—
320	电魂网络	54.829 9	34（1 060）	—	6（1 250）	1 067（70）	—	105（21）	19（231）	—
321	鱼跃医疗	54.808 5	25（1 368）	309（243）	201（106）	678（136）	3（297）	17（72）	1（1 212）	—
322	万科 A	54.798 1	14（2 003）	2（3 409）	1（1 858）	961（87）	—	—	—	—
323	秦川物联	54.779 6	205（186）	169（470）	14（897）	50（1 708）	1（471）	1（352）	48（68）	—
324	艾为电子	54.759 0	167（229）	188（412）	4（1 415）	145（771）	8（138）	—	46（73）	12（15）
325	顾家家居	54.744 5	7（2 674）	215（364）	1 833（6）	689（133）	—	—	—	—
326	航发动力	54.743 2	331（118）	23（2 294）	—	—	1（471）	—	3（867）	—
327	格力博	54.730 0	41（909）	513（120）	104（205）	162（697）	13（90）	—	—	—
328	上海贝岭	54.719 9	226（168）	42（1 668）	—	5（3 864）	—	—	—	14（13）
329	三德科技	54.600 7	123（311）	387（182）	56（361）	76（1 304）	—	—	9（455）	—
330	特锐德	54.592 1	44（855）	556（106）	53（384）	46（1 800）	—	—	2（996）	—
331	中科三环	54.537 7	214（179）	17（2 542）	4（1 415）	5（3 864）	2（357）	—	—	—
332	八亿时空	54.529 0	220（176）	1（3 519）	—	3（4 163）	22（52）	—	—	—
333	华能水电	54.491 0	125（301）	515（119）	—	23（2 538）	2（357）	—	54（59）	—
334	水井坊	54.459 2	4（3 053）	13（2 694）	39（490）	2 104（16）	—	—	—	—
335	莱特光电	54.454 8	123（311）	5（3 155）	—	23（2 538）	40（32）	—	1（1 212）	—
336	晨光股份	54.444 6	42（890）	217（360）	785（25）	554（168）	—	132（14）	1（1 212）	—
337	白云山	54.434 2	—	—	—	2 214（14）	—	—	—	—
338	威创股份	54.414 0	174（219）	6（3 069）	18（789）	92（1 134）	26（43）	—	23（193）	—
339	乾照光电	54.405 1	184（208）	85（955）	15（2 968）	6（176）	—	—	—	—
340	万孚生物	54.389 7	57（674）	252（302）	79（265）	376（290）	8（138）	—	3（867）	—
341	本钢板材	54.363 5	139（268）	317（231）	9（1 098）	—	—	—	—	—
342	东方通信	54.356 9	167（229）	96（847）	187（116）	77（1 280）	—	—	10（417）	—
343	华海药业	54.341 4	208（183）	52（1 425）	—	118（929）	5（203）	—	—	—
344	江西铜业	54.341 2	76（510）	257（294）	13（3 101）	—	—	—	5（664）	—
345	金钼股份	54.335 0	185（207）	181（437）	—	203（551）	—	—	—	—
346	用友网络	54.318 3	232（160）	2（3 409）	98（214）	579（160）	—	—	29（144）	—

IPI 排名	证券名称	IPI	发明专利有效量/件（排名）	实用新型有效量/件（排名）	外观设计有效量/件（排名）	商标注册量/件（排名）	2022年PCT专利公开量/件（排名）	2022年作品著作权登记量/件（排名）	2022年计算机软件著作权登记量/件（排名）	2022年集成电路布图设计发证量/件（排名）
347	一拖股份	54.304 7	96（401）	268（279）	55（368）	83（1 214）	—	—	3（867）	—
348	天奇股份	54.293 4	110（348）	564（102）	—	91（1 144）	—	—	5（664）	—
349	隆基绿能	54.244 4	54（714）	255（298）	14（897）	141（789）	17（66）	2（264）	—	—
350	中国国航	54.236 1	26（1 319）	—	2（1 663）	1 945（19）	—	—	—	—
351	聚光科技	54.211 7	167（229）	143（573）	17（814）	27（2 366）	—	—	19（231）	—
352	来伊份	54.197 7	6（2 792）	6（3 069）	10（1 052）	2 058（17）	—	1（352）	—	—
353	三角轮胎	54.195 4	69（567）	232（333）	142（163）	82（1 226）	—	—	4（760）	—
354	迈得医疗	54.169 1	132（283）	150（537）	2（1 663）	15（2 968）	—	—	—	—
355	全志科技	54.162 2	285（128）	8（2 953）	—	16（2 895）	1（471）	—	5（664）	1（53）
356	万润股份	54.159 8	282（132）	17（2 542）	—	37（2 036）	2（357）	—	—	—
357	艾隆科技	54.152 1	166（233）	110（737）	38（505）	81（1 237）	10（114）	—	9（455）	—
358	箭牌家居	54.133 4	10（2 357）	705（74）	271（69）	237（485）	3（297）	3（219）	1（1 212）	—
359	顶固集创	54.087 8	34（1 060）	472（135）	248（79）	359（307）	—	—	2（996）	—
360	伟星新材	54.077 6	57（674）	326（224）	62（326）	368（298）	—	6（146）	1（1 212）	—
361	佛山照明	54.037 7	36（1 020）	464（138）	412（45）	196（577）	4（247）	—	7（535）	—
362	乐歌股份	54.011 3	42（890）	447（147）	557（35）	289（393）	1（471）	5（171）	—	—
363	好太太	54.009 4	17（1 783）	481（130）	226（89）	735（121）	—	—	—	—
364	南方路机	53.984 9	58（662）	462（139）	17（814）	17（2 836）	—	2（264）	2（996）	—
365	驰宏锌锗	53.944 3	127（294）	298（255）	—	99（1 074）	—	—	1（1 212）	—
366	赛象科技	53.928 9	112（343）	68（1 160）	4（1 415）	28（2 334）	1（471）	—	—	—
367	芯海科技	53.904 1	167（229）	180（440）	1（1 858）	67（1 404）	5（203）	—	—	5（30）
368	捷昌驱动	53.892 0	38（965）	364（194）	113（197）	148（755）	8（138）	—	12（362）	—
369	紫金矿业	53.888 5	160（240）	124（660）	—	439（233）	—	—	1（1 212）	—
370	中泰化学	53.851 7	48（789）	689（77）	—	10（3 331）	—	—	—	—
371	迈威生物	53.838 5	16（1 846）	—	—	313（361）	9（126）	—	—	—
372	深南电路	53.832 7	73（531）	232（333）	2（1 663）	8（3 530）	29（39）	—	—	—
373	恒顺醋业	53.827 6	63（613）	48（1 525）	81（256）	200（558）	—	43（36）	—	—
374	锐科激光	53.824 8	98（390）	471（136）	110（201）	22（2 579）	2（357）	—	54（59）	—
375	赛腾股份	53.768 0	68（577）	339（211）	6（1 250）	51（1 690）	2（357）	1（352）	6（591）	—
376	奥普家居	53.757 2	12（2 184）	385（183）	164（141）	810（110）	—	8（118）	2（996）	—
377	豪迈科技	53.751 1	114（335）	446（148）	14（897）	29（2 287）	—	—	—	—
378	博世科	53.731 0	46（821）	241（314）	17（814）	98（1 080）	—	—	1（1 212）	—
379	奥特维	53.673 9	47（802）	635（85）	2（1 663）	56（1 594）	—	—	2（996）	—
380	新时达	53.672 7	195（194）	111（726）	52（389）	35（2 087）	1（471）	—	3（867）	—
381	艾比森	53.659 9	30（1 178）	130（632）	31（579）	42（1 907）	41（31）	—	19（231）	—
382	木林森	53.655 9	32（1 122）	110（737）	42（464）	990（80）	—	1（352）	—	—

续表

IPI 排名	证券名称	IPI	发明专利有效量/件（排名）	实用新型有效量/件（排名）	外观设计有效量/件（排名）	商标注册量/件（排名）	2022 年PCT 专利公开量/件（排名）	2022 年作品著作权登记量/件（排名）	2022 年计算机软件著作权登记量/件（排名）	2022 年集成电路布图设计发证量/件（排名）
383	华大基因	53.652 0	125（301）	26（2 165）	17（814）	526（189）	12（94）	2（264）	10（417）	—
384	赛轮轮胎	53.517 7	42（890）	528（114）	354（56）	159（709）	2（357）	1（352）	26（168）	—
385	国盾量子	53.517 4	124（306）	114（713）	52（389）	58（1 546）	5（203）	7（131）	—	—
386	地铁设计	53.486 9	108（356）	354（200）	16（842）	20（2 672）	4（247）	—	25（177）	—
387	振德医疗	53.464 5	31（1 157）	348（205）	48（417）	535（180）	4（247）	8（118）	—	—
388	凯赛生物	53.431 2	192（201）	33（1 954）	—	18（2 782）	6（176）	—	—	—
389	浩洋股份	53.397 9	46（821）	336（212）	100（209）	42（1 907）	16（72）	—	21（212）	—
390	新宙邦	53.378 0	127（294）	9（2 900）	—	148（755）	23（50）	—	—	—
391	恒生电子	53.371 1	146（260）	—	23（693）	744（117）	—	1（352）	28（152）	—
392	华曙高科	53.370 9	146（260）	133（613）	33（564）	39（1 981）	—	—	4（760）	—
393	勤上股份	53.360 1	47（802）	29（2 067）	25（663）	38（2 005）	—	—	—	—
394	蓝思科技	53.344 9	64（607）	301（251）	10（1 052）	92（1 134）	—	—	—	—
395	永鼎股份	53.341 5	83（473）	183（432）	—	—	6（176）	—	—	—
396	丽珠集团	53.313 3	115（331）	—	22（707）	530（183）	2（357）	—	—	—
397	江中药业	53.223 9	58（662）	20（2 419）	159（146）	1 108（68）	—	4（188）	2（996）	—
398	杭萧钢构	53.190 9	32（1 122）	172（461）	14（897）	71（1 352）	—	—	5（664）	—
399	海尔生物	53.151 3	19（1 644）	313（242）	247（81）	353（313）	8（138）	—	29（144）	—
400	潍柴重机	53.137 8	73（531）	459（140）	13（934）	2（4 332）	—	—	—	—
401	深科技	53.125 2	55（699）	239（317）	15（873）	21（2 629）	—	—	5（664）	—
402	青岛港	53.101 8	56（686）	316（236）	6（1 250）	3（4 163）	3（297）	—	22（202）	—
403	金山办公	53.093 5	206（184）	—	13（934）	440（231）	1（471）	3（219）	14（317）	—
404	云天励飞	53.030 5	48（789）	2（3 409）	67（302）	374（291）	27（41）	—	5（664）	—
405	地素时尚	53.029 3	—	—	—	848（101）	—	451（6）	5（664）	—
406	惠发食品	52.995 8	19（1 644）	3（3 309）	6（1 250）	1 597（31）	—	2（264）	—	—
407	翰宇药业	52.993 8	165（235）	1（3 519）	4（1 415）	218（521）	1（471）	—	—	—
408	江苏雷利	52.981 5	45（839）	459（140）	59（343）	13（3 101）	1（471）	—	1（1 212）	—
409	舍得酒业	52.972 3	1（3 640）	—	114（195）	1 715（28）	—	23（58）	—	—
410	康力电梯	52.960 5	48（789）	493（126）	62（326）	130（854）	—	—	—	—
411	海创药业	52.953 1	38（965）	—	—	16（2 895）	1（471）	—	—	—
412	中亚股份	52.944 8	165（235）	239（317）	35（540）	32（2 183）	—	—	5（664）	—
413	远望谷	52.915 9	53（723）	74（1 077）	36（529）	93（1 124）	1（471）	—	4（760）	—
414	全柴动力	52.886 8	49（781）	388（178）	21（719）	26（2 406）	—	—	—	—
415	三诺生物	52.883 5	60（642）	190（407）	48（417）	388（278）	10（114）	—	9（455）	—
416	玲珑轮胎	52.873 8	67（585）	155（523）	350（57）	198（568）	6（176）	—	10（417）	—
417	菲达环保	52.868 7	37（995）	245（308）	1（1 858）	12（3 171）	—	—	1（1 212）	—
418	杰瑞股份	52.868 6	14（2 003）	55（1 358）	9（1 098）	99（1 074）	—	—	3（867）	—

续表

IPI 排名	证券名称	IPI	发明专利有效量/件（排名）	实用新型有效量/件（排名）	外观设计有效量/件（排名）	商标注册量/件（排名）	2022 年 PCT 专利公开量/件（排名）	2022 年作品著作权登记量/件（排名）	2022 年计算机软件著作权登记量/件（排名）	2022 年集成电路布图设计发证量/件（排名）
419	龙源技术	52.860 1	89 (436)	248 (303)	1 (1 858)	25 (2 453)	—	—	3 (867)	—
420	雷曼光电	52.849 0	34 (1 060)	144 (569)	50 (398)	123 (897)	—	1 (352)	5 (664)	—
421	奥来德	52.843 4	214 (179)	1 (3 519)	—	3 (4 163)	—	—	—	—
422	锐明技术	52.816 9	77 (503)	119 (691)	190 (115)	15 (2 968)	20 (57)	—	6 (591)	—
423	天合光能	52.783 3	44 (855)	269 (277)	35 (540)	627 (147)	3 (297)	3 (219)	3 (867)	—
424	新宏泰	52.774 4	69 (567)	104 (774)	1 (1 858)	28 (2 334)	—	—	—	—
425	英科再生	52.771 4	5 (2 910)	50 (1 482)	3 (1 531)	40 (1 958)	—	736 (4)	—	—
426	九牧王	52.757 0	—	32 (1 977)	46 (437)	1 468 (37)	—	34 (41)	—	—
427	东南网架	52.747 8	95 (407)	200 (391)	—	2 (4 332)	—	—	10 (417)	—
428	罗莱生活	52.744 5	30 (1 178)	80 (1 019)	60 (337)	1 253 (52)	1 (471)	—	—	—
429	国光股份	52.722 1	51 (755)	32 (1 977)	2 (1 663)	1 261 (51)	—	—	—	—
430	广联达	52.721 8	47 (802)	10 (2 849)	143 (161)	530 (183)	—	5 (171)	281 (4)	—
431	闰土股份	52.720 2	125 (301)	8 (2 953)	—	68 (1 390)	—	—	—	—
432	天安新材	52.708 5	44 (855)	47 (1 548)	15 (873)	36 (2 057)	—	—	—	—
433	天准科技	52.706 2	172 (222)	101 (802)	51 (394)	73 (1 334)	4 (247)	—	17 (257)	—
434	利亚德	52.702 1	92 (420)	151 (535)	149 (154)	408 (259)	—	—	5 (664)	—
435	北方华创	52.680 4	179 (211)	70 (1 129)	3 (1 531)	12 (3 171)	—	1 (352)	—	—
436	鲁阳节能	52.677 9	98 (390)	70 (1 129)	—	178 (639)	5 (203)	11 (94)	—	—
437	洽洽食品	52.675 7	29 (1 212)	69 (1 142)	50 (398)	1 158 (61)	—	2 (264)	—	—
438	浙江永强	52.659 7	15 (1 913)	283 (265)	363 (53)	129 (861)	5 (203)	—	—	—
439	杭齿前进	52.656 1	54 (714)	265 (286)	8 (1 138)	29 (2 287)	—	—	—	—
440	千金药业	52.649 7	147 (257)	19 (2 456)	118 (187)	382 (284)	—	—	—	—
441	天喻信息	52.638 7	93 (416)	51 (1 456)	28 (621)	221 (513)	10 (114)	—	31 (133)	—
442	齐心集团	52.637 0	11 (2 276)	32 (1 977)	75 (273)	379 (286)	18 (63)	2 (264)	2 (996)	—
443	慈星股份	52.628 9	107 (358)	204 (384)	16 (842)	77 (1 280)	6 (176)	—	2 (996)	—
444	珀莱雅	52.617 4	100 (380)	12 (2 740)	69 (293)	939 (89)	—	2 (264)	—	—
445	广和通	52.604 6	94 (411)	69 (1 142)	6 (1 250)	22 (2 579)	25 (45)	—	—	—
446	川大智胜	52.577 2	81 (477)	11 (2 802)	8 (1 138)	48 (1 749)	—	—	12 (362)	—
447	天原股份	52.575 1	75 (519)	66 (1 193)	1 (1 858)	24 (2 495)	—	—	1 (1 212)	—
448	美亚光电	52.570 7	89 (436)	274 (274)	58 (350)	56 (1 594)	—	—	5 (664)	—
449	天岳先进	52.536 6	128 (289)	225 (344)	—	13 (3 101)	2 (357)	—	—	—
450	索菲亚	52.525 0	23 (1 448)	60 (1 276)	258 (73)	1 130 (66)	—	2 (264)	1 (1 212)	—
451	盛视科技	52.509 1	14 (2 003)	467 (137)	442 (43)	23 (2 538)	4 (247)	—	2 (996)	—
452	复旦微电	52.504 7	133 (282)	14 (2 665)	3 (1 531)	77 (1 280)	—	—	13 (333)	10 (20)
453	君禾股份	52.473 0	14 (2 003)	52 (1 425)	74 (280)	4 (4 009)	—	—	—	—
454	三元股份	52.450 7	46 (821)	3 (3 309)	9 (1 098)	1 095 (69)	5 (203)	6 (146)	—	—

续表

IPI 排名	证券名称	IPI	发明专利有效量/件（排名）	实用新型有效量/件（排名）	外观设计有效量/件（排名）	商标注册量/件（排名）	2022 年 PCT 专利公开量/件（排名）	2022 年作品著作权登记量/件（排名）	2022 年计算机软件著作权登记量/件（排名）	2022 年集成电路布图设计发证量/件（排名）
455	明微电子	52.426 0	134（279）	107（757）	—	37（2 036）	1（471）	—	—	22（7）
456	环旭电子	52.419 5	195（194）	28（2 101）	4（1 415）	48（1 749）	—	—	1（1 212）	—
457	欣旺达	52.379 2	118（324）	161（502）	45（440）	65（1 425）	—	5（171）	1（1 212）	—
458	金科股份	52.378 9	—	18（2 495）	20（739）	1 572（32）	—	—	—	—
459	登海种业	52.373 8	16（1 846）	7（3 011）	2（1 663）	244（470）	—	—	—	—
460	保变电气	52.373 5	73（531）	592（94）	1（1 858）	16（2 895）	—	—	2（996）	—
461	麦格米特	52.366 4	49（781）	190（407）	93（222）	211（535）	—	—	—	—
462	奥普特	52.356 7	48（789）	317（231）	29（610）	52（1 669）	12（94）	—	18（246）	—
463	首药控股	52.355 8	32（1 122）	—	—	24（2 495）	4（247）	—	—	—
464	盈趣科技	52.351 0	46（821）	266（283）	54（374）	171（662）	2（357）	—	2（996）	—
465	中文在线	52.346 6	—	—	—	1 558（34）	—	23（58）	13（333）	—
466	阳光照明	52.331 9	49（781）	406（170）	146（158）	46（1 800）	—	—	2（996）	—
467	亿华通	52.322 5	68（577）	485（129）	17（814）	25（2 453）	—	—	10（417）	—
468	中原内配	52.310 6	79（488）	113（715）	3（1 531）	97（1 090）	—	—	—	—
469	永辉超市	52.285 4	—	—	—	1 655（29）	—	1（352）	1（1 212）	—
470	郑煤机	52.279 1	67（585）	192（404）	4（1 415）	21（2 629）	—	—	6（591）	—
471	蓝科高新	52.277 4	47（802）	173（459）	—	4（4 009）	—	—	1（1 212）	—
472	贝因美	52.274 4	1（3 640）	—	1（1 858）	1 646（30）	—	1（352）	—	—
473	神开股份	52.272 7	32（1 122）	184（430）	—	30（2 246）	—	—	6（591）	—
474	神马电力	52.260 3	107（358）	218（358）	36（529）	25（2 453）	7（156）	—	—	—
475	新日股份	52.256 4	9（2 474）	141（585）	204（103）	382（284）	—	6（146）	—	—
476	申菱环境	52.212 0	136（275）	246（307）	4（1 415）	47（1 775）	—	—	5（664）	—
477	动力源	52.208 1	53（723）	104（774）	31（579）	32（2 183）	—	—	2（996）	—
478	联合光电	52.186 9	70（557）	418（165）	58（350）	6（3 746）	—	—	—	—
479	星网锐捷	52.178 0	70（557）	11（2 802）	16（842）	267（433）	—	—	102（14）	—
480	东安动力	52.176 6	16（1 846）	394（175）	50（398）	3（4 163）	—	—	—	—
481	福光股份	52.142 3	227（167）	120（688）	1（1 858）	7（3 643）	1（471）	—	—	—
482	智微智能	52.134 8	12（2 184）	589（96）	91（227）	28（2 334）	—	—	—	—
483	特变电工	52.118 8	36（1 020）	163（493）	1（1 858）	368（298）	—	—	—	—
484	禾望电气	52.113 6	73（531）	263（289）	25（663）	58（1 546）	—	—	1（1 212）	—
485	鲁泰 A	52.113 2	68（577）	224（346）	13（934）	160（704）	—	—	—	—
486	龙泉股份	52.104 1	25（1 368）	52（1 425）	—	15（2 968）	—	—	—	—
487	精进电动	52.100 2	27（1 286）	151（535）	109（203）	22（2 579）	22（52）	—	—	—
488	好想你	52.092 5	1（3 640）	29（2 067）	10（1 052）	1 484（36）	—	1（352）	—	—
489	巨力索具	52.075 7	44（855）	236（324）	—	149（748）	—	2（264）	—	—
490	南都电源	52.051 5	98（390）	241（314）	72（284）	46（1 800）	—	—	—	—

IPI 排名	证券名称	IPI	发明专利有效量/件（排名）	实用新型有效量/件（排名）	外观设计有效量/件（排名）	商标注册量/件（排名）	2022年PCT专利公开量/件（排名）	2022年作品著作权登记量/件（排名）	2022年计算机软件著作权登记量/件（排名）	2022年集成电路布图设计发证量/件（排名）
491	勘设股份	52.045 8	36（1 020）	419（163）	3（1 531）	11（3 260）	1（471）	—	7（535）	—
492	方大集团	52.025 2	35（1 036）	—	—	93（1 124）	—	—	—	—
493	长荣股份	52.014 6	118（324）	165（485）	12（966）	76（1 304）	—	—	6（591）	—
494	中电兴发	52.014 4	78（494）	188（412）	—	13（3 101）	—	—	2（996）	—
495	亚普股份	52.011 5	77（503）	211（371）	—	35（2 087）	4（247）	—	1（1 212）	—
496	安阳钢铁	51.987 3	61（633）	304（247）	2（1 663）	2（4 332）	—	—	—	—
497	梦洁股份	51.952 8	2（3 408）	19（2 456）	117（189）	1 049（73）	—	—	—	—
498	康乐卫士	51.932 1	31（1 157）	—	—	53（1 641）	1（471）	—	—	—
499	中科曙光	51.930 6	161（239）	68（1 160）	87（241）	179（636）	—	—	3（867）	—
500	七一二	51.929 2	110（348）	171（464）	113（197）	16（2 895）	1（471）	—	16（277）	—